CB127111

Esta colecção inclui livros (léxicos, gramáticas, prontuários, etc.) que, pelo seu carácter eminentemente prático, se pretende venham a constituir para os leitores um seguro instrumento de trabalho, em especial quanto ao domínio da terminologia básica dos diferentes ramos do saber. A palavra, nas suas múltiplas dimensões de articulação sonora, estrutura conceptual e expressão de pensamento e sentimento, é a matéria-prima desta colecção.

DICI ONÁ RIO

Título original:
Dictionnaire de la mythologie grecque et romaine

© Librairie Larousse 1985

Tradução de João Domingos
Revisão: Marcelino Amaral

Capa: FBA

Depósito Legal n.º 326457/11

Biblioteca Nacional de Portugal – Catalogação na Publicação

SCHMIDT, Joël, 1937-

Dicionário de mitologia grega e romana. - Reimp. - (Lexis ; 11)

ISBN 978-972-44-1654-0

CDU 94(37)(038)
94(38)(038)
25

Paginação:
MJA

Impressão e acabamento:
PAPELMUNDE
para
EDIÇÕES 70
Junho de 2020

ISBN: 978-972-44-1654-0
ISBN da 1ª edição: 972-44-0894-9

Direitos reservados para Portugal

EDIÇÕES 70, uma chancela de Edições Almedina, S.A.
LEAP CENTER – Espaço Amoreiras – Rua D. João V, n.º 24, 1.03 – 1250-091 Lisboa – Portugal
e-mail: editoras@grupoalmedina.pt

www.edicoes70.pt

Esta obra está protegida pela lei. Não pode ser reproduzida, no todo ou em parte, qualquer que seja o modo utilizado, incluindo fotocópia e xerocópia, sem prévia autorização do Editor. Qualquer transgressão à lei dos Direitos de Autor será passível de procedimento judicial.

DICIONÁRIO DE mitologia grega e romana

JOËL SCHMIDT

70

Introdução

As mitologias são geralmente inseparáveis das religiões antigas; elas conferem-lhes a força da sedução, a originalidade e o carácter grave indispensáveis ao seu desenvolvimento e ao seu crescimento; elas enriquecem o culto; conferem, enfim, ao sagrado, um elemento essencial de temor.

A mitologia dos Gregos e dos Romanos permanece, certamente, para nós ocidentais, mais atractiva do que qualquer outra. É certo que ela parece, muitas vezes, aos profanos, um pouco repugnante e mesmo bárbara. Hesitamos ao penetrar no seu universo de deuses, de heróis, de contos épicos e míticos, que parece abstracto, longínquo e petrificado pela noite dos tempos e da arqueologia, de onde apenas eruditos e especialistas o podem fazer sair.

Restituir à mitologia o carácter de nobreza, tirar os deuses, os heróis, as epopeias e as lendas da falsa obscuridade, onde a desconfiança do grande público as mergulhou, tais são os fins e a ambição deste dicionário. É certo que ele não pretende dar uma ideia exaustiva da mitologia; não visa interpretar os mitos e a sua simbologia, evita abordar os problemas das doutrinas e dos cultos religiosos. Também teve, por vezes, de se fazer uma escolha delicada, omissões voluntárias no corpo dos artigos, mas sempre com a preocupação de simplificar e clarificar, e com a intenção constante de mostrar ao leitor que a mitologia não é apenas uma fonte da religião greco-romana, mas igualmente expressão de um pensamento, ao mesmo tempo vivo e universal, acrónico e utópico, de onde os Antigos puderam, e o homem moderno pode, ainda hoje, tirar proveito.

A mitologia dos Gregos e dos Romanos permanece sempre viva, porque está próxima do humano Veremos que os grandes deuses gregos e romanos, de que esta obra tenta dar uma imagem tão completa quanto possível, não são entidades abstractas, mas seres dotados de vida, de qualidades e defeitos, pouco diferentes do comum; até a própria imortalidade, longe de os afastar do mundo dos mortais, assegura-lhes o valor de exemplos e de contínuas referências. Por fim, através do antropomorfismo dos deuses da Antiguidade, por meio do visível carnal, vislumbramos mais facilmente o invisível sagrado.

Ainda actual, porque põe em cena heróis cujos sofrimentos, morais ou físicos, as dúvidas e as angústias metafísicas diante da Morte, do Amor e do Destino, nos tocam ainda e continuam a dizer-nos respeito. Poder-se-á ler, nesta obra, a vida dos principais heróis da mitologia, as suas viagens, périplos, os perigos que tiveram de enfrentar e de vencer; poder-se-á seguir o desenrolar das paixões destes seres excepcionais, aos quais, muitas vezes, a origem divina confere um poderoso realce. Através da história destes heróis, participamos, sem reservas, na exaltação da coragem, nesta «virtude» clássica que continua a moldar, muito ou pouco, a consciência ocidental. Todos estes deuses e heróis são ainda a figuração de mitos muito antigos, que de novo nos traçam, na forma de lendas ou de contos, a história das invenções (Talo e a serra), a das primeiras culturas (Triptólemo e Deméter para o trigo, Dioniso para o vinho), a das primeiras descobertas, e dão uma explicação metafórica e apelativa a todos os fenómenos naturais, de que o solo da Itália e da Grécia são quase sempre o palco.

Pode afirmar-se que, de algum modo, a mitologia greco-romana fundou os temas que, depois, a literatura, a moral, as sociedades humanas, e até as ciências retomaram e desenvolveram. É por isso que julgámos essencial conceder um lugar a palavras como *amizade, criação, nascimento, morte, dilúvio,* etc. A estas palavras, juntámos igualmente os nomes das principais regiões, cidades, rios, nascentes, montanhas: as lendas mitológicas tomam, deste modo, um valor tanto mais eficaz e real quanto elas podem, ainda hoje, ser confrontadas com a geografia e a história.

Que a mitologia seja uma matéria inconstante, instável e complexa, é um facto. O quadro das principais fontes literárias da mitologia que juntámos ao dicionário, mostra-nos, de facto, tudo o que a mitologia deve ao desenvolvimento das literaturas grega e latina. Desde a *Ilíada* e a *Odisseia* de Homero, redigidas no século VIII a.C., até Ovídio e Séneca, decorreram mais de dez séculos. A mitologia pôde, deste modo, ser continuamente retocada, modificada, adaptada aos gostos e aos costumes de tempos sucessivos da história, pelos poetas, pelos trágicos e pelos historiadores. A Homero, cuja obra transborda de vida, sucedeu Hesíodo que, como um jurista ou um clássico, semelhante ao que foram Malherbe e Boileau no século XVII, após a grande tempestade literária do século XVI, repôs alguma ordem nas genealogias dos deuses e no enunciado e codificação dos mitos. Depois, já no fim do século VI, apareceu a tragédia grega, que largamente sorveu a sua inspiração, os temas e a linguagem na mitologia. Trágicos como Ésquilo, Sófocles e Eurípides retomaram os mitos encanecidos pelos anos. Eles rejuvenesceram e transformaram os deuses e os heróis das grandes famílias lendárias e reais da Grécia e deram-lhe uma convincente força de vida, em novas versões, às quais este dicionário se limitou, na maior parte dos artigos, no seu corpo e nos quadros genealógicos. Notemos ainda que, para evitar qualquer sobrecarga do texto, nos abstivemos de indicar, ao longo do artigo, as possíveis referências a outros nomes. O leitor, se julgar necessário, terá sempre a possibilidade de o fazer por si próprio.

Com o declínio da Grécia no século II e a predominância, sempre crescente, de Roma, a mitologia grega latinizou-se. É verdade que os Romanos continuaram a adorar os seus deuses locais com os seus nomes de origem – encontraremos a este propósito artigos sobre as principais divindades itálicas –, mas acabaram por assimilar os seus deuses principais aos dos Gregos. Virgílio, na *Eneida,* deleitou-se a contar a história de Eneias, herói nacional romano, tal como Homero relatava, oito séculos antes, as aventuras de Ulisses, herói nacional grego. Ovídio, nas *Metamorfoses*, e muitos outros poetas latinos adaptaram, à ética e à estética puramente latinas, muitas lendas gregas. Foi à sua tradição que nos submetemos. Séneca, enfim, foi buscar o tema das suas tragédias às grandes narrações mitológicas, utilizando-as livremente, para aí tirar efeitos de moral prática.

Esta simples e demasiado curta panorâmica das literaturas antigas greco-romanas tende, essencialmente, a provar que a mitologia não se fixou de uma vez por todas: muitas vezes esforçamo-nos por apresentar as diferentes versões grega e latina de uma mesma lenda É, para mais, impossível deixar no silêncio a influência dos temas mitológicos no pensamento literário dos séculos XVI e XVII, em poetas como Chenier, Leconte de Lisle ou Valéry, e, ainda mais perto de nós, em Cocteau (o mito de Orfeu). Desejamos ainda que o leitor se aperceba facilmente de que existem analogias perturbadoras entre algumas lendas antigas e as lendas ou contos do nosso Ocidente: pensemos, por exemplo, em Hero e Leandro, prefiguração antiga de Tristão e Isolda; Cupido e Psique frente aos mitos do Príncipe Encantado, da Bela e do Monstro e de Cendrillon; Píramo e Tisbe anunciando Romeu e Julieta. Seria, finalmente, injusto negar a acção da mitologia sobre as artes plásticas, antigas e modernas. Possa, enfim, o leitor descobrir, neste dicionário, que a mitologia é a tradução vivaz e sempre nova dos grandes princípios colectivos que governam a humanidade, para além do tempo e do espaço.

JOËL SCHMIDT

Índice de nomes que figuram nos quadros genealógicos

Neste índice, voluntariamente limitado, o leitor encontrará apenas os nomes das principais personagens (heróis e divindades), que figuram nos quadros genealógicos anexados a um certo número de artigos.

A

ABAS. 1. Neto de Dánao, filho de Linceu e de Hipermnestra, e avô de Dánae, mãe de Perseu, Abas, 12.º rei de Argos, conta-se, pois, quer entre os seus ascendentes, quer descendentes, numerosos heróis célebres.

2. Conhecemos um outro **Abas**, epónimo dos Abântidas, povo da Eubeia. Passava por ser o fruto dos amores de Posídon e Aretusa.

ABEONA e **ADEONA**. São divindades romanas que presidem à viagem. Abeona é invocada pelos que partem *(abire)*; Adeona, pelos que voltam *(adire)*.

ABSIRTO. Filho do rei da Cólquida, Eetes, e irmão de Medeia, Absirto teve uma sorte infeliz. Quando Medeia fugiu com Jasão, ela raptou-o. Mas, vendo-se perseguida por Eetes, matou--o e espalhou os seus membros, em pedaços, pelo caminho que seguia o rei da Cólquida, para que este, horrorizado, renunciasse à perseguição.

ACA LARÊNCIA. Com este nome, os Romanos conheciam duas mulheres cujas lendas, pouco a pouco, se confundiram. A primeira é esposa do pastor Fáustulo. Ela educou dois gémeos, Rómulo e Remo, recolhidos pelo marido. A segunda teve direito às benesses de Hércules, que jogara aos dados com o guardião do seu templo, para a ganhar. Aca Larência casou, depois, com Tarúcio, proprietário de numerosas terras, que ela herdou. Quando morreu, deixou todas as riquezas à cidade de Roma.

Acadina. A esta fonte da Sicília, consagrada aos deuses pálicos, atiravam-se tabuinhas nas quais estavam gravados juramentos. Conforme elas submergiam ou flutuavam, os juramentos eram sinceros ou falsos.

ÁCAMAS. Há três heróis que têm este nome. Um, filho de Teseu e de Fedra, foi enviado junto dos Troianos, para reclamar Helena, raptada por Páris. Durante as negociações, que se revelaram infrutíferas, Ácamas seduziu Laódice, uma das filhas de Príamo, que respondeu favoravelmente às suas propostas. Pouco antes da queda de Tróia, ele pertenceu ao número dos oito heróis que se instalaram no célebre cavalo e puderam introduzir-se, traiçoeiramente, dentro da cidade.

Um Segundo **Ácamas**, filho de Antenor e de Teano, distinguiu-se durante esta mesma guerra, mas viria a ser morto.

O terceiro **Ácamas**, um Trácio, teve sorte análoga: pereceu sob os golpes de Ájax.

ACÁRNAN. Este filho de Alcméon e da ninfa Calírroe era neto do célebre adivinho tebano Anfiarau. Morto seu pai por Fegeu, ele pôde, graças à protecção de Zeus, crescer com uma rapidez admirável e ganhar estatura adulta em alguns meses. Deste modo, vingou rapidamente o pai matando o assassino, a esposa e os filhos. Depois encontrou refúgio no Epiro, onde fundou, segundo Ovídio, o Estado da Acarnânia.

ACASTO. É um dos heróis da expedição dos Argonautas. Sucedeu a seu pai, Pélias, um rei iolco, que fora morto pelas filhas, a mando da pérfida Medeia. Para honrar os manes do defunto pai, Acasto quis imolar uma das parricidas; mas Héracles raptou-lha. Depois disto, Peleu, que tinha vindo à sua corte para se purificar do assassínio involuntário do rei da Ftia, desprezou o amor de Astidamia, esposa de Acasto. Não tendo conseguido seduzi-lo, ela vingou-se acusando-o de ter querido desonrá-la. Acasto, para permanecer fiel às leis sagradas da hospitalidade, não o matou, mas abandonou-o adormecido, depois de o ter desarmado, numa floresta, para que fosse devorado pelos animais ferozes. O centauro Quíron conseguiu acordar Peleu e advertiu-o para o perigo em que o seu hospedeiro o deixara. Cheio de cólera vingadora, Peleu voltou a Iolco e matou Acasto e a esposa.

ACATES. 1. Depois da queda e do incêndio de Tróia, Eneias conseguiu fugir, levando consigo o pai e o filho, primeiro para o monte Ida, depois para Itália. Acates, um dos seus amigos, não hesitou em acompanhá-lo nas perigosas viagens: a sua fidelidade tornou-se, desde então, proverbial.

2. **Acates** é também o nome de uma ribeira da Sicília na qual foi encontrada, pela primeira vez, a pedra que tem este nome, «ágata».

ÁCIS. Jovem pastor da Sicília, Ácis era filho de Fauno e da ninfa Simetis. A sua beleza juvenil destinara-o ao amor da nereide Galateia. Mas, um dia, quando ele a tinha nos seus braços, o gigante Polifemo surpreendeu os dois amantes, e o seu ciúme foi tal que arrancou um rochedo e o atirou sobre Ácis, que foi esmagado. O sangue que brotou do seu corpo deu origem a um riacho que, desde então, corre no sopé do Etna.

ACONTEU. Este belo jovem da ilha de Géos foi um dia a Delos, por ocasião da festa de Ártemis. No caminho, cruzou-se com Cidipe, bela jovem ateniense de alta estirpe, por quem se apaixonou imediatamente. Para a obter em casamento, Aconteu, por causa da sua condição inferior, imaginou este estratagema: escreveu num marmelo as palavras seguintes: «Juro, pelo templo de Ártemis, que caso com Aconteu.» Depois atirou o fruto para junto dos pés de Cidipe. Intrigada, ela pegou no fruto; leu a inscrição em voz alta. Compreendeu então o sentido e quis parar; era demasiado tarde. Ártemis, testemunha e garante dos juramentos, não autorizou o perjúrio. Por três vezes, a jovem casou com um outro Aconteu.

Três vezes Ártemis a castigou com doenças. Seu pai consultou, então, o oráculo de Delfos. Este descobriu a verdade e a artimanha de Aconteu. De volta a Atenas, o pai ofereceu a mão da filha ao apaixonado tão perseverante.

ACRÍSIO. Este filho de Abas combateu o irmão gémeo, Preto, para se assegurar da posse do reino de Argos, que lhe deixara seu pai. Vitorioso no início da guerra, foi, pouco depois, obrigado a recuar e teve de aceitar um acordo que estabelecia a partilha do reino: Tirinte voltou ao domínio de Preto; Argos coube a Acrísio. A vida deste rei foi marcada pela fatalidade. Um oráculo predissera que ele seria morto pelo filho da sua filha, Dánae. Acrísio mandou, então, enclausurar a filha. Mas Zeus conseguiu vir junto dela e, da sua união, nasceu um filho, Perseu. Mais tarde, o herói viria a matar, involuntariamente, Acrísio ao lançar um disco, e foi assim que a predição se realizou.

Acrópole. A parte alta de uma cidade antiga, em oposição à parte baixa, tem geralmente o nome de acrópole. Primitivamente, ela constituía um lugar de refúgio para as populações rurais ou urbanas, ameaçadas por invasões inimigas ou por flagelos naturais. A ideia de protecção que os Gregos encontravam nestes altos lugares rochosos da cidade foi transformada, muito naturalmente, na ideia de um lugar com carácter sagrado. Os deuses, de facto, santificam estes lugares privilegiados de onde todo o perigo parece afastado. Os reis, as grandes famílias, os tiranos, estabelecem as suas residências na acrópole, procurando, nestes cumes, como que uma comunicação directa e benéfica, para o seu governo, com os deuses de quem se aproximaram. Em Itália, é sobre a acrópole que se observa o voo das aves; é nos templos altos, para atrair o concurso tutelar das divindades, que se examina as entranhas das vítimas. Estes deuses marcam, muitas vezes com sinais, a sua presença na acrópole: assim, numa época relativamente tardia, venerava-se, na Acrópole de Atenas, o buraco que Posídon fez numa rocha com um golpe do seu tridente, e os cepos de oliveira que Atena fez brotar de um solo árido. Cada acrópole, na Grécia, nos países helenísticos e em Itália, possui as suas particularidades, a sua personalidade, os seus deuses locais. Podemos citar, entre os mais célebres destes lugares altos, Corinto, Atenas, Tirinte e Micenas; na Ásia, Tróia e a acrópole helenística de Pérgamo, o capitólio em Roma, e todas as colinas que circundam as pequenas cidades etruscas da Toscana. Semelhantes a estes «lugares onde sopra o Espírito», as acrópoles são as colinas inspiradas da Antiguidade.

ACTÉON. Este jovem tebano, filho do pastor Aristeu e de Autónoe, tornara-se, graças aos conselhos esclarecidos do centauro Quíron, um dos melhores caçadores da sua região. Mas a sua vaidade foi-lhe um dia fatal. Ele gabou-se, de facto, de superar Ártemis, deusa dos feitos cinegéticos, e de ser mais hábil do que ela. Um dia, quando perseguia uma peça de caça, nas montanhas de Citéron, surpreendeu Ártemis, que se banhava. Irritada já pela sua insolência, ela não lhe perdoou mais esta falha e, depois de o ter transformado em veado, ele foi, a seu mando, devorado pelos cinquenta cães que o acompanhavam. Estes, segundo alguns mitógrafos representam os cinquenta dias durante os quais a vegetação, de que Actéon é um dos emblemas, deixa totalmente de viver.

ACTOR. Avô de Pátroclo, Actor foi, segundo uma das versões da sua lenda, rei de Feres, onde recebeu e purificou Peleu, assassino de Foco, filho de Éaco.

Adivinhação. Faculdade de conhecer o pensamento dos deuses, a adivinhação, na mitologia, estava reservada a alguns mortais que tinham recebido este dom de um deus, ou o tinham adquirido como privilégio à nascença, por serem provenientes de uma família de adivinhos. Nas lendas, os poderes dos adivinhos são imensos. Cada Estado, cada rei, cada armada, cada expedição possui o seu adivinho oficial. Os Sete Chefes contra Tebas e os Epígonos não tomam decisões tácticas sem ter previamente consultado o seu adivinho Tirésias. Os Gregos, durante a guerra de Tróia, aconselham-se com Calcas. Os Troianos, por seu lado, têm um adivinho à sua disposição na pessoa de Cassandra que, por causa de uma maldição divina, não foi acreditada por ninguém. Nos tempos históricos, a adivinhação livre desaparece. Os colégios de sacerdotes, com poderes bem mais restritos, assumem estas funções.

ADMETO. Rei de Feres, na Tessália, Admeto tomou parte na caça ao javali de Cálidon, na expedição dos Argonautas e acolheu Apolo, exilado do Olimpo por ter morto os Ciclopes. Concedeu ao deus o ofício de guarda dos seus rebanhos. Apaixonado por Alceste, Admeto, que devia, para casar com ela, atrelar ao seu carro um leão e um javali, pediu conselho a Apolo. O deus, reconhecido, ajudou-o a domar estes animais selvagens e a obter, deste modo, a mão da jovem. Entretanto, cheio de alegria, esqueceu-se de sacrificar a Ártemis, no dia do seu casamento. A deusa decidiu puni-lo. Quando entrou no quarto nupcial, ele viu, em vez da esposa, um monte de víboras que silvavam. Apolo conseguiu acalmar a irmã e obteve dos deuses a salvação de Admeto, que escaparia à morte, quando a sua hora tivesse chegado, desde que um membro da sua família aceitasse, voluntariamente, ocupar o seu lugar no reino das Sombras. Apolo embebedou as Moiras, para que não fosse cortado o fio fatal. Admeto, por seu lado, suplicou aos seus pais que morressem em seu lugar. Eles recusaram. Só Alceste, por amor, resolveu-se sacrificar-se, mas graças a Héracles, dizem uns, graças a Perséfone, dizem outros, ela pôde rever o rei, e a sua feliz união prolongou-se ainda por muito tempo.

ADÓNIS. O mito de Adónis é originário da Síria. Antes de chegar à Grécia, sofreu modificações no Egipto e em Chipre. Filho de Cíniras, rei de Chipre, e de Mirra, transformada em árvore da mirra, Adónis foi reconhecido por Afrodite, que o confiou a

Perséfone. A rainha dos Infernos apaixonou-se pelo jovem e recusou-se a devolvê-lo. Afrodite, a quem Adónis também não deixava indiferente, lamentou-se, junto de Zeus, e o deus dos deuses decidiu que Adónis seria confiado a Perséfone um terço do ano. Um outro terço, à deusa Afrodite e que, durante o outro terço, ele seria livre de escolher o local de permanência. Mas a paixão da deusa do Amor suscitou o ciúme de Ares, seu amante (ou de Apolo, ou de Ártemis, segundo outros mitógrafos). Adónis foi atacado por um javali, enviado por um destes deuses, que lhe provocou, com um golpe fatal, uma ferida mortal na anca. Sobre esta morte chorada por Afrodite, os artistas e os poetas rivalizaram em imaginação e lirismo. O sangue de Adónis transformou-se em anémona, a primeira flor efémera da Primavera, enquanto o sangue de Afrodite, que escorria das feridas que ela própria fez ao passar por entre as silvas, na sua pressa em socorrer o amante, tingiu de vermelho as rosas que eram brancas. Nunca num mito o símbolo foi mais aparente. Adónis é a imagem da vegetação que desce ao reino dos mortos, juntando-se a Perséfone no Inverno, e volta à Terra na Primavera para se unir ao amor, para desabrochar e frutificar só no Verão. Ele representa a morte e a ressurreição da natureza que se renova, sem cessar, ao longo dos anos.

ADASTRO. A lenda deste rei está ligada à expedição dos Sete contra Tebas, durante a qual ele teve um papel preponderante. Ainda jovem, foi obrigado a fugir de Argos e juntar-se, em Sícion, ao rei Pólibo, a quem sucedeu. Não tardou a reconciliar-se, pelo menos aparentemente, com Anfiarau, o assassino de seu pai, a quem ofereceu em casamento sua irmã Erifile; depois recuperou a soberania da Argólida. Casou ainda as duas outras irmãs Argia e Deípile, a primeira com Polinices, que acabava de ser afastado do trono de Tebas, por seu irmão Etéceles, a segunda com Tideu, que, depois de um assassínio, tivera de fugir para Cálidon. Adastro resolveu, diante dos sofrimentos do seu hóspede, restabelecer Polinices nos seus direitos soberanos sobre Tebas, e foi o principal animador da guerra dos Sete Chefes, passando por cima de uma predição de Anfiarau, que anunciava a morte de todos os que se empenhassem nessa guerra, com excepção apenas para o próprio Adastro. A predição revelou-se verdadeira: Polinices, Tideu, Anfiarau, Canapeu, Hipomedonte, Partenopeu pereceram durante o combate. Adastro pôde voltar aos seus territórios graças à rapidez do cavalo Aríon, oferecido por Héracles. Segundo a tradição, o rei tomou parte na segunda expedição contra Tebas, a dos Epígonos, com os filhos dos seis heróis mortos. Desta vez, a vitória foi total para os Argivos; mas seu filho Egialeu pereceu e, de dor, Adastro logo o seguiu na morte.

AÉDON. Homero conta que Aédon era filha de Pandáreo e esposa do rei tebano Zeto. Tinha apenas um filho, Ítilo, enquanto a sua cunhada, Níobe, dera à luz seis filhos e seis filhas. Cheia de um ciúme doentio, Áedon planeou o assassínio de um dos seus sobrinhos; mas, por engano, matou o próprio filho. Zeus, para apaziguar a sua dor, transformou-a em rouxinol.

AÉROPE. Filha de Catreu, rei de Creta, e esposa de Plístenes, a lenda reteve o nome de Aérope porque ela foi a gloriosa mãe de Menelau e de Agamémnon. Casada segunda vez, pereceu durante a luta que opôs Atreu a Tiestes.

AFRODITE. Os seus poderes são imensos: deusa amável, ela protege os casamentos, favorece o entendimento entre os esposos, fecunda os lares, preside aos nascimentos. Ela fertiliza também os campos. Mas pode ser igualmente uma divindade temível, pois simboliza, muitas vezes, a paixão que nada pode deter, que enlouquece de amor aqueles a quem quer perder. Ela destrói mesmo as uniões legítimas, leva os esposos ao adultério, favorece a fecundidade dos amores ilegítimos e incita os mortais a todas as voluptuosidades e a todos os vícios. Afrodite torna-se, então, uma deusa fatal, cujo cinto mágico dá, àquele que o cinge, um estranho poder de desejos perpétuos. Apesar disso, este carácter temível só aparece verdadeiramente na Vénus dos Romanos, identificada com Afrodite. Os frutos abundantes em sementes, símbolos da força fecundante, como a romã, a papoila, a maçã, são-lhe habitualmente consagrados. Entre as aves que são atreladas ao seu carro ou estão à sua volta, podemos citar a pomba, o cisne, o pombo, emblemas da fidelidade conjugal. Afrodite é geralmente representada nua, ou seminua, em poses voluptuosas, envolta em finos véus que moldam as formas, ao mesmo tempo cheias e harmoniosas, do seu corpo. Por causa deste carácter de sensualidade, ela é muitas vezes assimilada à deusa oriental fenícia Astarte.

Sobre a origem de Afrodite, deusa do Amor e da Beleza, são conhecidas duas versões. Para a primeira, ela é a filha de Zeus e de Dione; para a segunda, ela nasceu do sangue que caiu no mar quando Crono mutilou Úrano. O sangue fecundou as ondas, e Afrodite surgiu do seio de uma vaga, tão branca e tão bela como a espuma. Desde então, o amor de que ela é a encarnação divina iria reinar sobre deuses, homens e todas as criaturas animadas. Esposa de Hefesto, ela enganou-o frequentemente e desenvolveu, em particular, um amor apaixonado por Ares, ao qual deu filhos célebres, como Eros e Ântero. Mas ela foi logo surpreendida pelo marido, que aprisionou os dois amantes numa rede. Envergonhada, Afrodite deixou, por algum tempo, o Olimpo. Ela viria, no entanto, ainda a trair Hefesto, partilhando o leito com Dioniso, Hermes e Posídon. Apesar disso, a deusa não se contentou com os deuses do Olimpo. Mortais como o troiano Anquises sucumbiram à sua beleza e à sua graça: foi assim que deu à luz Eneias, o antepassado dos *Iulii*, de quem César se afirmava descendente. Por fim, ela amou apaixonadamente Adónis, símbolo da vegetação que renasce, cada ano, para a vida e para o amor. Teve parte activa nas acções dos homens, recebeu de Páris o famoso pomo de ouro e mostrou-se agradecida ao herói troiano, fazendo nascer entre este e Helena um amor que tão fatal viria a ser para a cidade de Tróia.

AGAMEDES. Juntamente com o genro Trofónio, Agamedes foi um dos mais célebres arquitectos lendários da Grécia antiga. A ele se devem, nomeadamente, os planos de numerosos templos que foram o orgulho das cidades de Delfos e Tebas. O rei Hiria chamou-o à Beócia e pediu-lhe que construísse uma morada onde fosse possível esconder os seus tesouros. Seduzido pelo lucro, Agamedes concordou com Trofónio em que uma das pedras da construção pudesse retirar-se facilmente; foi-lhe, assim, fácil, cada noite, pilhar impunemente o tesouro. Hiria, que via as suas riquezas diminuir, chamou o arquitecto Dédalo em sua ajuda. Este elaborou uma armadilha na qual Agamedes foi apanhado. Para evitar ser denunciado, Trofónio cortou a cabeça a Agamedes e fugiu. Píndaro e Plutarco contam uma outra história. Tendo acabado de construir um templo em Delfos, Agamedes recebeu de Apolo o conselho de se dedicar, durante seis dias, ao prazer de viver. No sétimo dia ele seria recompensado pela sua obra. De facto, no sétimo dia, Apolo concedeu-lhe a morte como um dos maiores benefícios que podem ser oferecidos a um mortal.

AGAMÉMNON. Sobre a origem da genealogia deste rei, as versões diferem. Homero considera-o filho de Atreu e neto de Pélops. Do mesmo modo que Menelau, seu irmão, Agamémnon foi educado por Egisto, filho de Tiestes, na casa de Atreu. Depois do assassínio de Atreu por Egisto e Tiestes, que puderam sentar-se no trono de Argos, Agamémnon e Menelau exilaram-se em Esparta. Mas eles organizaram aí uma armada e puderam expulsar os usurpadores. Agamémnon tornou-se soberano de Argos e um dos mais poderosos reis de todo o Peloponeso. Casou com Clitemnestra, filha de Tíndaro, que lhe deu três filhas, Ifigénia, Crisótemis e Laódice (Electra só aparece na lenda muito mais tarde), e um filho, Orestes. Quando Páris raptou Helena, mulher de Menelau e irmã de Clitemnestra, Agamémnon resolveu vingar o irmão. Foi escolhido entre todos, depois de numerosos tratados, para comandar, como chefe, a expedição contra Tróia. Durante dois anos, foi construída a frota, e as armadas convergiram para Áulis, porto da Beócia. Por infelicidade, no momento da partida Agamémnon vangloriou-se de ter morto uma corça com tão grande habilidade que nem a deusa Ártemis poderia igualá-lo. Para se vingar desta presunção ímpia, a deusa proibiu os ventos de soprar sobre as velas dos navios gregos e impediu assim a partida da expedição punitiva contra Tróia. Consultaram o adivinho Calcas, que declarou que só o sacrifício de Ifigénia, a mais bela das filhas de Agamémnon, poderia apaziguar a cólera de Ártemis.

Apesar da tristeza e repugnância, mas atraído pela ambição política, o rei submeteu-se, mandou chamar a filha com o pretexto falacioso de que desejaria casá-la com Aquiles, rei da Tessália, e dirigiu-se para o altar para a degolar quando, diz-se, Ártemis, finalmente apaziguada, tirou Ifigénia, transportou-a para Táurida e substituiu-a por uma corça, que foi imolada. A calmaria cessou; a frota partiu rumo a Tróia. Mas a vitória não estava ainda ao alcance dos Gregos. Agamémnon entrou em disputa com Aquiles, a propósito de uma jovem cativa, Briseida, que ambos desejavam possuir. Aquiles, vendo-se obrigado a submeter-se, retirou-se para a sua tenda e recusou tomar parte nos combates. Agamémnon logo se apercebeu que toda a vitória definitiva seria impossível se o herói recusasse o seu apoio. Reconciliou-se então com ele e devolveu-lhe Briseida.

Quando os deuses, tendo abandonado os Troianos, permitiram aos Gregos o saque da cidade, Cassandra, filha de Príamo, coube em sortes ao rei Agamémnon. Dotada de um dom de profecia particularmente notável, mas condenada a nunca acreditarem nela, Cassandra suplicou ao real amante que não voltasse à sua pátria: ela previa os funestos desígnios de Clitemnestra. Agamémnon não acreditou, fez dela mãe de dois filhos, Telédamo e Pélops, e voltou a casa. Clitemnestra e o seu amante Egisto fizeram-lhe um acolhimento hipocritamente favorável, prepararam-lhe um banho para descontrair os membros e mataram-no quando estava desarmado e sem protecção. Cassandra e os dois recém-nascidos tiveram a mesma sorte. Mais tarde, Orestes vingou a morte de seu pai.

Entre as personagens gregas da guerra de Tróia, Agamémnon destaca-se essencialmente, não tanto pela sua bravura, astúcia ou nobreza, eminentes qualidades que são o apanágio de heróis como Aquiles ou Ájax; mas pela sua majestade, dignidade e, diz-nos Homero, pelos seus olhos e a sua cabeça semelhantes aos de Zeus, pelo seu peito igual ao de Posídon. Se não é um herói no sentido antigo do termo, Agamémnon é o digno representante da raça aqueia, aquela que constituiu a Grécia.

AGANIPE. Situada na Beócia, no sopé do Hélicon, a fonte Aganipe brotou um dia sob o casco do cavalo alado Pégaso. Morada de uma ninfa, filha do Permesso, curso de água da Beócia, ela foi sobretudo a residência preferida das Musas. Assim, para obter inspiração, os poetas saciavam a sua sede nestas águas.

AGAVE. Filha de Cadmo e Harmonia, esposa de Equíon, Agave foi punida por Dioniso por ter caluniado Zeus, amante de Sémele. Repentinamente tomada pela loucura, ela despedaçou o próprio filho Penteu.

AGENOR. Filho de Posídon e de Líbia, este irmão do rei do Egipto, Belo, enviou seus filhos, Cadmo, Fénix e Cílice, à procura de sua filha, Europa, raptada por Zeus. Nenhum deles voltou.

AGLAURO. Atena confiou a esta filha de Cécrops o berço de vime de Erictónio, ordenando-lhe que tomasse conta dele e o não abrisse. Com suas irmãs Herse e Pândroso, Aglauro não pôde resistir a um violento desejo de curiosidade e abriu o berço. Ela viu o recém-nascido envolto em serpentes e, atingida, juntamente com as irmãs, de loucura, atirou-se com elas do alto da Acrópole. Ovídio conta, porém, que elas escaparam à morte, e fez intervir Aglauro nos amores de Herse e de Hermes. Para além disso, Aglauro uniu-se a Ares e teve, dessa união, uma filha, Alcipe, que um dos filhos de Posídon, Halirrótio, amou. Ares, para se vingar, matou-a.

Agricultura. Os Gregos pensavam que a agricultura nascera no Egipto, no vale do Nilo, e que se devia a invenção dos cereais, em particular, a Ísis, enquanto que a plantação da vinha era um dom de Osíris. Sempre segundo os Gregos, a agricultura foi importada para a Grécia por fugitivos que introduziram na mesma altura no país o culto dos dois grandes deuses egípcios. Rapidamente os Gregos identificaram Ísis com Deméter e Osíris com Dioniso; pretenderam que Deméter dera os primeiros grãos de trigo a Céleo de Elêusis, ensinara a arte de trabalhar a terra a Biziges («aquele que põe os bois sob o jugo») e o de semear a Triptólemo. Por seu lado, Dioniso, recebido com todas as honras pelo rei Icário, oferecera-lhe, como agradecimento, a primeira planta da vinha.

AIO LOCÚCIO. Quando os Gauleses da tribo dos Sénones, sob a chefia de Breno, seu chefe, marcharam sobre Roma em 390 a.C., uma voz saída do centro da abóbada celeste anunciou a invasão da cidade pelas hordas estrangeiras. Entretanto, ninguém deu atenção a esta advertência. Roma foi, efectivamente, incendiada e pilhada. Depois da retirada dos invasores, os Romanos personificaram e divinizaram esta voz profética, de que, infelizmente, eles tinham negligenciado a advertência, deram-lhe o nome de *Aius Locutius*.

ÁJAX (o Grande). Demasiado idoso para tomar parte na guerra de Tróia ao lado dos Gregos, Télamon, rei de Salamina, enviou os seus dois filhos, Teucro e Ájax. Este último, na *Ilíada*, passa por ser o mais valente dos guerreiros, depois de Aquiles: sozinho, repeliu um contra-ataque dos Troianos que ameaçavam incendiar os navios gregos. Notabilizou-se em combates singulares e atingiu mesmo Heitor. Mas, como estava escrito que este último só poderia morrer pela mão de Aquiles, Ájax aceitou uma trégua. Depois da morte de Aquiles, Ájax e Ulisses disputaram entre si as armas do herói, e Ulisses ganhou; possuído por um acesso de loucura, Ájax saiu então, de noite, da sua tenda, e degolou os rebanhos, pensando que estava a matar guerreiros. Quando recuperou a consciência, foi objecto de gozo de todos e, perante tal desonra, atirou-se sobre a sua própria espada, suicidando-se. Sempre pronto a envolver as narrativas míticas com metamorfoses e metáforas, Ovídio conta que o sangue de Ájax deu origem a uma flor, o jacinto, cujas primeiras letras são também as primeiras letras do nome Ájax (*Aias* em grego). Télamon vingou a morte do filho atraindo os navios de Ulisses contra os recifes da costa do seu reino. O túmulo de Ájax foi construído no cabo Reteu. Foi prestado culto ao herói, em Salamina, e foi-lhe dedicado especialmente um templo.

ÁJAX (o Pequeno). Ájax, filho de Oileu, rei dos Lócrios, foi chamado «Ájax, o Pequeno», não só por causa da sua estatura, mas também em comparação com o Grande Ájax, filho de Télamon. Ele armou umas quarenta embarcações e lutou com valentia, embora cruelmente, contra os Troianos. A sua história, relatada por Homero e Virgílio, mostra-o a perseguir Cassandra, filha de Príamo, até dentro do templo de Atena, de onde a teria levado à força, embora ela se tivesse abraçado à estátua da deusa. Ultrajados por este sacrilégio, os próprios Aqueus quiseram lapidar o herói demasiado audaz. Mas este pôde fugir por mar, com a sua frota. Atena, encolerizada, provocou uma tempestade de que ele escapou, refugiando-se num recife. Aí, desafiou solenemente os deuses. Posídon que, até então, o tinha protegido, encolerizado, abriu o recife com um golpe do tridente e submergiu Ájax, o ímpio, nas ondas. Não contente com este castigo, Atena enviou sobre a Lócrida uma peste e uma fome que ameaçaram aniquilar todos os Lócrios. Consultaram o oráculo de Delfos. Este declarou que a deusa se acalmaria se, cada ano, durante mil anos, fossem enviadas para Tróia duas jovens gregas. Se elas conseguissem escapar aos Troianos e chegar ao templo de Atena, poupar-se-lhes-ia a vida e tornar-se-iam sacerdotisas do templo. Este costume foi, diz-se, respeitado.

Alba-Longa. Esta cidade da Itália, situada não longe de Roma, foi fundada por Ascânio, filho único de Eneias. Este rei teve muitos sucessores lendários, entre os quais Tiberino, que se afogou nas águas do rio Álbula, depois chamado «Tibre», e Sílvio Procas, pai de Numitor e Amúlio, e avô de Rómulo e Rémo. Na Antiguidade, Alba era considerada uma das cidades fundadoras de Roma.

ALBÚNEA. Graças aos seus dons de profecia, esta ninfa, que se conta entre as mais famosas sibilas da Itália, dava os seus oráculos num bosque, perto de Tíbur, onde o rio Ânio (hoje Teveron) forma uma bela queda de água e se precipita no Tibre com um barulho semelhante ao do trovão, que passava por ser a voz do próprio Júpiter. Como, por outro lado, havia ali perto águas sulfurosas e um lago de onde saíam vapores venenosos, os Romanos pensavam que estes lugares eram directamente inspirados pelos deuses.

ALCÁTOO. Filho de Pélops e Hipodamia, Alcátoo obteve a mão de Evecme, filha de Megareu, matando no monte Citéron um leão monstruoso que semeava o terror. Depois instalou-se na Beócia, no trono de Onquesto. O seu reinado foi marcado sobretudo pela construção das muralhas de Mégara, destruídas pelos Cretenses de Minos, e pela edificação de uma das duas cidadelas da cidade. Nesta gigantesca empresa, Alcátoo recebeu a ajuda de Apolo; a pedra sobre a qual o deus tinha pousado a sua lira conservou, por muito tempo, a propriedade de emitir sons quando se batia nela.

ALCESTE. Esta filha do rei Pélias, bela entre as mais belas, tinha incontáveis pretendentes que disputavam a sua mão. O seu pai tinha decretado que daria a jovem em casamento àquele que fosse capaz de atrelar animais ferozes ao carro real. O rei da Tessália, Admeto, conseguiu-o e pôde casar com Alceste. Ela ofereceu a sua vida em troca da do marido, que tinha ofendido Ártemis. Envenenou-se e a sua alma desceu ao Tártaro. Segundo uma lenda, Perséfone, tocada por tão grande amor, restituiu-a à luz. Segundo uma outra tradição, Héracles, hóspede de Admeto, desceu aos Infernos, enfrentou Tânato, a Morte, e tirou-lhe Alceste. Ela tornou-se o modelo da ternura conjugal.

ALCÍNOO. Neto de Posídon, Alcínoo era o mais célebre rei dos Feaces, povo mítico que habitava a ilha Esquéria, identificada com Corcira. Com sua mulher Arete e sua filha Nausícaa, ele dava sempre hospitalidade aos estrangeiros, e muito particularmente aos náufragos. Os argonautas fizeram uma escala no seu palácio e o mais conhecido entre os seus hóspedes, Ulisses, encontrou refúgio em sua casa, com os companheiros, depois de uma tempestade que os atirara, desprovidos de tudo, para as costas da ilha. Alcínoo reconfortou os heróis e ofereceu-lhes os seus jardins mágicos, onde amadureciam, todo o ano, os frutos mais raros. Reconduziu Ulisses até às costas da sua pátria e deixou-o adormecido sobre a areia. Posídon, irritado com os cuidados concedidos ao herói, transformou o navio de Alcínoo em pedra e destruiu o porto dos Feaces.

ALCÍONE. Filha de Éolo, rei dos Ventos, Alcíone casou com Ceíce, filho da Estrela da manhã. Uma tal união tinha de ser feliz. Foi-o, sem dúvida, demasiado, pois suscitou a inveja de Zeus e de Hera, aos quais os dois esposos costumavam comparar-se. Foram transformados em alcíones. Segundo uma outra versão deste mito, Ceíce teve de deixar Alcíone para consultar um oráculo. A sua embarcação naufragou durante uma tempestade levantada pela cólera de Zeus. O infeliz Ceíce morreu afogado. Advertida, num sonho que lhe enviou Morfeu, deus do Sono, e durante o qual ela ouviu Ceíce anunciar-lhe a sua morte, Alcíone precipitou-se em direcção ao mar e aí descobriu o corpo do esposo rejeitado pelas ondas. Desesperada, atirou-se ao mar. Foi logo transformada num alcíone, de canto lamentoso. O marido ternamente amado sofreu a mesma metamorfose. A partir de então, nunca mais se deixaram e o casal tornou-se símbolo da fidelidade conjugal. Para assegurar a postura e a posteridade do alcíone, os deuses benéficos ordenaram a Éolo que acalmasse os ventos durante os sete dias que precedem o solstício de Inverno e os sete dias seguintes.

Conhece-se ainda uma outra Alcíone, por quem se apaixonou Posídon, que lhe deu uma posteridade considerável. Esta Alcíone pertence ao número das sete Plêiades.

ALCIONEU. 1. Um dos Gigantes revoltados contra os deuses do Olimpo, Alcioneu combateu Héracles nos campos Flégrios, na Macedónia. Mas cada vez que o Gigante caía por terra, de quem tinha nascido, levantava-se de novo. Héracles transportou-o aos ombros para uma outra região e matou-o com um golpe de flecha.

2. Segundo uma outra lenda, **Alcioneu** era um jovem belo de Delfos que foi escolhido em sortes para ser dado como alimento a Lâmia, um terrível monstro que devastava a região. Durante o caminho que o levava ao sacrifício, Alcioneu cruzou-se com outro jovem, Euríbato, que, apaixonado por ele, se ofereceu para ser sacrificado em seu lugar. Ao chegar diante do antro do monstro, Euríbato conseguiu dominar Lâmia e esmagar-lhe a cabeça. No lugar do monstro brotou uma fonte que tomou o nome de Síbaris.

ALCÍTOE. Esta filha de Mínias foi transformada em morcego por ter recusado juntar-se ao cortejo dos mistérios de Dioniso. Suas irmãs, Leucipe e Arsipe, viram-se atingidas de loucura por lhe ter seguido o exemplo. Leucipe devorou o próprio filho, antes de fugir com Arsipe para a montanha onde Hermes transformou uma em mocho e outra em coruja.

ALCMENA. Filha de Eléctrion, rei de Micenas, Alcmena aceitou casar com Anfitrião, apesar de assassino de seu pai, na condição de ele vingar a morte dos seus irmãos. Estando ele ausente, foi seduzida por Zeus, que tomara a aparência do seu marido. Este, quando voltou vitorioso dos combates, soube da infidelidade involuntária da mulher e quis queimá-la numa pira. Zeus socorreu a infeliz apagando as chamas com uma chuvada repentina. À morte de Anfitrião, Alcmena seguiu os seus dois filhos, Íficles, filho de seu marido, e Héracles, filho de Zeus, nas suas façanhas. Ela sobreviveu-lhes e teve de fugir para Atenas, depois da morte de Héracles, para escapar ao ódio de Euristeu. Quando este pereceu, Alcmena arrancou-lhe os cabelos. Ela voltou, depois, a Tebas, onde viveu até idade avançada. Quando morreu, Zeus conduziu-a à ilha dos Bem-Aventurados, onde ela casou com Radamante, um dos três juízes dos Infernos.

ALCMÉON. Irmão de Anfíloco e filho do adivinho argivo Anfiarau e Erifile, Alcméon foi escolhido para comandar a expedição dos Epígonos contra Tebas. Erifile, depois de ter recebido como presente o peplo de Harmonia, oferecido por Tersandro, encorajou o seu filho a partir, tal como tinha ordenado ao marido para participar na primeira guerra contra Tebas, na qual ele iria perecer. Mas o destino de Alcméon, ao longo da guerra, iria ser menos trágico. Vitorioso, Alcméon matou, com as suas próprias mãos, Laodamante, o filho de Etéocles, e voltou à sua pátria para matar a mãe, que os tinha encorajado, a ele e ao pai, a empreenderem guerras de onde, em segredo, ela esperava que não voltassem. O matricídio suscitou a cólera das Erínias: Alcméon fugiu da sua pátria, encontrou ajuda e purificação em casa do rei Fegeu, em Psófis, e casou com Arsínoe, a filha do seu protector, à qual ofereceu o colar e o peplo de Harmonia. Sobreveio então uma terrível seca no país que tinha ousado receber o assassino da própria mãe, e Alcméon retomou o caminho errante até ao rio Aqueloo, que o purificou de novo e lhe concedeu a filha, Calírroe, em casamento. Esta reclamou, por seu lado, os atributos de Harmonia.

Alcméon voltou, então, à corte de Fegeu para reclamar os preciosos objectos, argumentando que desejava oferecê-los ao deus Apolo. Mas Fegeu soube logo a verdade e a falsidade de que a sua filha Arsínoe era vítima; fez perecer, então, o hóspede hipócrita. Ele teve como filho Acárnan.

ALEGORIAS. Sem genealogia nem mito, as alegorias são as representações divinizadas de abstrações morais como a Virtude, políticas como a Paz ou a Vitória, sociais como a Pobreza, físicas como a Saúde. Desconhecidas pela maioria dos Gregos, elas aparecem tardiamente entre os Romanos que, pouco a pouco, as multiplicaram, lhes ergueram estátuas e dedicaram cultos, por vezes mesmo templos, e realçam os seus caracteres e atributos respectivos.

ALFEU. Este deus-rio da Élida, filho de Oceano e de Tétis, viu um dia a ninfa Aretusa que, para se distrair da caça, se banhava nas suas águas. Apaixonado, pôs-se a persegui-la até à ilha Ortígia, onde a alcançou, quando Ártemis, compadecida, transformou a sua companheira em fonte. Entretanto, o deus não renunciou à empresa e, atravessando o mar, foi misturar as suas águas às ondas tão amadas pela ninfa-fonte. A esta lenda junta-se outra: Ártemis, ela própria perseguida por Alfeu, cobriu o rosto com lama, e as companheiras fizeram o mesmo. O deus, incapaz de a reconhecer, recuou sob os risos trocistas das ninfas.

ALOÍDAS. Dá-se este nome a Efialtes e Oto, filhos de Posídon e Ifimedia. Aos nove anos, já se distinguiam pela sua estatura gigantesca. Cheios de desmesurada audácia, empreenderam a tarefa de empilhar o Ossa sobre o Olimpo, e o Pélion sobre o Ossa, para atingir a morada dos deuses e lhes roubar as deusas Ártemis e Hera, por quem estavam apaixonados. Começaram por acorrentar Ares, que puseram num jarro de bronze, de onde o deus da Guerra só foi libertado por Hermes cerca de treze meses depois. Mas os Aloídas não puderam executar o seu projecto. Irritado pela sua presunção, Apolo trespassou-os com as suas flechas. Pretende-se ainda que Ártemis, com a aparência de uma corça, passou velozmente entre os dois: logo Efialtes e Oto lançaram cada um a sua seta, falhando o animal e matando-se um ao outro. Nos Infernos, foi-lhes infligido um castigo exemplar. Foram ligados com serpentes a uma coluna à volta da qual uma coruja pia com ar lúgubre.

ÁLOPE. Rei de Elêusis, na Arcádia, Cércion, filho de Hefesto, tinha uma filha, Álope, que Posídon seduzira. Não ousando confessar a sua falta, a infeliz deu à luz uma criança que logo abandonou. O recém-nascido foi alimentado por uma égua e recolhido, depois, por pastores, que constataram que ele estava envolvido em paninhos principescos. Esta notícia chegou aos ouvidos de Cércion que descobriu, assim, o erro da filha. Condenou-a então à morte, enterrando-a viva, mas os deuses, por piedade, transformaram-na em nascente.

ALTEIA. Casada com o rei de Cálidon, Eneu, Alteia é a mãe de muitos filhos, entre os quais a lenda reteve, essencialmente, os nomes de Meleagro e Dejanira. Mas diz-se também que esta última fora gerada por Dioniso. Este deus, apaixonado por Alteia, pediu a Eneu que lhe emprestasse a esposa. Em recompensa, Eneu teria recebido a plantação da vinha, até então desconhecida no seu reino. Depois da caça ao javali de Cálidon, Alteia enforcou-se por ter causado voluntariamente a morte a Meleagro.

AMALTEIA. Segundo muitas tradições, Amalteia era a ninfa que recolheu Zeus quando Reia o subtraiu à voracidade de seu pai Crono. Amalteia transportou o menino para o monte Ida. Aí, ele foi alimentado com leite de uma cabra com cuja pele fez depois o seu escudo. Mas, segundo outras versões da mesma lenda, Amalteia é o nome da cabra que amamentou o bebé divino, quando as ninfas do Ida o adoptaram. O divino bebé, de leite ainda, era já dotado de um tal vigor que um dia partiu um dos chifres do animal. Ele ofereceu-o às ninfas compadecidas, prometendo-lhes que ele se encheria de tudo o que elas pudessem desejar. Tal é uma das origens míticas do famoso «corno da abundância», ligando-se a outra à lenda do deus-rio Aqueloo.

AMATA. Esposa de Latino, rei do Lácio, Amata dera à luz um filho, que morreu em tenra idade, depois a uma filha, Lavínia, que ela pensava unir ao seu sobrinho Turno, rei dos Rútulos. Mas os oráculos decidiram de outro modo. O rei latino concedeu a filha a Eneias, que acabava de desembarcar nas costas do seu Estado. Hostil ao herói troiano, e aos seus companheiros, Amata convenceu Turno a declarar-lhe guerra. Mas a sorte da guerra seria favorável aos estrangeiros e fatal a Turno, que pereceu durante uma batalha. Quando soube da derrota e da morte do chefe dos Rútulos, Amata suicidou-se.

AMAZONAS. As Amazonas pertencem a uma raça de mulheres guerreiras que, segundo os mitógrafos antigos, viviam no Cáucaso e na Ásia Menor, à beira da ribeira Termodonte, onde elas fundaram a cidade de Temoscira. Governadas por uma rainha, as Amazonas não aceitavam a presença de homens, senão uma vez por ano, para perpetuar a sua raça. Diz-se que matavam os recém-nascidos do sexo masculino. Montadas a cavalo, protegidas por uma armadura e um elmo, percorriam as regiões da Ásia Menor, vivendo da pilhagem e da rapina. Estas magníficas atiradoras ao arco queimavam o seio direito para facilitar os movimentos durante os combates. Numerosos heróis lutaram contra estas mulheres, tão estranhas quanto cruéis. Héracles foi encarregado por Admete, a filha de Euristeu, de ir roubar à rainha das Amazonas, Hipólita, o cinto encantado que Ares lhe oferecera como presente. Ela aceitou dar este objecto ao herói quando Hera, metamorfoseada em Amazona, percorreu a Ásia Menor clamando que Héracles queria raptar a rainha. Imediatamente, todas as Amazonas pegaram em armas e, durante a luta, Héracles matou Hipólita. No reinado de Teseu, as Amazonas invadiram a Ática e puseram cerco a

Atenas para se vingarem do rapto da sua rainha Antíope. Foram, no entanto, repelidas pelos Atenienses. Tendo-se aventurado na Lícia, foram também vencidas por Belerofonte. Pausânias mistura a sua lenda com a da guerra de Tróia. Sob o comando da sua rainha Pentesileia, as Amazonas vieram em socorro de Príamo, já quase destronado pelos Gregos. Mas quando a rainha foi morta por Aquiles, elas pararam logo o combate. Amantes da caça e dos exercícios violentos, veneravam muito especialmente Ártemis de Éfeso, deusa de múltiplos seios, em honra da qual elas foram as primeiras a instituir um culto.

Ambrósia. Homero considera a ambrósia o alimento dos deuses. À base de mel, sofria numerosas preparações, que iam desde os perfumes mais suaves até aos licores mais saborosos. Ela possuía as propriedades mágicas que tornavam os deuses invulneráveis e asseguravam aos homens, admitidos nas hostes dos heróis, a juventude eterna, a felicidade perfeita e a imortalidade. Muitas vezes, a ambrósia era servida ao mesmo tempo que o néctar, bebida doce proveniente da destilação refinada de certas plantas.

ÂMICO. Este rei dos Bébrices, filho de Posídon, tinha o hábito de obrigar os estrangeiros que passavam nas suas terras a combater com ele em luta livre. No fim das competições, Âmico, que saía sempre vencedor, matava quase sempre os seus adversários. No entanto, quando os Argonautas desembarcaram no seu reino, Pólux propôs-se para o desafio que lhes lançava o rei. Durante o combate aguerrido, ele acabou por dominar o temível gigante e arrancou-lhe a promessa de deixar, a partir de então, os estrangeiros em paz.

AMIMONE. Quando Dánao, pai das Danaides, chegou à Argólida, encontrou a região devastada por uma seca enviada por Posídon. Ele enviou as suas cinquenta filhas, e Amimone em particular, à procura de pequenos pontos de água. Uma vez, estando Amimone meio adormecida, um sátiro aproximou-se e quis seduzi-la. Ela invocou Posídon que, com o tridente, repeliu o importuno e fez brotar, de um rochedo, uma nascente que teve o nome da Danaide. O deus apaixonou-se imediatamente por Amimone e desta união nasceu Náuplio, o fundador da cidade de Náuplia.

AMINTOR. Rei dos Dólopes, Amintor, marido de Cleobula, tinha um filho, Fénix. Mas a criada do rei acusou Fénix de ter tentado seduzi-la. O pai, ultrajado, cegou o filho e amaldiçoou-o declarando-lhe que nunca mais teria um filho. Este filho iria tornar-se um dos companheiros de Aquiles durante a guerra de Tróia. Amintor opôs-se, depois, à entrada de Héracles nos seus territórios e recusou-lhe mesmo a filha Astidamia. O herói foi obrigado a matar o rei renitente e a raptar Astidamia, de quem teve um filho.

AMIZADE. Divindade alegórica honrada na Grécia e em Roma, a Amizade era representada com os traços de uma jovem com vestido apanhado de lado, coroada de flores e de ramos de mirto e tendo, numa das mãos, uma parra cheia de uvas.

AMORES. No Império Romano, muitos se deleitaram a representar os Amores com os traços de pequenos anjinhos alados, companheiros habituais de Vénus, que a ajudavam na sua «toilette». Tocavam música; entregavam-se, para se distraírem, a prazeres violentos, como a caça, ou a forjar armas. Cedo simbolizaram as estações e foram descritos em atitudes diversas e típicas, conforme a época do ano: como ceifeiros ou vindimadores, por exemplo. As pinturas de Pompeios multiplicaram os Amores em cenas mitológicas que aí encontramos. Fazem-nos intervir como génios benéficos, nos sentimentos que uniram Helena a Páris, Ariana a Dioniso, ou Marte a Vénus.

ÂMPELO. Filho de um sátiro e de uma ninfa, personificação da vinha, Âmpelo, companheiro de Dioniso, morreu muito jovem, mortalmente ferido por um touro. Outras versões da sua lenda dizem que ele caiu dos ramos de um olmo, cobertos de panas, ao qual tinha subido para colher cachos de uvas. A pedido de Dioniso, foi colocado no céu entre as constelações.

Ampsancto, Lago. Pequeno lago situado entre a Apúlia e Sâmnio, não longe de Eculano, capital do povo dos Hirpinos. Das suas águas exalavam vapores tóxicos e nauseabundos, que eram, por isso, considerados pelos antigos como sinal da proximidade dos Infernos.

ANA PERENA. Sobre esta antiga e misteriosa divindade romana, as tradições diferem. Ela teria sido divinizada por ter salvo da fome, fabricando bolos, a plebe refugiada no cimo do monte Sagrado, na altura da secessão. Entretanto, Ovídio dá-lhe uma outra origem. Depois da morte de Dido, a irmã Ana fugiu de Cartago para Itália, onde Eneias a acolheu com uma benevolência quase culpável. Lavínia, esposa de Eneias, planeou fazer perecer Ana que, advertida em sonho por sua irmã Dido, se pôs em fuga e se precipitou no rio Numício, onde foi transformada em ninfa. O sobrenome *Perenna*, que lhe foi dado mais tarde, identificava-a talvez com a noção de imortalidade, ou com o decurso do ano que se repete eternamente.

ANAXÁRETE. Esta jovem de Chipre, amada pelo pastor Ífis, não concedia a este amante senão um soberano desdém. Desesperado, o jovem enforcou-se na pardieira da porta da sua bem-amada. De modo algum comovida por este suicídio, Anaxárete, alguns dias depois, debruçou-se na janela para ver passar o cortejo fúnebre de Ífis. Esta marca de insensibilidade desagradou à deusa Afrodite, que petrificou a jovem.

ANCEU. Filho de Licurgo e pai de Agapenor, e chefe do contingente arcádio na expedição grega contra Tróia, Anceu sucedeu a Tífis como piloto do navio *Argo*, durante a expedição dos Argonautas.

ANDRÓGEO. Filho de Minos e de Pasífae, este magnífico atleta cretense foi o grande vencedor das Panateneias. Entretanto, a sua vitória fez sombra à glória de Atenas: assim, por instigação de Egeu, rei da cidade, Andrógeo foi morto pelos seus infelizes concorrentes. Com a ajuda de Zeus, que enviou sobre Atenas fome e peste, Minos vingou a morte do filho organizando uma expedição contra a Ática. Para pôr termo ao flagelo que devastava a sua terra, os Atenienses consultaram o oráculo e foram obrigados a enviar, cada ano, para Creta, um grupo de sete jovens e sete moças destinados a ser devorados pelo Minotauro.

ANDRÓMACA. Ela é filha de Eécion, rei de Tebas da Mísia; foi esposa de Heitor e a mãe de Astíanax. O destino abateu-se sobre esta mulher, cuja fidelidade conjugal e dignidade são citadas como exemplo por todos os escritores antigos. Ela viu, de facto, perecer, à mão de Aquiles, seu pai e os sete irmãos, durante a guerra de Tróia; e, segundo uma tradição, também o filho, que teria sido precipitado do alto das muralhas da cidade. Poupada durante o saque e o incêndio da cidade, ela coube em sortes a Neoptólemo, filho de Aquiles. Assim, teve de casar, contrafeita, com o filho do assassino de toda a família. Deste segundo casamento, ela teve três filhos: Píelo, Molosso e Pérgamo. Quando Neoptólemo morreu, ela casou ainda com Heleno, irmão mais novo de Heitor, em lembrança do primeiro marido, de quem tinha ficado viúva inconsolável. Morreu na Ásia, para onde tinha seguido o filho Pérgamo, que fundou, segundo a lenda, a cidade que teve o seu nome.

ANDRÓMEDA. Cassiopeia, esposa de Cefeu, rei da Etiópia, cometeu um dia a imprudência de elogiar a beleza da filha Andrómeda e pretender que esta ultrapassava a das Nereides. Posídon, irritado com o desdém manifestado para com as filhas, enviou um monstro marinho para devastar a região. Quando Cefeu consultou o oráculo de Ámon, foi-lhe respondido que o seu reino seria libertado deste flagelo se Andrómeda fosse sacrificada ao deus. Amarraram-na, então, a um rochedo situado à beira do mar. Esta esperava para ser devorada. Mas Perseu, entretanto, desembarcou na costa da Etiópia, socorreu Andrómeda e matou o monstro. Depois casou com ela. Irritado, um irmão de Cefeu, Fineu, ao qual Andrómeda estava prometida, juntou partidários seus e atacou o herói durante a festa do casamento. Graças à cabeça da Górgona, que Perseu segurava, todos os assaltantes foram petrificados. Andrómeda seguiu com o marido para a Grécia. Teve numerosos filhos, entre os quais figuram Esténelo e Eléctrion. Depois da sua morte, esta digna esposa foi colocada entre as constelações setentrionais, junto das de Perseu, Cefeu e Cassiopeia.

ANFIARAU. Filho de Ecles e de Hipermnestra, Anfiarau tinha como bisavô o adivinho Melampo, e tinha herdado deste antepassado o dom da profecia. Possuía igualmente sólidas qualidades de coragem e resistência, e pôde ser contado no número dos heróis. Tendo afastado Adrasto do trono de Argos, acabou por se reconciliar com ele e casou com a sua irmã Erifile, que deu à luz Alcméon e

Anfíloco, bem como duas filhas. Depois de ter tomado parte na caça ao javali de Cálidon, na expedição dos Argonautas, foi solicitado para ir combater com mais seis chefes contra Tebas. Anfiarau, que previra o infeliz desenlace da expedição e a própria morte próxima, recusou. Entretanto, estabelecera-se uma convenção, entre ele e Adrasto, que estipulava que, em caso de contestação, Erifile serviria de árbitro. Polinices, conhecendo a garridice desta mulher, ofereceu-lhe um colar que os deuses trouxeram a Harmonia, por altura do seu casamento com Cadmo. Seduzida, Erifile ordenou a Anfiarau que partisse imediatamente contra Tebas. Anfiarau condescendeu e pediu a seus filhos que o vingassem mais tarde. Os Argivos, como previra Anfiarau, foram vencidos e afastaram-se à pressa de Tebas. Zeus, durante a fuga, abriu a Terra com o seu raio, e Anfiarau desapareceu. O deus dos deuses concedeu-lhe entretanto a imortalidade e o poder de continuar os oráculos em Argos e na Ática.

ANFÍCTION. Este segundo filho de Deucalião e de Pina não é tão célebre como seu irmão Heleno, pai de todos os Gregos, mas tem um papel importante no mito da fundação de Atenas. Rei da Ática, deu-lhe, com efeito, o seu nome e consagrou-a à deusa Atena, criando também a liga da Anfictionia, que reunia, numa só comunidade, religiosa, e depois política, as doze maiores cidades da Grécia. Rei muito piedoso, recebeu Dioniso na sua corte e foi o primeiro, segundo um ditado, a ordenar sabiamente que se misturasse água no vinho.

ANFÍLOCO. Juntamente com Alcméon, é um dos dois filhos do adivinho Anfiarau, marido de Erifile; participou na expedição dos Epígonos e, no regresso, ajudou talvez seu irmão a matar a própria mãe. No entanto, as Erínias, que se insurgiam contra Alcméon, deixaram Anfíloco em paz. Possuindo, como seu pai, o dom da profecia, ele combateu contra Tróia e superou o adivinho oficial dos Gregos, Calcas. Depois, partiu para a Cilícia, fundou Malo, mas teve de disputar a soberania desta cidade com um outro adivinho, Mopso. Em combate singular, ambos pereceram. Apesar disso, as suas almas reconciliaram-se e concederam oráculos. As questões dos solicitadores eram inscritas em tabuinhas e a resposta era-lhes dada em sonho.

ANFÍON. Filho de Zeus e de Antíope, irmão gémeo de Zeto, Anfíon foi abandonado pela mãe logo à nascença, que temia o castigo de seu pai, e confiado aos pastores do monte Citéron. Foi lá que cresceram os gémeos. Anfíon, dotado para a música, foi notado por Apolo, que lhe ofereceu uma lira; Zeto preferia os exercícios violentos, a luta e os trabalhos do campo. Sua mãe, acorrentada por Lico, seu tio, foi miraculosamente libertada das grilhetas e conseguiu juntar-se-lhes; revelou-lhes a sua origem e incitou-os ao assassínio. Anfíon e Zeto voltaram a Tebas, mataram Lico e amarraram a esposa, Dirce, pelos cabelos, aos chifres de um touro selvagem, que a arrastou sobre os rochedos até que a morte a colheu. Neste lugar brotou uma fonte que teve o seu nome. Senhores de Tebas, os dois irmãos governaram a cidade com muito cuidado e construíram muralhas. Bastava a Anfíon tocar lira para que as pedras, encantadas, viessem colocar-se, por si próprias, e formar os muros, luminoso símbolo da harmonia da arquitectura com a música na Grécia. Enquànto Zeto casava com Tebe, heroína epónima da cidade que, antes, se chamava Cadmeia, Anfíon tomava por esposa Níobe, a filha de Tântalo. Mas todos os seus filhos pereceram por terem insultado Leto, a mãe de Apolo e de Ártemis. Diz-se que Anfíon foi morto pelos golpes justiceiros dos dois deuses e precipitado no Tártaro por ter gerado uma raça insolente.

ANFITRIÃO. Este filho de Alceu, rei de Tirinte, matou acidentalmente o seu tio Eléctrion, pai de Alcmena, e, banido da cidade, refugiou-se em Tebas, onde foi purificado do assassínio pelo rei Creonte. Pediu, então, a mão de Alcmena, que o tinha seguido. Mas antes de ceder, esta exigiu do futuro marido que vingasse a morte dos seus irmãos, mortos pelo filho do rei Ptérelas. Creonte aceitou protegê-los, se o seu reino fosse liberto da raposa de Teumeso, enviada por Dioniso. Satisfeita esta condição, a expedição punitiva desembarcou na ilha de Tafos, cuja capital era impenetrável: com efeito, Ptérelas conservava na sua cabeleira um cabelo de ouro que o tornava invulnerável. Sua filha Cometo, por amor a Anfitrião, cortou o cabelo fatal e a morte do pai permitiu a vitória. Mas o herói não mostrou qualquer reconhecimento à jovem e condenou-a à morte, enquanto oferecia o reino dos Táfios a Céfalo. Voltou, por fim, para junto de Alcmena e gerou Íficles, que nasceu um dia antes de Héracles, seu meio-irmão. Anfitrião morreu pouco depois, durante um combate contra os Mínias, comandados por Ergino.

ANFITRITE. Como Hera é esposa legítima de Zeus, Perséfone a de Hades, também Anfitrite, filha de Nereu e de Dóris, se unira a Posídon pelos laços do matrimónio. Este deus tinha-a, de facto, avistado quando ela brincava na praia com as irmãs, as Nereides, e desejara tê-la por esposa. Ela fugiu e veio refugiar-se junto de Atlas, nos longínquos limites do mar. Um golfinho transportou-a e entregou-a ao deus do Mar, que fez dela mãe de Tritão.

ANGERONA. Desta divindade muito antiga, da religião romana, os comentadores antigos ignoram os atributos. Para os modernos, ela seria a divindade que introduz o Sol: a sua festa tem lugar no dia do solstício de Inverno. Mas os Romanos representam-na com um dedo nos lábios ou um bocejo na boca. Este silêncio que Angerona reclama é, sem dúvida, o silêncio do mundo dos Mortos, de que ela seria, então, uma das divindades.

ANGUÍTIA. Conhecemos mal os atributos exactos desta divindade romana, venerada pelos Marsos, na região do lago Fúcino. Perita na arte de preparar venenos e antídotos, dotada para encantar serpentes, ela conhecia as palavras mágicas que afastam os demónios. É, muitas vezes, assimilada, nas lendas helénicas, a Circe e a Medeia.

Anigro. Esta ribeira da Elida, que desagua no mar Jónio, era conhecida na antiguidade por causa do gosto desagradável das suas águas. Para explicar esta particularidade, conta-se que os Centauros, feridos por Héracles, se tinham banhado nelas e lhe tinham transmitido o seu odor selvagem.

Animais sagrados. Na mitologia greco-romana, constatamos que alguns animais possuem um lugar de relevo nas lendas dos heróis e dos deuses. A este respeito, costuma estabelecer-se uma distinção entre animais de sacrifício e animais que simbolizam, de algum modo, os deuses e que lhes estão associados. Entre os primeiros, podemos citar o cordeiro, a ovelha, o boi, os porcos. Entre os segundos, que são incontáveis, é costume reter a águia, símbolo majestoso do poder supremo, sempre associada a Zeus, o deus dos deuses, a serpente, consagrada às divindades ctónicas, a coruja, ave profética da deusa Atena, a pomba, tão branca como a deusa Afrodite, quando saiu da espuma do mar; o lagarto é o animal de Apolo, o peixe o de Ártemis, o cão o animal familiar a Hécate. O galo é consagrado ao deus Asclépio, o pavão a Hera. Alguns animais, por fim, puxam os carros das divindades; tais são os leões de Cíbele ou os cavalos de Posídon e de Hades. Não podemos, no entanto, falar de uma adoração do próprio animal, como na religião egípcia. Através deles, adoram-se os deuses. Não se trata de divindades, são meros emblemas sagrados.

ANQUISES. Ele possui o privilégio de ser o pai de Eneias, fruto de seus amores com Afrodite. Mas esta última tinha ordenado a Anquises que não revelasse a sua união. Ora, Anquises, perturbado por numerosas libações, cometeu a indiscrição de revelar a sua felicidade. Zeus, para o castigar, atingiu-o com um golpe do seu raio. Segundo uns, ele teria recebido apenas um pequeno ferimento; para outros, teria ficado coxo e cego. Parente de Príamo, Anquises encontrava-se em Tróia com o filho no momento da tomada desta cidade. Idoso e entrevado, teria encontrado uma morte certa se Eneias não tivesse carregado com ele até ao navio, no qual puderam fugir. Mas Anquises não viria a atingir o Lácio. Morreu ao largo da Sicília e foi enterrado junto do monte Érice.

ANTENOR. Cunhado de Príamo e marido de Teano, irmã de Hécuba, Antenor pertenceu ao conselho de Tróia e passava por ser um espírito sábio e pacífico. Por várias vezes tentou apaziguar as dissensões entre Gregos e Troianos, para não deixar que os dois povos se confrontassem. Recebeu a embaixada grega, conduzida por Ulisses e Menelau, que vinha reclamar Helena aos Troianos. Mesmo durante a guerra, ele tentou, muitas vezes, celebrar uma trégua. Acusado de traição, em razão da sua prudência e das suas reservas sobre o conflito, que ele julgava pernicioso para a causa e existência de Tróia, ficou a dever a sua vida à chegada dos Gregos que, conhecedores dos seus esforços, o pouparam, a ele, à esposa e filhos e aos próprios bens. Pôde deixar livremente a cidade em chamas e chegou à costa do Adriático, onde fundou, no território dos Vénetos, a colónia de Pádua.

ÂNTEROS. Este deus grego é irmão de Eros. Nascido da mesma mãe, Afrodite, possui, segundo os casos, dois atributos: Ânteros vinga o irmão quando os mortais se recusam ao amor ou o traem; mas também se lhe opõe, pois nos seus corações ele substitui a paixão pela antipatia e pela aridez; opõe-se, assim, às uniões monstruosas, impedindo o regresso ao Caos primordial; na desordem do amor, ele é um factor de organização e ponderação.

ANTEU. Este gigante monstruoso, filho de Geia e de Posídon, vivia no deserto da Líbia. Alimentava-se de leões. Atacava sem distinção todos os viajantes e atacava-os cruelmente, pois tinha prometido a seu pai, Posídon, que lhe construiria um templo com crânios humanos. Héracles, em busca do pomo de ouro das Hespérides, encontrou-o, no seu caminho, e, por três vezes o deitou ao chão. Mas, cada vez que o gigante tocava o solo, Geia concedia-lhe novas forças. Tendo descoberto o segredo deste vigor miraculoso, Héracles levantou-o da terra e, com as mãos poderosas, estrangulou-o.

ANTICLEIA. Esposa de Laertes, Anticleia não pôde suportar a ausência do filho Ulisses, e, sem notícias dele durante longos anos, morreu de desgosto. Antes do casamento ela vivera na intimidade de Sísifo, que uma versão da lenda dá, por vezes, como verdadeiro pai de Ulisses.

ANTÍGONA. 1. Filha de Édipo e de Jocasta, irmã de Ismena, Etéocles e Polinices, Antígona teve uma vida penosa e uma morte atroz, mas nunca renunciou à dedicação e à grandeza de alma, incomparáveis na mitologia. Quando o seu pai foi expulso de Tebas por seus irmãos, e quando, de olhos vazados, ele teve de mendigar o alimento ao longo dos caminhos, Antígona serviu-lhe de guia, procurou, até ao fim da sua existência, dar-lhe conforto e ajudá-lo nos seus últimos momentos em Colono. Depois voltou a Tebas; mas aí uma nova e cruel provação a esperava. Os irmãos disputavam entre si o poder e Polinices, que partira à procura de socorro em Adrasto, rei de Argos, voltou com uma armada estrangeira para sitiar a cidade e combater contra o seu irmão Etéocles, como se de um inimigo se tratasse. Depois da morte dos dois irmãos, Creonte, seu tio, tomou o poder em Tebas; realizou um funeral solene a Etéocles, mas proibiu de dar sepultura a Polinices: é que ele ousara pegar em armas contra a própria pátria, com a ajuda de estrangeiros. Assim, a alma de Polinices não conheceria nunca o repouso. No entanto, Antígona, que considerava sagrado o dever de sepultar os mortos, aproximou-se uma noite do corpo de seu irmão e, segundo o mito, pôs-lhe por cima alguns punhados de terra. Surpreendida por um guarda e conduzida à presença de Creonte, ela ouviu a condenação à morte e foi encarcerada viva no túmulo dos Labdácidas. Em vez de morrer à fome, preferiu enforcar-se. Hémon, o próprio filho de Creonte, e seu noivo, desesperado, suicidou-se. Eurídice, esposa de Creonte, não pôde suportar a morte deste filho, que ela amava acima de tudo, e pôs termo à própria vida.

2. Conhecemos igualmente uma **Antígona** filha de Eurítion, rei da Ftiótida, que casou com Peleu.

ANTÍLOCO. Exposto, logo à nascença, no monte Ida, este herói foi encontrado por seu pai Nestor, rei de Pilos, e acompanhou-o a Tróia. Durante um combate, segundo a tradição mais comum, sucumbiu aos golpes do etíope Mémnon. As suas cinzas foram depostas junto às dos seus amigos Aquiles e Pátroclo. Os três heróis reencontraram-se na morada dos Bem-Aventurados, na ilha Branca, onde, em felicidade total, continuam eternamente os seus feitos e festins.

ANTÍNOO. Filho de Eupites de Ítaca, aparece na *Odisseia* como chefe dos pretendentes de Penélope. Orgulhoso e brutal, multiplicou as más acções no palácio de Ulisses: tentou matar Telémaco, cuja presença o estorvava, delapidou os bens de Penélope; insultou o porqueiro Eumeu, que viera para introduzir um mendigo na sala onde este jantava com os companheiros. Ulisses, disfarçado na pele do mendigo, matou Antínoo quando este levava uma taça aos lábios.

ANTÍOPE. A sua beleza foi fatal a esta filha do deus-rio Asopo ou do rei tebano Nicteu. Zeus, apaixonado, seduziu-a na forma de um sátiro; assustada, e com medo do castigo paternal, Antíope fugiu e encontrou refúgio em casa do rei de Sícion, Epopeu, que casou com ela. Mas Lico, irmão de Nicteu, apoderou-se de Sícion, matou o rei e trouxe a sobrinha de volta para Tebas. No caminho, Antíope deu à luz dois gémeos, Anfíon e Zeto, que ela teve de abandonar e que foram recolhidos por pastores. Perseguida por Dirce, esposa de Lico, teve direito ao favor dos deuses: foi libertada e pôde reencontrar os filhos que a vingaram do tratamento indigno que sofrera. Lico e Dirce foram mortos, mas Dioniso não quis deixar impunes estes assassínios e atingiu Antíope com a loucura. Ela andou errante por toda a Grécia até ao dia em que Foco, neto de Sísifo, a curou e a desposou.

APOLO. Uma das doze grandes divindades do Olimpo, Apolo nasceu em Delos, onde sua mãe, seduzida por Zeus, veio refugiar-se para escapar ao furor ciumento de Hera. Apolo teve uma irmã gémea, Ártemis, com a qual é muitas vezes representado nas lendas.

Quando soube do seu nascimento, Zeus ofereceu ao filho uma mitra de ouro, uma lira e um carro puxado por cisnes. Alimentado com néctar pela deusa Témis, o recém-nascido tornou-se, em alguns dias, um magnífico adolescente, que partiu, no seu carro, munido de um arco e de flechas, para o país dos Hiperbóreos. Depois de aí ter ficado um ano, voltou a Delfos e começou a sua carreira. Distinguiu-se, de facto, não longe desta cidade, matando a serpente Píton, que vivia numa caverna do monte Parnaso. Mas os seus amores são ainda mais célebres. De radiante beleza, grande estatura, seduziu numerosas ninfas, como Corónis, que lhe deu um filho, Asclépio, que

Zeus em cólera fulminou. Apolo, para se vingar do deus soberano, atingiu e matou, com as suas flechas, os Ciclopes que tinham forjado o raio. Irritado com tanta presunção, Zeus expulsou então Apolo do Olimpo. Conhecem-se outros amores deste deus: ele amou a ninfa Dafne que, para lhe escapar, foi transformada em loureiro; seduziu a ninfa Clítia, filha de Oceano, e transformou-a em heliótropo, quando, abandonada, ela revelou ao pai de Leucótoe, sua rival, os novos amores do divino amante. Durante a sua estadia na Terra, Apolo encontrou uma agradável hospitalidade junto do rei Admeto, de quem guardou o rebanho. É por isso que o deus passava muitas vezes por ser o protector dos animais. Quando o seu exílio terreno acabou, ele teve a permissão de voltar ao Olimpo Os Gregos multiplicaram-lhe os atributos e conferiram-lhe, por vezes, um carácter funesto. É assim que ele é olhado como o deus do Castigo fulminante. Todas as mortes súbitas são resultado dos ferimentos que provoca com os seus golpes. Por vezes, ele condena a humanidade a uma morte mais lenta, e mais horrível ainda, enviando-lhe a peste. No entanto, Apolo é, antes de tudo, aos olhos dos Gregos, um deus amável e o chefe das profecias e da adivinhação: a Pítia fala em seu nome; inspirador de músicos e poetas, ele é então chamado Apolo Musageta, a divindade tutelar de todas as artes, o símbolo do Sol e da luz civilizadora. Pode dizer-se, sem contradição, que Apolo reflecte, para os Gregos, o génio artístico do seu país, o ideal da juventude, da beleza e do progresso.

AQUELOO. Este rio, o maior da Grécia, limita a Etólia e a Acarnânia. Foi objecto de múltiplas lendas. Filho de Oceano e de Tétis, ele é irmão de mais três mil rios, aos quais impunha a sua soberania. Aparece ao longo do ciclo das doze tarefas de Héracles, com quem disputa Dejanira: vencido pelo herói num primeiro combate, Aqueloo voltou à carga na forma de uma enorme serpente; depois, quase a ponto de ser estrangulado, na forma de um touro furioso. Mas foi domado, mais uma vez, por Héracles, que lhe quebrou um dos chifres, que se tornou no emblema do corno da abundância. Alguns autores antigos interpretaram este mito como símbolo da fertilidade de um rio venerado mais do que todos os outros pelos Antigos, e ao qual, segundo os conselhos do oráculo de Dodona, sempre se faziam sacrifícios. Quatro ninfas, que, nas suas margens, se tinham esquecido de o invocar nas suas orações, foram levadas pelas suas águas encolerizadas, e foram metamorfoseadas em ilhas (as Equínades).

Aqueronte. O rio Aqueronte corre no Epiro. Perde-se num vale profundo. Considerando o seu aspecto sinistro, e a etimologia do seu nome, («aquele que arrasta as dores»), bem como a sua fuga das entranhas da Terra, os Antigos consideraram-no um rio dos Infernos que as almas dos mortos, na barca de Caronte, deviam atravessar, antes de residir na sua morada definitiva. Para dar conta da origem deste rio muito importante, os Gregos inventaram uma lenda que lhe atribui Hélio como pai e, como mãe, Geia. Tendo fornecido a água aos Titãs quando estes se revoltaram contra os Olímpicos, Aqueronte foi precipitado por Zeus nos Infernos. Nos textos literários latinos, Aqueronte designa, muitas vezes, as profundezas dos Infernos.

AQUILES

OCEANO = TÉTIS
ASOPO = MÉTOPE
EGINA = ZEUS
ÉACO = ENDEIS
PELEU = TÉTIS
AQUILES

AQUILES. O maior dos heróis gregos, Aquiles, foi longamente cantado por Homero na *Ilíada*. A sua glória atravessou os séculos. A sua lenda enriquecida de mil detalhes. Também, por simplificação, distinguimos geralmente o Aquiles da tradição homérica e o das tradições pós-homéricas. Filho de Tétis e de Peleu, rei da Ftia na Tessália, Aquiles, confiado a Fénix, aprendeu deste sábio preceptor a arte da eloquência e o manejo das armas. Diz-se igualmente que recebeu do centauro Quíron lições de medicina. Ávido de glória e grandes feitos, seguiu, na companhia do seu inseparável amigo Pátroclo, os dois heróis gregos Nestor e Ulisses, que sitiavam Tróia. Ele preferia, apesar das advertências de Tétis, uma vida curta, mas gloriosa, a uma existência mais longa, mas obscura. A sua beleza, bravura, firmeza de espírito e a preciosa protecção que lhe deram Hera e Atena, contribuíram para aumentar a sua fama. Entretanto, o carácter do herói tinha algumas fraquezas: sombrio, excessivo nas suas paixões e rancores, ele abandonou a luta quando Agamémnon lhe tirou Briseida, a bela cativa por quem se apaixonara. Privados do seu apoio, os Gregos experimentaram derrota sobre derrota. Mas, ao saber da morte de seu amigo Pátroclo, morto por Heitor, Aquiles saiu da sua reserva e revestiu-se de uma armadura mágica, forjada por Hefesto a pedido de Tétis. Entrou de novo na batalha. Matou Heitor em combate singular e arrastou o corpo do seu inimigo à volta da cidade de Tróia, aos olhos dos Troianos apavorados. Depois, acalmando-se, acabou por consentir, num belo gesto de piedade, em restituir os restos mortais de Heitor ao rei Príamo, seu pai. Os dias do herói estavam, porém, contados. Aquiles não iria presenciar a vitória final dos Gregos. Caiu, diante das portas Ceias, junto das muralhas de Tróia, atingido pela mão de Páris, guiado por Apolo. Foi amortalhado, entre choros e lamentos, na margem do Helesponto.

Segundo tradições posteriores, Tétis tentou, por várias vezes, conseguir para o seu filho Aquiles a imortalidade. Para isso, ela esfregava-o de dia com ambrósia e, de noite, mergulhava-o no fogo. Por fim banhou-o nas águas do Estige. O corpo de Aquiles tornou-se invulnerável, à excepção do calcanhar, por onde sua mãe o tinha segurado. Quando a guerra de Tróia eclodiu, Tétis recomendou ao filho que se disfarçasse de mulher e se misturasse, sob o nome de Pirra, no grupo das filhas do rei Licomedes, para escapar à pressão dos guerreiros. Mas Ulisses, informado pelo adivinho Calcas de que a presença de Aquiles nas fileiras da armada dos

Gregos era necessária para garantir a vitória, obrigou Aquiles a segui-lo. Mais tarde, durante o cerco de Tróia, ele esteve quase a trair os seus aliados por amor a Políxena, filha de Príamo, mas pereceu, atingido no calcanhar por uma flecha. É verdade que estas narrações tardias, se não acrescentam nada à glória de Aquiles, também não conseguiram desvanecer a adoração dos Gregos pelo seu herói preferido, que, segundo uma tradição corrente, passaria uma eternidade feliz na ilha Branca, na foz do Danúbio, ou nos Campos Elísios.

De facto, bem mais do que um herói, Aquiles foi considerado, na Antiguidade, um semideus e venerado em muitas regiões da Grécia. Dedicaram-lhe templos e um culto, nomeadamente em Esparta e em Élis. Imaginaram-no numa vida póstuma radiante, rodeado de divindades com quem partilhava a existência e os prazeres numa alegria sem fim, apenas interrompida por festins e combates sem conta.

ARACNE. Esta jovem da Lídia, filha de Lídmon e de Cólofon, cidade famosa pelas suas tinturarias de púrpura, distinguia-se na arte da tecelagem. Chegou mesmo a vangloriar-se de levar a melhor sobre Atena, fiadora acreditada do Olimpo. A deusa aceitou o desafio. Mas Aracne teceu uma peça onde estavam figurados os amores dos deuses olímpicos com uma tal perfeição que Atena não pôde aí reprovar absolutamente nada. Encolerizada, a deusa destruiu a obra da sua rival, bateu-lhe de tal modo que a infeliz, cheia de terror e mortificada, enforcou-se com uma corda. Atena transformou-a, então, em aranha. Alguns mitógrafos modernos puseram a hipótese de esta lenda estar ligada à rivalidade entre o comércio dos tecidos atenienses e o dos artigos têxteis provenientes da Lídia.

ÁRCADE. Filho de Zeus e de Calisto, Árcade foi morto por Licáon e servido como banquete a seu pai, que se apressou a ressuscitá-lo. Tornado rei dos Árcades, ele desposou Leanira, filha de Amiclas, rei de Esparta; teve dois filhos: Élato, Afidas, e um terceiro, Ázan, nascido da ninfa Érato. Ele ensinou aos seus a arte de fiar a lã e de semear o trigo. Foi, com a mãe, transformado em urso e colocado entre as constelações. Os três filhos partilharam o seu reino.

ARES. Filho de Zeus e de Hera, Ares pertence à geração dos doze grandes deuses do Olimpo. No entanto, nunca teve um lugar importante no culto grego. Deus da Guerra e da Luta, o seu aspecto brutal, o seu comportamento violento e agressivo, o seu amor pela carnificina e pelas batalhas não o tornam, de facto, simpático, nem aos mortais nem mesmo aos deuses. De igual modo, as lendas representaram-no, muitas vezes, em combates, em situações perigosas, de onde nem sempre sai vencedor. Durante a guerra de Tróia, ele toma geralmente o partido dos Troianos. Tem de confrontar-se com a bravura de alguns heróis, e também com a inteligência calculadora e ponderada da deusa Atena. Deste modo, vemos Ares, ferido pelo herói Diomedes, a quem Atena prestara ajuda, fugir aos berros em direcção ao

Olimpo. O deus não é mais feliz com Héracles, que lhe atinge a coxa com uma das suas flechas. Os Aloídas têm-no preso num vaso de bronze durante longos anos, enquanto os deuses seus irmãos se comprazem a humilhá-lo e a reunir-se em tribunal para o julgar culpado de assassínio. Os amores de Ares com as mortais são numerosos, pois apesar do seu carácter bárbaro o deus possui alguma beleza, madura e viril. Mas os filhos que gera são seres sem valor, salteadores, violentos, como o bandido Sicno, Diomedes da Trácia, Licáon ou Enómao. Entre as imortais, só Afrodite concebeu um amor louco por Ares, que simbolizava, em toda a sua potência, a força passional e sensual. Importado da Trácia, este culto não se espalhou muito na Grécia. Compreende-se que os Gregos, cujo espírito era dado a subtilezas da razão e finuras da inteligência, tenham manifestado alguma repugnância em relação a um deus que, no fundo, tanto pela sua origem, como pelo seu carácter e atributos, lhes era um pouco estranho. Ao contrário, os Romanos tiveram grande estima por ele e confundiram-no com Marte.

ARETUSA. Companheira de Ártemis, esta Nereide foi transformada em fonte para escapar às provocações do deus-rio Alfeu.

ARGO. 1. Primeiro filho de Zeus e de Níobe, Argo foi um dos reis da cidade do mesmo nome.

2. Conhecemos igualmente, com este nome, um téspio construtor do navio *Argo*, no qual embarcaram os Argonautas.

3. Um outro **Argo**, filho de Frixo e da cólquida Calcíope, depois de ter naufragado foi resgatado pelos Argonautas e participou na expedição.

4. O mais célebre dos **Argo** tinha o sobrenome de Panopto («aquele que vê tudo»). Gigante de cem olhos e de força temível, dedicou-se a várias façanhas e matou, de modo particular, um touro selvagem que devastava a Arcádia. Matou também o monstro Equidna. Confiando nas suas capacidades, Hera encarregou Argo de vigiar constantemente Io, amante de Zeus, que ela transformara em novilha. O gigante, de facto, dormia apenas com cinquenta olhos, enquanto os outros permaneciam abertos. Entretanto, Hermes, às ordens de Zeus, conseguiu, graças ao som encantatório da sua flauta, mergulhar o temível guardião num sono profundo, e pôde, assim, decepar-lhe a cabeça. Como lembrança do seu defunto servidor, Hera colocou os cem olhos de Argo sobre as penas do seu animal sagrado, o pavão.

ARGONAUTAS. Chamam-se assim os heróis que se dirigiram, por mar, para a Cólquida, sob a direcção de Jasão, para trazer a Pélias, rei de Iolco, desejoso de afastar o sobrinho do trono, o velo de ouro do carneiro consagrado a Ares pelo rei da Cólquida, Eetes. Cerca de cinquenta, os ilustres argonautas, entre os quais citamos Jasão, Admeto, Anfíon, Tideu, Teseu, Héracles, os Dioscuros, Orfeu e uma multidão de outros heróis, embarcaram no navio *Argo*, construído sob a direcção de Atena, nos bosques de Dodona. Podemos seguir, segundo a narração de Apolónio de Rodes, a viagem dos ilustres navegadores. O seu périplo conduziu-os, primeiro, à ilha de Lemnos, depois levou-os à ilha de Samotrácia, onde, a conselho de Orfeu, se iniciaram nos mistérios. Tendo atravessado o Helesponto, os Argonautas ancoraram na costa da ilha de Cízico, país dos Dolíones, governado pelo rei Cízico, que os acolheu com todas as honras da hospitalidade. Mas, depois de deixarem a ilha, foram apanhados numa tempestade imensa e atirados para o território de Cízico, numa noite sombria. Os indígenas não reconheceram os seus hóspedes da véspera e, tendo-os tomado por piratas, travaram contra eles uma luta sem tréguas, durante a qual o seu rei foi morto por Jasão. De manhã cedo, os combatentes dos dois campos aperceberam-se do engano e, com jogos e veladas fúnebres, prestaram honras aos restos mortais do rei e dos seus guerreiros. Depois de ter deixado a ilha, *Argo* fez escala na costa da Mísia, onde Hilas foi arrastado para as águas por ninfas que se apaixonaram por ele. Héracles e Polifemo, que partiram à sua procura, foram abandonados pelos companheiros, que levantaram âncora e partiram em direcção ao país dos Bébrices, onde reinava Âmico, que eles mataram, bem como aos seus. Chegados à Trácia, os Argonautas, com a ajuda dos Boréadas, Cálais e Zetes, conseguiram libertar o adivinho Fineu das Harpias que o atormentavam sem cessar. Em agradecimento, o adivinho deu aos seus hóspedes conselhos sobre o modo de evitar os perigos que corriam naquela viagem. Os Argonautas puderam, assim, sem grandes problemas, passar entre as Simplégades, rochas flutuantes, que, empurradas uma contra a outra por correntes contrárias, esmagavam os navios. Depois de terem atingido o mar Negro, chegaram à Cólquida, país de Eetes, possuidor do Velo de ouro. Com a ajuda de Medeia, filha do rei, Jasão pôde apoderar-se dele e retomar o caminho do mar. Medeia, que fugira com os Argonautas, matou o irmão, Absirto, e espalhou-o em pedaços pelo caminho, para impedir Eetes, ocupado em recolher os restos mortais do filho, de continuar a perseguição. Este gesto criminoso desagradou, porém, a Zeus, que enviou contra o navio *Argo* uma poderosa tempestade. Um adivinho declarou que só Circe poderia purificar os heróis criminosos. *Argo* tomou então o curso do Erídano (o Pó) e do Ródano, depois desceu em direcção ao Mediterrâneo e chegou à Sardenha e a Eeia, o reino de Circe, onde fizeram escala; a maga purificou os Argonautas, e eles puderam retomar o mar.

Resistiram aos cantos melodiosos das Sirenes, graças a Orfeu, que, com a sua lira, ultrapassou as perigosas magas, e passaram depois incólumes entre Cila e Caríbdis, e atingiram a Corcira, o país dos Feaces. O rei Alcínoo, amigo de Eetes, pediu-lhes que restituíssem Medeia, mas apenas se ela fosse virgem. Assim, Jasão apressou-se a desposar aquela que tão fielmente o tinha seguido. O navio dirigiu-se para a Líbia, para Creta, onde o gigante Talo, que matava todos os estrangeiros, sucumbiu aos encantos de Medeia e abriu as veias do próprio pé, o que lhe provocou a morte. Quando os Argonautas deixaram esta ilha, envolveu-os, repentinamente, uma noite de breu. Eles suplicaram a Febo que os iluminasse. O deus atendeu-os e os navegadores conseguiram aproximar-se da pequena ilha das Espórades. A partir de então, o périplo atingia o seu termo. Depois de terem desembarcado em Egina, dirigiram-se para Iolco, com o precioso Velo de ouro.

Esta imensa viagem seria, para alguns mitógrafos, a imagem de uma empresa de colonização no Ponto-Euxino, e na Ásia Menor, ou então o símbolo da descoberta, no Cáucaso (antiga Cólquida), de maravilhosas minas de ouro.

Argos. Na mitologia grega, são conhecidas várias cidades com este nome. A mais célebre foi fundada pelo deus-rio Ínaco, ou, segundo uma outra tradição, por seu filho Foroneu, ou ainda por seu neto Argo. Mas esta primeira raça real foi destronada por Dánao, e os seus descendentes, por seu lado, foram afastados por Pélops. Bem cedo o reino foi dividido em dois Estados independentes: Micenas, que foi governada por Atreu e seu filho Agamémnon, e Argo, que conheceu um novo esplendor sob o reinado de Orestes. Na altura da invasão dórica, o conjunto do Peloponeso, e Argos em particular, coube a Témeno, depois aos seus descendentes.

ARIADNE. Esta filha de Minos e de Pasífae apaixonou-se por Teseu, que viera a Creta, e forneceu-lhe o fio que permitiu ao herói ateniense não se perder nos corredores sinuosos do Labirinto e matar o Minotauro. Raptada por Teseu, Ariadne foi, segundo a tradição mais corrente, abandonada na ilha de Naxo, uma das Cíclades. Dioniso encontrou-a adormecida e desposou-a, oferecendo-lhe, no noivado, uma coroa de ouro que ele colocou, em seguida, no número das constelações.

ARÍON. Este poeta de Lesbos viveu, certamente, no VIII século a.C. Foi considerado o inventor da poesia ditirâmbica. Tocava com perfeição a cítara. Obteve do amigo Periandro, tirano de Corinto, a permissão de partir para a Sicília, onde tinha lugar um concurso de canto e poesia. Ganhou aí o primeiro lugar. Cheio de presentes, embarcou no navio para voltar ao seu país. Mas os marinheiros invejaram as suas riquezas e decidiram matá-lo. Apolo apareceu então em sonho a Aríon, revelou-lhe o perigo que corria, e prometeu-lhe protecção. Quando os marujos se atiraram sobre ele, Aríon pediu-lhes que lhe concedessem um último favor: o de tocar cítara e cantar pela última vez. Uma multidão de golfinhos, atraídos pela melancólica e terna melodia, rodearam o navio e, quando Aríon, depois de ter acabado o canto, se atirou ao mar, um deles transportou-o sobre o dorso até ao cabo de Ténaro, de onde o herói pôde chegar a Corinto e confundir os marinheiros, que foram supliciados por ordem de Periandro.

ARÍSTEAS. Conhecemos com este nome um poeta épico que viveu, julga-se, pelo século VI a.C., mas cuja biografia se reduz a uma série de contos fabulosos. Meio mago, Arísteas tinha o poder de desaparecer quando queria e de ressurgir em épocas e lugares diferentes. Pertenceu, por alguns anos, ao número dos companheiros de Apolo, e seguiu este deus nas suas viagens pelo país dos Hiperbóreos.

ARISTEU. Seduzida por Apolo, a Nereide Sirene deu à luz um filho, Aristeu, que tinha por antepassado o deus-rio Peneu. A sua educação foi confiada ao centauro Quíron e às ninfas, que lhe ensinaram o modo de cultivar a oliveira, de preparar o leite, e sobretudo a arte de amestrar as abelhas. Sua esposa, Autónoe, filha de Cadmo, deu à luz um filho, Actéon, que devia perecer transformado em veado e devorado por cães. Aristeu nem sempre foi fiel a Autónoe; ele gostava de perseguir as ninfas, as Dríades, e particularmente Eurídice, por quem estava apaixonado. Esta, ao fugir dele, calcou uma víbora e morreu da mordedura. As Dríades vingaram a irmã fazendo perecer todas as abelhas de Aristeu. Este último, envolto em lágrimas, foi ter com a mãe e pediu-lhe conselho. Sirene enviou-o ao adivinho Proteu, que proferia os oráculos, mas de tão mau humor que era preciso agrilhoá-lo para que não pudesse escapar-se. Proteu deixou-se finalmente enternecer e aconselhou o sacrifício de quatro touros e quatro novilhos para acalmar os manes de Eurídice. Quando voltou, nove dias depois do sacrifício, Aristeu avistou milhares de abelhas que surgiam das entranhas dos animais: os deuses tinham-lhe perdoado. Compreende-se que, aluno das ninfas, conhecedor das técnicas agrícolas, Aristeu tenha sido colocado no número das divindades agrestes em diversas regiões da Grécia, nomeadamente na Tessália, na Beócia e na Arcádia.

ARISTODEMO. Este Heraclida, filho de Aristómaco, preparou, juntamente com seus irmãos, Témeno e Cresfontes, a conquista do Peloponeso. Mas omitiu a consulta do oráculo de Apolo. Morreu fulminado. Era o pai de Eurístenes e de Procles, aos quais deixou o seu reino, a Lacónia, como herança.

ÁRTEMIS. Chamada Diana pelos Romanos, Ártemis é filha de Zeus e de Leto. Nasceu na ilha de Delos, no mesmo dia que Apolo, seu irmão gémeo, do qual recebe muitas vezes o carácter e os atributos. Armada com flechas, ela mata implacavelmente aqueles que, de um modo ou de outro, ousaram insultar a sua pessoa divina, e a de sua mãe, de modo especial os filhos de Níobe e Oríon, que tentaram seduzi-la. De um modo geral, ela é responsável pelas mortes repentinas: as suas flechas são sempre certeiras, fulminantes de rapidez e mortais; como Apolo, ela encontra-se ao lado dos Troianos contra os Gregos, e obriga Agamémnon, culpado de se vangloriar de a superar no tiro ao arco, a sacrificar-lhe Ifigénia, que ela salva no último instante. Bela, casta e virgem, desconfiada e ciumenta dos seus talentos de caçadora, ela puniu Actéon, que pretendia ultrapassá-la, transformando-o em veado e fazendo-o ser devorado pelos próprios cães. No mundo antigo, conhecemos, no entanto, várias Ártemis. Assim, na Táurida, era adorada uma Ártemis, deusa cruel, montada num carro puxado por touros. Ela trazia uma tocha na mão e a sua fronte era coroada com um crescente de lua. Sacrificavam-se-lhe os estrangeiros. Orestes, graças à sua irmã Ifigénia, pôde fugir e escapar a este costume selvagem. Uma outra Ártemis, a de Éfeso, difere da deusa tradicional: de facto, longe de recusar o amor, ela entrega-se-lhe sem restrição e alimenta, graças aos seus múltiplos seios fartos de leite, os homens e a Terra. Entretanto, apesar de todas estas confusões, a Ártemis grega permanece a caçadora e a casta, e é com estes traços e atributos que ela figura na maior parte das lendas.

Árvores. Símbolo da vegetação, de que elas são a mais poderosa e mais majestosa representação, as árvores têm um papel de primeira importância nas lendas. São a morada das ninfas Hamadríades que, num tipo de simbiose, vivem e morrem com elas. São encarnação da representação de certos deuses; assim, Zeus permanece nos carvalhos de Dodona e anima, com seu sopro, a folhagem que manifesta os seus oráculos; assim também o loureiro é a árvore de Apolo, a mirra a de Afrodite, a oliveira a de Atena. Por fim, são inumeráveis as divindades ou heróis e heroínas de mitos e lendas que foram transformados em árvore, porque tinham sido objecto da piedade dos deuses ou foram vítimas do seu castigo.

ASCÁLAFO. 1. Filho de Ares e de Astíoque, Ascálafo comandou um corpo de Mínias de Orcómeno contra Tróia e pereceu aos golpes de Deífobo, um dos filhos do rei Príamo.

2. Quando Hades permitiu a Perséfone voltar ao mundo dos vivos, desde que ela não tivesse comido nada durante a estadia nos Infernos, **Ascálafo**, um dos seus guardas, afirmou que a deusa tinha trincado uma romã, desprezando a advertência que lhe fora dada. Deméter, mãe de Perséfone, castigou o palrador e transformou-o em coruja.

ASCÂNIO. A tradição mais corrente faz de Ascânio o filho de Eneias e de Creúsa. Segundo outras versões da lenda, ele seria fruto da união de Eneias com Lavínia. Depois da ruína de Tróia, uma chama teria girado por cima da sua cabeça, e Eneias, neste fenómeno, teria descoberto um presságio favorável à busca de um novo domicílio, e decidiu fundar uma colónia em Itália. Geralmente, atribui-se ao filho de Eneias a construção de Alba-Longa. Reconhecemos-lhe o sobrenome *lulo* e é considerado antepassado da célebre família romana *lulia.*

ASCLÉPIO. Hesíodo e Píndaro contaram-nos a história deste deus da Medicina tão célebre na Antiguidade que os próprios Romanos o adoptaram e o veneraram sob o nome de Esculápio. Seduzida por Apolo, sua mãe, Corónis, filha de Flégias, rei da Tessália, não viria nunca conhecê-lo. A fazer fé na lenda, ela enganou o amante divino com um mortal, Ísquis; Apolo, informado da infidelidade da amante, matou-a. Mas, no momento em que o corpo de Corónis começava a ser consumido pela pira fúnebre, cheio de remorsos, o deus arrebatou o filho ainda vivo das entranhas da mãe já morta e confiou-o a Quíron. Asclépio aprendeu deste sensato e sábio centauro a arte de compor elementos e de fabricar remédios. Cedo adquiriu uma habilidade tal que, não só conseguia curar os doentes, mas até ressuscitar os mortos: Glauco, Tíndaro, Hipólito, em particular, devem-lhe o retorno à vida. Perante os lamentos de Hades, que temia ter de fechar as portas do seu reino por falta de candidatos, e que temia também que fosse prejudicada a ordem da natureza pelas curas miraculosas, Zeus fulminou, um dia, o demasiado zeloso Asclépio. Para vingar a morte do filho, Apolo matou os Ciclopes, fabricantes do raio, e foi punido pelos deuses, condenado a um curto exílio na Terra. Apesar da sua morte trágica, Asclépio teve direito, na Antiguidade, a honras divinas, e eram muitos os enfermos, cegos e doentes, que vinham aos seus santuários, nomeadamente a Epidauro, pedir a cura e o fim dos sofrimentos. Asclépio aparecia-lhes então em sonho e revelava-lhes o remédio que lhes devolvia a saúde. Trazia como emblema principal a serpente, símbolo ctónico e também imagem de renovação, pois este animal muda de pele a cada ano. Asclépio transmitiu os seus dons miraculosos aos seus filhos Macáon e Podalírio, médicos na armada grega diante de Tróia, à sua filha Hígia, deusa da Saúde, e aos seus descendentes, os Asclepíadas, que formavam uma confraria sacerdotal onde os «segredos» deste ilustre antepassado se transmitiam de pai para filho.

ASOPO. Este rio de Peloponeso, que desagua no mar de Corinto, foi divinizado. Como todos os rios gregos, ele fora gerado por Oceano e Tétis. Ele próprio tivera, de uma filha do rio Ládon, Métope, dois filhos e vinte filhas. Uma delas, Egina, foi raptada por Zeus, que se metamorfoseara em águia. Sísifo, rei de Corinto, correu a levar a notícia ao deus-rio, que, furioso, aumentou as suas águas e devastou toda a região. Zeus precipitou nos Infernos o denunciador e fulminou o pai indignado, cujas águas foram obrigadas, repentinamente, a voltar ao leito normal.

ASTÉRIA. Filha do Titã Ceu e de Febe, esposa de Perses e mãe de Hécate, Astéria transformou-se em codorniz para escapar aos intentos amorosos de Zeus; depois atirou-se ao mar e foi transformada numa ilha rochosa, que tomou o nome de Ortígia (do grego *ortux*, codorniz), antes de receber o de Delos, quando sua irmã Leto aí deu à luz Apolo e Ártemis.

ASTÉROPE. Ignora-se toda a descendência desta Plêiade. Sabe-se, apenas, que teve por marido um Titã.

ASTÍANAX. Por temerem uma eventual restauração do reino de Tróia, os Gregos mataram o herdeiro do trono, Astíanax, filho de Heitor e Andrómaca, precipitando-o do alto das muralhas da cidade.

ASTREIA. Justa e virtuosa, esta filha de Zeus e de Témis vivia entre os mortais durante os momentos felizes da idade de ouro. Mas quando a alma humana se perverteu, ela retirou-se, junto com sua irmã Pudor, da morada dos vivos e, sob o nome de *Virgo*, fixou-se nos céus entre os astros.

ATALANTA. As lendas beócias e arcádias atribuem a esta heroína o carácter de Ártemis, de quem é, talvez, uma das representações locais. Exposta à nascença por seu pai Íaso, que só queria filhos do sexo masculino, Atalanta foi alimentada com o leite de uma ursa e recolhida por caçadores que a criaram. Ela gostava da caça e dos exercícios violentos; atingiu, com suas flechas, os centauros Reco e Hileu, que tinham querido violentá-la, e durante a caça ao javali de Cálidon ela foi a primeira a atingi-lo. Mas a sua castidade pareceu a Afrodite um desafio. Para não se casar, Atalanta imaginou um estratagema. Todos os pretendentes seriam obrigados a disputar com ela uma corrida a pé. Se um deles saísse vencedor, o que parecia impossível, pois ela passava por ser a mais rápida e a mais ligeira das mortais, obteria a sua mão. Se fosse vencido, ela cortar-lhe-ia a cabeça. Foi assim que muitos pretendentes pereceram até ao dia em que Hipómenes, graças a um artifício, ganhou a corrida e casou com ela. Algum tempo depois do casamento, os esposos penetraram num santuário consagrado a Zeus, ou a Deméter, segundo uma outra versão, e entregaram-se aos exageros da paixão. Ultrajado por este acto de profanação, o deus transformou-os em leões.

ÁTAMAS. Filho de Éolo, este rei da Beócia desposou, em Orcómeno, Néfele, de quem teve dois filhos, Frixo e Hele. Mas este primeiro casamento, feito sem o consentimento dos dois esposos, não foi feliz; Átamas desviou a ternura para Ino, filha de Cadmo, de quem teve dois filhos, Learco e Melicerta. Hera, que concebera uma aversão profunda contra os dois esposos, atingiu Átamas com a loucura. Durante uma crise, ele matou Learco. Banido da Beócia, foi, para sua infelicidade, encontrar o oráculo de Delfos, que o aconselhou a que se instalasse lá onde os animais selvagens o convidariam para os seus repastos. Chegado à Tessália, Átamas encontrou lobos que devoravam um carneiro, e que fugiram quando ele se aproximou. Ele compreendeu logo que, segundo a tradição do oráculo, estava a chegar ao fim dos seus sofrimentos e fundou, no lugar do prodígio, a cidade de Álone. Reinou depois sobre toda a região que tomou o nome de Atamânia.

ATE. Uma das numerosas divindades alegóricas da mitologia, Ate, filha de Éris, a Discórdia, e de Zeus, personifica o erro fatal dos homens. Ela incita os mortais ao erro e à perdição. A deusa perdera o benefício de viver com os deuses do Olimpo. De facto, Zeus prometera dar ao seu futuro filho, Héracles, a supremacia sobre Micenas. Ora, induzida por Ate, Hera fez nascer antes dele Euristeu, que era também um descendente de Perseu, e que privou assim o meio-irmão do império que Zeus lhe destinara. Irritado com o mal que esta fizera, Zeus agarrou Ate pelos cabelos e atirou-a para a Terra proibindo-a, para sempre, de voltar à companhia dos deuses. Desde então, ela nunca mais deixou os mortais, em quem faz crescer a confusão e a quem induz em erro.

ATENA. Quando trazia no seio Atena, a deusa Métis foi engolida por

Zeus, seu amante, que temia que o filho que esta trazia no seio o destronasse. Mas o deus sentiu, pouco depois, violentas dores de cabeça. Hefesto abriu-lhe o crânio com um golpe de machado. Atena emergiu então do corte, logo armada e de elmo, dando um enorme grito de guerra. A deusa, uma das doze divindades do Olimpo, iria estar metida, de longe ou de perto, na maior parte das grandes narrativas cosmogónicas. Dotada de nobre razão, tendo adquirido de sua mãe o sentido da ponderação, ela tornou-se, de facto, para os deuses, uma preciosa conselheira; ajudou-os, em particular, a vencer os Gigantes. Entretanto, não hesitou em disputar com Posídon a posse da Ática. Enquanto o deus atingia a Acrópole com o tridente e fazia brotar um esplêndido cavalo de corrida, ou, dizem outras versões, um lago salgado, a deusa oferecia aos habitantes da região uma oliveira, símbolo da paz e também da riqueza. Estes últimos pensaram que a árvore lhes seria mais útil do que o cavalo, e escolheram, por fim, Atena como sua protectora. Veremos a deusa a proteger, sem cessar, os grandes heróis da Ática, e a maior parte dos chefes gregos durante a guerra de Tróia. Muito cedo se desenvolveram e multiplicaram os atributos da deusa. Ela deixou de ser a simples deusa casta que privou Tirésias da vista por o adivinho ter ousado olhá-la quando se banhava, ou que expulsou Hefesto do Olimpo, culpado de ter atentado contra a sua honra; ela não foi apenas a deusa da Guerra, portadora de couraça, égide, lança de ouro e escudo, onde surgia a cabeça de Medusa, em suma, como a representava Paládio: ela tornou-se a protectora do Estado, a deusa que garantia a equidade das leis, a sua justa aplicação, tanto nos tribunais como nas assembleias. Mas a lei não deve ser apenas para assegurar a perenidade de um Estado e de um povo: ela deve igualmente prover à prosperidade do país. Assim, Atena vela, com particular atenção, sobre a agricultura. Ela inventou, para comodidade dos homens, os instrumentos aratórios, que permitiram à terra ática fornecer melhor rendimento. Para além disso, a deusa protege cada família, vela sobre o entendimento e a castidade dos esposos, sobre a honra do lar e a saúde de cada um («Atena Hígia»). Por influência benéfica da razão e do pensamento reflexivo e subtil, Atena traz, às letras e às artes, a energia e a inspiração necessárias para um raiar espiritual expandido e constante. Por conseguinte, esta divindade aparece claramente como símbolo divino da civilização grega que, pela sua força guerreira, pela sua inteligência, ponderação, moderação

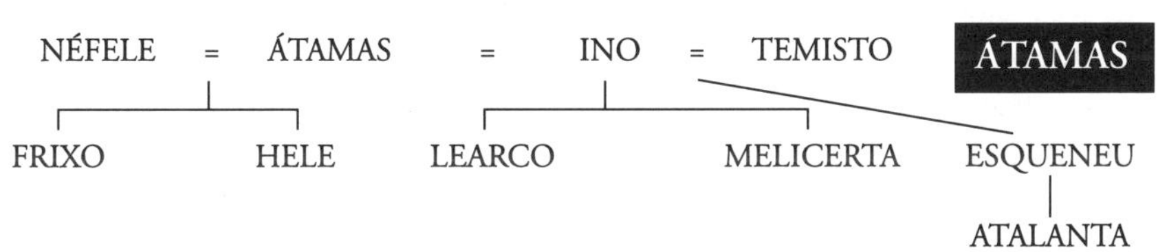

de costumes e beleza estudada dos seus monumentos artísticos e literários, soube impor o seu domínio sobre o mundo. Mais tarde, os Romanos identificaram-na com Minerva.

ATENAS. Esta cidade da Ática passa por ter recebido o seu nome da deusa Atena que, um dia, disputara a sua posse com Posídon. Ela oferecera à cidade uma oliveira, o que fez com que fosse escolhida como protectora por Cécrops, um dos primeiros reis mitológicos de Atenas. Sucederam-lhe outros príncipes lendários: entre eles, Egeu e o próprio filho Teseu. Este herói realizou, na cidade, importantes reformas políticas e sociais de carácter democrático. Reuniu os doze burgos independentes da Ática e deu-lhes Atenas por capital. Selou esta união com a celebração de festas: as Panateneias, as Sinoiquias, que todos os habitantes da Ática celebravam. Na época clássica, dizia-se que tinham sido encontradas as cinzas deste monarca e foram enterradas, com grande pompa, num templo, do qual ainda não foi possível determinar a localização exacta.

ÁTIS. O nome desta divindade é inseparável do de Cíbele e da sua lenda. Segundo a versão dada por Ovídio, a deusa desenvolveu, de facto, por Átis, belo e jovem pastor da Frígia, um amor violento, mas platónico; ela confiou-lhe o cuidado do seu culto e ordenou-lhe que permanecesse casto. Mas Átis traiu a promessa: apaixonou-se pela ninfa Ságaris e desposou-a. Irritada, Cíbele matou a rival e atingiu com a loucura o pastor desafortunado que, durante uma crise, se mutilou. Conta-se que depois a deusa arrependida ressuscitou Átis na forma de um pinheiro.

Atlântida. Segundo Platão, no *Crítias*, quando os deuses partilharam o mundo, Atena recebeu a cidade de Atenas, e Posídon a Atlântida, país dos Atlantes, imensa ilha situada a oeste das Colunas de Hércules. O deus viveu aí em companhia de uma jovem, Clito, que lhe deu dez filhos. O mais velho, Atlas, dividiu a ilha em dez Estados e apropriou-se da montanha central. Os reis da Atlântida, vassalos do rei, descendentes de Atlas, exploraram as riquezas naturais – cobre, ferro, ouro –, fundaram cidades e estabeleceram-se em palácios encantadores, construindo à volta da cidade muralhas e canais, propícios à defesa e ao comércio. Nove mil anos antes de Platão, eles tentaram dominar a África e a Ásia, mas foram repelidos pelos Atenienses e seus aliados. A ilha Atlântida, como punição dos vícios e do orgulho dos seus habitantes, foi submergida por Oceano. É provável que a Atlântida, país fabuloso, tenha sido confundido pelos Antigos com as ilhas dos Açores, sobre as quais os Fenícios contavam histórias maravilhosas. Ainda hoje um número considerável de autores não duvida da veracidade do conto de Platão, e procura identificar e localizar esta ilha, cuja existência permanece, apesar de tudo, muito hipotética.

ATLAS. 1. Filho de Jápeto e da Oceânide Clímene, este gigante pertence à primeira geração dos deuses. Junto com os irmãos, ele combateu

Zeus e, como punição do seu crime, foi condenado a carregar com o céu às costas. Conta-se também que Perseu lhe pediu hospitalidade, mas foi-lhe recusada. Irritado, o herói apresentou-lhe a cabeça da Medusa, e o Gigante, petrificado, foi transformado numa montanha chamada «Atlas», sobre a qual, segundo os Antigos, se apoiava a abóbada celeste. Na sua numerosa posteridade contam-se as Plêiades, as Híades, Maia, Díone, Calipso, Hias.

2. Conhece-se um outro **Atlas**, rei da Atlântida, que administrou o seu reino com tanta justiça e bondade que fez dela uma das mais ricas de toda a Terra.

ATREU. Como Etéocles e Polinices, e muitos irmãos na mitologia, Atreu e Tiestes, filhos de Pélops e Hipodamia, contraíram, um contra o outro, um ódio inexpiável. Depois de ter assassinado o meio-irmão Crisipo, Atreu teve de fugir com o irmão para Micenas, onde encontrou refúgio em casa do rei Esténelo. Tendo ficado livre a sucessão do trono, os dois irmãos disputaram o poder, imaginando, cada um, astúcias nefandas para eliminar o outro. Deste modo, Tiestes, ajudado pela cunhada Aérope, roubou o velo de ouro de um carneiro, que era posse do irmão, e propôs que aquele que possuísse o tal velo fosse escolhido como rei. Atreu, ignorando o roubo e certo da vitória, aceitou, com alegria, a proposta. Mas foi advertido em sonho por Hermes da perfídia de Tiestes; seguiu então o conselho do deus e declarou que, se o sol, ao levantar-se, invertesse o seu curso, ele, Atreu, seria proclamado rei. Ora o sol pôs-se a oriente, e Atreu tornou-se, deste modo, rei de Micenas. Convencido dos seus direitos e da protecção divina, imaginou então, contra seu irmão, as perseguições mais cruéis: não contente por ter massacrado os sobrinhos, serviu-os ao próprio pai como refeição. Incitou também Egisto a matar Tiestes. Mas Egisto apercebeu-se de que este último era seu pai e virou a espada contra o tio. De dois casamentos, Atreu tivera uns quantos filhos célebres nas lendas: de Cléola, neta de Pélops, Plístenes; de Aérope, viúva de Plístenes, Agamémnon e Menelau, segundo uma das tradições. De um terceiro casamento com Pelópia, Atreu não teve filhos.

ATRIDAS. A família dos Atridas, na qual se contam personagens famosas na mitologia, deve o seu nome a Atreu, que descendia de Tântalo e de Pélops. Esta família foi marcada pela crueldade de um destino que se enfurece sobre cada um dos seus membros e incita ao crime e a ódios inexpiáveis. Do mesmo modo, os grandes trágicos da Antiguidade encontraram nas lendas dos Atridas motivos de eleição para mostrar a desordem cruel das almas malditas ou abandonadas pelos deuses e pela esperança. É assim que vemos Atreu e Tiestes, os dois irmãos, inimigos até à morte; o rei Agamémnon assassinado pelo primo Egisto; Orestes, filho do rei, assassino da própria mãe Clitemnestra, perseguido pelas divindades infernais até ao dia em que, por fim, os deuses, em nova manifestação, concederam a Orestes repouso e serenidade, e trazem de volta à casa dos Atridas a paz dos corações.

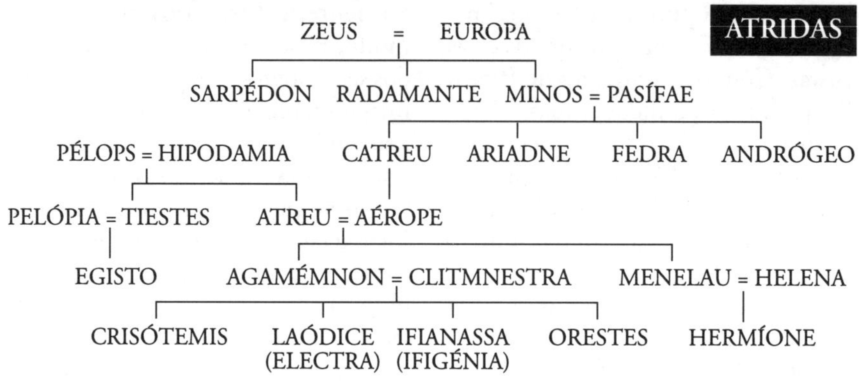

AUGE. Áleo, rei de Tégea, desposou Neera, de quem teve três filhos e uma filha, Auge. Em Delfos, tendo tomado conhecimento, pelo oráculo de Apolo, que o filho da sua filha mataria os tios, Áleo, de volta aos seus territórios, consagrou Auge ao culto de Atena, entregando-a assim à castidade perpétua. Algum tempo depois, Héracles, de passagem na corte do rei, ébrio, violentou Auge. Um filho nasceu, Télefo. Quando Áleo soube disto, vendeu como escravos a mãe e o recém-nascido. A jovem mulher foi levada para a Mísia, onde casou com o rei Teutras. Télefo acabou por matar, acidentalmente, os tios.

AUGIAS. Considerado, muitas vezes, filho do Sol e irmão de Actor, Augias, rei de Élis, participou com este na expedição dos Argonautas. O seu nome foi retido por causa do lugar que tomou na lenda de Héracles. Era dono de um rico e imenso rebanho, mas tinha cometido a negligência de não limpar os estábulos; Augias encarregou então Héracles deste trabalho, mas em troca o herói pediu ao rei um décimo do rebanho, comprometendo-se a realizar o trabalho num só dia. Héracles abriu uma brecha nos muros dos estábulos e fez passar por aí as águas dos rios Alfeu e Peneu. À tarde, tudo estava limpo e Héracles pediu a recompensa do seu trabalho. Augias, perjurando, recusou. Fileu, o próprio filho do rei, tomou o partido de Héracles perante o tribunal encarregado de julgar o diferendo: foram ambos condenados e expulsos de Élis, mas voltaram aí com uma armada; depois de combates incertos, Héracles tornou-se o senhor da cidade, matou Augias e pôs no seu lugar Fileu, que soubera permanecer fiel ao companheiro.

Auster. Equivalente latino do Noto grego, este vento do sul, quente e húmido, é representado pelos poetas com os traços de um velho sombrio e taciturno, anunciador da trovoada.

AUTÓLICO. Filho de Hermes e de Quíone, Autólico é o pai de Anticleia e avô de Ulisses. Ao longo da sua vida, ensinou a Héracles a arte de se servir dos punhos para abater os adversários. Participou na expedição dos Argonautas, mas é essencialmente conhecido, na lenda, como ladrão sem igual, pois possuía o poder de transformar a aparência dos animais de que se apoderava. Foi assim que pôde roubar os bois de Êurito, rei da Eubeia. Conta-se igualmente que roubou um elmo que ofereceu a Ulisses e que permitiu ao herói andar dentro da cidade de Tróia sem ser visto. Por fim, Autólico roubou uma parte do rebanho de Sísifo; mas este, que tomara a precaução de marcar os seus animais, facilmente se apercebeu do roubo. Uma versão da lenda diz que Sísifo, na sua cólera, seduziu Anticleia, a filha de Autólico, noiva de Laertes, e que foi assim o verdadeiro pai de Ulisses.

AUTOMEDONTE. Cocheiro do carro de Aquiles, Automedonte era natural da ilha de Siros, no mar Egeu. Partiu daqui à cabeça de um contigente de concidadãos para se alistar ao lado dos Gregos contra os Troianos. Era famoso pela sua doçura e sobretudo pela sua fidelidade. De facto, quando Aquiles morreu, Automedonte pôs-se ao serviço de Neoptólemo, filho do célebre herói. O nome Automedonte passou para a posteridade designando um cocheiro hábil e fiel.

Averno, Lago. Como os pântanos de Lerna ou o lago Ampsancto, o lago Averno, vizinho do promontório situado perto de Cumas, formara-se na cratera de um vulcão extinto. Das suas águas estagnadas exalavam vapores fétidos, que matavam as aves. Pensando que comunicava com o mundo infernal, os Romanos consagraram-no a Plutão, deus dos Infernos. Este lago estava rodeado de imensas árvores cujos cimos, curvando-se sobre as águas, formavam uma abóbada impenetrável aos raios do sol; não longe destas margens malditas, consultava-se um oráculo das Sombras, ao qual se dirigiu Ulisses, quando voltava de Tróia.

Aves. No culto greco-romano, as aves são animais de sacrifício e emblemas de certos deuses de quem lembram uma lenda ou uma tradição particular. Deste modo, a águia majestosa e temível é a encarnação de Zeus; a pomba branca, consagrada a Afrodite, representa o amor e a paz dos corações; o pavão, animal sagrado de Hera, deve a particularidade das suas penas à deusa, que colocou nelas os cem olhos de Argo; a coruja é a ave profética consagrada a Atena. Também, por vezes, nas lendas, algumas personagens são transformadas em aves: são, deste modo, subtraídos à cólera de um deus ou às suas assiduidades; ou ainda servirá esta metamorfose como sinal da piedade dos deuses ou da sua cólera. Pico foi transformado em picanço porque não quis ceder aos encantos amorosos da maga Circe; Corónis foi transformada por Atena em gralha para escapar ao assédio de Posídon; Aédon, a mãe inconsolável que matou, por desatenção, o próprio filho Ítilo, foi transformada em rouxinol; Perdiz, precipitado pelo próprio tio Dédalo do alto da Acrópole, tomou, no último momento, a aparência de uma perdiz. Por fim, algumas aves têm a sua lenda, como Fénix que, por ser incapaz de perpetuar a própria raça, se queima a si própria e renasce das próprias cinzas.

B

BACANTES. Seguidoras de Dioniso, as Bacantes acompanham o deus nos seus périplos, nomeadamente na longa viagem que realizou à Índia. Sem serem sacerdotisas, elas têm um papel importante na religião e no culto e aparecem, em especial, durante os mistérios e as festas celebradas em honra do seu senhor. Vestidas de peles de leão, o peito quase sempre desnudado, elas trazem o tirso, um tipo de lança envolta em parra e hera, e entregam-se a uma dança frenética que as mergulha em êxtase místico e lhes dá uma força prodigiosa e temível, de que alguns heróis foram vítimas infelizes. Chamam-lhes, então, *Ménades* («as Furiosas»). No entanto, do mesmo modo que as Musas, servidoras de Apolo, elas sabem inspirar os poetas com os seus poderes encantatórios.

BACO. Divindade romana do Vinho e da Vinha, do Deboche e da Licenciosidade, Baco, assimilado a Dioniso, não teve um papel importante na religião romana. Foi essencialmente venerado por um número restrito de iniciados, que se entregavam, durante os mistérios, as Bacanais, as orgias de que o Senado tentou combater as desordens a que davam lugar.

BATO. Hermes conduzia um rebanho que roubara a Apolo, quando encontrou no caminho um velho chamado Bato. Temendo que o seu roubo fosse descoberto, prometeu-lhe uma novilha na condição de este se calar. Depois, para o experimentar, o deus raptor mudou de aparência, fingiu que procurava um rebanho perdido e perguntou a Bato se não tinha visto passar o responsável por este desaparecimento; prometeu-lhe, ao mesmo tempo, uma recompensa. Bato traiu imediatamente o segredo. Hermes, indignado, transformou-o em rochedo.

BÁUCIS. Pela sua piedade e pela doçura da hospitalidade que concede, Báucis, esposa de Filémon, atraiu a si os favores de Zeus e de Hermes e, quando morreu, no extremo da velhice, foi transformada em tília, junto do marido, que fora transformado em carvalho.

BELEROFONTE. Filho de Glauco e neto de Sísifo, Belerofonte matou, ainda jovem, o tirano de Corinto, Belero. Banido da cidade por este crime, exilou-se em casa de Preto, rei de Tirinte, que o purificou do assassínio. Mas Estenebeia, esposa de Preto, apaixonou-se pelo herói, que a repeliu com desdém. Irritada, a rainha acusou-o de tentativa de violação: o rei acreditou nela; não querendo, no entanto, matar o seu hóspede com as próprias mãos, por causa das sagradas leis da hospitalidade, preferiu encarregar o sogro, Ióbates, rei da Lícia, desta tarefa. Enviou-lhe Belerofonte, para ser morto por ele. Ora, Ióbates, do mesmo modo que Preto, e pelos mesmos motivos, não ousou levantar a mão contra o herói; ordenou-lhe uns quantos serviços, uns sempre mais perigosos do que os outros. Belerofonte tudo levou a bom termo. Conseguiu domar o cavalo Pégaso, graças às rédeas mágicas oferecidas por Atena. Matou a Quimera, venceu o povo selvagem dos Sólimos e as suas aliadas, as Amazonas. Por fim, pôs termo, com um massacre geral, às acções de um bando de piratas que infestavam as costas da Cária. Sem nunca reconhecer estas vitórias, Ióbates montou uma emboscada ao herói. Os Lícios foram pois todos mortos, até ao último. Compreendendo, finalmente, que Belerofonte era protegido pelos deuses, e sem dúvida de origem divina, Ióbates retractou-se publicamente, concedeu-lhe a mão da filha Filónoe e, à sua morte, legou-lhe o trono da Lícia. Mas o herói, galvanizado com os seus feitos, não soube parar nos limites do que os deuses permitem aos humanos. Montado no cavalo Pégaso, quis atingir o Olimpo e tornar-se imortal. Fulminado por Zeus e derrubado da sela, caiu sobre a Terra e morreu; segundo uma outra versão, ele não morreu, mas ficou errante no mundo, coxo, solitário e cego.

BELO. Além de um rei de Tiro, que foi pai de Dido e de Pigmalião, a lenda reteve também o nome de um outro Belo, irmão gémeo de Agenor e filho da ninfa Líbia e de Posídon. Belo, que se tornara rei do Egipto, desposou Anquínoe. Deste casamento nasceram, primeiro Egipto, depois Dánao, antepassado das Danaides.

BELONA. Esta divindade de origem sabina, alimentadora, irmã ou esposa de Marte, conforme as diversas tradições, foi, a pouco e pouco, identificada com a deusa grega Énio. Como ela, Belona acompanha Marte, deus da Guerra, no meio das carnificinas dos campos de batalha. De elmo na cabeça, e lança na mão, ela conduz o carro do deus.

BERENICE. Esta princesa do Egipto, cujo nome pertence ao mesmo tempo à lenda e à história, era esposa de Ptolomeu III, o Evergeta. Quando o marido partiu em guerra para a Síria, Berenice prometeu aos deuses consagrar-lhe a sua cabeleira se estes protegessem o rei. Ptolomeu voltou a casa são e salvo. Mas, depois, tendo a cabeleira votiva desaparecido, diz-se que pertence ao número das constelações.

BIBLOS. Esta cidade da Fenícia era conhecida na Antiguidade pela importância do seu culto, instituído em honra de Adónis. Ela tinha, diz a lenda, recebido o seu nome em lembrança de Bíblis, bisneta de Minos, que, para escapar ao amor incestuoso de seu irmão Cauno, se enforcou, horrorizada e cheia de desespero.

BÍTON. A lenda de Bíton é inseparável da do seu irmão gémeo Cléobis.

Estes dois jovens argivos eram os filhos de Cidipe, uma sacerdotisa de Hera. Como o tempo dos sacrifícios à deusa se aproximava, e os bois brancos que deviam puxar o carro sagrado se encontravam ainda nas pastagens, Bíton e Cléobis atrelaram-se eles próprios ao carro e puxaram-no numa longa distância, até ao templo. Comovida pela piedade e amor filial demonstrados, a sua mãe pediu a Hera que lhes concedesse o mais belo presente que pudesse ser atribuído aos mortais. Hera, compadecida, mergulhou então os dois jovens num sono de que nunca mais acordaram.

BOA DEUSA. (lat. *Bona Dea*) Antiga divindade do Lácio, chamada por vezes *Fauna* e esposa de Fauno, a Boa Deusa era célebre em Roma pelos seus mistérios, aos quais só as matronas tinham direito de assistir. Ela proferia os oráculos, e as mulheres tornavam-se fecundas.

BOA FÉ. (lat. *Bona Fides*) Deusa alegórica da palavra dada, a Boa Fé foi introduzida no panteão romano numa época muito antiga. Ela tinha o seu templo no monte Palatino e era representada com a aparência de uma anciã, tão velha como o mundo, com as duas mãos juntas. Os sacerdotes que lhe prestavam culto embrulhavam a mão (símbolo de juramento) num tecido branco. A Boa Fé correspondia ao *Dius Fidius*, em nome do qual os Romanos juravam dizer toda a verdade.

BÓREAS. Vento do Norte, frio e rigoroso, Bóreas é um ancião barbudo, alado e vestido com uma túnica curta; ele sopra da Trácia, onde morava numa caverna do monte Hemo. Como seus irmãos Zéfiro e Noto, ele é filho de Éos e de Astreu. Conta-se que raptou Oritia, a filha do rei de Atenas Erecteu, num turbilhão de poeira, e a forçou a casar com ele. Desta união nasceram numerosos filhos, entre os quais Zetes, Cálais, Cleópatra e Quíone. Oritia tornou-se a brisa fresca que, no Verão, abranda o fogo do céu. Segundo uma outra tradição, Bóreas tomou a forma de um cavalo para se unir às éguas de Erictónio, que deram origem aos doze potros que corriam com tanta ligeireza que, à sua passagem, nem as espigas de trigo se moviam, e o mar não criava vagas. Celebrado particularmente em Atenas, o Bóreas teve um papel na defesa da cidade, no tempo das guerras medas, destruindo as embarcações persas com uma tempestade.

Bosque sagrado. Símbolo da força vegetal, o bosque sagrado, com suas árvores de altos cumes, permitia aos homens conhecer os ensinamentos dos deuses e os conselhos das divindades. Foram estabelecidos, nos bosques sagrados, lugares de culto, onde certos deuses proferiam os seus oráculos. Por vezes, erguia-se mesmo, numa clareira, um templo. A entrada no bosque sagrado, proibida ao público, era acessível apenas a um pequeno número de iniciados ou sacerdotes. Era proibido o arroteamento, sob pena de sacrilégio. Entre os bosques sagrados mais célebres pode citar-se o de Ares, na Cólquida, onde os Argonautas arrebataram o Velo de ouro, o de Zeus em Dodona, das Euménides em Colono, onde morreu Édipo, de Pã na Arcádia, de Zeus em

Olímpia, de Afrodite em Pafos, na ilha de Chipre. Entre os Romanos, foram consagrados aos deuses, pelos grandes heróis do Lácio, como Eneias e Rómulo, inúmeros bosques.

BRISEIDE. Durante a guerra de Tróia, a cidade de Lirnesso foi tomada e pilhada pelos Gregos. Briseide, filha de Briseu, sacerdote de Apolo, reduzida à escravatura, tornou-se serva de Aquiles. Este, obrigado a ceder a sua cativa ao rei Agamémnon, recusou então participar nos combates. À morte de Pátroclo, o herói retomou a luta ao lado de Agamémnon que, por seu lado, lhe devolveu Briseide.

BRITOMÁRTIS. Companheira de Ártemis, esta casta ninfa de Creta, filha de Zeus, foi perseguida, durante nove meses, por Minos, apaixonado, por montes e vales. Ao fim deste tempo, quando ele se preparava para a apanhar, Britomártis atirou-se do alto de uma falésia para o mar, onde os pescadores, que lançavam as redes, a recolheram, miraculosamente.

BUSÍRIS. Este rei do Egipto, verdadeiro tirano, enviou uma expedição para se apoderar das Hespérides, as filhas de Atlas, célebres pela sua beleza. Héracles, ao encontrar os mensageiros de Busíris, matou-os a todos. Durante este tempo, uma terrível seca e fome alastraram no Egipto. Um adivinho de Chipre, Frásio, declarou então que era necessário o sacrifício de todos os estrangeiros, para acabar com o castigo de Zeus. Busíris aplicou o conselho de Frásio à letra e sacrificou-o; depois, quando Héracles chegou aos seus territórios, ele prendeu-o e preparava-se para o imolar, quando o herói desfez os laços e matou o tirano sanguinário, o seu filho Anfidamante, bem como todos os criados e assistentes.

C

CABIROS. Estas divindades, cujo culto remonta aos tempos arcaicos da Grécia, permanecem misteriosas, pois ignoramos quase tudo sobre as suas características, natureza e origem. A tradição mais comum dá-lhes por pai Hefesto. O deus do Fogo teria concedido aos filhos poderes especiais sobre os metais e, de um modo geral, sobre a elaboração das técnicas da metalurgia. Os Cabiros eram invocados, nomeadamente em Samotrácia, Lemnos e Imbro, para cuidarem da prosperidade dos campos e protegerem os marinheiros do naufrágio, nestas regiões cheias de bancos de areia, onde a navegação é particularmente perigosa. Mais tarde, Roma adoptou o culto dos Cabiros sem, no entanto, por superstição, lhes dar nome, mas atribuindo-lhes simplesmente o apelativo «deuses poderosos» e associando-os à tríade Júpiter, Minerva e Mercúrio. São conhecidas duas representações antigas de um Cabiro, uma grega outra romana, que simbolizam os poderes desta divindade: uma moeda de Tessalonica mostra-o segurando um martelo; uma medalha de Trajano representa-o com um boné pontiagudo, e tem, numa das mãos, um ramo de cipreste, emblema do mundo do além.

Caça. No país que era a Grécia, assombrado por animais selvagens, muitas vezes ferozes, a caça foi colocada, desde as origens, sob a protecção de algumas divindades. A mitologia apoderou-se deste tema e atribuiu a invenção da caça ao centauro Quíron, que ensinou aos seus discípulos (Héracles, os Dioscuros e muitos outros) a arte de combater vitoriosamente os animais. Ártemis e o seu irmão Apolo tornaram-se, nas lendas, caçadores temíveis e temidos. As suas flechas nunca falhavam o alvo, e eram, em geral, instrumento da vingança dos deuses ultrajados. Deste modo, pereceram, como simples peças de caça, os filhos de Níobe. Do mesmo modo foram castigados Mársias, que se tinha gabado de ultrapassar em habilidade Ártemis, ou Agamémnon, que afirmava ter atingido uma corça com mais celeridade que a deusa, e viu a sua frota imobilizada em Áulis. Mas Ártemis também sabe proteger os humildes caçadores. É representada, como Diana, com o equipamento de caça, com aljava e flechas, rodeada por uma matilha de cães. Ela toma, neste caso, o sobrenome de *Elafébolos* («matadora de cervos»), *Agrótera* («que protege os campos e os lugares selvagens») e *Lagóbolos* («matadora de lebres»).

CACO. Este filho de Vulcano, gigante enorme de três cabeças que expeliam fogo, habitava numa caverna do monte Aventino e pilhava as regiões vizinhas. Quando Hércules chegou à Itália, depois de ter morto Gérion e se ter apoderado dos bois, parou à beira do Tibre e adormeceu. Caco roubou algumas cabeças de gado, durante o sono do herói, e arrastou os animais para a sua caverna, puxando-os pela cauda e obrigando-os a recuar, para não deixar marcas. Quando acordou, o herói apercebeu-se do roubo. Advertido pelos mugidos dos animais fechados ou ainda, segundo uma outra versão da lenda, instruído pela própria irmã de Caco, penetrou na caverna e, apertando o pescoço ao adversário, que vomitava fumo e fogo, estrangulou-o.

CADMO. Filho de Agenor e de Telefassa, Cadmo recebeu de seu pai a ordem de partir à procura de Europa, sua irmã, e de não voltar sem ela. Não podendo encontrá-la, estabeleceu-se na Trácia e consultou o oráculo de Delfos. Recebeu então do deus a ordem de seguir uma vaca que teria nos flancos um disco semelhante ao da lua. Cadmo encontrou o animal na Fócida e seguiu-o até à Beócia: extenuada, a vaca deitou-se, por fim, precisamente no lugar onde iria erguer-se a futura cidade de Tebas. Em agradecimento, Cadmo quis sacrificar a vaca, mas apercebeu-se que a fonte onde ia buscar a água para o sacrifício estava guardada por um dragão. Ele matou-o e, a conselho de Atena, semeou os dentes do monstro, que deram origem a uma multidão de gigantes. Estes mataram-se uns aos outros e só ficaram cinco, que ajudaram o herói a construir a cidade. Recebeu de Zeus o poder sobre os Tebanos e casou com Harmonia, filha de Ares e de Afrodite. Governou o seu povo com sabedoria e ensinou aos seus o alfabeto fenício. A esposa deu-lhe numerosos filhos: Agave, Sémele, Ino, Polidoro, Autónoe. Os dois esposos, quando morreram, foram transformados em serpentes e admitidos junto dos deuses nos Campos Elísios.

CÁLAIS. Filho de Bóreas e de Oritia, Cálais e seu irmão Zetes eram dois jovens alados que nunca se separaram e tomaram o sobrenome de Boréadas, por causa da sua ascendência. Tinham por irmã Cleópatra, que casara com Fineu, rei da Trácia, e lhe tinha dado dois filhos. Mas Fineu repudiou-a, pouco depois, e casou com Ideia, uma princesa da Cítia. Esta, ciumenta dos

CADMO

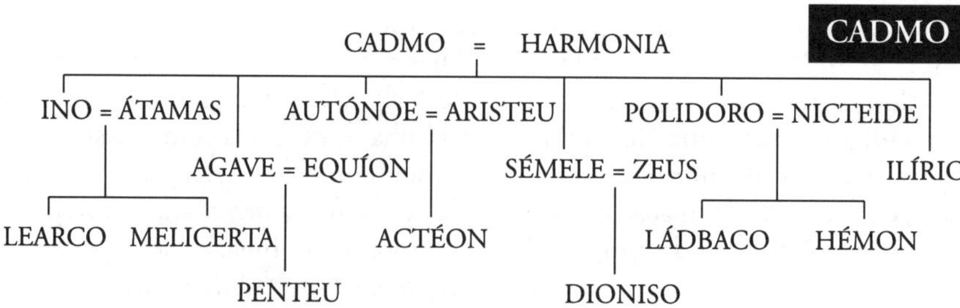

seus enteados, afirmou que eles quiseram seduzi-la. Por causa desta acusação, os dois infelizes tiveram os olhos perfurados e foram atirados para a prisão. Durante a expedição dos Argonautas, os Boréadas abordaram à Trácia e vieram libertar os sobrinhos; forçaram, além disso, Fineu a enviar a segunda esposa para o seu país. Outras versões afirmam que Cálais e Zetes teriam perfurado os olhos de Fineu. Afirma-se igualmente que os dois irmãos testemunharam, pelo contrário, muita ternura ao seu cunhado e o libertaram das Harpias, que não paravam de o atormentar. Finalmente, uma tradição isolada afirma que os Boréadas foram dos que incitaram Jasão a abandonar Héracles e Polifemo nas costas da Mísia e a retomar o caminho sem eles. Mais tarde, para se vingar, Héracles trespassou com flechas Cálais e Zetes na ilha de Ténos.

CALCAS. Descendente de Apolo por parte de seu pai, Testor, Calcas tinha recebido do divino antepassado o dom da profecia. Foi um dos mais célebres adivinhos da mitologia grega, hábil, mais que todos, em adivinhar o futuro pelo voo das aves. Foi escolhido pelos Gregos como adivinho oficial da guerra contra Tróia. Anunciou a duração total da expedição; aconselhou o sacrifício de Ifigénia, para acalmar a cólera de Ártemis; revelou que Tróia não poderia ser tomada sem a ajuda de Aquiles e de Filoctetes, possuidor do arco de Héracles. Pôs também termo à peste que devastava a armada grega, exigindo a Agamémnon que devolvesse Criseide a seu pai, Crises, sacerdote de Apolo. Inspirou também aos Gregos a ideia de construir o famoso cavalo de Tróia. No regresso, atirado para as costas da Jónia, Calcas encontrou aí um adivinho, Mopso, que se revelou ainda mais sábio do que ele e, como lhe predissera um oráculo, morreu de desgosto.

CÁLIDON. 1. Este filho de Téstio foi morto pelo pai, que o surpreendeu na cama com a própria mãe e pensou que este tinha cometido incesto. Téstio, quando soube do engano, suicidou-se, atirando-se às águas de um rio que tomou o seu nome, antes de se chamar Aqueloo.

2. Antiga cidade, capital da Etólia, no país dos Curetes, Cálidon é muito raramente considerada nas narrativas históricas, mas os contos mitológicos concederam-lhe uma certa nobreza, de modo especial no conto da caça ao javali de **Cálidon**. A cidade foi governada por uma linhagem de reis lendários, entre os quais se destacam, muito particularmente, Eneu e Diomedes.

Cálidon (Javali de). Enviado por Afrodite, como sinal de vingança, por o rei Eneu ter-se esquecido de um sacrifício em honra da deusa, este animal monstruoso devastava o território de Cálidon, matando os animais e aterrorizando os habitantes da região. O filho do rei Meleagro chamou os heróis mais valentes de toda a Grécia para combater o flagelo. Atalanta, única heroína da caça, deu o primeiro golpe mortal, e Meleagro acabou com o monstro. Este ofereceu então à caçadora a pele do animal, em sinal de homenagem e reconhecimento, provocando assim o furor dos outros caçadores.

CALÍOPE. É a primeira das nove Musas, auxiliar de Apolo Musageta, de quem é uma das esposas; é inspiradora da poesia épica. O seu ar majestoso, a fronte cingida com uma coroa de ouro, indicam, desde logo, segundo Hesíodo, a sua supremacia sobre as outras Musas. Tem na mão um estilete e tabuinhas, por vezes uma trombeta. Os poetas consideram-na, muitas vezes, a mãe de Orfeu.

CALIPSO. Ninfa e rainha da ilha Ogígia, a quase ilha de Ceuta, diante do estreito de Gibraltar, Calipso acolheu, no seu país, Ulisses, quando este naufragou. Apaixonada pelo herói, ela esforçou-se, durante sete anos, por lhe fazer esquecer a pátria, retendo-o na sua gruta encantada, rodeada de bosques de choupos, de ciprestes, decorada com cepas carregadas de cachos de uvas. Chegou mesmo a oferecer-lhe a imortalidade. Mas o amor por Ítaca e por Penélope eram ainda o sentimento mais forte no coração de Ulisses; ele passava os dias a contemplar a orla marítima, com os olhos rasos de lágrimas. Comovido, Zeus enviou Hermes a Calipso: Ulisses devia deixar a ilha. Apesar da sua dor, Calipso obedeceu. Ela ajudou até o herói a construir a jangada e forneceu-lhe provisões para a travessia. Foi assim que Ulisses partiu, esperançado, vogando em direcção à pátria querida.

CALÍRROE. 1. Esta filha do rio Aqueloo foi casada com Alcméon, que seu pai tinha acabado de purificar de um assassínio. Cedo ela recusou a aproximação do marido enquanto este não lhe oferecesse o colar e o vestido de Harmonia. Alcméon foi morto quando tentava reaver estes dois objectos da sua primeira esposa, Arsínoe. Calírroe encarregou os dois filhos, Anfótero e Acárnan, que Zeus, a seu pedido, fizera crescer num só dia, de vingarem o pai; mataram Fegeu, pai de Arsínoe, e os dois filhos, principais autores do assassínio de Alcméon.

2. Unida a Crisaor, **Calírroe**, filha de Oceano, deu à luz dois monstros, Equidna e Gérion.

3. Filha do deus-rio Escamandro, uma outra **Calírroe** foi esposa de Trós, um dos fundadores epónimos de Tróia, e a mãe de Tio e de Ganimedes.

CALISTO. Calisto era a filha de Licáon ou, segundo uma outra versão, uma ninfa do cortejo de Ártemis. Para a seduzir, Zeus tomou a forma de Apolo e fez dela a mãe de Árcade; para a poupar ao furor ciumento de Hera, o deus transformou-a em ursa. Conta-se também que esta metamorfose foi obra de Hera, ou ainda de Ártemis, que, durante um banho, se apercebera do erro da companheira. Árcade cresceu e tornou-se rei da Arcádia. Um dia, quando caçava nas montanhas, encontrou a mãe na forma de ursa; na sua ignorância, preparava-se para a trespassar de flechas quando Zeus, para evitar o crime, o transformou também em urso e os transportou os dois, mãe e filho, para os céus, onde tomaram lugar entre as constelações com os nomes de Ursa Maior e Ursa Menor. No entanto, obedecendo a um último pedido de Hera, Posídon proibiu-os de se deitarem no horizonte do Oceano.

CAMENAS. Ninfas das nascentes e dos bosques, na antiga religião romana, as Camenas possuíam, como primeiro atributo, o dom da profecia (lat. *cano*: «eu profetizo em verso»). Foram logo assimiladas pelas Musas gregas. Entre as mais conhecidas contam-se Egéria e Carmenta.

Campos Elísios. Sobre estes lugares míticos, conhecemos, na Antiguidade, duas versões diferentes, uma grega, outra latina. Para Homero, na *Odisseia*, os Campos Elísios situam-se no limite ocidental da Terra. Reina aí um clima sempre ameno, sem chuva, sem neve nem tempestades. Os heróis, como Menelau, são convidados a passar aí a sua eternidade, por um favor muito especial dos deuses. Mas Virgílio atribui uma significação mais precisa aos Campos Elísios. Ele situa-os mesmo no coração dos Infernos. Eneias, que aí desceu para rever o pai, ficou maravilhado com os encantadores bosques, as pradarias sempre verdes onde circulam um ar suave e uma luz tingida de púrpura e de azul celeste. Os Campos Elísios acolhem, no encantamento das suas paisagens, as almas dos justos e dos heróis que foram piedosos.

CANENTE. Esta divindade romana do Canto foi esposa do rei Pico. Depois da metamorfose do marido, transformado em javali, depois em picanço, pela maga Circe, Canente, enlouquecida pela dor, partiu à sua procura e, ao fim do sexto dia, caiu extenuada à beira do Tibre, cantando, pela última vez, o seu amor antes de se dissolver nos ares.

Caos. O caos não é um deus mas um princípio, o do começo confuso de todas as coisas, a imagem do que existia antes dos deuses, antes dos mortais e de onde tudo foi gerado. Caos gerou Érebo e a Noite. Depois, da sua massa confusa surgiram o Dia e Éter, com o primeiro desabrochar da luz indispensável à eclosão da vida.

CAPANEU. Ésquilo descreveu o filho de Hipónomo, Capaneu, um dos «Sete Chefes contra Tebas», como um orgulhoso, cuja brutalidade se igualava à impiedade. Trepou os muros de Tebas, mas foi fulminado por Zeus, irritado com as suas blasfémias. A sua esposa, Evadne, que assistia ao funeral, atirou-se para a pira, onde, segundo o costume, o corpo era queimado. Capaneu deixou um filho, Esténelo, que, dez anos depois da morte de seu pai, participou na segunda expedição contra Tebas, a dos Epígonos.

CÁPIS. Marido de Temiste e pai de Anquises, este frígio passa por ser um dos antepassados de Eneias e também o fundador da cidade de Cápua.

Capitólio. Os três grandes deuses romanos, Júpiter Óptimo Máximo, Juno e Minerva, eram venerados como uma trindade numa das colinas de Roma chamada «Capitólio». De facto, as três divindades passavam por proteger a Cidade e o Estado romano da desagregação e da ruína sempre possíveis. Do mesmo modo, os generais, durante as cerimónias do seu triunfo, iam sempre sacrificar à trindade capitolina, que lhes tinha concedido a vitória. Na Itália antiga, cada grande cidade possuía o seu capitólio.

CARÍBDIS. Filha de Posídon e de Geia, possuidora de um apetite feroz, Caríbdis furtou a Héracles algumas cabeças do seu gado para as devorar. Zeus atingiu-a com o raio para a castigar e precipitou-a num abismo, no estreito de Messina, diante do monstro Cila. Mais mito e lenda do que imagem da fúria do mar, Caríbdis engole três vezes por dia grandes quantidades de água e atrai, nos seus turbilhões, os navios, depois atira-os, igualmente três vezes por dia, com bramidos aterradores. Quanto aos marinheiros que mudam de rota para evitar Caríbdis, são imediatamente atirados contra Cila, que se apressa a devorá-los.

CÁRITES. Chamadas Graças pelos Romanos, as três Cárites, Aglaia, Eufrósina e Talia, formam, segundo Hesíodo, uma tríade que personifica ao mesmo tempo o encanto e a beleza. Sobre o seu parentesco e origem, as tradições e os textos antigos divergem. Julga-se que são filhas de Zeus e de Afrodite, e os Gregos associavam muitas vezes o culto da deusa da Beleza ao das Cárites. Entretanto, são também muitas vezes consideradas filhas de Zeus e de Eurínome, a mais bela das Oceânides. Concentram sobre a Terra os raios do Sol, aquecem o coração dos homens, embelezam a sua vida com prazeres múltiplos, presidem aos agrados da conversação e, geralmente, às boas relações sociais. É-lhes particularmente caro um género literário, a poesia. Por esta razão, elas vivem no Olimpo, ligadas pela amizade com as Musas. Os artistas deleitaram-se a retratá-las com traços sedutores. Tomam a aparência de três jovens nuas em que uma olha em sentido oposto ao das outras duas. Existe um grupo das suas estátuas em Élis que dá uma certa ideia dos seus atributos respectivos: uma segura uma rosa, outra um dado de jogar, e a terceira um ramo de mirto.

CARMENTA. Há quatro tradições que atribuem a esta Carmenta origens diversas. A primeira, dada por Virgílio, faz dela uma ninfa das Nascentes, filha do rio Ládon. A segunda atribui-lhe o dom da profecia, que ela teria exercido na Arcádia, proferindo oráculos em verso *(carmen)*. Uma terceira confere-lhe o poder de proteger as mulheres no parto. Por isto, ela foi venerada pelas matronas romanas. Por fim, depois da helenização dos deuses romanos, ela ligou-se à mitologia grega. Chama-se, então, Nicóstrata, esposa do deus Mercúrio, irmã de Evandro, com quem abandonou a Arcádia para encontrar refúgio junto de Fauno, rei do Lácio. Depois da sua morte, foi colocada no número das divindades tutelares de Roma. Ela tem os traços de uma jovem coroada com favas, alimento muito mencionado nos mitos infernais. Segura uma harpa, emblema das suas faculdades proféticas.

CARNA. Ovídio conta-nos a história desta ninfa das margens do Tibre, que fizera o voto de castidade. Sofreu as violências de Jano, que lhe ofereceu em compensação todo o poder sobre os gonzos das portas. Alguns mitólogos ligaram Carna a *Caro* (a Carne) e atribuíram à deusa todo-poderosa o poder sobre o bem-estar físico dos mortais. Ela protegia igualmente os recém-

-nascidos. Nos nossos dias, os mitógrafos colocam Carna no número das divindades infernais, porque se lhe oferecia favas, legume simbólico dos Infernos.

CARONTE. Filho imortal de Érebo e da Noite, este ancião mal vestido, de figura sombria e sinistra, tem por função passar as almas dos mortos nos rios que os separam do mundo dos Infernos. Duro e inflexível, o barqueiro infernal não permite a nenhum vivente subir para a sua barca e realizar a menor travessia. Avaro acima de tudo, ele exige aos passageiros um óbulo. É por isso que se coloca sempre uma pequena moeda na boca do morto, antes de o entregar à pira. Mas para os que defuntos permaneçam sobre a terra sem sepultura, Caronte mostra-se impiedoso. Afastadas brutalmente, as suas almas são obrigadas a errar, durante cem anos, até que se decida o seu destino. Segundo Homero e Hesíodo, as almas atravessam, elas mesmas, os rios lamacentos e pantanosos dos Infernos, guiadas por Hermes. Mas é essencialmente a especulação romana que, inspirando-se no espírito alado, condutor dos mortos na religião etrusca, forjou a personagem Caronte, um pouco incerta na mitologia grega. Eneias, por exemplo, conseguiu convencê-lo, ao apresentar-lhe um ramo de ouro, que lhe oferecera previamente a Sibila de Cumas, ramo consagrado a Proserpina. Pôde, sem dificuldade, atravessar o primeiro rio infernal. Quanto a Héracles, que descera aos Infernos ainda vivo, encheu Caronte de socos e forçou-o a aceitá-lo na sua barca. O velho seria punido por esta infracção à lei dos Infernos: foi, durante um ano, banido da morada dos mortos.

Carro. Veículo de guerra e de transporte, o carro é, na mitologia, um bem próprio dos deuses e dos heróis. Zeus, como Posídon, deslocam-se em carros puxados por quatro cavalos fogosos. Hades surgiu da terra num carro para raptar Perséfone. Hélio conduz o seu carro solar através dos céus. O carro é, pois, o emblema da força e da soberania, por transportar rapidamente os deuses de um extremo ao outro do universo; o barulho estridente das rodas, ao friccionarem-se com os eixos metálicos, impõe às almas o terror e o silêncio. Para além disso, nos combates homéricos, o carro é o instrumento essencial da vitória. Mas só os grandes heróis, os reis, os chefes, dispõem de carros. Por fim, são muitas as lendas em que os heróis, tal como Pélops, são obrigados a conquistar a mão da filha de um rei participando numa corrida de carros, de onde devem sair vitoriosos.

Casamento. Todo o casamento na Antiguidade está sob a protecção de um certo número de divindades que velam particularmente pelo bom entendimento dos esposos e pela fecundidade da sua união. Deste modo, é costume que a noiva, na véspera do casamento, ofereça, como ex-voto, às deusas Ártemis e Afrodite, os jogos de criança para atrair a si a protecção das deusas. No dia do casamento, invoca-se Juno (Hera), a deusa da mulher, e comem-se bolos especiais que favorecem a concepção.

CASSANDRA. Filha de Príamo e de Hécuba, irmã gémea de Heleno, esta troiana de sangue real foi uma profetisa infalível. Tinha recebido este dom de Apolo, que lhe pedia que cedesse aos seus intentos. Ela fingiu aceitar, mas ao ver-se provida da faculdade divinatória recusou realizar a promessa. Indignado, o deus fez com que as profecias de Cassandra nunca fossem tomadas a sério. Deste modo, Cassandra assistiu, impotente, aos preparativos da guerra de Tróia, que ela mesma previra. Opôs-se, sem sucesso, à entrada, em Tróia, do famoso cavalo de madeira. Aquando da tomada da cidade, ela foi perseguida e capturada por Ájax, filho de Oileu. Depois do saque de Tróia, ela coube em partilha ao rei Agamémnon, que concebeu por ela um verdadeiro amor e a tornou mãe de dois filhos. Foi em vão que ela suplicou ao seu senhor e amante que não voltasse à sua pátria. Agamémnon foi morto em Argos por Clitemnestra, sua esposa; e Cassandra, bem como os seus filhos, partilharam a mesma sorte.

CASSIOPEIA. Segundo a tradição mais conhecida, Cassiopeia era a esposa de Cefeu, rei da Etiópia. Ela afirmou, um dia, que sua filha Andrómeda, e ela mesma, eram tão belas como as Nereides. Irritadas, as ninfas pediram a Posídon que as vingasse deste insulto. O deus enviou sobre a região um monstro marinho que, segundo o oráculo, só se acalmaria quando Andrómeda, acorrentada na beira do Oceano, lhe fosse entregue como alimento. Perseu pôde, no entanto, matar o monstro e libertar Andrómeda. Quando morreu, Cassiopeia tornou-se uma constelação.

CASTÁLIA. Apolo, apaixonado, moveu um dia, junto do seu santuário, perseguição a esta simples e bela jovem de Delfos. Para lhe escapar, ela precipitou-se numa fonte, que tomou o seu nome. Esta, que jorra ao pé do monte Parnaso, derrama uma água fresca e límpida. Os seus arredores são lugares que as Musas frequentam; têm, por isso, o sobrenome de «Castálides». Os poetas, que saciam a sua sede na fonte Castália, sorvem aí a inspiração que desejam, e a Pítia, que aí se banha, procura nela um novo vigor para o seu dom da profecia.

CASTOR. Um dos Dioscuros, irmão de Pólux, filho de Leda e de Tíndaro.

Cavalo de Tróia. Depois de dez anos de cerco, os Gregos ainda não tinham conseguido apoderar-se de Tróia. O adivinho Prílis, ou Calcas, segundo outra versão – e talvez também Ulisses – aconselharam Agamémnon a construir então um cavalo de madeira. O rei encarregou Epeu e Panopeu de realizarem tal obra. Modelaram então um cavalo oco, onde Demofonte, Menelau, Ulisses e muitos mais guerreiros puderam esconder-se, todos armados. Os Gregos abandonaram o simulacro na praia de Tróia e fingiram levantar cerco. Na cidade perguntava-se que decisão tomar. Alguns, como a profetisa Cassandra, condenada pelos deuses a nunca se acreditar nela, afirmava que o cavalo era uma armadilha de guerra, e que de modo algum se devia trazer para dentro da cidade, sob o pretexto de o oferecer aos deuses. O sacerdote Laocoonte adoptou o mesmo ponto de vista, e atirou mesmo uma lança contra o animal fictício para provar que o som que ele emitia era de algo oco. Mas, como ele foi, pouco depois, estrangulado por serpentes, os Troianos pensaram que ele tinha cometido um sacrilégio e arrastaram o animal de madeira para dentro da cidade. Com a noite a seu favor, os guerreiros Gregos saltaram para fora dos flancos do animal e invadiram a cidade que dominaram definitivamente.

Cavernas. Aos olhos dos Gregos, as cavernas são lugares sagrados por excelência, por causa da sua obscuridade e dos recônditos inexplorados onde se escondem as divindades. Múltiplos são também os mitos que fazem nascer aí os heróis e os deuses. É por isso que havia o costume de erguer, nas grutas, ex-votos e pequenos altares perante os quais se faziam sacrifícios e se formulavam votos. É que estes lugares subterrâneos comunicavam, segundo se acreditava, com as divindades ctónicas, de quem a terra tira o seu poder fertilizante. Por fim, em algumas cavernas onde se manifestavam actividades vulcânicas, devido à presença de vapores fétidos ou de gaz carbónico, colocavam-se as Pítias, que proferiam os oráculos dos deuses que tinham sido invocados.

CÉCROPS. Primeiro rei mítico de Atenas, Cécrops, nascido da Terra, era uma criatura mista, meio homem e meio serpente. Tinha desposado Aglauro. Dessa união nasceram filhos, Erisícton, e três filhas, Aglauro, Herse e Pândroso, que tiveram um papel trágico na lenda de Erictónio. Sob o reinado de Cécrops, situa-se o episódio da disputa que opôs, um contra o outro, Atena e Posídon, pelo padroado da Ática. Por causa da sua sabedoria, o rei foi escolhido como árbitro. Posídon fez brotar um mar salgado sobre a Acrópole; Atena fez surgir aí uma oliveira. O rei deu a preferência à deusa. Irritado, Posídon desencadeou uma maré alta sobre a Ática. O reino de Cécrops acabou em infelicidade. Mandou construir a primeira cidadela de Atenas, que teve o seu nome (Cecrópia). Ensinou a escrita aos seus. Promulgou as primeiras leis sobre a organização do seu território em doze tribos. Fixou, para além disso, os ritos do casamento. Aboliu os sacrifícios humanos e organizou o culto dos deuses. Afirmou-se, por vezes, que Cécrops era natural de Sais, no Egipto, e que conduzira para a Ática uma colónia egípcia, importando, deste modo, para a região, os primeiros elementos da civilização.

CÉCULO. (lat. *Caeculus*) Atribui-se a este filho de Vulcano a fundação da cidade de Preneste, hoje Palestrina. Dois pastores, os Depídios, tinham recolhido um recém-nascido, que a irmã destes concebera por acção de uma faísca que saíra da lareira. Chamaram-lhe Céculo. Chegado à idade adulta, durante a cerimónia que precede a fundação da cidade de Preneste ele invocou Vulcano, seu pai. O deus rodeou então os assistentes com um círculo de chamas, que ele apagou no mesmo instante, a mando de seu filho. Depois deste prodígio, Céculo foi divinizado, e numerosos camponeses se estabeleceram em Preneste para se colocarem sob a sua protecção.

CÉFALO. Filho de Díon e de Diomede, para alguns, de Hermes e Herse, para outros, Céfalo casara com Prócris. A sua felicidade parecia perfeita até que Céfalo teve a ideia de pôr à prova a fidelidade da esposa. Fingiu ser um estrangeiro e tentou seduzir Prócris por meio de ricos presentes; Prócris acabou por ceder e Céfalo deu-se a conhecer. Envergonhada, partiu para Creta, onde Ártemis lhe ofereceu um cão e uma lança mágica. Mais tarde, Prócris voltou ao seu lar, disfarçada de jovem sedutora, que se ofereceu ao amor de Céfalo em troca dos dois presentes da deusa. Céfalo aceitou e Prócris deu-se também a conhecer. Os dois esposos reconciliaram-se. Entretanto, o ciúme veio atormentar a jovem mulher; ela imaginou que Céfalo, durante uma caçada, se encontrou com Eos, a Aurora. Uma noite ela seguiu às escondidas o marido; descuidada, mexeu um ramo. Pensando que era uma peça de caça que se encontrava por detrás da folhagem, Céfalo arremessou a sua lança e matou a desafortunada. O Areópago pronunciou contra o assassino uma sentença deexílio para toda a vida; o infeliz, depois de muitas aventuras, sempre assombrado pelo fantasma de Prócris, atirou-se ao mar.

CEFEU. 1. Áleo e seu filho Cefeu tomaram ambos parte na expedição dos Argonautas. Aquando da morte de seu pai, Cefeu recebeu o reino da Tégea, na Arcádia. Confiou a guarda do seu reino à sua filha Estérope, que, com a ajuda de um cabelo da Górgona, podia pôr em fuga todo e qualquer inimigo; depois Cefeu partiu com Héracles, contra a Lacedemónia, onde viria a perecer, ele e o filho.

2. Conhecemos também um outro **Cefeu**, filho de Belo, rei dos Cefenes, nos confins da Etiópia; foi o marido de Cassiopeia e o pai de Andrómeda. Depois da sua morte foi colocado entre os astros.

Cegueira. Para as personagens da lenda antiga que por ela são atingidas, essa deficiência representa, em geral, cegueira da alma ou da razão, fonte de tendências criminosas ou de impiedade. Por vezes, como Édipo, os heróis homicidas fazem justiça a si próprios cegando-se: não podem suportar uma luz capaz de manifestar o seu erro em todo o seu esplendor e em todo o seu horror. Mas se estes pecadores adquirirem o espírito de contrição, ou encontrarem sábios magos como Asclépio ou Quíron, eles podem recuperar a vista, expondo os seus olhos obscurecidos aos raios do astro solar, símbolo por excelência da luz que devolve à alma a sua pureza e o seu calor, despindo-a de toda a mancha.

CEÍCE. 1. Por amor a Alcíone, sua esposa, Ceíce foi transformado em ave marinha.

2. Tendo morto, por descuido, Êunomo, um filho que lhe servia a àgua, Héracles decidiu exilar-se com a esposa Dejanira e o filho Hilo, e dirigiu-se para Tráquis, pondo-se sob a

protecção de **Ceíce**, sobrinho de Anfitrião e rei da cidade. Mas o destino deste rei não foi nada feliz. Perdeu, de facto, o filho Hípaso, que tinha seguido Héracles numa expedição contra a cidade da Ecália. Apesar disso, acolheu sem rancor os filhos de Héracles perseguidos por Euristeu; mas, temendo pela paz do seu reino, foi constrangido a repatriá-los.

CELENO. Esta Plêiade, seduzida por Posídon, gerou Lico, rei dos Mariandinos, que teve um papel importante na expedição dos Argonautas.

CÉLEO. Primeiro rei de Elêusis, marido de Metanira, Céleo concedeu hospitalidade a Deméter que andava errante por toda a Grécia, à procura de sua filha Perséfone. Para lhe agradecer o acto de piedade e de caridade, a deusa quis conceder a imortalidade a Demofonte, filho do rei; mas esta intenção benfazeja terminou tragicamente com a morte de Demofonte. Para consolar Céleo do seu infortúnio, Deméter concedeu-lhe um certo número de dons e a honra de ser o sumo sacerdote do seu culto.

CENEU. Filha do Lápita Élato, Ceneu pediu um dia ao amante Posídon que a transformasse em guerreiro invulnerável. Tendo assim mudado de sexo, ela combateu ao lado dos seus, contra os Centauros, que, não podendo matá-la, a enterraram viva e a encheram de pancada com um tronco de árvore. Transformada, depois da sua morte, em ave, ela retomou mais tarde, diz-se, de novo a sua primeira forma feminina.

CENTAUROS. Ixíon uniu-se a uma nuvem, que Zeus tinha moldado à semelhança de Hera; os Centauros nasceram. Tinham o aspecto monstruoso de um rosto de homem e corpo de cavalo. Alimentavam-se de carne crua e viviam como animais nas florestas da Tessália. Os seus costumes brutais, o gosto desmesurado por vinho e mulheres tornava-os temíveis para os mortais. Só dois deles, Folo e Quíron, se distinguiam dos seus semelhantes por uma bondade e sabedoria exemplares. São objecto de lendas particulares. Quanto aos seus congéneres, figuram, por vezes, nos ciclos heróicos. Intervêm, nomeadamente, no de Teseu: Pirítoo, rei dos Lápitas, seu companheiro de armas, tivera a ideia nefasta de convidar os Centauros para o seu casamento; estes embebedaram-se e procuraram violentar a jovem esposa Hipodamia. Seguiu-se um desentendimento geral. Os Centauros lutavam armados de troncos de árvore e de tições em brasa, contra os Lápitas. Estes últimos conseguiram pô-los em fuga. Os Centauros foram então obrigados a retirar-se para as proximidades do Pindo. Lá, Héracles perseguiu-os. Feriu involuntariamente o generoso centauro Quíron, que, para não sofrer demasiado, implorou que lhe permitissem morrer. Conseguiu, cedendo a sua imortalidade a Prometeu. Héracles, para além disso, sufocou o centauro Nesso, que disputava com ele uma das suas esposas, Dejanira. Todos estes mitos, que conferem aos Centauros o aspecto de homem-cavalo, provêm, sem dúvida, do facto de os Tessálios, hábeis na arte da equitação, parecerem, aos olhos dos Gregos, identificar-se com as próprias montadas.

CÉRBERO. Da união dos dois monstros, Tífon e Equidna, nasceu Cérbero, que guardava a entrada dos Infernos. O cão de três cabeças tinha o pescoço cheio de serpentes e dentes cuja mordedura era venenosa como a da víbora. O cão tricéfalo, colocado diante de um antro à beira do Estige, permitia às sombras dos mortos penetrar nos Infernos, mas proibia-lhes a saída. Os mortais temerários que tentavam aventurar-se no reino dos mortos eram impiedosamente retalhados. Por vezes, Cérbero não era assim tão impiedoso como a sua fama afirma, e alguns mortais ou heróis conseguiram domá-lo. Psique, enviada por Afrodite junto de Perséfone, deu a Cérbero um bolo e conseguiu ludibriá-lo. A Sibila de Cumas, Deífobe, ofereceu-lhe também um tipo de massa soporífica quando conduziu Eneias aos Infernos. Quanto a Orfeu, sabe-se que conseguiu encantar, com a lira e com os seus cantos, o inexorável monstro. Por fim, com Héracles, Cérbero conheceu uma humilhante derrota. Autorizado a apoderar-se do cão e a trazê-lo para a Terra, na simples e difícil condição de não recorrer às suas armas, Héracles, com as próprias mãos, quase o estrangulou e pôde trazê-lo assim até Micenas. Mas logo Cérbero, guarda sem igual, foi devolvido ao reino dos mortos.

CERCOPES. Estes gnomos, ao mesmo tempo maliciosos e malfeitores, filhos de Tia, viviam da rapina e ousaram um dia atacar o próprio Héracles para o roubar. Mas o herói não teve qualquer dificuldade em os agarrar e atar, de cabeça para baixo, a um tronco. Nesta posição, os Cercopes aperceberam-se de que o traseiro de Héracles era negro. Desataram a rir, provocando assim a hilaridade do herói, que, divertido, consentiu em libertar tão agradáveis companheiros. Mas, perseverantes nas suas más acções, os Cercopes acabaram por irritar Zeus, que os transformou em macacos.

CERES. Confundida com a deusa grega Deméter, Ceres é uma divindade latina muito antiga. O seu nome, cuja etimologia se liga ao verbo *crescere*, indica claramente, por si só, as funções da deusa. Ela é a seiva saída da terra – Ceres faz parte das divindades ctónicas – que se eleva e faz crescer os jovens rebentos. Ela amadurece o trigo e aloira as searas.

CÉRIX. Aglauro, uma das filhas de Cécrops, foi amada por Hermes, que, segundo uma lenda, gerou Cérix, cujo nome significa «arauto». Uma outra versão afirma que Cérix é o filho mais novo de Eumolpo. Mas, de um modo geral, Cérix passa, na Antiguidade, por ser o arauto dos mistérios de Elêusis, instituídos por seu pai, e antepassado mítico da dinastia sacerdotal dos Cérices, que tinham um papel de primeiro plano na celebração dos mistérios.

CETO. Filha de Ponto e de Geia, Ceto casou com o próprio irmão Fórcis, e deu à luz as Górgonas, as Greias, o dragão que guardava as maçãs das Hespérides e as próprias Hespérides.

CIBELE. Esta divindade da Frígia é, sem dúvida, a maior deusa do Próximo Oriente antigo. Importada para a Grécia e para Roma, ela personifica, sob nomes diferentes – Grande Mãe, Mãe dos deuses, Grande Deusa –, a força vegetativa e selvagem da natureza. É contada entre o número das divindades da fertilidade e partilha, com Júpiter, na religião romana, o poder soberano sobre a reprodução das plantas, dos animais, dos deuses e dos homens. Desloca-se num carro puxado por leões, símbolo da força, e tem uma chave que abre a porta da Terra, onde estão fechadas as riquezas; na cabeça, pelo menos na iconografia romana, sustenta pequenas torres, que representam as cidades que ela protege. Não se lhe conhece outra lenda a não ser a que relata os seus amores com Átis e que estão na origem dos mistérios orgíacos e órficos da ressurreição.

CICLOPES. Estes seres fabulosos, providos de um único olho no centro da testa, aparecem em numerosas lendas greco-latinas. Existem quatro espécies: os Ciclopes urânicos, os Ciclopes ferreiros, os construtores e os pastores. Os Ciclopes urânicos nasceram da união monstruosa de Geia (a Terra) com Úrano (o Céu). Como eram três irmãos, Úrano teve medo de os ver insurgir-se contra ele e apoderar-se dos seus poderes. Por isso os atirou ao Tártaro. Mais tarde, com a ajuda dos irmãos, os Titãs, de Crono em particular, e da mãe indignada, revoltaram-se e mutilaram o pai. Mas Crono, temendo, também ele, a existência dos gigantes que podiam atentar contra a sua supremacia, precipitou-os de novo nos Infernos. Zeus libertou-os. Em agradecimento, eles forjaram o raio, o relâmpago e o trovão, que permitiram a Zeus vencer Crono e apoderar-se do trono celeste. Os três Ciclopes, para comemorar a sua importância nesta revolução, tomaram então, respectivamente, os nomes de Arges (o relâmpago), Estéropes (o raio) e Brontes (o trovão). A Hades, eles ofereceram um elmo; a Posídon, o tridente, graças ao qual este pode agitar ou acalmar as ondas marinhas. Mais tarde, os três Ciclopes foram mortos por Apolo: o deus não lhes perdoou por terem fornecido a Zeus o raio que tinha atingido e morto Asclépio, seu filho. A estes três auxiliares de Zeus vêm juntar-se os ajudantes de ferreiro de Hefesto, que tomaram como domicílio o centro dos vulcões onde trabalham o bronze, a fim de com ele forjarem a armadura dos deuses e dos heróis. Pirácmon (a bigorna) e Ácamas (o infatigável) contam-se entre os mais citados dos Ciclopes. Mais tarde ainda foi dado o nome de «muralhas ciclópicas» aos muros constituídos por enormes blocos de pedra, dos quais podemos ainda hoje ver os restos em Micenas e Tirinte. Alguns Ciclopes construtores tê-los-iam edificado.

Mas os Ciclopes mais famosos acabaram por ser os que Homero descreve. Gigantes brutais, sem moral nem religião, eles pastoreiam os rebanhos de carneiros, recolhem, sem usar quaisquer meios técnicos agrícolas, o que a terra produz espontaneamente e não temem, se a ocasião o propicia, devorar os seres humanos que se arriscam nos seus territórios e cavernas. Representam, aos olhos dos Gregos, o tipo da raça selvagem, inculta, despida de qualquer ideia de civilização. Durante a sua peregrinação, Ulisses e os companheiros enfrentaram o mais temível, o gigante Polifemo.

CICNO. O mais antigo dos numerosos Cicnos da mitologia aparece durante a guerra de Tróia. É considerado invulnerável, pois fora gerado por Posídon. Aquiles conseguiu, no entanto, matá-lo. O pai transformou-o depois em cisne. Um outro Cicno, rei da Ligúria, chorou tanto a morte do amigo Faetonte, fulminado por Zeus, que Apolo, comovido, o transformou em cisne. O seu grito plangente lembra os gemidos do herói inconsolável. O mais conhecido, porém, é Cicno, o filho de Apolo. Tinha o costume de submeter os amigos a provas diversas, para se assegurar da sua fidelidade. Muitos se desencorajavam recusando a amizade de uma pessoa tão estranha e exigente. Só Fílio, por amor a Cicno, conseguiu, com a ajuda de Héracles, abater muitos monstros e domar um touro furioso. Mas logo se fatigou e se afastou do amigo. Cicno, desesperado com o abandono dos amigos, atirou-se, junto com a mãe, a um lago. Apolo transformou-os em cisnes. Filho de Ares e de Pelópia, um outro Cicno atacava os viajantes que se deslocavam a Delfos e roubava-lhes as oferendas destinadas a Apolo. Foi morto por Héracles em combate singular.

CILA. Sobre a genealogia de Cila, as tradições diferem. No entanto, concordam todas em afirmar que o amor decepcionado e o ciúme vingativo foram as causas da metamorfose e da morte deste monstro.

1. Cila, filha de Fórcis e de Hécate, ou de Tífon e de Equidna, segundo uma outra versão, era uma ninfa de grande beleza. Mostrava-se, no entanto, demasiado orgulhosa dos próprios encantos para os dispensar ao primeiro pretendente. Glauco, deus marinho, bem se apercebeu disso, ele que, perdidamente apaixonado pela ninfa, a perseguia suportando, dia após dia, a recusa e o desdém da ninfa orgulhosa. Sem saber como atingir os seus fins, Glauco pediu ajuda à maga Circe. Esta, apaixonada por Glauco, atirou sobre Cila todo o ciúme: preparou uma poção vegetal que derramou na fonte onde a ninfa costumava banhar-se. Quando mergulhou nessas águas, o seu corpo, de formas tão perfeitas, transformou-se em monstro de seis patas com garras e seis cabeças de cão que, com as enormes bocas escancaradas, uivavam como leões e deixavam a descoberto três filas de dentes mordazes. Desolada com a sua disformidade repentina, Cila atirou-se ao mar. Colocou-se sobre uma rocha, à beira do estreito de Messina, diante de Caríbdis. Experimentando um rancor sem fim, ela aterrorizava os marinheiros; estes, abandonando os comandos dos navios, sentiam-se atraídos pelo monstro que se apressava a devorá-los. Deste modo pereceram seis companheiros de Ulisses. Mas Jasão e Eneias, graças à protecção dos deuses e dos adivinhos, tiveram melhor sorte. Conseguiram evitar as bocas escancaradas do monstro.

Segundo Virgílio, Héracles tentou pôr fim aos actos criminosos de Cila. Como ela tinha comido alguns bois de Gérion, o semideus matou-a. Mas, sendo de raça divina, ela não podia perecer deste modo. Diz-se que Fórcis ou Glauco a ressuscitou, e ela retomou os seus actos nefandos.

2. Conhece-se também com este nome uma filha de Niso, rei de Mégara. Por amor a Minos que era, no entanto, invasor do reino de seu pai, ela não hesitou em matar o próprio pai adormecido, cortando-lhe o cabelo de ouro que o mantinha ligado à vida. Entregou, deste modo, a pátria ao inimigo. Mas Minos, que lhe prometera tomá-la por esposa, ficou tão chocado com o crime que a condenou à morte por parricídio.

CÍLIX. Fundador mítico da Cilicia, Cílix era um dos filhos de Agenor que partiu do Egipto à procura de sua irmã Europa. Não tendo conseguido nunca encontrar qualquer rasto, decidiu ficar nas costas da Ásia Menor, no país dos Hipaqueus, e povoou, pouco a pouco, com o seu séquito, a planície da Cilícia. Ligou-se, pela amizade, a Sarpédon, e instalou-o no trono da Lícia, depois de ter vencido, ao seu lado, a povoação dos Mílias.

CIMÉRIOS. Segundo Homero, este povo mítico habitava à beira do Oceano desconhecido que rodeia os limites conhecidos da Terra, nas regiões cobertas de nevoeiros, onde o Sol nunca nasce e reina eternamente a noite e o sono. No entanto, mais tarde, houve a tentativa de delimitar geograficamente as regiões onde habitavam os Cimérios. Alguns autores localizavam-nos a norte do mar Negro, onde se encontrava, dizia-se, uma das entradas para o reino dos Infernos. Ao contrário, os escritores latinos atribuíam a este povo os cantões que rodeiam o lago Averno. Habitariam eles a sul, a norte, a este ou a oeste? Ninguém sabia exactamente, e este mistério que os envolvia era, só por si, prova suficiente do temor sombrio que eles inspiravam.

CÍNIRAS. Rei da ilha de Chipre e sacerdote de Afrodite, Cíniras deu uma importância particular ao culto da deusa. Filho de Apolo, segundo uma das versões, ele foi um dos grandes civilizadores do seu reino; introduziu nele as artes agrícolas, musicais, artísticas e domésticas. Desprezava a guerra e não quis participar na expedição de Tróia. Ofereceu, no entanto, aos Gregos, um único barco e ao rei Agamémnon uma armadura. Por ter tido involuntariamente relações incestuosas com a própria filha, Esmirna, ou Mirra, mãe de Adónis, teve de se exilar. Segundo uma outra lenda, Adónis teria nascido da união de Cíniras com a filha de um outro rei de Chipre.

CIRCE. É uma das raras magas que figuram na mitologia grega e, sem dúvida, a mais célebre de todas. Circe era filha de Hélio e de Perseide, a Oceânide. Dotada de poderes extraordinários, capaz de fazer descer do céu as estrelas, ela distinguia-se na preparação de filtros, de venenos, de poções próprias para transformar os seres humanos em animais. Experimentou, no próprio marido, o rei dos Sármatas, a sua arte maléfica e envenenou-o. Odiosa à vista dos seus, ela teve de fugir. Montada no carro do Sol, seu pai, ela encontrou refúgio na Etrúria. Nesse lugar, a residir num palácio encantado, continuou a aperfeiçoar as técnicas mágicas e transformou em monstro a jovem e bela Cila, por ser amada pelo deus Glauco. Pico, monarca culpado de ter recusado os seus convites, foi transformado em picanço. Ela não conseguiu, no entanto, submeter Ulisses à mesma sorte de alguns dos seus companheiros transformados por ela em porcos. O herói, seguindo o conselho de Hermes, conseguira neutralizar a poção, que Circe lhe ofereceu, misturando pedaços de uma erva chamada «móli». Livre, assim, dos encantos da maga, ele pôde obrigá-la a restituir aos navegadores a sua forma primitiva de humanos Entretanto, Circe, que em nada se parecia com o rosto hediondo das bruxas, seduziu o herói. Reteve-o junto dela mais de um ano e concebeu dele vários filhos, entre os quais Telégono, fundador mítico de Túsculo, Latino, rei epónimo dos Latinos, e uma filha, Cassífone. Quando Ulisses decidiu retomar a viagem, ela aconselhou-o a deslocar-se aos Infernos para aí receber conselho do adivinho Tirésias, que lhe indicaria o caminho mais fácil e mais seguro em direcção a Ítaca, sua pátria. Por causa da sua maleficência, embora ela multiplicasse os prodígios, os deuses recusaram-lhe o dom da imortalidade, e Circe pereceu à mão de Telémaco, filho de Ulisses e de Penélope.

CIRENE. Neta do deus-rio Peneu e da náiade Creúsa, esta ninfa caçadora percorria as florestas do Pindo e matava todos os animais ferozes para proteger o rebanho de seu pai Hipseu, rei dos Lápitas. Um dia, Apolo encantou-se com o espectáculo de Cirene a combater um leão, que ela acabou por vencer; colocou-a no seu carro e transportou-a para a Líbia, onde deu à luz um filho, Aristeu. Outras tradições acrescentam que o rei da Líbia, Eurípilo, lhe ofereceu o reino de Cirene por ter livrado o país de um leão que semeava o terror. Mais tarde, Virgílio fez dela uma ninfa que vivia nas águas profundas do rio Peneu.

CÍRON. Este salteador, que perpetrava as suas acções em Megárida, era filho de Pélops ou, segundo outras versões, de Posídon. Costumava obrigar os viajantes a lavarem-lhe os pés. Depois, em jeito de agradecimento, precipitava-os do alto de um rochedo para o mar, onde uma tartaruga gigante devorava o corpo dos infelizes. Teseu recusou submeter-se às exigências do bandido e atirou-o, por sua vez, ao mar. Para expiar o seu crime, o herói fundou os jogos Ístmicos.

Citera. Esta ilha, situada junto da costa da Lacónia, foi colonizada por Fenícios, que aí introduziram o culto de Afrodite. Os Gregos fizeram dela um dos lugares prováveis do nascimento desta deusa, nascida da espuma das ondas. Daí o nome de «Citereia» que lhe é por vezes atribuído.

CITÉRON. Esta cadeia de montanhas arborizadas, que separa a Beócia da Megárida e da Ática, é objecto de uma lenda. De facto, Citéron era um rei de Plateias que deu o seu nome à montanha vizinha. Mas afirma-se, igualmente, que Citéron era um jovem que recusara o amor de Tisífone, uma das três Erínias. Um dos cabelos desta última transformou-se em serpente que o mordeu e envenenou mortalmente, no sopé da montanha que tomou desde então o seu nome. É também sobre os flancos do Citéron que, segundo a lenda, morreram Penteu e Actéon. Na época clássica, o Citéron era consagrado a Dioniso e às Musas.

CLÉOBIS. Irmão de Bíton e filho de Cidipe, sacerdotisa de Hera, em Argos, Cléobis viu a sua piedade ser recompensada com a morte.

CLÍMENE. Conhecem-se várias Clímene na mitologia grega. Uma é a filha de Tétis e esposa legítima do Titã Jápeto; teve uma posteridade gloriosa pois deu à luz Prometeu, Menécio, Atlas e Epimeteu. Teria igualmente casado com Hélio e dado à luz Faetonte e as Helíades. Uma outra Clímene pertence ao grupo das Miníades: é a filha de Mínias, rei de Orcómeno.

CLIO. O nome desta Musa deriva da palavra grega que significa «festejar, celebrar», para cantar a glória dos guerreiros e a fama de um povo. Por isto mesmo, foi-lhe rapidamente atribuído o papel de padroeira da História. Ela segura na mão direita uma trombeta, para proclamar os altos feitos e uma cítara, para cantar as façanhas dos heróis, ou ainda uma clepsidra, emblema da ordem cronológica dos acontecimentos.

CLITEMNESTRA. É umas das mais célebres heroínas da tragédia grega. De sangue real, ela era filha de Tíndaro e de Leda e, pela mãe, a irmã dos Dioscuros e de Helena. Casou primeiro com Tântalo, depois com Agamémnon, o assassino do primeiro marido, que partiu pouco depois para Tróia. Em Áulis, Agamémnon foi obrigado, a conselho de Calcas, a sacrificar a filha Ifigénia à deusa Ártemis, que impedia a frota grega de largar em direcção a Tróia. Agamémnon escondeu o sinistro projecto a Clitemnestra. Mas esta soube da novidade pouco depois em Argos. Desesperada com o fim trágico da filha (na verdade Ifigénia escapara ao cutelo do sacrificador) e, segundo uma outra versão, enganada pelo marido que se apaixonara por Criseide, ela tomou Egisto por amante e preparou, com ele, o modo de acabar com Agamémnon, quando este voltasse à pátria. Electra e Orestes encarregaram-se de vingar a morte do pai e assassinaram Clitemnestra, sua mãe, sete anos depois do crime.

CLÍTIA. Esta ninfa era filha de Oceano. O Sol apaixonou-se por ela. Mas ela viu-se, pouco depois, abandonada pelo deus, que preferira Leucótoe. Desesperada e ciumenta, vingou-se, revelando ao pai da rival os amores em que estava envolvida. Apolo transformou a delatora em heliotrópio.

CLÓRIS. Esta filha de Anfíon e de Níobe foi, tal como o seu irmão Amicias, poupada por Apolo e Ártemis quando os deuses, irritados, se vingaram cruelmente dos seus irmãos e irmãs para punirem a mãe. Ela iria mais tarde casar com Neleu, pai de Nestor.

Cnossos. Esta antiga cidade de Creta foi a capital do rei Minos; deve a sua celebridade ao labirinto, onde estava encarcerado o Minotauro, que Teseu, graças à ajuda do fio de Ariadne, conseguiu matar.

CÓCALO. Rei fundador de Camico, na Sicília, Cócalo recebeu Dédalo, que fugira de Creta. O rei Minos, que andava em sua perseguição, chegou, algum tempo depois, a Camico. Prometeu uma grande recompensa a quem pudesse passar um fio por dentro das espirais de uma concha de caracol. Cócalo aceitou o desafio e pediu, em segredo, conselho a Dédalo, que logo encontrou a solução para este segundo problema do labirinto e do fio de Ariadne. Amarrou o fio à pata de uma formiga, que penetrou na concha e a percorreu até ao fim. Deste modo, Cócalo vencera. Mas Minos, sabendo que só Dédalo era capaz de tal proeza, exigiu a restituição imediata do prisioneiro. Em vez de entregar o hóspede, Cócalo e as filhas procuraram então o modo de matar Minos e acabaram por o mergulhar em água a ferver.

Cocito. As águas deste rio afluente do Aqueronte, no Epiro, comunicavam igualmente com os Infernos. Elas aumentam com as lágrimas dos maus. Sobre as margens do Cocito erram as almas dos mortos privados de sepultura que esperam conhecer a decisão dos juízes, quanto à sorte que lhes estaria reservada.

Colónias. Quando os Gregos, por razões diversas, queriam sair da pátria, iam consultar, em Dodona ou em Delfos, os oráculos dos deuses, que lhes indicavam os lugares onde tinham a permissão de se estabelecer. Escolhiam então um chefe, o fundador da colónia, que, antes de abandonar o solo pátrio, acendia uma tocha no fogo sagrado da sua cidade e transportava-a com ele para a nova cidade. Por fim, cada um dos colonos levava com ele as estátuas dos deuses nacionais e familiares. Deste modo, nunca os Gregos, apesar da sua dispersão em toda a bacia do Mediterrâneo, perdiam a ideia de pertencerem a uma cidade-mãe, nem esqueciam a religião e os deuses da sua pátria primitiva, que permaneciam como garantes da sua solidariedade e coesão.

Colunas de Hércules. O cabo montanhoso dependente do monte Calpe, em Espanha, situado na entrada do estreito de Gibraltar, possui a sua lenda. Conta-se de facto que Héracles, durante a sua expedição contra Gérion, chegou a passar pelo estreiro e elevou aí duas colunas, uma o rochedo de Gibraltar, outra o de Ceuta, para perpetuar a lembrança da sua presença.

Comércio. Para os Gregos, o comércio era uma das actividades essenciais da sua economia. Esta actividade estava sob a protecção de uns quantos deuses, muito especialmente sob a de Hermes. Este deus dos viajantes estendia os seus poderes benfazejos por caminhos e estradas por onde se fazia o trânsito das mercadorias. Assim protegidos, os comerciantes podiam passar, sem prejuízo nem temor, de uma cidade para outra e assegurar o reabastecimento e as trocas em toda a Grécia. Os Romanos imitaram os Gregos e atribuíram a Mercúrio poderes idênticos, concedendo-lhe ainda sobrenomes como

Negotiator e *Nundinator.* Quando a troca directa foi substituída pela moeda, os Romanos colocaram a cunhagem no templo da deusa Moneta e sob a sua autoridade.

COMO. Este deus só aparece nos últimos tempos da antiguidade grega, numa época em que os costumes se degradavam perigosamente. Ele preside a todos os prazeres da mesa, ao bom acolhimento, às libações. É geralmente precedido por Sileno ou Momo, deus da Zombaria, e seguido por um cortejo de bebedores em folia.

CONCÓRDIA. É uma das numerosas divindades alegóricas da religião romana. Personifica o bom acolhimento entre as famílias, os cidadãos e os esposos; é, por vezes, confundida com a deusa da Paz, de quem é irmã e de quem possui, por vezes, os atributos: a romã, símbolo da união conjugal fecunda, e o ramo de oliveira, emblema da paz.

CONSO. De origem antiga e misteriosa, este deus era olhado como uma das divindades do mundo subterrâneo, porque o seu altar estava enterrado no meio do Circo Máximo em Roma. Era particularmente encarregado de proteger do frio, das intempéries e dos parasitas, os grãos semeados ou enterrados no solo durante a má estação.

CORA. Em grego, este nome significa «rapariga». Foi dado à filha de Deméter antes do seu rapto e desaparecimento nos Infernos onde se tornou esposa de Hades e tomou o nome de Perséfone.

CORIBANTES. Estas divindades tutelares cretenses, de quem as sacerdotisas de Cíbele teriam tomado o nome, tinham, diz a tradição, cantado à volta do berço de Zeus para cobrir, com as suas vozes, os vagidos do recém-nascido e impedir Crono, seu pai, de o devorar.

Corinto. É um dos centros principais do culto de Afrodite. Cidade chamada «Epira» por Homero, deve a sua celebridade e importância à sua posição sobre um istmo. Como todas as cidades gregas, ela possui o seu rei e herói epónimo, chamado Corinto, filho de Máraton. Assassinado pelos seus, teve por sucessor Sísifo.

Corno da abundância. Símbolo da riqueza, o corno da abundância foi arrancado um dia por Héracles ao deus-rio Aqueloo que, para lhe disputar Dejanira, se transformara em touro. Vencido, o deus pediu ao herói que lhe devolvesse o corno em troca de Amalteia, a cabra do monte Ida, que se tornou no verdadeiro corno da abundância. Segundo outras versões, foi Zeus, ainda criança, que partiu, por descuido, um dos cornos da sua ama de leite, Amalteia, e que, para consolar o animal, lhe prometeu que ela seria, no futuro, o emblema de todas as riquezas possíveis.

CORÓNIDES. São assim chamadas as duas filhas de Oríon, Metíoque e Menipe.

CORÓNIS. Filha de Flégias, rei dos Lápitas, Corónis foi amada por Apolo num dia em que ela se banhava nas águas de um lago da Tessália. Aconteceu porém que, na ausência do deus, a jovem concebeu uma violenta paixão por Isquis, o filho de Élato, rei da Arcádia, e casou com ele. Para vingar o irmão, Ártemis atingiu a infiel com as suas flechas. Apolo, desesperado, concedeu todas as honras fúnebres à infeliz e arrancou, ainda vivo, do seu seio, Asclépio, o filho que tinha gerado nela.

Conhece-se outra Corónis que, perseguida pelos avanços de Posídon, foi transformada em gralha por Atena.

Coroa. Frequentes nas lendas da religião greco-romana, as coroas eram o sinal da consagração aos deuses. Cingiam a fronte das estátuas divinas e a dos sacrificadores e das vítimas. A cada divindade correspondia uma coroa, tecida com plantas frutos ou flores. O carvalho fornecia a Zeus a sua coroa, o loureiro a Apolo, o mirto a Afrodite, a videira a Dioniso. O Sol tinha a fronte cingida com uma coroa de raios solares. Alguns deuses ou deusas, como Cíbele, protectora das cidades, eram representados com a fronte ornada com uma coroa mural, constituída por várias torres.

CRÁNAO. Este rei sucedeu a Cécrops no trono de Atenas, mas foi expulso por Anfíction, um dos genros, que tomou o poder em seu lugar. Ele tinha casado com Pédias, que deu à luz três filhas, Cránae, Cranecme e, por fim, Átis, que deu o seu nome à Ática.

CREONTE. 1. Rei de Corinto, Creonte acolheu na sua corte Jasão e Medeia, expulsos de Iolco. Viveu muito tempo em paz com os hóspedes até ao dia em que Jasão se apaixonou por Glauce (ou Creúsa), a filha de Creonte, e que, repudiando Medeia, a tomou por esposa. Para se vingar, Medeia ofereceu à rival uma veste cujo tecido tinha sofrido uma preparação mágica e que se inflamou no corpo da infeliz. Creonte pereceu ao tentar socorrê-la.

2. Com o mesmo nome é também conhecido o filho de Menécio e irmão de Jocasta. Governou Tebas depois da morte do sogro, Laio, depois devolveu o reino a Édipo que tinha livrado o país da esfinge; chegou mesmo a conceder-lhe Jocasta como esposa. Entretanto, quando soube, mais tarde, que esta união era incestuosa, **Creonte** expulsou de Tebas o infeliz, embora guardando junto dele os seus dois filhos, Etéocles e Polinices, que não tardaram em disputar entre si o poder. Tendo tomado o partido de Etéocles, Creonte teve de imolar o próprio filho Meneceu a Ares para obter a vitória do seu protegido. Quando os dois irmãos inimigos morreram, Creonte retomou o poder sobre Tebas e governou cruelmente, chegando a enterrar viva Antígona, que ousara opôr-se à sua ordem de não conceder sepultura a Polinices. Depois de ter tentado raptar Édipo, diz-se que foi morto por Teseu.

CRESFONTES. Juntamente com os irmãos Témeno e Aristodemo, da raça dos Heraclidas, e ainda com os sobrinhos Procles e Eurístenes, Cresfontes reconquistou o Peloponeso e atribuiu a si próprio o território da

Messénia. Casado com Mérope, filha de Cípselo, rei da Arcádia, foi assassinado com dois dos seus filhos durante uma revolta dos Messénios, que se opunham às suas reformas democráticas. O terceiro filho, Épito, que escapara à morte, vingou-o alguns anos mais tarde, matando, com a ajuda de Mérope, Polifontes, o usurpador do reino de seu pai.

Creta. É uma das grandes ilhas do Mediterrâneo. Creta foi célebre na Antiguidade pela sua produção de trigo. Compreende-se, pois, que o culto de Deméter, deusa das colheitas, tenha tomado, nesta ilha, uma importância muito particular. Em Homero, Creta possuía cem cidades, todas mais ou menos lendárias. Além disso, a sua importância era considerada pelos numerosos mitos que nela têm origem. Foi aí que nasceu Zeus, que desposou Hera e se uniu a Europa. Todas as lendas em que aparece o rei Minos têm lugar em Creta, tais como as de Pasífae, do Minotauro, de Dédalo, do Labirinto e de Teseu. Centro religioso da civilização grega, Creta é, para a Grécia, o que a Etrúria é para Roma.

CRETEU. Fundador do reino de Iolco, Creteu desposou Tiro, sua sobrinha, e teve dela três filhos: Éson, pai de Jasão, Feres e Amitáon. Adoptou ainda Pélias e Neleu, que a esposa tivera de Posídon. Todos os filhos tiveram um papel importante nas lendas da Tessália.

CREÚSA. 1. Era uma das sete filhas de Erecteu e de Praxítea. Creúsa teve Xuto por marido, de quem teve Aqueu e Diomedes. Entretanto, ainda jovem, foi seduzida por Apolo numa caverna perto da Acrópole, onde ela abandonou Íon, o filho que lhe nasceu dessa relação. Hermes recolheu-o e criou-o no templo de Apolo, em Delfos.

2. Uma outra **Creúsa** é filha de Príamo e Hécuba. Casou com Eneias e deu-lhe um filho, Ascânio. Durante a tomada de Tróia, no meio da confusão e do combate geral, ela ter-se-ia separado do marido e sido levada por Afrodite. Entretanto, pôde aparecer a Eneias, que a procurava por toda a cidade, e anunciar-lhe o longo périplo que teria de fazer em busca de uma nova terra, a Itália.

3. Uma terceira **Creúsa**, filha de Creonte, rei de Corinto, pereceu vítima da vingança de Medeia. Ela é também chamada Glauce.

Criação. A teoria mais antiga sobre a formação do Universo e o nascimento dos deuses é exposta por Hesíodo na *Teogonia*. No começo do Universo, havia apenas três elementos: o Caos representava o estado primordial do mundo, o perpétuo devir, o espaço que existiu desde sempre; Geia, por seu lado, simbolizava a terra ainda inconsistente, cheia de dilúvios e cataclismos. Para que houvesse criação e nascimento, vida e forma, era preciso que estes dois elementos primordiais se unissem. Foi então que apareceu Eros, não o deus do Amor, tal como é concebido na época clássica, mas a força que permite que os seres e as coisas se aproximem, se toquem e se misturem. Foi assim que puderam nascer, no meio das trevas e da noite, a primeira geração dos deuses e os primeiros vegetais. A aparição da vida no mundo foi poderosamente estimulada por Oceano e sua esposa Tétis. Eram ambos símbolo complexo, imenso e fecundo da água original, que gera os cursos de água, as nascentes e os mares e vivifica, sem cessar, a natureza.

Segundo a tradição mais corrente, os homens vieram povoar este universo quando Prometeu criou o primeiro a partir da argila. Conta-se, por fim, que quando um dilúvio destruiu toda a forma de vida sobre a terra, depois que as águas recuaram, Pirra e Deucalião, seu marido, filho de Prometeu, que tinham escapado miraculosamente à catástrofe, atiraram pedras para trás deles que logo se transformavam, respectivamente, em mulheres e homens.

CRISEIDE. Crises era sacerdote de Apolo em Crisa. Quando esta cidade da Tróada foi tomada pelos Gregos, Criseide, a sua filha, calhou em sortes a Agamémnon. Apaixonado por esta nova escrava, o rei recusou devolvê-la a seu pai que, no entanto, lhe oferecia um grande resgate. Deste modo, Apolo, irritado com o ultraje feito a um dos seus servidores, enviou, contra a armada dos Gregos, uma peste terrível. Para apaziguar o deus, Agamémnon viu-se obrigado a devolver Criseide, mas recebeu em compensação Briseide, a cativa de Aquiles. Daí nasceu a longa querela entre os dois heróis.

CROCO. Este belo mortal concebeu pela ninfa Esmilace um amor que ela recusou partilhar. Os deuses transformaram-no numa planta de safrão.

CRONO. Este Titã, o mais novo dos filhos de Úrano e de Geia, governou o Universo antes do reinado de Zeus e dos deuses do Olimpo. Para obter todo o poder, não hesitou em mutilar o próprio pai e uniu-se à própria irmã Reia, de quem teve numerosos filhos, que iriam tornar-se deuses célebres em toda a Grécia, tais como Héstia, Deméter, Hera, Hades, Posídon e, por fim, o próprio Zeus. No entanto, para conservar o trono, teve de negociar com os outros Titãs que lhe pediam que fizesse desaparecer a sua posteridade. Crono devorou então os filhos, só deixando Zeus, que a mãe substituíra por uma pedra, envolta em panos, que Crono engoliu sem se aperceber do embuste. Mas, ao tornar-se adulto, Zeus rebelou-se contra o pai e forçou-o a restituir os irmãos e as irmãs. Com a sua ajuda, Zeus combateu os Titãs fiéis a Crono e apoderou-se, para sempre, do poder divino. Mais tarde, os Romanos identificaram Crono com Saturno, e a lenda, sob a influência do Orfismo, transformou-se de tal modo que o Titã impiedoso veio a ser um rei justo e bom da Idade de Ouro.

CTÍMENE. Irmã de Ulisses, ela foi esposa de Euríloco, companheiro de infortúnio do herói durante o regresso a Ítaca. Ctímene não iria voltar a ver o marido que, por ter comido das novilhas sagradas de Hélio, pereceu fulminado.

CTÓNIA. 1. Da sua mulher Praxítea, Erecteu teve quatro filhos e seis filhas, das quais uma, Ctónia, casou com seu tio Butes, filho de Pandíon.

2. Mais célebre é, porém, a filha de Foroneu. Com sua irmã Clímene, ela mandou construir um templo em honra de Deméter. Os mitógrafos modernos dão o epíteto de «ctónicas» à maior parte das divindades do mundo subterrâneo.

Cumas. Esta cidade da Campânia era uma das mais antigas colónias da Grécia e foi célebre na Antiguidade, sobretudo pelos oráculos que a Sibila aí proferia, directamente inspirada por Apolo. Não longe da cidade erguia-se uma gruta que, segundo se dizia, comunicava com os Infernos. Guiado pela Sibila, Eneias tomou este caminho para descer ao reino das Sombras.

CUPIDO. Bem mais do que o Eros grego, com o qual acabou por se confundir, Cupido, auxiliar de Afrodite, é a personificação do mais vivo desejo amoroso. Apuleio conta-nos a história de Psique, amada pelo deus, narração que testemunha a perseverança de que Cupido faz prova, quando possuído pela paixão.

CURETES. Muitas vezes confundidos com outras divindades tutelares – os Coribantes, os Dáctilos –, os Curetes tiveram, em particular, um papel importante nas circunstâncias que envolveram a pequena infância de Zeus: eles faziam algazarra à volta de Amalteia, enquanto esta aleitava a cria divina, para impedir Crono de descobrir o lugar onde se escondia o filho. Ignora-se o número dos Curetes. Dão porém origem a uma série de lendas. A mais conhecida conta que, por ordem de Hera, eles roubaram a Io o jovem Épafo, fruto dos seus amores com Zeus. Irritado com este rapto, o deus fulminou-os.

D

DÁCTILOS. Estas divindades tutelares, tal como os Coribantes e os Curetes, tiveram a sua primeira morada no monte Ida, onde Reia os gerou. Segundo a lenda, os Dáctilos teriam tomado este nome, que significa «os dedos», porque a mãe, com as dores do parto, teria crispado os dedos sobre o solo. Segundo uma outra tradição, eles teriam nascido da poeira que as amas de leite de Zeus atiravam para trás com as mãos, para apagar as marcas dos seus passos, e eles teriam, assim, também protegido Zeus do furor voraz de Crono, seu pai.

DAFNE. Filha do deus-rio da Tessália, Peneu, e ninfa sacerdotisa de Geia, Dafne (loureiro), foi perseguida pelos avanços de Apolo que, no momento em que ia agarrá-la, a viu transformar-se em loureiro. Com as folhas desta árvore, que, por conseguinte, lhe foi consagrada, o deus teceu uma coroa. Conta-se também uma outra lenda: Dafne apaixonara-se por um jovem, Leucipo, que para se aproximar dela se disfarçara de mulher. Apolo, ciumento, deu a Dafne e às companheiras a ideia de se despirem e de irem banhar-se. O infeliz foi também obrigado a fazer o mesmo; as ninfas, ao descobrir o embuste, preparavam-se para o matar quando os deuses o arrebataram. Dafne, confundida, quase se deixou agarrar por Apolo, mas pôde, no último momento, transformar-se em loureiro, que é desde então a árvore preferida do deus.

DÁFNIS. Elevado depois da morte à categoria dos semideuses agrestes da Sicília, Dáfnis era o filho de Hermes e de uma ninfa que o abandonou num pequeno bosque de loureiros. Recolhido pelas ninfas e criado por um grupo de divindades pastoris, exerceu o ofício de pastor e inventou a poesia bucólica. Era tão belo que Apolo se apaixonou por ele e o iniciou na arte de tocar flauta, enquanto Ártemis lhe ensinou as técnicas da caça. A ninfa Nómia, pastora de profissão, concebeu por Dáfnis uma paixão abusiva e ameaçou cegá-lo se ele concedesse a outras mulheres os seus favores. Mas Quiméria, sua rival, embebedou o pastor demasiado confiante, que acabou por ceder aos seus desejos. Imediatamente atingido pela cegueira, percorreu os campos a tocar áreas melancólicas com a flauta até ao dia em que, perdido, caiu num precipício. Hermes transformou-o em rochedo ou, segundo outra tradição, arrebatou-o para os céus.

DÁNAE. Ameaçada por um oráculo de que havia de dar à luz um filho que mataria o avô, Dánae foi encarcerada pelo pai, Acrísio, rei de Argos, numa torre de bronze. Zeus, que a amava em segredo, penetrou no cárcere, transformando-se em chuva de ouro, e seduziu a jovem mulher. Desta união encantada nasceu o herói Perseu. Indignado, Acrísio mandou expor a filha e a criança numa arca, que ele abandonou às ondas. Ambos foram ter à ilha de Serifo, onde reinava Polidectes. O tirano tentou obter os favores da jovem que recolhera; mas Perseu libertou a mãe e voltou com ela para Argos.

DANAIDES. As cinquenta filhas do rei Dánao seguiram o pai quando este veio estabelecer-se em Argos, depois de ter abandonado o Egipto por temer os cinquenta filhos do rei Egipto, seu irmão. Ora, mais tarde, os cinquenta jovens vieram ter com o tio e pediram-lhe as filhas em casamento. Elas consentiram, e os esponsais foram celebrados. Mas, nessa mesma tarde, a conselho do pai, elas muniram-se de uma adaga e mataram os esposos; só Hipermnestra poupou Linceu. Pouco tempo depois, as Danaides desposaram jovens argivos que tinham concorrido nos jogos para lhes ganharem a mão. A sua felicidade, no entanto, foi de curta duração, pois Linceu massacrou-as a todas. Quando desceram aos Infernos, elas foram punidas pelos seus crimes e condenadas a encher incessantemente um tonel sem fundo. Pensou-se, na Antiguidade, que este castigo é apenas um símbolo. As Danaides teriam, na verdade, trazido, do Egipto para a Grécia, a arte de escavar poços e de irrigar as terras; até ao fim dos tempos elas extraem a água fertilizante.

DÁNAO. Filho de Belo e de Anquínoe, irmão gémeo de Egipto, Dánao recebeu a Líbia em herança. Mas, por temer a ambição do irmão e dos sobrinhos, fugiu com as cinquenta filhas, atravessou o Mediterrâneo e refugiou-se no Peloponeso, em Argos, onde reinava Gelanor. Anunciou ao rei a intenção de o destronar. Gelanor protestou, mas aconteceu um prodígio: um lobo surgiu repentinamente e devorou um touro. Impressionados, os Argivos compararam Dánao ao lobo e Gelanor ao touro, e escolheram o estrangeiro como rei. Para agradecer aos deuses, o soberano construiu um templo a Apolo-Lício (Apolo-lobo). Mais tarde foi morto por Linceu, esposo de uma das filhas, Hipermnestra, e o assassino sucedeu-lhe no trono.

DÁRDANO. Antepassado lendário dos Troianos, Dárdano, filho de Zeus e de Electra, nasceu na Samotrácia, donde emigrou, à morte do irmão, em direcção às costas da Ásia Menor. Foi acolhido por Teucro, que lhe deu a filha, Batieia, e algumas terras. Ele fundou cidades, a Dardânia e talvez Tróia, e deixou, à sua morte, muitos filhos, entre os quais Ilo, Erictónio, Zacinto e uma filha, Ideia. Segundo as tradições itálicas, Dárdano era filho de Corinto, príncipe etrusco de Cortona; teria emigrado para a Frígia, unindo simbolicamente, como aconteceu depois com as lendas romanas, a Itália e a Tróada.

DÉDALO. As suas origens não são claras. No entanto, quase todas as versões da sua lenda afirmam que ele pertencia, sem dúvida, ao sangue real de Atenas. Ferreiro, inventor com uma inesgotável fecundidade de espírito, arquitecto e escultor, ele trouxe, segundo os Atenienses, à arte antiga grandes progressos. Era, no início da sua carreira, ajudado por um aprendiz, seu sobrinho, Talo. Este achou um dia a mandíbula de uma serpente morta. Criou em ferro uma réplica e fez assim surgir a primeira serra. Dédalo, com ciúme deste aluno, que não hesitava em dar-lhe lições, precipitou-o do alto da Acrópole e matou-o. O Areópago reuniu-se para o julgar. Condenado ao desterro, Dédalo refugiou-se em Creta. Com a sua competência seduziu o rei Minos, bem como com o talento e a habilidade. O rei encarregou-o, então, de traçar o plano do labirinto onde foi encarcerado o Minotauro. Mas, por ter traído o mestre, favorecendo os amores de Ariadne e Teseu, foi aí encarcerado. Entretanto, não perdeu o ânimo. Fabricou um par de asas e voou, juntamente com o filho, mas só ele chegou a Cumas são e salvo. Consagrou a Apolo a máquina voadora que o salvara. Depois, ao chegar à Sicília, foi muito bem acolhido por Cócalo e tornou-se o seu principal arquitecto.

DEIDAMIA. Filha de Licomedes, rei dos Dólopes, ela habitava a ilha de Ciros. Quando Aquiles se refugiou aí disfarçado de mulher, seduziu de surpresa Deidamia, que se tornou, segundo algumas lendas, mãe de Pirro, mais conhecido na guerra de Tróia com o nome de Neoptólemo.

DEÍFOBO. Filho de Príamo e de Hécuba, Deífobo, na guerra de Tróia, é o instrumento da fatalidade divina. Ele reconhece o irmão, Páris, outrora abandonado por seu pai, e que, sob o nome de Alexandre, se bateu vitoriosamente com ele durante os jogos de estádio. É também na forma de Deífobo que Atena incita Heitor a combater Aquiles. À morte de Páris, apesar dos protestos de seu irmão Heleno, ele toma Helena por esposa, que encarna as infelicidades de uma Tróia abandonada às ordens e às acções dos deuses. Foi mutilado e morto por Menelau durante o saque da cidade. Eneias prestará, mais tarde, aos seus restos mortais as honras fúnebres e construir-lhe-á um túmulo no cabo Reteu, não longe do Helesponto.

DEJANIRA. Quando Héracles desceu aos Infernos, encontrou a sombra de Meleagro, que o aconselhou a desposar Dejanira, sua irmã, filha de Eneu e de Alteia, ou de Dioniso, segundo outra versão da lenda. Ao voltar à terra, Héracles teve de vencer, numa luta encarniçada, o rio Aqueloo, um dos pretendentes, para poder desposar Dejanira. Depois do casamento partiu com ela numa expedição contra os habitantes de Cálidon. No regresso a esposa foi raptada pelo centauro Nesso, que tentou depois violentá-la. Ela chamou Héracles em socorro; ferido mortalmente, o centauro confiou à esposa do herói uma túnica envenenada afirmando-lhe que era um sinal de felicidade e de fidelidade conjugal eternas. Quando Héracles se apaixonou por Iole, para o trazer de volta Dejanira enviou-lhe a túnica: ao vesti-la o herói vê todo o corpo consumido pelo fogo e preferiu suicidar-se. Desesperada, Dejanira suicidou-se também, deixando um filho, Hilo, que se tornou chefe dos Heraclidas.

Delfos. Pequena cidade da Fócida, chamada Pito na época de Homero, Delfos, situada no sopé do monte Parnaso, adquiriu rapidamente uma grande importância na época clássica grega e foi considerada o centro do globo terrestre, o umbigo do mundo. O santuário de Apolo, razão da celebridade da cidade, era um lugar onde os reis e cidadãos ricos colocavam em segredo os seus tesouros e onde a Pítia, sentada num tripé, sobre uma fenda que exalava vapores, concedia os oráculos. É em honra de Apolo que eram celebrados em Delfos os Jogos Píticos, pois o deus, não longe dali, tinha morto a serpente Píton.

Delos. Esta ilha surgiu do mar em consequência de um golpe do tridente de Posídon. Ela acolheu Leto que sobre ela deu à luz Apolo e Ártemis. Para agradecer à ilha o ter consentido prestar refúgio aos filhos divinos, Zeus fixou-a no centro do arquipélago das Cíclades. Tornou-se, depois, sede do culto de Apolo. Era aí que se celebravam jogos, os Délios, que foram, diz-se, instituídos por Teseu. Por fim, a cada quatro anos vinha uma delegação ateniense à ilha para venerar de modo especial o deus que aí nascera.

DEMÉTER. Filha de Crono e de Reia, Deméter é, antes de mais, a deusa do trigo, ao qual facilita a germinação, e das colheitas, de que assegura o amadurecimento. Deste modo, todos os países gregos da Antiguidade, cuja economia se baseava essencialmente na cultura deste cereal, multiplicaram as lendas sobre Deméter. Além dos amores com Iásion, a quem ela deu Pluto, o deus da abundância, e com Posídon que, transformado em cavalo por ela se ter metamorfoseado em égua para lhe escapar, gerou Aríon, conhecemos-lhe sobretudo a célebre lenda que narra o rapto da filha Cora-Perséfone (Prosérpina, para os Romanos) por Hades.

Esta divertia-se com as companheiras da Ática, na planície de Elêusis, a colher flores. Apercebeu-se então de que havia ali um belo narciso e, no momento em que ia colhê-lo, a terra abriu-se e Hades apareceu: levou a jovem, que deu um grito dilacerante. Deméter ouviu o apelo de terror e abandonou o Olimpo. Percorreu a terra durante nove dias e nove noites sem comer, sem se banhar, sem nunca repousar, em busca da filha e do autor do rapto. No décimo dia, Hélio, comovido, revelou-lhe o nome do raptor. Depois, encolerizada, a deusa recusou-se a voltar à morada dos deuses enquanto a filha lhe não fosse devolvida. Refugiou-se em Elêusis, em casa do rei Céleo, marido de Metanira, que a acolheu com muito respeito. Como agradecimento ao hospedeiro, a deusa quis conceder a Demofonte, filho do rei, a imortalidade. Mas as práticas mágicas enlouqueceram Metanira; Deméter, surpreendida, esqueceu a criança no fogo. Para consolar os pais, Deméter ensinou a Triptólemo, seu outro filho, a arte de cultivar os campos, de semear a terra e de recolher os cereais. No entanto, depois da partida de Deméter do Olimpo, a terra tornara-se estéril. A fome e as epidemias ameaçavam os mortais. Zeus, preocupado, interveio junto de Hades para que Perséfone fosse devolvida à mãe. Mas o deus dos Infernos recusou, porque a jovem tinha trincado uma romã durante a sua estadia entre os mortos, o que, por magia, a proibia de voltar à morada dos vivos. Finalmente, conseguiu-se um compromisso: Perséfone viveria com a mãe seis meses do ano e os outros seis passá-los-ia na companhia do marido Hades. Ao primeiro período da vida anual de Perséfone corresponde a Primavera, em que os rebentos, como a deusa, saem da terra sob a protecção de Deméter.

Ao segundo período corresponde a época das sementeiras do Outono, dos grãos de trigo escondidos na terra, como Perséfone que volta à morada dos mortos. Os mistérios de Elêusis que celebravam o culto de Deméter viam igualmente nesta lenda um símbolo perpétuo de morte e ressurreição.

Durante muitos séculos da Antiguidade, os atributos de Deméter multiplicaram-se. A deusa foi venerada como uma das divindades principais da abundância e da fertilidade pelos iniciados nos mistérios e pelos agricultores que celebravam, na altura das ceifas, festas como as Tesmofórias e as Eleusínias. Assimilada a Ceres pelos Romanos, Deméter é o símbolo da civilização antiga, onde a deusa assegura, com a abundância das colheitas, o perpétuo desenvolvimento económico e social.

Demónios. Em certas lendas mitológicas, os demónios são génios ocultos, divindades misteriosas e influentes do Além, cuja acção sobre o comportamento dos homens pode ser benéfica ou nefasta. Hesíodo definiu-os como intermediários entre os mortais e os deuses. Mais tarde, pensou-se que as almas divinizadas dos mortos podem tornar-se em demónios que voltam, por vezes, à Terra, para atormentar os criminosos. Os filósofos e poetas apoderaram-se da noção de demónio e acabaram por transformá-la. Deste modo, segundo Píndaro, cada homem é assediado por um demónio do bem e outro do mal, simbolizando cada um o destino atribuído a cada vida.

Destino. Talvez não haja outra noção que ocupe, na religião, na tragédia e nos mitos greco-latinos, para os homens e para os deuses, um lugar tão preponderante como esta ideia complexa de destino. Para os Gregos, o destino é representado pela *Moira* (o destino ou sorte atribuída a cada um) e pela *Tychê*; para os Romanos, pelo *Fatum* e pela *Fortuna*. A *Moira* que, primitivamente, era uma única divindade, tomou a pouco e pouco tal importância que se dividiu em três pessoas: Cloto, Láquesis e Átropo. Mas todas estas representações são apenas a expressão da inflexibilidade do destino humano previamente traçado e da hora fatal da morte, à qual ninguém pode subtrair-se. Ao longo dos séculos, no entanto, os Gregos amenizaram esta noção de destino cruel e veneraram uma outra divindade, a *Tychê*, menos temível, que personifica o acaso, bom ou mau, justo ou injusto, e que intervém no destino dos homens ou dos Estados, ao qual pode mudar o curso.

Na religião romana, mais supersticiosa do que a religião dos Gregos, o destino – *Fatum* – toma um carácter mais abstracto e menos pessoal. É a tradução da vontade dos deuses, o oráculo contra o qual o homem nada pode, a submissão total às decisões supremas que só pertencem aos imortais. Depois, pouco a pouco, a ideia de *Fatum* foi sendo humanizada e dividiu-se em *Fatus* para os homens e *Fata* para as mulheres, como se fossem gémeos ligados a cada mortal guiando o desenvolvimento da vida que lhes é confiada. Por fim, como os Gregos honravam a *Tychê*, os Romanos invocavam a *Fortuna* que é a imagem do acaso, arbitrário e caprichoso, com as suas incoerências, injustiças e favores.

DEUCALIÃO. Este rei é o herói grego da tradição oriental do dilúvio, cujo mito aparece em todas as religiões da Antiguidade. Filho de Prometeu e da oceânide Clímene, Deucalião desposou Pirra, a filha de Epimeteu. Estabeleceu-se na Tessália, sobre a qual reinou com justiça. Quando Zeus decidiu destruir a raça humana, julgando que a maleficência dos homens era não só uma injúria para os deuses, mas também uma perpétua ameaça, só Deucalião e Pirra foram poupados; de facto, antes de enviar uma chuva torrencial, o deus tinha permitido a Prometeu que os avisasse do perigo que corriam e os aconselhasse a construir uma arca onde pudessem refugiar-se durante os nove dias e as nove noites que duraria o dilúvio. Eles obedeceram. A Terra inteira foi submergida e todos os habitantes morreram. Quando as águas baixaram, as vagas depuseram no cimo do monte Parnaso os dois justos que tinham escapado à cólera do deus. Zeus enviou-lhes o mensageiro habitual, Hermes, que lhes pediu que formulassem um voto. Eles responderam que, por causa da solidão, desejavam o renascer da raça humana. «Cobri o rosto», disse-lhes Zeus, «e atirai para trás os ossos da vossa avó». Depois de terem pensado longamente no sentido destas palavras, eles compreenderam que os ossos não podiam ser outra coisa senão as pedras que cobriam a sua avó, a Terra, e executaram a ordem dos deuses. As pedras atiradas por Deucalião transformaram-se em homens; as que foram atiradas por Pirra, em mulheres. Foi assim que a Terra se repovoou com uma nova raça de seres humanos, mais rústicos, mas também mais corajosos que os precedentes. Os filhos que nasceram de Pirra foram os antepassados das raças que conquistaram e constituíram a Grécia.

DEUCALIÃO

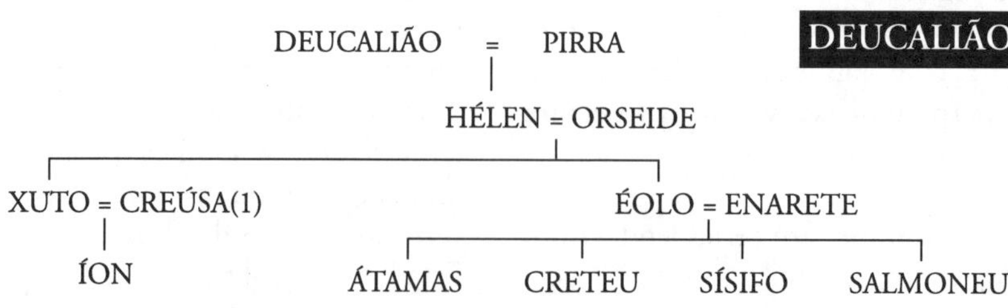

Deuses. Como expressões das forças da natureza, os deuses personificam também as qualidades e os defeitos dos homens, de quem tomam a aparência, conservando no entanto a imortalidade. Na sua maior parte, os deuses nasceram sob o nome geral de Titãs, da união cósmica das duas entidades do Mundo, a abóbada celeste e a crosta terrestre. Depois Crono, Ceu e Oceano criaram a geração dos deuses que, depois de lutas gigantescas com as divindades primordiais e anárquicas, se instalaram no Olimpo. No entanto, alguns deuses foram criados de modo estranho. Hefesto nasceu só de Hera, sem a ajuda de Zeus, esposo da deusa, enquanto Atena saiu já armada do crânio de Zeus, sem que alguma mulher a tenha carregado no seio. Para além disso, Afrodite, segundo uma das lendas, brotou por ela mesma do mar, e Dioniso foi fruto dos amores da mortal Sémele e de Zeus. De um modo geral, os deuses nascidos da própria natureza podem pretender dominá-la e dirigi-la conforme entendem.

Deuses estrangeiros. À medida que os Gregos e os Romanos estenderam o seu domínio e influência à volta do Mediterrâneo, o seu Panteão acolheu deuses estrangeiros em número sempre crescente. Alguns foram simplesmente assimilados, como Anúbis, deus egípcio, que tomou as características e os atributos de Hermes, ou Dúsares, deus solar dos Árabes, que se confundiu com Dioniso. Alguns outros deuses forneceram um sobrenome suplementar a uma das divindades do Olimpo, como Doliqueno, deus asiático, cujo nome se apôs, por vezes, ao de Júpiter. Conhecemos igualmente deuses como Horos, deusas como Astárgatis, que tomaram novos nomes na civilização greco-romana: o primeiro chamou-se Harpócrates, a segunda, Deusa Síria. Por vezes os Romanos adoravam os deuses estrangeiros com a denominação original: foi o caso de Mitra e de Elagábalo. No entanto, apesar das assimilações e transformações, os Romanos deram prova de um respeito constante para com os deuses estrangeiros, evitando despi-los dos seus atributos primitivos. Tanto por respeito religioso como por convicção política, eles pensaram que, adoptando os deuses dos territórios de que se apoderavam, asseguravam a fidelidade dos habitantes às leis de Roma.

DIANA. Esta antiga divindade itálica, logo identificada com a Ártemis grega, tinha sido introduzida, segundo alguns, em Roma pelo rei lendário Sérvio Túlio. As lendas romanas de Diana foram todas tiradas dos mitos gregos. Diz-se que Orestes teria trazido para Itália, para Némi, a Ártemis de Táuris. Na vizinhança desta cidade do Lácio encontrava-se, de facto, um lago, um bosque sagrado e um templo dedicado a Diana. Praticavam-se, em honra da deusa, sacrifícios humanos. Cada sacerdote devia matar o seu antecessor para poder suceder-lhe. Contava-se também que Hipólito, ressuscitado por Asclépio, tinha sido raptado por Ártemis e transportado para Itália, onde passara a chamar-se Vírbio, para se consagrar inteiramente ao culto da divina raptora. No entanto, para os Romanos, Diana não é tanto, como Ártemis, a deusa caçadora (embora ela tenha tomado

DEUSES

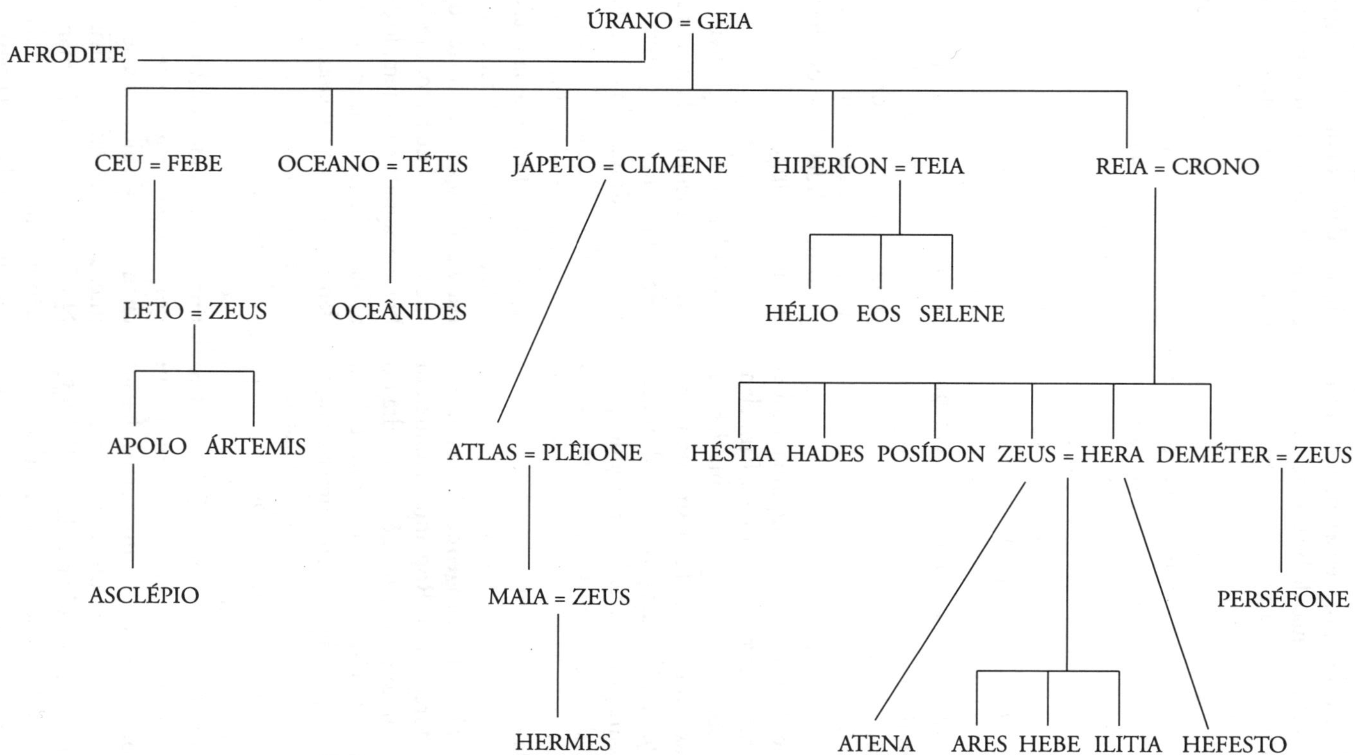
ÚRANO = GEIA
AFRODITE
CEU = FEBE
OCEANO = TÉTIS
JÁPETO = CLÍMENE
HIPERÍON = TEIA
REIA = CRONO
LETO = ZEUS
OCEÂNIDES
HÉLIO
EOS
SELENE
APOLO
ÁRTEMIS
ATLAS = PLÊIONE
HÉSTIA
HADES
POSÍDON
ZEUS = HERA
DEMÉTER = ZEUS
ASCLÉPIO
MAIA = ZEUS
PERSÉFONE
HERMES
ATENA
ARES
HEBE
ILITIA
HEFESTO

desta o arco e a aljava), antes a irmã de Apolo, isto é, a deusa da luz.

DIDO. Originalmente esta heroína cartaginesa, venerada pelos Romanos, chamava-se Elissa. Era filha de Muto, rei de Tiro, e irmã de Pigmalião. Tinha casado com o tio, o rico Sicarbas, sacerdote de Héracles. Quando Muto faleceu, Pigmalião sucedeu-lhe, mas, desejoso de se apropriar das riquezas do cunhado, assassinou-o. Durante muito tempo escondeu o crime à irmã e preparava-se para lhe fazer sofrer a mesma sorte quando Dido foi advertida em sonho dos sinistros projectos pela sombra do marido, que a aconselhou a fugir imediatamente levando com ela os tesouros. Em segredo, organizou uma armada e, juntamente com alguns companheiros, fugiu de Tiro. Durante uma escala em Chipre, ela mandou os seus marinheiros raptar oitenta mulheres; depois passou para África. Após algumas negociações com indígenas, obteve como território o que pudesse conter uma pele de boi. Desmontando o artifício astuciosamente, Dido cortou a pele em fitas estreitas e apropriou-se, deste modo, de um grande território onde os companheiros construíram a cidadela de Birsa (pele de boi). À volta ergueu-se a cidade de Cartago, que rapidamente se tornou uma cidade florescente. Foi então que o rei dos Gétulos, Iarbas, invejoso da prosperidade desta urbe, pediu Dido em casamento. Mas esta, que jurara permanecer fiel à memória do primeiro marido, preferiu imolar-se nas chamas de uma pira a de renegar o juramento. Perante desta acção gloriosa, o povo honrou Dido como uma divindade. Virgílio, sem se preocupar com a cronologia, segundo a qual haveria pelo menos trezentos anos de intervalo entre a tomada de Tróia e a fundação de Cartago, inventou uma outra versão fazendo intervir Eneias na lenda de Dido. Quando Eneias desembarcou em Cartago foi recebido por Dido que, pouco a pouco, se apaixonou por ele. Mas o príncipe númida Iarbas pediu a Júpiter que afastasse o estrangeiro. Submetendo-se à ordem dos deuses e sem sequer se despedir da rainha, Eneias zarpou em direcção à Itália. Desesperada e incapaz de sobreviver à ausência do amante, Dido apunhalou-se e pereceu no meio das chamas de uma pira.

Dilúvio. A noção de dilúvio é comum a todas as religiões do Oriente e do Ocidente. Encontramo-la na Bíblia, na epopeia de Gilgamesh, e também na mitologia greco-latina. É muito provável que esta ideia de deglutição da Terra pelas águas tenha surgido depois de uma inundação catastrófica do Tigre e do Eufrates, que transbordaram dos próprios leitos. Consequência da cólera divina, o dilúvio é enviado por Zeus para punir os homens da Idade do Bronze. O deus permitiu apenas a Pina, filha de Epimeteu e de Pandora, e a Deucalião que escapassem ao desastre. Encontraram, de facto, refúgio numa arca que, no momento em que as águas se retiraram, encalhou no monte Parnaso. Depois do dilúvio iria surgir uma nova raça de homens, criada por Deucalião e Pirra.

DIOMEDES. 1. Rei dos Bístones, na Trácia, Diomedes tinha o costume, para tornar os cavalos mais fogosos e robustos, de os alimentar com a carne dos viajantes inocentes que ousavam entrar no seu território. Héracles pôs termo a esta prática horrenda obrigando os cavalos a devorar o próprio Diomedes. Ofereceu os cavalos carnívoros a Euristeu, que os consagrou primeiro a Hera, depois abandonou-os no monte Olimpo, onde foram dilacerados por animais ferozes.

2. Juntamente com Aquiles e Ájax, filho de Télamon, um outro Diomedes, filho de Tideu, passa por ser um dos mais valorosos heróis de toda a Antiguidade. Educado pelo centauro Quíron, ele sucedeu ao avô Adrasto no trono de Argos e tomou parte activa na expedição dos Epígonos, para vingar a morte de seu pai, um dos sete chefes. Por conseguinte, ligou-se pela amizade a Ulisses e acompanhou-o a Tróia à cabeça de oitenta embarcações. Além dos feitos que realizou com este amigo, quer indo a Lemnos procurar Filoctetes e as suas flechas indispensáveis à vitória, quer apoderando-se dos cavalos de Reso ou ainda levando de Tróia o Paládio, que passava por proteger a cidade, Diomedes não hesitou em enfrentar, em combate singular, os mais reputados heróis troianos, como Heitor e Eneias; nunca foi vencido. Para além disso, protegido por Atena, ousou atacar o próprio deus Ares, a quem feriu, e a deusa Afrodite, a quem atingiu na mão. Mas esta audácia desagradou à deusa do amor. Ela inspirou à esposa de Diomedes, Egíale, paixões adúlteras. Diomedes, ao voltar a Argos, descobriu a infidelidade da esposa. Deixou então o reino e abordou ao Sul da Itália, na Apúlia, onde encontrou o rei da região Dauno, que lhe deu a filha em casamento; Diomedes instalou-se na região e fundou numerosas cidades da Itália Meridional. Segundo uns, foi morto pelo rei Dauno; para outros, desapareceu, por ordem dos deuses, aos olhos dos companheiros, que foram transformados em pássaros. Enterrado numa das ilhas que têm hoje o seu nome, foi adorado como um deus.

DÍON. Rei da Lacónia, Díon, marido de Anfítea, recebeu Apolo com tanta honra que o deus, comovido, concedeu às três filhas do rei, Orfa, Lico e Cária, o dom da profecia. Mas, apesar das advertências dos deuses, as duas primeiras exorbitaram os seus direitos quando espiaram os amores de Dioniso e de Cária. Como punição por esta indiscrição, foram transformadas em rochedos. Só a amante de Dioniso foi tranformada em nogueira.

DIONE. Uma das divindades do início dos tempos, Dione era filha de Oceano e de Tétis, ou de Crono e Geia. Foi amada por Zeus e deu à luz Afrodite. É também considerada esposa de Tântalo, de quem teve Níobe e Pélops.

DIONISO. É um dos deuses mais importantes e mais complexos da Grécia. Dioniso, filho de Zeus e de Sémele, nasceu em condições estranhas. Na verdade, Sémele, empurrada pela ciumenta Hera, quis ver o amante divino em todo o seu poder. Imediatamente o seu corpo foi consumido e Zeus só teve tempo de lhe arrebatar das entranhas o pequeno Dioniso, que escondeu ainda durante três meses na sua coxa, para que pudesse, por fim, nascer. Disfarçado de menina e confiado a Átamas e a Ino, o jovem deus não pôde, no entanto, escapar à cólera de Hera; ela castigou os pais adoptivos atingindo-os com a loucura e obrigou o jovem a fugir para países longínquos. Aí, foi transformado por Zeus em cabrito. Depois as ninfas cuidaram da sua educação. Tendo atingido a maioridade, o deus foi também atingido pela loucura. Andou errante pelo mundo inteiro e introduziu, em cada país, a cultura da vinha e a técnica de fazer vinho. Foi assim que percorreu o Egipto, a Síria, a Frígia, onde a deusa Cíbele o iniciou nos seus mistérios. Liberto da loucura, penetrou na Trácia, no domínio do rei Licurgo, que se opôs à introdução do culto do deus, amarrou as Bacantes e obrigou Dioniso a fugir para junto de Tétis. Pouco depois, o deus libertou as Bacantes e atingiu Licurgo com a loucura, depois tornou a terra da Trácia estéril. Para acalmar o deus, os habitantes esquartejaram o rei. Estabelecido o seu culto em toda a região que é banhada pelo Mediterrâneo, Dioniso, montado num carro puxado por panteras, dirigiu-se para a Índia, em viagem misteriosa, na companhia de um grupo de Silenos, Bacantes e Sátiros. De volta à Beócia, tentou introduzir o seu culto em Tebas; mas Penteu, rei da cidade, quis também opor-se-lhe. Foi despedaçado pela própria mãe, Agave, atingida, também ela, por um acesso de loucura furiosa. As Prétides, filhas do rei Preto, que não permitiram o acolhimento do deus, enlouqueceram e andaram errantes pelos campos a mugir. Dioniso tomou depois um navio para se dirigir para Naxo, mas os marinheiros do navio, que eram piratas, quiseram prendê-lo para o venderem como escravo na escala mais próxima. Dioniso manifestou logo o seu poder imobilizando o navio; encheu-o de heras e fez ouvir sons estridentes de flauta. Os marinheiros, aterrados, atiraram-se ao mar e foram transformados em golfinhos. Antes de subir ao Olimpo, para aí ser recebido em pleno direito na assembleia dos deuses, Dioniso foi aos Infernos raptar a própria mãe Sémele e levou-a consigo para os céus, onde ela passou a chamar-se Tione. Ligado ao vinho e à ebriedade, o culto de Dioniso estendeu-se a toda a Grécia, juntamente com a cultura da vinha. O deus tornou-se então símbolo do poder inebriante da natureza, da seiva que enche os bagos de uva e que é a própria vida da vegetação. Acompanhado pelas divindades dos arvoredos, foi também venerado como deus dos jardins e dos bosques. Criado pelas Ninfas, pôde também aspirar a ser venerado como deus da água, do elemento líquido que é a seiva da nascente primordial e origem de toda a vida. Na época clássica, Dioniso tomou a figura do deus da vida alegre, dos jogos e das festas que gosta de presenciar entre os clamores das Bacantes; tomou este aspecto sobretudo no Império Romano com o nome de Baco. Igualmente importante é o facto de os Gregos o considerarem o deus das Belas-Artes, particularmente da comédia e da tragédia, saídas uma e outra das representações que tinham lugar por ocasião das festas em honra do deus. Importante é também o papel que o deus teve no orfismo, no qual foi identificado com Zagreu.

Nas obras de arte, ele possui os traços de um deus jovem, a fronte e o corpo envoltos em hera, vides e cachos de uvas. É geralmente acompanhado pelos cortejos das Ménades, das Tíades e dos tocadores de flauta, munidos com o tirso, que se entregam aos jogos, às danças frenéticas e a êxtases desordenados.

DIOSCUROS. É por este nome que, na mitologia, são designados Castor e Pólux, filhos de Leda. Mas Castor tinha por pai Tíndaro, enquanto Pólux era filho de Zeus. Eram irmãos de Clitemnestra e de Helena. As suas existências são inseparáveis; a sua afeição fraternal é atestada não só nas narrações das suas aventuras, mas também nas obras de arte que os representam de mãos dadas e muitas vezes os seus perfis são sobrepostos numa medalha. Nunca se separaram e participaram em todas as grandes acções lendárias. Nascidos em Esparta, eles simbolizaram a rivalidade secular entre a Lacónia e a Ática, ao tomar a direcção de uma expedição vitoriosa contra Atenas para libertarem a irmã Helena raptada por Teseu e escondida na cidadela de Afidna. Tomaram parte da caça ao javali de Cálidon e acompanharam os Argonautas no seu périplo, pondo cada um os seus talentos particulares ao serviço de Jasão: Pólux venceu, na luta, Âmico, rei dos Bébrices; Castor distinguiu-se pela sua arte de montar cavalos. Os Dioscuros foram entretanto menos felizes nas empresas amorosas. Raptaram Febe e Hilaíra, as duas filhas do rei Leucipo, que eram noivas de Idas e Linceu, seus primos. Os noivos, irritados, perseguiram os raptores. Castor foi morto durante o combate, mas Pólux, imortal, foi apenas ferido e arrebatado por seu pai Zeus para os céus. Pólux, no entanto, não suportou a morte do irmão e Zeus concedeu-lhe então o favor de partilhar a sua imortalidade com Castor um dia em cada dois. Deste modo, a própria morte não pôde separar os dois amigos tão unidos durante a vida.

O culto dos Dioscuros divinizados estendeu-se, a partir de Esparta, a toda a Grécia, à Sicília e à Itália. Neste último país foram colocados no número dos deuses marinhos. Mas a este atributo juntam-se muitos outros: protectores dos jogos gímnicos, dizia-se também que inspiravam os cantores que se faziam ouvir durante as festividades. As suas boas acções chegaram até a mudar a evolução dos acontecimentos históricos. Durante a guerra do Peloponeso, os Dioscuros rodopiaram na forma de duas chamas à volta do leme do estratego Lisandro, confirmando-lhe assim a sua protecção. Estas chamas, que por vezes brilham durante as tempestades à volta dos navios, são muito conhecidas dos marinheiros, que lhes chamam «fogo-de-santelmo»; a expressão inclui, sem dúvida, uma contracção do nome Helena, irmã dos Dioscuros. Diz-se ainda que, montados em cavalos, eles ajudaram os Romanos a vencer a batalha no lago Regilo, contra os Itálicos, e que o ditador Albino lhes dedicou um templo no Fórum, em Roma, em frente ao de Vesta. Por fim, dois exemplos trazem ainda o testemunho da importância do culto dos Dioscuros em Roma: a classe equestre considerava os Dioscuros seus patronos e festejava-os no dia quinze de Julho de cada ano. Quanto à plebe romana, ela eternizou o nome dos Dioscuros empregando muitas vezes os juramentos *Edepol* (por Pólux) e *Ecastor* (por Castor).

DIRCE. Esposa de Lico, Dirce tratou Antíope com uma crueldade tal que Zeto e Anfíon, seus genros, a mataram amarrando-a aos cornos de um touro selvagem e a deixaram insepulta num lugar onde brotou a nascente chamada, mais tarde, «Fonte de Dirce».

Divinização. Este favor dos deuses só era concedido na Antiguidade a um grupo restrito de mortais. Nas lendas, alguns heróis, por decisão especial dos deuses, são transportados para o Olimpo, onde adquirem a imortalidade, podendo assim ser divinizados e adorados na Terra. Pouco a pouco, a divinização foi atribuída aos grandes homens da história grega e romana; tomaram lugar entre os deuses, como testemunho para as gerações futuras da grandeza dos antepassados; serviam para sempre de modelos e exemplos e protegiam as acções dos homens e dos governantes. Por fim, na época imperial romana, a maior parte dos imperadores recebeu, em vida, as marcas da adoração e, após a sua morte, a apoteose outorgada pelo Senado. As suas imagens eram então colocadas entre as dos deuses; os cristãos foram perseguidos por recusarem prestar culto ao imperador.

DODONA. Situado no Epiro, Dodona é um dos mais antigos oráculos da Grécia. Diz-se que foi dado pelos Pelasgos em honra de Zeus. Faziam-se perguntas ao deus supremo às quais ele respondia por intermédio dos ramos do carvalho ou das faias que murmuravam com o sopro do vento. Chegou mesmo a colocar-se, nos cimos destas árvores, vasos de bronze que chocavam entre si à mínima corrente de ar. Todos estes sons eram interpretados pelos sacerdotes. O oráculo de Dodona perdeu, pouco a pouco, a sua importância em proveito do oráculo de Delfos.

DÓRIS. Filha de Oceano, Dóris possuía os dons da profecia, como as divindades que moram nas águas, e ficou a dever a sua glória à posteridade que teve: esposa de Nereu, ela foi, de facto, a mãe das Nereides; uma das filhas, Tétis, viria a dar à luz o mais célebre dos heróis que combateram em Tróia, Aquiles, e uma outra, Anfitrite, veio a ser esposa de Posídon.

DORO. Fundador mítico da raça dória, Doro nascera dos amores de Apolo com a ninfa Ftia, segundo uns, ou da união de Hélen com Orseis, segundo outros. Foi morto, ele e seus irmãos – Laódoco e Polipetes –, no golfo de Corinto por Endímion, conquistador do território que tomou o nome de Etólia.

DRÍADES. O nome destas ninfas provém da palavra grega *drus*, que significa «carvalho». Povoam as florestas de carvalhos, particularmente sagrados na religião grega, e protegem a sua morada dos vândalos sacrílegos que vêm abatê-los. Vigorosas e frescas como a árvore de que são protectoras, as Dríades tomaram, por mimetismo, o tamanho e a forma de um tronco com raízes. Elas têm a possibilidade de abandonar as florestas e de casar. Eurídice, a mais célebre das Dríades, casou com Orfeu.

DRÍOPE. Esta filha do rei Dríops foi amada por Apolo. Divertia-se com as Hamadríades, suas companheiras, quando o deus, para se aproximar dela, se transformou em tartaruga. O animal, que as jovens tomaram por uma bola, veio cair sobre os joelhos de Dríope e, transformando-se repentinamente em serpente, uniu-se a ela. Envergonhada, Dríope escondeu esta aventura e mais tarde casou. Segundo uma outra versão muito mais patética, Dríope, para divertir o filho Anfisso, colheu, na beira de um lago, a flor de lótus, sem saber que a ninfa Lótis tomara esta aparência para fugir às insinuações de um perseguidor: das flores cortadas brotou sangue. Furiosa e cheia de dores, Lótis transformou Dríope em árvore, sob o olhar apavorado dos próprios familiares.

E

ÉACO. Este rei lendário, fruto dos amores de Zeus com Egina, reinou na ilha que tinha o nome de sua mãe. Houve entretanto uma peste que dizimou os seus habitantes e o rei suplicou ao divino pai que repovoasse o seu reino. O deus anuiu. Transformou todas as formigas de Egina em homens e mulheres. Foi assim que, segundo a lenda, nasceram os Mirmídones, povo que Aquiles, neto de Éaco, conduziu até às muralhas de Tróia. Particularmente querido pelos deuses, Éaco foi encarregado pelos Gregos de dirigir ao céu uma oração solene para pedir a Zeus que pusesse fim à seca que devastava a região. Mais uma vez foi atendido. Mas a sua piedade foi submetida a uma grande prova quando soube que os próprios filhos Télamon e Peleu, por ciúmes dos feitos atléticos do meio-irmão Foco, o tinham morto atingindo-o com um disco na cabeça. Éaco foi obrigado a expulsá-los da ilha. Quando morreu, por causa da correcção e do bom senso de equidade, tornou-se auxiliar de Radamante e de Minos no tribunal dos Infernos, onde foi especialmente encarregado de julgar os mortos originários da Europa.

EAGRO. Rei da Trácia, este deus-rio desposou a musa Calíope, e foi, segundo uma das versões da lenda, o pai de Orfeu. De Calíope teve ainda um outro filho, também ele poeta, Lino.

ECO. Os Gregos notaram que nas montanhas o eco repetia as últimas palavras de uma voz e imaginaram histórias para explicar este fenómeno. A mais conhecida conta que uma ninfa, chamada Eco, tinha o mau hábito de distrair Hera com incessantes conversas enquanto Zeus enganava a esposa legítima e folgava junto das belas mortais. Um dia, Hera apercebeu-se da artimanha e castigou Eco nestes termos: «Terás sempre a última palavra, mas nunca falarás em primeiro lugar.» Ora, aconteceu que a Ninfa se apaixonou pelo belo e solitário Narciso. A predição da deusa ciumenta realizou-se: Narciso chamou por Eco, e a infeliz só pôde repetir as últimas palavras daquele que ela amava. O jovem, desencantado, abandonou rapidamente a Ninfa que, desesperada, mergulhou em profunda frustação e emagreceu tanto que dela só ficou esta voz que faz eco nas montanhas. Uma outra versão da lenda é ainda mais trágica. Como Eco permanecia insensível às propostas do deus Pã, e lhe fugia quando este se aproximava, irritado, o deus excitou o furor dos pastores contra ela. Despedaçaram-na e espalharam os seus membros por toda a terra. Desde então Eco existe em todo o lado e mesmo morta faz ouvir a sua voz.

ÉDIPO. O rei de Tebas, Laio, preocupado por não ter herdeiro, foi consultar o oráculo de Delfos. Recebeu como resposta que o filho que lhe nascesse mataria o pai e desposaria a própria mãe. Apesar destas predições fatais, nasceu um filho na corte de Tebas. Jocasta, a mãe, assustada com a sentença do oráculo, abandonou o recém-nascido no monte Citéron, depois de lhe ter perfurado os artelhos com uma agulha e o ter amarrado com uma correia. Uns pastores recolheram a criança e chamaram-lhe Édipo (pé inchado). Depois apresentaram-no ao rei de Corinto, Pólibo, marido de Peribeia que, por não ter filhos, o adoptou com alegria e o criou como se fosse seu filho. Um dia um jovem de Corinto revelou a Édipo que ele era apenas um filho exposto. Intrigado com a revelação, Édipo foi consultar o oráculo de Delfos, que lhe repetiu a horrível predição feita outrora a Laio: «Tu hás-de matar o teu pai e desposarás a tua mãe». Convencido de que Pólibo e Peribeia eram seus verdadeiros pais, Édipo abandonou-os imediatamente. Num desfiladeiro, não longe de Delfos, cruzou-se com Laio, sem saber que se tratava do próprio pai; tendo-se desentendido com ele, matou-o cortando-lhe o timão do carro. Deste modo se cumpria a primeira predição. Seguiu o seu caminho e chegou às portas de Tebas, onde encontrou a Esfinge, monstro aterrador que colocava um enigma aos viajantes e os devorava depois se não dessem uma resposta. Édipo soube descobrir a resposta correcta e a Esfinge, irritada, precipitou-se de um rochedo e matou-se, libertando assim o país do terror. Acolhido em Tebas como benfeitor, Édipo foi nomeado rei e desposou Jocasta, ignorando que se tratava da própria mãe. Deu assim cumprimento à segunda predição.

Desta união incestuosa nasceram quatro filhos: Etéocles, Polinices, Antígona e Ismena; tiveram todos um destino trágico. Alguns anos mais tarde, abateu-se sobre a cidade uma peste e o oráculo consultado respondeu: «É preciso expulsar da cidade o assassino de Laio.» Contra este assassino, isto é, contra ele mesmo, Édipo, ignorando sempre o seu crime, pronunciou uma maldição implacável. Mas cedo as revelações complicadas do adivinho Tirésias permitiram ao herói adivinhar a verdade. De vergonha, Jocasta enforcou-se; Édipo perfurou os próprios olhos e, expulso de Tebas, errou como um mendigo na região, acompanhado pela filha Antígona, a única que lhe foi fiel. No fim da vida, o infortunado encontrou asilo na Ática junto de Teseu. Em Colono, pequeno burgo próximo de Atenas, as Erínias arrastaram-no para a morte. Apesar de tudo, Teseu concedeu uma sepultura ao corpo desta vítima das mais terríveis das fatalidades, pois fora dito que o túmulo de Édipo seria um penhor de vitória para o povo ateniense.

EÉCION. Rei de Tebas da Mísia e aliado dos Troianos, Eécion era pai de Andrómaca. Foi morto por Aquiles e

ÉDIPO

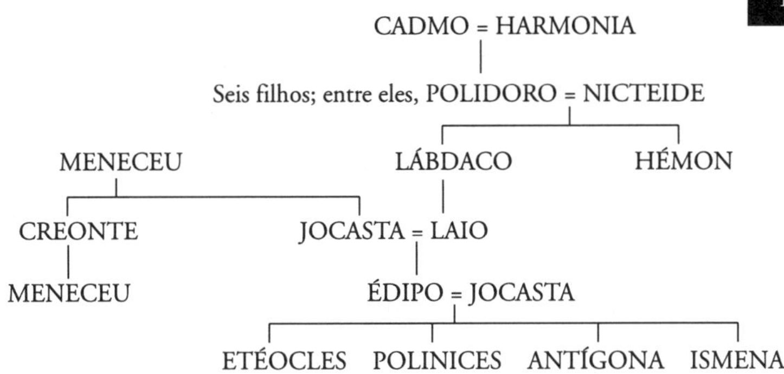

enterrado, todo armado, pelo herói grego que, admirado com a sua coragem, lhe concedeu honras fúnebres sumptuosas. À volta do seu túmulo as Ninfas plantaram olmos. Na Antiguidade curavam-se as feridas com as folhas desta árvore e dizia-se que possuíam propriedades mais salutares e eficazes se fossem colhidas junto dos túmulos daqueles que tivessem morrido de muitos ferimentos.

EETES. Filho do Sol e de Perseide, este rei governou primeiro em Corinto, depois na Cólquida, na cidade de Eia. Dele são conhecidas várias esposas, entre as quais a mais célebre é Dia, mãe de Medeia. No início do seu reinado Eetes acolheu, na sua corte, Frixo, a quem deu o famoso carneiro cuja pele de ouro consagrou ao deus Ares. Pouco tempo depois, este rei viu desembarcar no seu país Jasão e os Argonautas que, por ordem de Pélias, vinham buscar o célebre troféu. Para o obter, Jasão, ajudado por Medeia, concluiu uma série de proezas temíveis, impostas por Eetes. Mas o rei acabou por perjurar-se e Jasão teve de apoderar-se à força do velo de ouro; depois fugiu com Medeia. Esta, para horrorizar o pai que os perseguia, despedaçou o próprio irmão Absirto, e espalhou os membros do infeliz pelo caminho. Eetes recolheu e enterrou os restos do filho, depois voltou ao seu reino. Mas durante a ausência o irmão do rei, Perses, subira ao trono e Eetes só pôde voltar à soberania do país reconciliando-se, muitos anos depois, com Medeia.

ÉFESO. É a principal cidade da Jónia, na costa da Ásia Menor. Era conhecida sobretudo pela beleza – única em toda a Antiguidade – do seu templo dedicado à deusa Ártemis. Esta era representada na forma de uma estátua com múltiplos seios, emblema de fecundidade

EGÉRIA. Célebre Camena da mitologia romana, Egéria foi talvez esposa do rei Numa Pompílio, que ela convidava muitas vezes para encontros secretos numa gruta situada perto da nascente que lhe foi mais tarde consagrada. À morte de Numa, Egéria, desvairada com a tristeza, retirou-se para Arícia, junto do santuário de

Diana e, aí, chorou tanto que foi transformada em fonte.

EGESTES. Conhecido também pelo nome Acestes, Egestes era filho do deus-rio Crimiso, que, na forma de um urso ou de um cão, se uniu à troiana Egesta, que o pai enviara à Sicília para impedir que fosse sacrificada a Posídon. Egestes fundou na ilha uma cidade que se chamou Segesta, em honra da própria mãe. Uma outra tradição afirma que ele era amigo de Eneias e combateu nas fileiras do rei Príamo e dos Troianos. Segundo uma terceira versão, depois de se ter instalado na Sicília, Egestes teria aí recebido Eneias quando voltava de Tróia, e teria, ele mesmo, amortalhado o pai do seu hóspede, Anquises, no monte Érice.

EGEU. Filho de Pandíon, Egeu foi expulso de Atenas juntamente com o pai. Depois, graças à ajuda dos irmãos, Niso, Palas e Lico, ele voltou ao poder. Os seus primeiros casamentos foram estéreis. Assim, quase desesperado por não ter herdeiro, uniu-se com Etra, filha do rei de Trezeno, e pediu-lhe que, se lhe nascesse um filho, o não expusesse, mas o criasse com todo o cuidado sem no entanto lhe revelar o nome do pai. Este filho seria Teseu. O herói partiu então para Atenas para combater contra os primos, os cinquenta filhos de Palas, que tinham usurpado a soberania; depois de se fazer reconhecer pelo pai, restabeleceu-o no trono. Mais tarde, Egeu matou Andrógeo e foi, por isso, obrigado a ceder às horríveis exigências de Minos. Quando o Minotauro reclamou o tributo anual de sete raparigas e sete rapazes, Teseu foi a Creta combatê-lo. Egeu recomendou ao filho que içasse uma vela branca se voltasse vencedor da expedição. No regresso, Teseu, com a alegria de ter vencido o monstro, esqueceu as recomendações do pai. Egeu, ao avistar as velas negras do navio, pensou que o filho tinha perecido e, desesperado, atirou-se dos rochedos para o mar que desde então tem o seu nome.

Égide. Derivada da palavra grega *aegis*, que significa «pele de cabra», a égide era uma couraça-escudo que foi, segundo a lenda, inventada por Zeus. Na verdade, o deus, quando teve de combater os Titãs, esfolou a cabra Amalteia, que o amamentara, e serviu-se da sua pele para se proteger dos golpes. Por muito tempo a pele de cabra, enfeitada muitas vezes com serpentes, foi o emblema principal de Zeus e de Atena. Depois, a égide de Atena foi representada como uma couraça formada de escamas em pele que não era apenas uma arma defensiva, mas também ofensiva: no centro estava colocada a cabeça da Górgona Medusa que petrificava quantos olhassem para ela. Atributo dos dois maiores deuses da Grécia, a égide iria tornar-se, por conseguinte, na época histórica, a insígnia do poder divino de que eram revestidos os reis e os imperadores, nomeadamente em Roma.

EGINA. Raptada por Zeus, a ninfa Egina, filha do deus-rio Asopo, foi transportada pelo divino amante para a ilha Enone, onde deu à luz Éaco. Casou depois com Actor e tornou-se mãe de Menécio, pai de Pátroclo. Éaco voltou alguns anos depois ao lugar onde nascera com uma colónia de Pelasgos e deu à ilha o nome de sua mãe.

EGIPÃS. Estes pequeninos seres meio homens meio cabras fazem parte das muitas divindades com que os antigos gostavam de povoar a solidão das montanhas. Eles divertiam-se, maliciosamente mas sem perigo, a atormentar os viajantes aparecendo sobre os rochedos e escondendo-se depois no fundo de grutas misteriosas.

EGIPTO. Filho de Belo e de Anquínoe e neto de Posídon, Egipto conquistou o país a que deu o seu nome. Tornou-se célebre, com os cinquenta filhos, pela perseguição violenta que moveu contra o irmão Dánao, obrigado a fugir com as cinquenta filhas e a refugiar-se em Argos. Em circunstâncias trágicas, as filhas de Dánao mataram os filhos de Egipto. Sem socorro e privado de apoio, Egipto morreu de dor pouco depois.

EGISTO. Por acreditar num oráculo que lhe afirmara que, se tivesse um filho nascido da própria filha, poderia vingar-se do irmão Atreu, Tiestes uniu-se incestuosamente com a própria filha Pelopeia. Desta união nasceu Egisto que, exposto logo à nascença pela mãe, foi recolhido por pastores e amamentado por uma cabra. Quando o descobriu, Atreu criou-o como seu próprio filho e encarregou-o de matar Tiestes. Mas Egisto descobriu que este último era o seu verdadeiro pai e matou o tio. Reinou desde então com Tiestes sobre o reino de Micenas até ao momento em que foi expulso por Agamémnon. Durante a ausência deste, que partira para o cerco de Tróia, ele conseguiu seduzir Clitemnestra e, quando o rei voltou, matou-o durante um banquete; segundo uma outra versão, Agamémnon foi morto quando tomava banho. Egisto viria a perecer de modo idêntico aos golpes de Orestes, seu enteado.

ELECTRA. 1. Filha de Oceano e de Tétis, Electra uniu-se a Taumas, filho de Ponto e de Geia e deu à luz Íris e as duas Harpias, Aelo e Ocípete.

2. Conhece-se outra Electra, filha de Atlas e de Plêione, que, de Zeus, deu ao mundo Dárdano, primeiro rei de Tróia, e Iásion, amante de Deméter e pai de Pluto. Diz-se ainda que Electra, quando Zeus tentou seduzi-la, se refugiou junto da estátua do Paládio, trazida por Atena para o Olimpo. Mas o deus, apesar do sacrilégio, uniu-se a Electra e, num acesso de cólera, precipitou do céu o Paládio que, recolhido pelos Troianos, foi considerado a estátua protectora daquela cidade. A tradição latina modificou a genealogia de Electra; ela não é amante de Zeus mas esposa do príncipe etrusco Córito. Nasceram dois filhos deste casamento: um, Iásion, emigrou para a Samotrácia, e o outro instalou-se na Tróada.

3. A mais célebre das Electras é a filha de Agamémnon e de Clitemnestra; foi imortalizada pelos poetas trágicos Eurípedes e Sófocles. Poupada quando Agamémnon foi assassinado por Clitemnestra e Egisto, ela conseguiu ainda salvar o pequeno irmão Orestes escondendo-o debaixo do

vestido e levando-o para fora da cidade de Micenas, a um velho preceptor de seu pai. Segundo uma das versões, Electra celebrara o noivado, pouco antes do assassínio, com Castor; mas Egisto, que temia que ela desse à luz um filho que pudesse vingar o avô, confiou-a a um camponês de Micenas que, segundo se diz, não consumou o casamento. Electra viveu por muito tempo na pobreza e na solidão. Mas, um dia em que viera recolher-se junto do túmulo de seu pai, Orestes veio até junto dela e deu-se a conhecer. Decidiram ambos, juntamente com Pílades, matar Clitemnestra e Egisto. Orestes e Pílades dirigiram-se então ao palácio e anunciaram a falsa notícia de que Orestes teria morrido. Tendo penetrado no palácio à custa da alegre emoção suscitada pela notícia, mataram Clitemnestra e Egisto. Electra, entretanto não abandonou o irmão, que era incessantemente atormentado pelas Erínias; protegeu-o também da cólera do povo que o acusava de matricídio. Um dia chegou a Micenas a notícia de que Orestes e Hades tinham sido sacrificados no altar de Ártemis, na Táurida. Imediatamente Aletes, filho de Egisto, subiu ao trono de Micenas e Electra foi consultar o oráculo para saber a verdade. Encontrou então em Delfos Ifigénia, sua irmã, que dizia ser sacerdotisa e que tinha imolado os dois homens, um dos quais Orestes seu irmão. Electra, cheia de furor, pegou num tição e ia queimar os olhos da irmã quando Orestes apareceu e os três puderam voltar alegres para Micenas. Orestes matou Aletes e desposou Hermíone. Electra casou com Pílades e deu à luz dois filhos, Médon e Estrófio.

ELÉCTRION. Filho de Perseu e de Andrómeda, e marido de Anaxo, Eléctrion reinava em Micenas quando os filhos de Ptérelas reclamaram o trono como legítima herança e roubaram o gado do rei, matando, durante uma escaramuça, os seus oito filhos. Só escaparam ao massacre um jovem, Licímnio e uma rapariga, Alcmena. Anfitrião, que amava a jovem, conseguiu pagar o resgate e devolver ao rei o rebanho roubado. Recebeu em troca a regência do reino e a promessa de desposar Alcmena. Mas, no dia em que Eléctrion partia em expedição contra Ptérelas, foi morto: Anfitrião lançara contra uma vaca furiosa um bastão que ressaltou nos cornos do animal e veio atingir a cabeça do rei.

ELÊUSIS. Cidade da Ática, Elêusis é sobretudo conhecida pelo culto prestado a Deméter e pelos mistérios consagrados à tríade Deméter-Cora-Triptólemo. Estes mistérios, introduzidos na cidade por Eumolpo, relembravam o mito de Deméter em busca da própria filha Cora. Eram celebrados apenas pelos iniciados.

ÉLIDA. Esta região do Peloponeso tinha como cidades principais Élis, cujo herói epónimo sucedeu ao avô, o rei Endímion, e Olímpia, onde eram celebrados, em honra de Zeus Olímpico, os grandes jogos, a cada quatro anos. Foi decidido que a Élida seria um território sagrado, onde ninguém poderia entrar armado e onde eram suspensas todas as querelas e todas as guerras.

ELPENOR. Companheiro de Ulisses, Elpenor foi transformado em porco por Circe, mas pôde voltar à sua forma humana. Ébrio, caiu de uma varanda e morreu. Quando Ulisses desceu aos Infernos, cruzou-se com a sombra de Elpenor e prometeu-lhe honras fúnebres dignas dele.

EMPUSA. Filha de Hécate, este demónio tinha pés de bronze, assustava os viajantes e alimentava-se de carne humana. Apesar disso, Empusa fugia quando era injuriada. Tinha a propriedade de assumir todas as formas possíveis e mesmo a de se transformar numa bela jovem para seduzir as vítimas. Conta-se, por fim, que ela se unia, de noite, aos homens adormecidos e lhes sugava o sangue até que a morte os levasse.

ENCÉLADO. É um gigante de cem braços, filho de Tártaro e de Geia. Participou na luta contra os deuses do Olimpo. Foi fulminado por Zeus e pereceu esmagado pela ilha da Sicília. Segundo Eurípides, Sileno ter-se-ia declarado como único autor da morte do gigante.

ENDÍMION. Filho de Zeus, Endímion foi rei dos Etólios e teve de um casamento, três filhos e uma filha. Apaixonou-se por Selene, a Lua, que lhe deu cinquenta filhas. A seu pedido Zeus atingiu Endímion com um sono eterno que lhe permitiu ser, até ao fim dos tempos, o jovem e belo pastor que era. Apaixonada por ele, a Lua vem, cada noite, juntar-se-lhe numa caverna onde ele repousa para sempre; ela pode unir-se a ele sem nunca o acordar, sem ele nunca sair da sua imobilidade.

ENEIAS. Pertencente ao sangue real de Dárdano e familiar de Príamo, rei de Tróia, de quem tomou a filha Creúsa como esposa, Eneias era o filho de Anquises e de Afrodite. Criado nos bosques pelas Ninfas e pelo centauro Quíron, Eneias não tomou parte no começo da guerra de Tróia; entretanto, um dia, quando guardava os rebanhos, foi atacado por Aquiles, que lhe roubou uma parte do gado. Eneias refugiou-se então em Lirnesso e, perseguido por Aquiles, teve de abandonar, sob a protecção de Zeus, esta cidade e dirigir-se para Tróia, onde se juntou às fileiras dos guerreiros troianos. Durante esta longa guerra, Eneias foi um herói corajoso, sábio e piedoso. Sabia pagar com a própria vida, mas, muitas vezes, em situações perigosas, recorreu à protecção dos deuses, nomeadamente quando enfrentou Aquiles: Posídon, vendo-o em perigo de morte, arrebatou-o numa nuvem aos olhos do inimigo.

Na altura da destruição de Tróia e da extinção da raça de Príamo, Eneias, segundo uma tradição antiga, ter-se-ia retirado para o monte Ida, juntamente com o pai, o filho e alguns companheiros, onde teria fundado o novo reino da Tróada. No entanto segundo tradições mais recentes, universalizadas por Virgílio na *Eneida*, Eneias fugiu de Tróia levando consigo o pai Anquises, cego e paralítico, às costas, e Ascânio, seu filho, pela mão; levava também os deuses da cidade – os Penates –, bem como o Paládio. Reuniu alguns companheiros no monte Ida e embarcou em direcção às Hespérides, o Ocidente desconhecido. Durante um périplo movimentado

ENEIAS

TRÓS = CALÍRROE

ILO = EURÍDICE — ASSÁRACO = HIEROMNÉMONE — GANIMEDES

LAOMEDONTE = ESTRIMO — TEMISTE = CÁPIS

PRÍAMO = HÉCUBA — ANQUISES = AFRODITE

Vários filhos, entre os quais CREÚSA (2) = ENEIAS

ASCÂNIO

estabeleceu sólidos laços de amizade com o piloto do navio, Palinuro, com Acates, cuja fidelidade se tornou proverbial, e muitos outros troianos. Fez escala na Trácia, passou por Delos, depois chegou a Creta. Durante mais de sete anos andou errante no mar à procura de uma costa e enfrentou as tempestades e a cólera das divindades, em particular a de Hera. Quase a atingir as costas de Itália, depois de ter feito escala na Sicília, em Drépano, onde morreu o velho Anquises, os navios de Eneias foram arremessados bruscamente por uma tempestade contra as costas de África, junto de Cartago. A rainha Dido, a fundadora de Cartago, acolheu o herói e apaixonou-se por ele. Mas os deuses não desejavam o casamento entre Dido e Eneias; Zeus ordenou então a este que voltasse para as costas da Sicília, onde foi recebido pelo rei Acestes. Chegando, por fim, às costas da Itália, a Cumas, desceu aos Infernos guiado pela Sibila. Depois, de novo entre os vivos, dirigiu-se para o Lácio. Lá, depois de concluída uma aliança com Evandro, combateu e matou Turno, chefe dos Rútulos, a fim de obter a mão de Lavínia, a filha do rei Latino. É com esta vitória que termina o poema de Virgílio. Os historiadores romanos contaram a fundação de Lavínio por Eneias, bem como a de Alba-Longa por Ascânio, e o nascimento lendário de uma pequena nação chamada a dominar o mundo, tal como havia predito o deus Fauno.

ENEU. Rei de Cálidon, na Etólia, Eneu desposou Alteia, de quem teve vários filhos. À morte desta, Eneu casou com Peribeia que lhe deu, entre outros filhos, Tideu, pai de Diomedes. Foi nas terras de Eneu que se realizou a caça ao javali de Cálidon, que Meleagro conseguiu vencer, e foi igualmente no seu reino que Héracles concluiu grande número de proezas antes de tomar Dejanira por esposa. Destronado pelos filhos do irmão Ágrio, que o mataram, foi vingado pelo neto Diomedes.

ÉNIO. Identificada com Belona, deusa romana da guerra, Énio, mensageira de Ares, adora o morticínio e o sangue. Compraz-se em visitar os campos de batalha, em escutar os gritos de guerra, os urros de dor e o estertor dos moribundos.

ENIPEU. Ribeira da Tessália que tem a sua nascente no monte Ótris, Enipeu era a morada de um deus de quem Posídon tomou a forma para se unir a Tiro e a tornar mãe de Pélias e de Neleu.

ENÓMAO. Filho de Ares e de Harpina ou ainda da plêiade Estérope, Enómao era rei de Pisa, na Élida. Decidira conceder a mão da filha Hipodamia a quem fosse capaz de o vencer numa corrida de carros; numerosos concorrentes foram mortos pelo rei sempre vencedor, que conduzia um carro cujos cavalos eram imbatíveis pela sua rapidez e lhe tinham sido dados pelo deus seu pai. Só Pélops, com a ajuda de Mírtilo, conseguiu, com um estratagema, vencer o rei, cujo carro se quebrou e que morreu arrastado pelos cavalos.

ENONE. Filha de Cébren, um deus-rio, esta ninfa recebera de Apolo o dom de preparar os simples. Primeira esposa de Páris, cedo foi preterida por Helena. Enone, que conhecia o futuro e previa o desenlace infeliz da guerra de Tróia, tentou dissuadir o marido infiel de casar com a rival, mas em vão. No entanto pediu-lhe que viesse ter com ela se um dia fosse ferido; ela era, de facto, a única a poder curá-lo. Ora, mais tarde, atingido durante uma batalha por uma das flechas de Filoctetes, Páris enviou mensageiros para suplicarem à Ninfa que viesse curá-lo. Mas esta, que por ciúmes esquecera a promessa, recusou a ajuda e Páris morreu. Mais tarde, cheia de remorsos, a Ninfa partiu para Tróia onde encontrou o marido já sem vida. Desesperada, enforcou-se e fez-se queimar sobre um rochedo.

ENÓPION. Rei da ilha de Quios e filho de Ariadne e de Dioniso, Enópion aprendeu de seu pai a arte de fabricar o vinho. Dos numerosos filhos, o mais célebre é a filha Mérope. Oríon apaixonou-se por ela e, para a conquistar, combateu e matou todos os animais ferozes e selvagens que infestavam a ilha. Cumprida esta missão pediu ao rei a mão da filha Mérope. Enópion recusou. Mas, uma noite, já tomado pelo vinho, Oríon procurou seduzir a jovem. Para vingar esta ofensa, o rei arrancou os olhos ao atrevido e expulsou-o.

ÉOLO. Vários heróis possuem este nome. Um deles, filho de Heleno e de Orseide, é considerado o pai dos Eólios que constituem um dos ramos da nação grega. Teve muitos filhos. No entanto, a lenda mais antiga menciona apenas quatro deles: Sísifo, Átamas, Creteu e Salmoneu. Um outro Éolo é neto de Heleno. Mas o mais famoso é simplesmente o deus dos Ventos, filho de Posídon. Ele reina sobre os tumultuosos vassalos, fechados numa caverna das ilhas eólias ou retidos prisioneiros em odres. Só lhes permite saírem sob a ordem de Zeus. Se desobedece ao mestre supremo, libertando os ventos sem que lho tenham mandado, ele desencadeia os desastres, as tempestades e os naufrágios. Ele figura também no ciclo homérico. Recebe com benevolência Ulisses e chega a entregar-lhe os odres por ele guardados. Um só desses odres continha o vento que devia empurrar sem problemas o herói até à pátria. Acontece que, em pleno mar, os companheiros de Ulisses abriram todos os recipientes pensando que continham vinho. Com este gesto infeliz provocaram uma tempestade monstruosa que atirou o navio de Ulisses contra as costas mais próximas. Considerando-o amaldiçoado pelos deuses, Éolo abandonou o herói à sua sorte.

EOS. Esta personificação divina da Aurora, na mitologia grega, pertence à primeira geração dos deuses: ela é filha de Teia e de Hiperíon e irmã de Hélio e Selene. Ao fim de cada noite, Eos aparece no horizonte sobre um carro de luz puxado por cavalos de ouro para anunciar o regresso do Sol. Os seus maridos e amantes são incontáveis; deu ao mundo numerosos filhos. Esposa de Astreu, prefere-lhe Oríon, depois Céfalo e, por fim, Titono, filho de Laomedonte, de quem teve Mémnon, rei do Egipto. É claro que os amores de Eos pelos jovens deuses e pelos mortais são outras tantas alegorias: é o caso da sua união com Astreu, o vento do crepúsculo de cuja união nasceram a estrela da manhã, os ventos e os astros.

ÉPAFO. Quando, perseguida pela cólera de Hera, Io, transformada em bezerra, chegou ao Egipto e voltou à sua forma primitiva de jovem e bela mulher, ela deu à luz Épafo nas margens do Nilo. Escondido pelos Curetes mandados por Hera, este filho ilegítimo de Zeus foi encontrado pela mãe e, ao chegar à idade adulta, subiu ao trono do Egipto. Casado com Mênfis, teve três filhas: Lisianassa, Tebe e, por fim, Líbia que, unida a Posídon, deu ao mundo Agenor e Belo. Quando morreu, Épafo foi venerado como encarnação do deus-boi Ápis.

EPEU. Filho de Panopeu, Epeu partiu contra Tróia à cabeça de trinta embarcações. Mas a sua reputação de cobardia tornou-se proverbial na armada grega. Apesar disso, ficou a dever-se à sua habilidade a ajuda ao adivinho Prílis, filho de Hermes, na construção do cavalo de madeira, por intermédio do qual os Gregos conseguiriam invadir a cidade de Tróia. Inspirado por Atena e com a aprovação entusiasta de Ulisses, Epeu juntou milhares de tábuas e erigiu um cavalo enorme, oco, com uma porta talhada no flanco, por onde penetraram os cerca de cinquenta heróis gregos que se esconderam no seu ventre. Empurraram o animal para dentro da cidade alegando, como pretexto, um voto feito à deusa Atena; a cidade, repentinamente invadida pelos Gregos, foi entregue à pilhagem e à destruição. No regresso de Tróia, Epeu abordou a Itália e fundou a cidade do Metaponto. Uma outra lenda conta que as mulheres troianas queimaram as embarcações e impediram-no de voltar à Grécia, vendo-se ele obrigado a instalar-se na Etrúria, onde tinha encalhado. Teria fundado Pisa em recordação da cidade homónima do Peloponeso, não longe de Olímpia.

EPIDAURO. Esta cidade da Argólida possuía um templo dedicado a Asclépio onde o deus concedia oráculos. Vinham de todas as regiões da Grécia para o consultar. O templo estava rodeado de bosques sagrados no centro dos quais se reuniam os doentes vindos para obter curas miraculosas. Celebravam-se ainda as Epidáurias, jogos em honra do célebre deus da Medicina.

Epidemia. Em geral este flagelo é enviado pelos deuses sobre as regiões culpadas de crimes ou sacrilégios, quer colectivamente quer na pessoa de um dos habitantes, um herói ou um rei. Na maior parte das vezes, a região que é atingida pela peste ignora os motivos da cólera do deus. Tem muitas vezes de consultar um adivinho ou um oráculo, como o de Delfos, para conhecer o remédio para a epidemia. Os deuses, na sua resposta, exigem sempre um sacrifício, um tributo ou um degredo. Foi assim que Idomeneu, que imolara o próprio filho, atraiu uma terrível peste para o seu reino que não se acalmou sem que ele se exilasse. Também os Gregos enviaram a Minos um tributo de sete rapazes e sete raparigas como expiação pelo assassínio de Adrógeo por Egeu e para pôr fim à epidemia que se abatera sobre a região. São ainda citados outros exemplos: Édipo, que matou o próprio pai e desposou a mãe, é expulso do seu reino de Tebas, sobre o qual alastrara uma peste. Do mesmo modo, o reino de Orestes é dizimado pela mesma epidemia até ao dia em que os Gregos reergueram os templos da cidade de Tróia.

EPÍGONOS. São assim chamados os filhos dos sete chefes que haviam participado na primeira expedição contra Tebas e tinham todos perecido, com excepção de Adrasto, rei de Argos. Para vingar a morte dos pais, os Epígonos decidiram fazer uma segunda expedição de represália. Contam-se entre eles: Alcméon e Anfíloco, filhos de Anfiarau; Egialeu, filho de Adrasto; Tersandro, filho de Polinices; Prómaco, filho de Partenopeu; Esténelo, filho de Capaneu; Diomedes, filho de Tideu; Eurílao, filho de Mecisteu. O oráculo de Delfos anunciou-lhes a vitória na condição de escolherem Alcméon como chefe. Este, por pressão da mãe, Erifile, foi obrigado a aceitar. Os Epígonos marcharam contra Tebas, evacuada durante a noite por todos os seus habitantes; invadiram-na e travaram um combate vitorioso durante o qual pereceu Laodamante, filho de Etéocles que, como fizera outrora seu pai, comandava a armada tebana. Os Epígonos ofereceram os despojos a Apolo e instalaram Tersandro no trono reconquistado depois de dez anos de luta. Foi assim que Polinices foi vingado pelo filho.

EPIMETEU. Filho de Jápeto e de Clímene, Epimeteu tem uma lenda comum à de Prometeu, de quem era irmão. O Titã, que queria igualar-se a Zeus, pediu a Epimeteu que não aceitasse qualquer presente do deus. Entretanto Epimeteu não ousou recusar Pandora como esposa; todas as misérias que continha a célebre caixa, que a esposa abriu, couberam à raça dos mortais.

EQUIDNA. Mulher e serpente ao mesmo tempo, o monstro Equidna, gerado por Geia e Ponto ou, segundo outra vesão da lenda, por Crisaor e Calírroe, passa por ser mãe de criaturas fabulosas, que tomam parte importante nas lendas gregas: Quimera, o cão de Gérion, Ortro, Cérbero, a Esfinge, a Hidra de Lerna, os dragões da Cólquida e do jardim das Hespérides, Medusa, a águia que devorava o fígado de Prometeu, o leão de Némea. Malfeitora por causa da sua própria fecundidade e devoradora de viajantes inocentes, ela seria morta por Argo, de cem olhos, que a surpreendeu adormecida.

EQUION. 1. É uma das cinco crianças que nasceram dos dentes de dragão semeados por Cadmo, rei fundador de Tebas; ele desposou Agave e foi o pai de Penteu.

2. Um dos filhos de Hermes, o arauto dos Argonautas, tem também o nome de Equíon; participou na caça ao javali de Cálidon.

ÉRATO. As atitudes que os artistas gregos lhe atribuem, os sinais de paixão, os movimentos voluptuosos, conferem a esta Musa algumas analogias com Vénus e permitem pensar que ela preside, normalmente, aos casamentos e à poesia erótica. Deste modo, é invocada por Virgílio para celebrar o noivado de Eneias com Lavínia, e por Apolónio de Rodes para o de Medeia com Jasão. Os artistas clássicos coroavam-na com mirto e rosas, colocando-lhe na mão esquerda uma lira e na direita o arco.

ÉREBO. Érebo designa, primitivamente, o lugar mais sombrio e mais inacessível dos Infernos. Em consequência, foi personificado e tornou-se filho de Caos e irmão da Noite. Cometeu, no entanto, o erro de socorrer os Titãs quando estes lutaram contra os deuses do Olimpo e foi precipitado nos Infernos.

ERECTEU. Neto de Erictónio, filho de Pandíon, a quem sucedeu no trono de Atenas, Erecteu teve uma lenda que se separou tardiamente da do seu avô. Teve um certo número de filhos, entre os quais sete filhas que se amavam com tanta ternura que juraram que, se uma delas morresse, todas as outras a seguiriam na morte. Ora, aconteceu que, durante a guerra entre o povo de Elêusis, ajudado por Eumolpo, rei da Trácia, e os Atenienses, o oráculo de Delfos exigiu a Erecteu, como preço pela vitória, o sacrifício de uma das filhas. Todas as irmãs da vítima, fiéis ao juramento, se suicidaram. Erecteu, vencedor de Eumolpo, filho de Posídon, foi fulminado por Zeus a pedido do deus do mar.

ERGINO. Durante uma festa em honra de Posídon, um carro tebano atropelou Clímeno, rei dos Mínias de Orcómeno. Seu filho, Ergino, encolerizado, organizou uma armada e marchou contra Tebas, que venceu rapidamente. Obrigou os habitantes da cidade a entregar-lhe, durante vinte anos, um tributo anual de cem bois. Ora, Héracles, ao encontrar os enviados de Ergino, que vinham cobrar o tributo, cortou-lhes as orelhas e o nariz e depois de lhes ter amarrado estes apêndices ensanguentados ao pescoço com uma corda enviou-os a Orcómeno. Indignado, Ergino marchou de novo contra Tebas, governada por Creonte, mas teve de enfrentar, desta vez, a armada dos jovens tebanos organizada e comandada por Héracles. Ergino foi vencido e morto. Segundo uma outra versão, Ergino sobreviveu à derrota e participou na expedição dos Argonautas. Foi o pai de dois célebres arquitectos, Agamedes e Trofónio.

ÉRICE. Este herói deu o seu nome à montanha da Sicília no cimo da qual se erguia um templo dedicado a Afrodite, sua mãe. Rei dos Élimos, possuía uma força prodigiosa e jamais alguém conseguira vencê-lo. Por vaidade ousou desafiar Héracles que acabava de chegar ao seu país. Héracles aceitou a luta na condição de Érice lhe entregar o poder se fosse vencido. O herói pegou então no rei presunçoso, atirou-o ao ar e deixou-o cair ao chão, fatalmente. Héracles, apesar do direito adquirido, deixou o trono à inteira responsabilidade dos seus habitantes, mas anunciou-lhes que um dia um dos seus descendentes viria governar o país: foi Dorieu que ali viria a fundar uma colónia.

ERICTÓNIO. Um dia, quando Hefesto perseguia Atena, cheio de intentos amorosos, um pouco da sua semente manchou a coxa da deusa virgem e caiu sobre a terra, gerando um filho, Erictónio; a criança foi confiada às três filhas de Cécrops, Aglauro, Herse e Pândroso. Erictónio foi metido num açafate, que Pândroso recebeu como depósito, e Atena recomendou-lhes que nunca o abrissem. No entanto, cheias de curiosidade e impaciência, elas não ouviram a deusa e abriram o estranho berço. Viram uma criança ladeada por duas serpentes e ficaram tão apavoradas que se atiraram do alto da cidadela de Atenas. Mais tarde, Erictónio, tornado rei desta cidade, introduziu o culto de Atena no seu reino e instituiu as festas das Panateneias. Seu filho, Pandíon, sucedeu-lhe.

ERIFILE. Nas lendas tebanas dos Sete Chefes e dos Epígonos, Erifile era um dos símbolos da garridice perniciosa da mulher. Irmã de Adrasto, rei de Argos, ela desposou Anfiarau, o adivinho. Entretanto, como o marido e o irmão dela se disputavam muitas vezes, Erifile fê-los prometer que recorreriam a ela como árbitro em todos os diferendos que surgissem entre eles. Ora, aconteceu que Adrasto, incitado por Polinices, decidiu enviar uma expedição argiva contra Tebas, abusivamente ocupada por Etéocles. Anfiarau recusou segui-lo, pois previa um desenlace infeliz para a guerra bem como a sua própria morte. Para o obrigar a partir, Polinices foi encarregado de oferecer a Erifile o colar e o peplo de Harmonia, sua antepassada, oferendas mágicas. Muito feliz com os presentes que elogiavam a sua vaidade feminina, Erifile esqueceu o amor pelo marido e ordenou-lhe que se juntasse aos outros seis chefes contra Tebas. Como ele próprio tinha predito, Anfiarau pereceu, mas os dois filhos, Alcméon e Anffioco, vingaram a sua morte e mataram a mãe. O colar de Harmonia, que se tornou fatal a todos os que o possuíram depois disto, foi oferecido à deusa Atena no santuário de Delfos.

ERÍGONE. Quando o seu pai, Icário, um ateniense, foi morto por pastores ébrios, Erígone, amada por Dioniso, e mãe do herói Estáfilo, enforcou-se desesperada. Dioniso, triste e irritado, incitou as jovens atenienses a enforcarem-se nos ramos dos pinheiros e esta loucura prolongou-se até ao dia em que o oráculo de Delfos avisou que era preciso castigar os pastores, assassinos de Icário, para apaziguar Dioniso.

Foi então que enforcaram os pastores e instituíram uma festa em honra de Erígone.

ERÍNIAS. Munidas de paus e transportando tochas, as três Erínias, Alecto, Tisífone e Megera, de corpo alado e cabeleira de serpentes, são os ministros da vingança dos deuses e percorrem a superfície da Terra a atormentar os mortais culpados. Segundo Hesíodo, elas nasceram da terra fecundada pelo sangue de Úrano, que Crono mutilara. Ésquilo, dando sem dúvida voz a uma tradição mais tardia, atribui a paternidade das Erínias a Aqueronte, que se unira à Noite. São divindades infernais e perseguem incessantemente os criminosos que, por causa dos seus actos, abalaram a ordem pública e social. Elas enviam, por vezes, punições colectivas a toda uma região na forma de uma epidemia. Mas, na maior parte das vezes, perseguem o criminoso e inspiram-lhe remorsos, medo do castigo e angústia sem fim. Orestes, assassino da própria mãe, é o tipo de herói que não escapa às Erínias. Elas podem, na altura, suscitar ódios inexpiáveis, como os que opuseram Etéocles a Polinices. As suas acções demoníacas estendem-se, naturalmente, ao Mundo subterrâneo: elas torturam as almas dos humanos culpados de impiedades e de perjúrio; elas batem-lhes e insultam-nas. É também com um certo respeito misturado de temor que se fala destas divindades cujo nome era substituído, segundo um supersticioso eufemismo, pelo termo Euménides, «as Benevolentes».

ÉRIS. Assemelha-se à divindade romana alegórica, a Discórdia. Era irmã gémea de Ares e foi, segundo se diz, concebida quando a deusa Hera tocou numa certa flor. Acompanhava o deus da guerra nos campos de batalha e suscitava o ódio entre os combatentes. No que concerne às origens da guerra de Tróia, a sua responsabilidade não é descurável: ela ofereceu a famosa maçã de ouro que Páris viria a entregar à mais bela das deusas. Ela gerou uma legião de divindades malfeitoras e abstractas como a Fome, a Penúria, o Esquecimento e muitas outras.

ERISÍCTON. Conhecem-se dois Erisícton. O primeiro era filho de Cécrops, um dos reis fundadores de Atenas. O segundo, filho de um rei da Tessália, cometeu o sacrilégio de abater árvores num bosque consagrado a Deméter. A deusa suplicou-lhe que parasse com os golpes. Erisícton não lhe deu ouvidos. Deméter, como punição, condenou-o a sofrer uma fome perpétua. Os seus familiares, que não podiam saciá-lo, expulsaram-no. Acabou por se devorar a si próprio, apesar dos sacrifícios da própria filha, Mnestra, que chegou a vender-se como escrava para conseguir víveres para o pai.

EROS. Este deus grego é uma das forças primordiais que dominam o mundo, antes mesmo do nascimento dos imortais e do aparecimento dos homens. O seu poder estende-se não só aos seres mas também aos vegetais, aos minerais, aos líquidos, aos fluidos, enfim, a tudo quanto existe. Ele reúne, mistura, une. Ele é a virtude atractiva que convida as coisas a juntarem-se e a criar vida. Não deve ser confundido com Cupido, deus romano, ou com Amor, mesmo se a época clássica e os poetas fizeram de Eros um auxiliar do Amor, um filho de Hermes e de Afrodite; mesmo se os artistas o representaram como um jovem alado que atinge, com as suas flechas, o coração dos homens ou incendeia as suas almas com a chama da paixão. Eros é, antes de mais, antes mesmo de figurar no número dos deuses, uma entidade abstracta: o desejo que aproxima e gera os mundos.

ESCAMANDRO. Este rio da planície de Tróia foi venerado como um deus com o nome de Xanto. Nasceu, de certo modo, das mãos de Héracles que, sequioso, escavou na terra e fez brotar uma nascente. Rio de águas ruivas, no qual Afrodite imergiu os próprios cabelos para os dourar e chegar em toda a sua beleza ao julgamento de Páris, Escamandro teve de uma Ninfa Teucro, primeiro ramo da família real de Tróia. Assim unido à família de Príamo, Escamandro lutou, a seu jeito, contra os Gregos, tentando afogar Aquiles e extravasando o próprio leito. Mas Hefesto, armado com uma tocha em chama, obrigou-o a retornar ao seu leito.

ESCULÁPIO. Deus da Medicina, Esculápio era venerado pelos Gregos sob o nome de Asclépio.

ESFINGE. Este monstro, que podemos colocar no número das divindades infernais, possuía todas as características da raça de onde saíra. De sua mãe Equidna, tinha herdado o rosto e o peito de mulher e de seu pai, Tífon (também era considerada filha de Ortro, o cão de Gérion), uma cauda de dragão; de sua irmã Quimera, possuía o corpo de leão. As asas eram parecidas com as das Harpias, também suas irmãs. A Esfinge fora enviada à Beócia, perto de Tebas, para punir esta cidade pelo crime do rei Laio, pai de Édipo, que amara Crisipo com uma paixão contranatural. Instalou-se sobre um rochedo e fazia uma pergunta aos viajantes que passavam. Os que não conseguissem resolver os seus enigmas eram imediatamente mortos e devorados. Édipo resolveu enfrentá-la e ela deu-lhe o seguinte enigma: «Qual é o animal que anda de quatro de manhã, a dois ao meio dia, e a três à tarde? – O homem, respondeu Édipo: na sua infância desloca-se sobre pés e mãos; quando adulto caminha e, na velhice, serve-se de uma bengala.» Vencida, a Esfinge precipitou-se do alto do rochedo e matou-se.

ÉSON. Filho de Tiro e de Creteu, fundador do reino de Iolco, Éson sucedeu a seu pai e, casado com Alcímede, teve um filho, Jasão. Entretanto, o seu meio irmão Pélias apoderou-se do seu trono, reteve-o prisioneiro e enviou Jasão para conquistar o Velo de ouro, esperando que este perigoso herdeiro ao trono não voltasse com vida de uma tão temível expedição. Foi, com efeito, anunciada, pouco depois, a morte de Jasão, e Pélias não hesitou em matar Éson. Permitiu-lhe, no entanto, que se suicidasse bebendo sangue de touro. Ao tomar conhecimento da tragédia, Alcímede enforcou-se. Mas Jasão não tinha perecido, e alguns dizem que Éson foi ressuscitado por Medeia, que, com a ajuda de um filtro mágico, lhe concedeu igualmente, de novo, a juventude.

Esparta. Esta cidade, capital da Lacónia, situada no Peloponeso, deve o seu nome à filha de Eurotas, Esparta, que casou com Lacedémon, filho de Zeus e de Taígete. Por esta razão, muitas vezes Esparta é chamada Lacedemónia pelos poetas gregos. Em Homero, Menelau reina em Esparta e seu irmão Agamémnon em Argos. Mas a primeira das cidades está subordinada à segunda. O casamento de Orestes, filho de Agamémnon com Hermíone, filha de Menelau, pôs fim a esta sujeição. Esparta foi depois governada pelos Heraclidas, Eurístenes e Procles. Um dos seus descendentes, Licurgo, tornou-se o seu legislador lendário.

ESPERANÇA. Chamada *Elpis* pelos Gregos, esta divindade alegórica foi a única dádiva dos deuses que não se escapou da caixa de Pandora. Esta, esposa de Epimeteu, na verdade sucumbira à curiosidade e à imprudência de a abrir. Os Antigos veneravam-na com uma particular solenidade. Os Romanos, que lhe deram o nome de *Spes*, construíram-lhe vários templos e representaram-na com os traços de uma jovem graciosa que levantava com uma mão a franja do vestido e segurava na outra uma flor mal desabrochada.

ESPERQUIO. Deus-rio de uma ribeira do Sul da Tessália, Esperquio era filho de Oceano e de Tétis. Ele tinha casado com Polidora, a filha de Peleu e de Tétis, e tornara-se, com este casamento, cunhado de Aquiles.

ESTÁFILO. 1. Ariadne, abandonada por Teseu, foi acolhida por Dioniso, que a desposou. Dessa união iriam nascer numerosos filhos, entre os quais Estáfilo. Este casou com Crisótemis e, segundo se diz, recebeu de Radamante uma pequena ilha do mar Egeu situada não longe da costa da Tessália.

2. Com este nome é também conhecido o pastor do rei Eneu, que inventou o vinho esmagando cachos de uvas.

Estátua. Inicialmente as divindades não eram personificadas, mas simplesmente representadas por uma pedra de forma simbólica e toscamente talhada. Mais tarde, quando adquiriram um aspecto antropomórfico, as estátuas sagradas multiplicaram-se nos templos e mesmo, como as de Hermes ou de Hécate, nos cruzamentos das estradas e, de um modo geral, nos lugares que um ou outro deus protegia. Cada cidade possuía a sua estátua protectora. Deste modo, Tróia permaneceu inexpugnável enquanto o Paládio, estátua de Atena-Palas, permaneceu dentro de muros. Conhecemos também na mitologia personagens que foram transformadas em estátuas de pedra, por terem irritado os deuses ou, pelo contrário, suscitado a sua piedade. Por fim, é à volta de uma estátua de mulher que nasce o mito de Pigmalião. Este rei de Chipre apaixonara-se por esta obra. Afrodite consentiu em animá-la, dar-lhe vida, para que Pigmalião pudesse desposá-la.

ESTENEBEIA. Chamada também Anteia na *Ilíada*, Estenebeia era filha do rei da Lícia, Ióbates, e esposa de Preto, rei de Tirinte. O marido concedera a Belerofonte, assassino de um tal Belero, hospitalidade e amizade e ela apaixonou-se pelo herói. Mas este recusou, indignado, as tentativas de sedução de Estenebeia. Irritada com a recusa, ela acusou Belerofonte de ter tentado violentá-la. Preto expulsou aquele que era visto como ingrato, mas Estenebeia, envergonhada, suicidou-se quando o herói, depois de grandes feitos, voltou a Tirinte para se vingar. Há outras tradições que afirmam que a infeliz teria tentado fugir montada no cavalo Pégaso: tendo caído da sela, mergulhou no mar, onde morreu.

ESTÉNELO. 1. Filho de Perseu e de Andrómeda, rei de Micenas, Esténelo foi o marido de Nicipe, que lhe deu quatro filhos célebres na mitologia, Alcínoe, Medusa, Euristeu e Ífis.

2. Há um outro **Esténelo**, filho de Andrógeo, que, juntamente com o irmão Alceu, acompanhou Héracles na sua expedição contra as Amazonas. Para o recompensar, Héracles concedeu-lhe a soberania da ilha de Tasos.

3. Um dos Epígonos, também chamado **Esténelo**, era o filho de Capaneu e de Evadne. Participou no cerco de Tebas; tomou depois parte na guerra de Tróia ao lado de Diomedes e dos Argivos.

ESTENTOR. Este arauto grego tornou-se proverbial; na guerra de Tróia foi célebre pela sua voz fortíssima; tão forte, diz-nos Homero, como as vozes juntas de cinquenta homens robustos.

Esterilidade. Punição dos deuses, a esterilidade atinge igualmente a terra e os homens. É geralmente enviada para castigar um país por um crime ou um sacrilégio cometidos por um dos habitantes. Dioniso, mal acolhido pelo rei Licurgo da Trácia, tornou-lhe o reino estéril. Os cursos de água secaram. A terra abriu fendas. Toda a vegetação desapareceu. Para apaziguar o deus, Licurgo teve de ser sacrificado. Acontece igualmente serem os mortais os atingidos pela impotência ou impossibilitados de procriar. Na mitologia, houve dois casamentos célebres que ficaram sem descendência: o de Neoptólemo e Hermíone e o de Egeu com as duas primeiras esposas. Os maridos tiveram de consultar os oráculos sobre as razões da cólera dos deuses e os meios de apaziguar esta maldição e de assegurar a posteridade.

ESTIGE. É o principal rio dos Infernos; as águas que nele correm são lodosas e geladas. O rio circunda os meandros do reino de Hades. Inicialmente, Estige era uma ninfa que habitava na Arcádia, numa gruta à beira de uma fonte. Filha de Oceano e de Tétis, ela desposara Palas e dera-lhe quatro filhos cujos nomes são significativos: Zelo (o furor), *Nike* [Nice] (a vitória), Bia (a violência) e Crato (a força). Quando Zeus entrou em luta com os Gigantes, Estige juntou-se ao Olimpo, juntamente com os filhos, e colocou-os ao serviço dos deuses celestes e da sua causa. Em recompensa, Zeus concedeu a estes valentes auxiliares o direito de ficarem para sempre junto dele e de o ajudarem nas grandes empresas. Concedeu também a Estige o privilégio de ser invocada pelos deuses conferindo ao juramento, assim confirmado, um valor absoluto. Quando um deus se preparava para jurar por Estige, Íris ia buscar um copo cheio de água do rio infernal sobre o qual o deus devia estender a mão. O imortal que perjurasse teria uma severa punição: durante um ano inteiro era condenado a não aceder nem ao néctar nem à ambrósia. Depois, durante mais nove anos, era afastado da companhia dos outros deuses.

Com a nascente num lugar escarpado e isolado, este rio arrastava uma água negra e corrosiva que se perdia nas entranhas da terra, ideia que facilmente dá crédito às lendas que fizeram dele um rio infernal, maldito e pernicioso.

ESTÍNFALO. Filho de Élato e de Laódice, Estínfalo governou a cidade de Estínfalo na Arcádia. Uma das filhas, Parténope, uniu-se a Héracles e tornou-se mãe de Everes. Outras tradições afirmam que Estínfalo era o pai das Estinfálides, que foram mortas por Héracles. Pélops, que desejava conquistar o Peloponeso e não conseguira vencer o rei, convidou-o para um banquete, depois matou-o e espalhou os membros do corpo, que ele próprio tinha despedaçado.

ESTRIGES. Destas mulheres com corpo de ave e patas recurvas, como aves de rapina, dizia-se, na Antiguidade, que sugavam o sangue das crianças. Certamente que esta crença tinha origem na existência de vampiros, animais que assombravam a bacia do Mediterrâneo. A deusa Carna, que protegia os gonzos das portas, tinha como segunda função proteger as crianças e afastar estes monstros por meio de encantações mágicas.

ESTRÓFIO. Filho de Criso e Antifatia, este rei da Fócida era cunhado de Agamémnon, de quem desposara a irmã, Anaxíbia. Recebeu na sua corte o pequeno Orestes, que Electra conseguira arrebatar ao ódio assassino de sua mãe Clitemnestra, depois do assassínio de Agamémnon. O jovem fugitivo ligou-se, pela amizade, a Pílades, o filho do rei.

ETÉOCLES. Juntamente com o irmão Polinices e as irmãs Ismena e Antígona, Etéocles pertence à geração incestuosa nascida de Édipo e de Jocasta. Quando Etéocles e Polinices souberam do crime involuntário do pai, expulsaram-no de Tebas. Então Édipo amaldiçoou-os e predisse-lhes que não deixariam de se odiar até que ambos perecessem num combate fratricida. Etéocles e Polinices estabeleceram, entretanto, um acordo segundo o qual cada um aceitava reinar sobre Tebas alternadamente durante um ano. Quando o mandato de Etéocles chegou ao fim, Polinices reclamou o trono, mas o irmão recusou-lho. Foi então que uma luta implacável, conhecida pelo nome dos «Sete contra Tebas» viria em breve opô-los como rivais. Em combate singular, Etéocles e Polinices pereceram um às mãos do outro. Mas o primeiro, que defendera a pátria, teve direito a honras fúnebres sumptuosas, enquanto Polinices foi condenado a ficar insepulto.

ÉTER. Filho de Érebo e da Noite, segundo Hesíodo, Éter corresponde, na cosmogonia, à parte superior do céu, aquela que toca a luz mais brilhante e mais pura do Sol e é a morada preferida de Zeus. Unida ao Dia, sua irmã, Éter gerou um certo número de elementos essenciais do universo, da vida e das suas transformações, tais como a Terra, o Céu, o Mar, e os Oceanos.

Etíopes. Na lenda grega, os Etíopes pertencem a uma raça mítica. O seu país não tinha fronteiras precisas. Viviam, segundo se diz, nas regiões mais soalheiras do universo, nos lugares onde Hélio se deita e se levanta ao mesmo tempo, queimando-lhes a pele e dando-lhe um tom bistre que surpreendia os Antigos. Viviam em felicidade total e levavam uma existência toda consagrada à glória de Apolo, o deus desta luz, de que eles apreciavam cada dia os benéficos efeitos no que concerne ao seu bem-estar e à fertilidade dos seus campos. A *Ilíada* celebra um dos seus reis, Mémnon. Era filho de Eos, a Aurora, de quem os Etíopes contemplavam, cada manhã, a aparição deslumbrante e límpida. Ele dirigiu um contingente de Etíopes que combatiam ao lado dos Troianos.

ETNA. Este vulcão tem o nome de uma ninfa, filha de Úrano e de Geia, que arbitrou a querela que surgira entre Deméter e Hefesto pela posse da Sicília. O Etna, que se ergue sobre a cidade de Catânia, serviu de prisão a Tífon e a Encélado, depois da derrota diante das divindades do Olimpo. O fumo e o fogo que saíam da cratera deste vulcão provinham, segundo a crença comum, do bafo incandescente dos gigantes.

Uma versão latina da lenda do Etna afirmava que ele era a morada de Vulcano e dos seus ajudantes. Era aí que eles forjavam as armaduras dos deuses e dos heróis.

ETOLO. Endímion, rei da Élida, tinha numerosos filhos. Para assegurar a sucessão, proclamou que o trono ficaria para aquele que fosse vencedor numa corrida de carros. Epeu ganhou e tornou-se rei. Os irmãos fugiram todos, excepto Etolo, que sucedeu normalmente a Epeu. Entretanto, durante os jogos celebrados em honra de Ázan, filho de Arcas, o carro de Etolo virou, acidentalmente, o de Ápis, filho de Foroneu; este último foi morto. Banido por causa deste assassínio involuntário, Etolo refungiou-se no país dos Curetes, no território de Corinto, de que se tornou rei, e que tomou, em sua honra, o nome de Etólia.

ETRA. Esposa de Egeu, Etra uniu-se também a Posídon. Teseu, seu filho, reivindicará, como pai, ora o estatuto de rei de Atenas, ora o de deus. Etra viveu na Ática, mas foi levada, alguns anos depois da morte do marido, pelos Dioscuros, como escrava, e puseram-na ao serviço de Helena. Depois da vitória dos Gregos sobre a cidade troiana, ela foi libertada pelos netos, Demofonte e Ácamas.

EUFEMO. Filho de Posídon, Eufemo fez parte da expedição dos Argonautas, aos quais auxiliou com os dons da adivinhação. Quando o navio argo chegou junto das rochas Simplégades, Eufemo soltou uma pomba; os dois rochedos tentaram fechar-se sobre a ave mas apenas conseguiram arrancar-lhe algumas penas da cauda. Foi neste momento que os Argonautas puderam passar sem sofrer qualquer dano. Em outra altura, arrastados para a costa da Líbia e chegados ao lago Tritono, os Argonautas procuraram em vão, durante muito tempo, uma saída para atingir o Mediterrâneo. Foi então que o deus Tritão ou, segundo afirmam alguns, a sua encarnação humana, Eurípilo, lhes apareceu e Eufemo, filho do deus soberano do Mar, ousou perguntar-lhe o caminho. Tritão mostrou-lhes o caminho e ofereceu-lhes um pedaço de terra, que permitiria aos descendentes de Eufemo reinar um dia sobre a Líbia.

EUFORBO. Foi um dos mais corajosos guerreiros troianos e distinguiu-se durante a luta por ter sido o primeiro a atingir Pátroclo, que foi depois morto por Heitor. Morto por Menelau, que ofereceu o seu escudo a Hera, Euforbo reencarnou alguns séculos depois na pessoa do filósofo matemático Pitágoras (século VI a.C.), que ilustrava, deste modo, as suas ideias sobre a metempsicose e as reencarnações sucessivas.

EUMÉNIDES. Esta palavra, que significa «Benevolentes», designa por vezes as Erínias. Elas eram assim chamadas quando um assassino era purificado do seu crime: mostravam-se, de facto, mais benevolentes para com ele. Na tragédia de Ésquilo que tem este nome, elas tornam-se mesmo nas deusas da Fecundidade da terra e personificam as leis morais e as sanções que lhes estão ligadas.

EUMEU. Filho de rei, Eumeu, depois de ser raptado por piratas fenícios, tornara-se escravo e porqueiro de Laertes, rei de Ítaca. Foi um dos raros servidores que permaneceram fiéis ao seu mestre ausente; acolheu-o com toda a alegria e afeição. Foi por seu intermédio que Ulisses, disfarçado de mendigo, pôde aproximar-se dos pretendentes de Penélope, que matou sem piedade.

EUMOLPO. Abandonado por sua mãe Quíone no Oceano, Eumolpo foi recolhido pelo pai, Posídon, que o levou para as costas da Etiópia onde foi criado por Bentesícime, uma das filhas que o deus tivera de Anfitrite. Ele desposou uma das filhas da mãe adoptiva, mas foi banido por ter atentado contra o pudor de uma das cunhadas. Encontrou refúgio na Trácia; aí conspirou contra o rei Tegírio.

Novamente expulso, dirigiu-se para Elêusis, cidade onde se tornou rei, bardo oficial e magno sacerdote, fundador dos mistérios. Viria a perecer à mão de Erecteu durante a luta que opôs esta cidade a Atenas. O seu filho mais jovem, Cérix, sucedeu-lhe na qualidade de magno sacerdote e todos os seus descendentes tiveram o mesmo privilégio.

ÊUNOMO. Jovem escanção na corte do rei de Cálidon, Eneu, Êunomo, filho de Arquíteles, foi um dos encarregados de lavar as mãos de Héracles. Descuidado, deixou cair água sobre os pés do herói; então este, encolerizado, bateu no infeliz com tanta violência que o matou. Embora perdoado por Arquíteles, Héracles decidiu punir-se e exilar-se com Dejanira e o filho Hilo; foram para Tráquis.

EURÍALO. 1. Este argivo pertence à geração dos Epígonos pelo lado do pai, Mecisteu, irmão de Adrasto e, por esta razão, combateu contra Tebas. Para além desta expedição, Euríalo seguiu os Argonautas no seu périplo e acompanhou Diomedes na guerra de Tróia juntamente com um outro Epígono, Esténelo, filho de Capaneu.

2. Conhece-se igualmente, com o mesmo nome, um guerreiro troiano, grande amigo de Niso; chegaram ambos à Itália comandados por Eneias. Pereceu durante um combate contra os Rútulos.

EURÍDICE. 1. Entre todas as Eurídices, a mais célebre é a Dríade que desposou Orfeu. Perseguida pelo pastor Aristeu quando um dia brincava no campo com as companheiras, ela foi picada no pé por uma víbora e morreu. Orfeu desceu aos Infernos para a trazer de volta à Terra mas, demasiado apressado, embora Hades lho tivesse proibido, ele voltou-se para a olhar antes de ela ter saído das Sombras. Ela desapareceu imediatamente e para sempre.

2. **Eurídice** são também a filha de Lacedémon, mãe de Dánae, uma filha de Anfiarau e de Erifile, e a esposa de Creonte, rei de Tebas.

EURÍLOCO. Marido de Ctímene, irmã de Ulisses, ele é um dos mais fiéis companheiros do herói, notável pela sua prudência. Escondido por detrás de uma janela do palácio de Circe, ele assistiu à metamorfose dos companheiros de Ulisses em porcos, depois avisou o herói. Mas, no fim da viagem, faminto após vários dias de jejum, ele teve a ideia de matar alguns novilhos sagrados do rebanho de Hélio, apesar da proibição de Ulisses. O deus, indignado, afundou todos os navios e fez perecer Euríloco, muito embora poupando Ulisses.

EURÍNOME. Sendo uma das primeiras divindades, Eurínome nasceu da união de Oceano com Tétis. Ela própria se uniu ao titã Ofíon e reinou com ele no Olimpo antes da aparição dos deuses que se apressaram a expulsar os intrusos e os precipitaram no mar. Zeus, apaixonado por ela, tornou-a mãe das Graças e do deus-rio Asopo.

EURÍPILO. 1. Quando Héracles quis aportar na ilha de Cós, foi primeiro repelido pelos indígenas, comandados pelo rei Eurípilo, que logo foi morto pelo herói, que conseguira penetrar na cidade.

2. Filho de Télefo e de Astíoque, um outro **Eurípilo** foi obrigado pela mãe, que recebera de Príamo, seu irmão, uma cepa de vinha de ouro, a combater ao lado dos Troianos, à cabeça de um contingente de Mísias. Depois de ter morto muitos heróis gregos, entre os quais Macáon, o filho de Asclépio, morreu sob os golpes de Neoptólemo, na altura em que, comandados por ele, os Troianos tentavam incendiar os navios gregos.

3. Com este nome é conhecido um grego que combateu à cabeça de um regimento de Tessálios contra os Troianos.

4. Segundo Píndaro, **Eurípilo**, filho de Posídon, é a encarnação do deus Tritão.

EURISTEU. Filho de Esténelo, rei de Argos e de Nicipe, filha de Pélops, Euristeu era primo de Anfitrião, pois, como ele, tinha Perseu como avô. Zeus afirmara que o primeiro neto de Perseu teria um destino real. Ora, Hera fez com que Euristeu nascesse antes do filho de Alcmena, Héracles, de quem ela sabia ser Zeus o pai. Euristeu tornou-se, assim, soberano de Tirinte, de Micenas e da Mídea, na Argólida. Mas tremia sem cessar diante de Héracles, cuja ascendência divina ele conhecia. Procurou então humilhá-lo e forçou-o aos famosos trabalhos dos quais o herói saiu sempre vencedor. Depois da morte de Héracles, Euristeu perseguiu os seus descendentes e obrigou-os a deixar Micenas. Algum tempo, depois marchou contra Atenas, aliada dos Heraclidas, e foi morto por Iolau durante uma batalha. Trouxeram a Alcmena a cabeça decepada do rei perseguidor: Alcmena arrancou-lhe os olhos.

ÊURITO. Rei da cidade da Ecália, na Tessália, ou na Eubeia, ou na Messénia, Êurito era famoso pela sua habilidade no tiro ao arco. E o seu pai, que possuía o mesmo talento, dizia-se filho de Apolo, o arqueiro supremo. Tinha quatro filhos, entre os quais Ífito, e uma filha, Íole. Ele prometera-a em casamento a quem o vencesse no tiro ao arco. Héracles enfrentou-o num concurso e foi proclamado vencedor. Mas Êurito recusou cumprir a promessa e acusou o herói de lhe ter roubado o rebanho. Só Ífito tomou a defesa de Héracles. Mas não foi em nada recompensado, pois foi morto pelo herói, que sofrera um repentino ataque de loucura ou não desejava, de qualquer modo, partilhar com ele os despojos. Este assassínio não ficou impune. Héracles foi condenado à escravatura e vendido em Ônfale. Uma vez livre, voltou à corte de Êurito, matou-o, massacrou os filhos e pôde, por fim, apoderar-se de Íole, como preço da vitória.

EURO. Este filho de Eos e de Astreu é o vento de sudoeste.

EUROPA. Agenor, rei da Fenícia, filho de Posídon e da Oceânide Líbia, desposou Telefassa. Desta união nasceram quatro filhos, Fineu, Cadmo, Fénix e Cílice, e uma filha, Europa. Bela como o dia, de pele branca e aveludada, Europa brincava, um dia, à beira mar com as companheiras quando Zeus a avistou. Imediatamente apaixonado por ela, para evitar o ciúme de Hera transformou-se em touro branco, de cornos dourados, em forma de crescente de lua. Europa viu-o, admirou-o, elogiou-o e teve a ousadia de o montar. Foi então que o animal divino se atirou sobre as ondas e desapareceu ao largo. Atingiu as costas de Creta, junto de Gortina, onde nasceram plátanos sempre verdes para perpetuar a união dos dois amantes. Europa deu à luz três filhos, cuja lenda guarda e glorifica os nomes: Minos, Radamante e Sarpédon. Zeus, em troca destes filhos, concedeu três preciosos presentes a Europa: o Talo, um autómato que impedia qualquer desembarque inimigo nas costas de Creta, um cão que, graças à sua habilidade e celeridade, nunca falhava a presa e um venábulo de caça infalível. Como lembrança daquela que, vinda da longínqua Fenícia, quisera aproximar-se de um mundo desconhecido, os Antigos deram o nome de Europa a uma das quatro partes do mundo, enquanto lhe organizavam um culto e os próprios irmãos que tinham partido em sua busca fundavam colónias.

EUROTAS. Chamado primitivamente Hímero, o Eurotas, rio principal da Lacónia que banha a cidade de Esparta, possui uma lenda. O rei Eurotas, pai de Esparta, esposa de Lecedémon, tendo sido vencido pelos Atenienses por não ter esperado a lua cheia para travar batalha, atirou-se às águas de um rio e deu-lhe o seu próprio nome. Segundo os mitógrafos modernos, este suicídio é a prova de que existiam sacrifícios oferecidos ao Eurotas para apaziguar as suas águas. Mas os Antigos diziam também que as suas águas eram fortificantes, e as crianças de Esparta eram aí mergulhadas desde a mais tenra idade. O Eurotas aparece muitas vezes nos ciclos épicos e nas lendas. É nas suas margens que Helena é raptada por Páris, que Zeus se une a Leda na forma de um cisne e que Castor e Pólux aprenderam a lutar.

EUTERPE. Uma das nove Musas, Euterpe possuía como principal atributo a flauta e, coroada de flores, presidia às festas e aos divertimentos. Munida do seu instrumento de música, ela acompanhava também o cortejo de Dioniso. A ela e ao deus se deve a invenção do ditirambo, origem da tragédia grega.

EVANDRO. As versões diferem sobre o nascimento deste herói greco-romano. Segundo a mais corrente, ele é filho de Hermes e de Nicóstrata, uma ninfa da Arcádia a que os Romanos chamaram *Carmenta.* Alguns anos antes da guerra de Tróia, Evandro, à cabeça de uma colónia de Arcádios, veio estabelecer-se em Itália. Graças à sua ponderação e ciência, granjeou a estima das populações indígenas; ensinou-lhes novas leis, a escrita e o culto de alguns grandes deuses, como Pã, Posídon e Deméter. Recebeu Héracles e concedeu-lhe as honras dignas de um deus. Eneias veio também encontrá-lo e celebrou com ele uma aliança contra a povoação dos Rútulos. Depois da morte, ele tomou lugar entre os imortais.

F

Fado. Expressão sagrada do Destino entre os Romanos, o *fatum* representa a vontade determinada pelos deuses e atribuída a cada um.

FAETONTE. «Aquele que brilha»: tal é o sentido da palavra grega. Este filho de Sol e da Oceânide Clímene gostava de se vangloriar, junto dos companheiros, da sua origem divina e, cada dia, mostrava-lhes, com orgulho, o percurso do carro de seu pai nos céus. Entretanto, um deles desafiou-o para que provasse a sua ascendência solar. Assim provocado, Faetonte foi ter com o pai e pediu-lhe um sinal do seu nascimento. O Sol jurou pelo Estige que lhe concederia tudo o que pedisse. Faetonte pediu-lhe então o carro e o direito de o conduzir durante um dia. Horrorizado, pois nenhum mortal tem força suficiente para dominar os cavalos que puxam o carro, o Sol tentou dissuadir o filho; mas sem conseguir. Cheio de vaidade, Faetonte não escutou as súplicas do pai que, preso pelo próprio juramento, foi obrigado a submeter-se. Os cavalos fogosos lançaram-se na corrida. Ora, como o Sol previra, Faetonte não foi longe na demonstração: os cavalos deixaram de responder ao seu comando e o carro seguia um caminho desordenado: ora subia demasiado e quase queimava a estrada celeste ou colidia com as constelações, ora descia demasiado e as montanhas incendiavam-se, os rios transformavam-se em vapor e a terra abria fendas sob o calor escaldante. Para evitar a destruição do universo, Zeus fulminou o filho do Sol, despedaçou o carro e Faetonte foi precipitado no rio Erídano.

Fama. 1. Divindade latina que personifica a celebridade.

2. Mensageira de Zeus entre os Gregos, particularmente entre os Atenienses que lhe tinham construído um templo, a **Fama** tomou o seu carácter definitivo entre os Romanos que a honravam com respeito e temor. Divindade alada e monstruosa, a Fama, filha da Terra, possui múltiplas bocas e numerosos olhos que lhe permitem revelar os segredos mais íntimos dos mortais e proclamá-los em todo o universo. O Erro, os Boatos e muitas divindades alegóricas penetram livremente no seu palácio, percorrido por todos os ecos das vozes humanas e trazem-lhe preciosas informações sobre os homens.

FAUNA. Esta esposa de Fauno, considerada pelos Latinos a mãe do deus Latino, um dos reis lendários do Lácio, protege as mulheres contra a esterilidade.

FAUNO. 1. Este deus é uma das mais antigas divindades da religião romana. Filho de Pico e neto de Saturno, possui dois atributos: por um lado, conhecedor dos bosques e das planícies cultivadas e das águas frescas e vivas, ele protege as culturas e os rebanhos; por outro, semelhante ao Zeus de Dodona, ele manifesta oráculos através do murmúrio das árvores. Estas funções agrestes levaram os artistas romanos a representá-lo como um deus barbudo, vestido com uma pele de cabra e tendo na mão ou o bordão próprio dos guardadores de gado, ou o corno da abundância, porque ele favorece a fertilidade dos campos. Não é, pois, de admirar a sua identificação com o deus Pã depois da helenização sistemática dos deuses romanos. Ele acaba por ter os mesmos atributos que o seu homólogo grego: cornos na fronte e pés de cabra.

2. Também se chamava **Fauno** o rei bárbaro que matou Hércules.

FAUNOS. Estas divindades romanas dos bosques, comparáveis aos Sátiros gregos, descendem, segundo a lenda, do rei Fauno, neto de Saturno. Entretanto, eles são apenas semideuses e a morte é o que os espera após uma longa existência. São representados com pequenos cornos, uma cauda e unhas de bode.

FÁUSTULO. Este pastor, que era possivelmente o intendente dos rebanhos de Amúlio, rei de Alba, ligou-se de perto com a lenda romana de Rómulo e Remo. De facto, tendo seguido uma loba cuja agitação o intrigava, ele encontrou os dois gémeos no covil do animal e trouxe-os para a sua cabana, para junto da esposa Aca Larência, que se encarregou de os criar. Fáustulo instruiu os dois irmãos sobre a sua origem e Rómulo, sabendo que pertencia à linhagem de deuses e de reis, matou Amúlio, que tinha usurpado o poder. Mas quando os dois irmãos se desentenderam, Fáustulo tentou interpôr-se e foi morto na luta. Mais tarde, os Romanos, reconhecidos, colocaram-no no Panteão.

FEACES. Por muito tempo se pensou, na Antiguidade, que os Feaces formavam uma população histórica. Mas os mitógrafos contemporâneos demonstraram a inanidade de uma tal asserção: os Feaces pertencem, isso sim, à mitologia. Viviam na ilha de Esquéria e passavam por viver como marinheiros pacíficos dedicando-se ao comércio na bacia do Mediterrâneo e gozavam das próprias riquezas organizando vários festins. O seu rei, Alcínoo, recebeu Ulisses e foi sob os seus auspícios que se casaram Jasão e Medeia.

FEBE. 1. Filha de Leucipe, **Febe** era sacerdotisa de Atenas. Prometida em casamento a Idas, seu primo, ela foi no entanto raptada por Pólux, que a desposou.

2. A Titânide Febe é uma das divindades primordiais, filha de Úrano e Geia. Unida a Ceu, tornou-se mãe de Leto e de Astéria e, por conseguinte, avó de Apolo.

FECUNDIDADE. Deusa principal da fecundidade, a Boa Deusa era invocada durante os mistérios estritamente reservados às mulheres romanas. Estas agradeciam à deusa o facto de lhes ter concedido serem mães ou, estéreis, suplicavam-lhe que as tornasse mães. As imperatrizes romanas, por seu lado, dedicavam um culto particular à deusa alegórica Fecundidade, a quem pediam grande posteridade a fim de assegurarem a perenidade do Estado romano. Os animais domésticos e o gado em geral eram igualmente colocados sob a protecção de deuses como Fauno ou Pales, que asseguravam a sua rápida e abundante reprodução.

FEDRA. Filha de Minos, rei de Creta, e de Pasífae, Fedra era irmã de Ariadne. Ambas foram escolhidas como esposas por Teseu. Quando este deixou a residência real, Fedra concebeu, por Hipólito, seu enteado, um amor censurável. Ela deslocou-se a Trezeno, onde ele vivia, para se aproximar dele e o admirar. Hipólito não notou a manobra. Chegada ao último degrau de definhamento, desesperada, ela escreveu-lhe uma carta na qual lhe confessava o seu amor e descrevia os sofrimentos que suportava. Horrorizado, Hipólito queimou a ousada epístola e foi ter com a madrasta para lhe dirigir violentas repreensões. Fedra, enlouquecida, acusou-o publicamente de intenções incestuosas e enforcou-se.

FEGEU. Rei de uma cidade da Arcádia, Fegeu purificou Alcméon do assassínio da própria mãe, Erifile, e deu-lhe em casamento Arsínoe, sua filha. Esta recebeu, como agradecimento, o colar e o peplo de Harmonia. Os presentes foram, no entanto, retomados por Alcméon, que desejava oferecê-los à segunda esposa, Calírroe, filha de Aqueloo. Ao saber da traição do genro, Fegeu ordenou aos filhos Prónoo e Agenor que o matassem. Viúva, Arsínoe lançou uma maldição sobre o pai e os irmãos. Ela conseguiu a vingança, pois os filhos de Calírroe vingaram o pai Alcméon matando Fegeu e os dois filhos.

FELICIDADE. Esta deusa pertence ao número das muitas divindades alegóricas romanas. Encontramo-la mesmo cunhada em moedas. Tem o aspecto de uma mulher corpulenta, que segura o caduceu de Hermes e um corno da abundância: um simbolizava

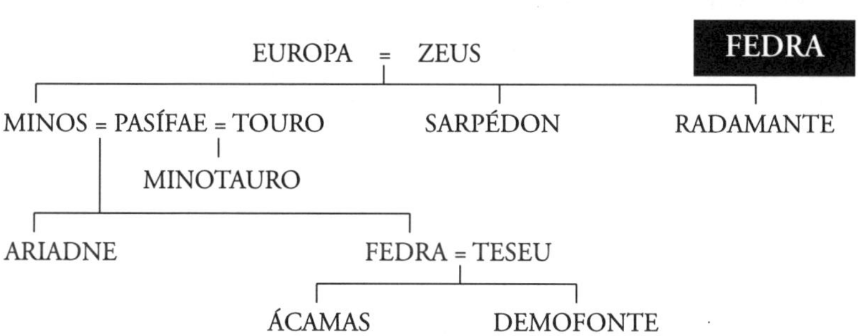

a saúde, o outro a opulência, dois dons indispensáveis à felicidade.

FÉNIX I. 1. Tal como os seus irmãos Cadmo e Cílice, Fénix foi enviado por seu pai Agenor à procura da irmã Europa, raptada por Zeus. Sem a encontrar, ele passou primeiro pela Líbia, depois voltou e estabeleceu-se num país, na costa do Próximo Oriente mediterrânico que, em sua honra, tomou o nome de Fenícia.

2. Um filho de Amintor e de Cleobula ou Hipodamia também se chama **Fénix**. Instigado pela mãe, ele seduziu Ftia, uma concubina de seu pai e foi, em consequência disso, amaldiçoado e expulso depois de lhe terem perfurado os olhos. Curado pelo centauro Quíron, Fénix recuperou a vista e foi acolhido por Peleu, rei dos Dólopes que lhe confiou a guarda de Aquiles. Fénix acabou por se ligar profundamente ao herói, que acompanhou a Tróia. Tentou mesmo amenizar o rancor de Aquiles depois da sua disputa com Agamémnon. À morte do amigo, Fénix fez parte da embaixada que foi procurar Neoptólemo, para que este continuasse a obra de seu pai na guerra de Tróia; morreu durante a viagem de regresso.

FÉNIX II. Esta ave mitológica, cuja lenda é originária do Egipto, foi venerada pelos Gregos e longamente descrita por alguns autores da Antiguidade. Semelhante a uma águia-real, de plumagem brilhante e de cores acastanhadas, de voo lento e majestoso, diz-se que Fénix vivia por muitos séculos. Incapaz de perpetuar a própria raça, por não existir fêmea da sua espécie, tinha, no entanto, de assegurar a sua descendência. Quando sentia a morte a aproximar-se, construía um ninho de plantas aromáticas e ervas mágicas no centro do qual ela própria se instalava depois de ter incendiado o próprio ninho. Das suas cinzas nascia uma outra Fénix, que se apressava a levar os restos de seu pai a Heliópolis, onde era adorado o deus do Sol, de quem a águia era a encarnação. Para os antigos, a Fénix era o símbolo da imortalidade da alma e também do ano que renasce logo após ter terminado.

FERES. 1. Fundador e rei epónimo da cidade de Feres, na Tessália, Feres era filho de Creteu e de Tiro. Entre os seus filhos, Licurgo reinou em Némea e Admeto desposou Alceste.

2. Também se chama **Feres** um dos filhos de Jasão e de Medeia. Juntamente com o irmão Mérmero, ele foi morto pela própria mãe em Corinto.

FERÓNIA. De origem etrusca, esta divindade itálica muito antiga, cujos atributos são um pouco obscuros, era venerada, nomeadamente em Terracina, junto ao monte Soracte. Ela pertencia, segundo se crê, ao número das divindades dos campos e dos bosques, para os quais era garante de fertilidade.

Fertilidade. A Antiguidade sempre temeu as fomes. A chuva e a humidade, a abundância das colheitas, foram sempre o imperativo essencial da sobrevivência da civilização. Os Romanos, em particular, que por muito tempo preferiram a agricultura ao comércio, multiplicaram os deuses da Vegetação, da Fertilidade. Veneravam Ceres, deusa das searas, Priapo, deus dos jardins e dos pomares, Ops e Cópia, divindades da abundância, Flora, que favorecia a fecundação das flores, Pomona, que permitia que os frutos amadurecessem. Eles pediam a todas estas divindades ajuda e protecção colocando as suas estátuas, os seus símbolos ou atributos nos campos e consagravam-lhes festas em datas fixas.

FIDES. É a personificação da fidelidade à palavra dada; conta-se entre as divindades romanas de carácter abstracto que se multiplicaram durante toda a Antiguidade. Ela é como que a divinização de um carácter próprio de um deus. Deste modo, ao lado de Júpiter, guarda e garante dos juramentos, aparece Fides. Ela testemunha que toda a lei e toda a ordem social dependem do respeito pela palavra dada.

FILÁMON. Numa só noite Quíone, neta de Lúcifer, uniu-se ao deus Apolo, que gerou Filámon, e com o deus Hermes, que a fez mãe de Autólico. Apaixonado pela ninfa Argíope, Filámon teve um filho, Tâmiris. Pai e filho são ambos, na lenda, músicos famosos. O primeiro inventou os coros de jovens e introduziu os mistérios de Deméter em Lerna; o segundo imaginou novas formas musicais; mas foi privado destes dons por ter ousado rivalizar com as Musas.

FILÉCIO. Guarda dos rebanhos de Ulisses, Filécio combateu com o porqueiro Eumeu ao lado do mestre, contra o cabreiro Melântio e os pretendentes. Depois do massacre destes últimos, ele foi encarregado, com Eumeu, de punir Melântio pela traição cortando-lhe todas as extremidades do corpo.

FILÉMON. A lenda de Filémon e Báucis é descrita por Ovídio nas *Metamorfoses*. Báucis, mulher pobre e gasta pelos anos, vivia com o marido, Filémon, numa aldeia da Frígia. Zeus, em viagem pela região com a aparência de um simples mortal, em companhia de Hermes, decidiu parar naquela aldeia e pedir hospitalidade para aquela noite. Os deuses bateram a todas as portas, mas nenhuma se abriu, com excepção da porta da morada humilde de Filémon e Báucis que, apesar de velhos e fatigados, reconfortaram os divinos viajantes. Depois, Zeus e Hermes convidaram o casal a subir com eles à montanha vizinha. Chegados ao cimo, avistaram toda a aldeia, que acabava de ser submergida pelas águas; mas, no lugar em que eles moravam, erguia-se um pequeno templo a Zeus, que lhes pediu que fizessem um pedido. Filémon e Báucis responderam que desejavam tornar-se sacerdotes do templo e nunca ser separados. O desejo foi realizado. Chegaram a uma extrema velhice e, já perto da morte, Filémon e Báucis foram transformados, sobre os degraus do templo: o primeiro, num soberbo carvalho, a segunda, numa tília murmurante. Esta história desejava simplesmente ensinar que a hospitalidade é um dever sagrado e que a fidelidade conjugal é um penhor de felicidade eterna.

FÍLIRA. Filha de Oceano, Fílira foi amada por Crono que, por temer o ciúme da esposa Reia, se transformou em cavalo para se unir a ela. Outras versões dizem que foi Fílira que se transformou em égua para tentar escapar-lhe, mas em vão. Desta união nasceu um filho, o centauro Quíron, que ela educou numa gruta do monte Pélion. Mais tarde ela cuidou, juntamente com o filho, meio homem meio cavalo, da educação de alguns grandes heróis lendários.

FÍLIS. Esta filha do rei da Trácia viu um dia desembarcar, no reino de seu pai, Demofonte, ou o irmão Ácamas, filho de Teseu, que voltava da expedição contra os Troianos. Tornaram-se amantes. Mas ele deixou-a pouco depois para voltar à pátria. A jovem mulher, à sua partida, confiou-lhe uma caixinha que encerrava, segundo ela dizia, ricos presentes destinados ao culto de Reia. Ordenou-lhe, no entanto, que a não abrisse enquanto não tivesse perdido completamente a esperança de a voltar a ver um dia. Demofonte instalou-se em Chipre e esqueceu Fílis. Na altura em que tinha fixado o dia do regresso do amante à Trácia, Fílis desceu nove vezes junto ao mar para observar o horizonte. Nenhuma embarcação apareceu. De dor, enforcou-se. No mesmo dia, Demofonte abriu a caixa dada pela antiga amante. Viu então sair um fantasma e, apavorado, o jovem escorregou do cavalo no qual estava montado e caiu sobre a própria espada, que o trespassou. Segundo uma outra versão da mesma lenda, Fílis, depois da sua morte, foi transformada em amendoeira estéril. Só o abraço de Demofonte apaixonado e arrependido poderia fazê-la dar fruto.

FILOCTETES. Foi a esta testemunha dos seus últimos momentos de vida que Héracles confiou as flechas e o arco, antes de se entregar às chamas da pira, no monte Eta. Mas Filoctetes, apesar da promessa que fizera de nunca revelar a ninguém o lugar onde repousavam as cinzas do herói, perjurou e foi punido. Como todos os pretendentes de Helena, ele partiu em guerra contra Tróia, guarnecido com as preciosas flechas envenenadas. Quando os Gregos fizeram escala na ilha de Ténedos, ele foi mordido por uma serpente ou, segundo outras tradições, feriu-se na ponta de uma das flechas. A ferida que daí resultou nunca mais curou. Ela deitava um cheiro tão fétido que os Gregos, incomodados, se viram obrigados a abandonar Filoctetes na ilha de Lemnos. Ficou aí dez anos, sofrendo sem cessar por causa do ferimento e da solidão. Tróia, sempre inexpugnável, intrigou os Gregos, que foram consultar o oráculo. Este revelou que as flechas de Filoctetes eram indispensáveis à vitória. Então Ulisses partiu em embaixada a Lemnos e forçou Filoctetes, por obrigação e orgulho patrióticos, a voltar ao campo de batalha. Logo à sua chegada, foi curado por Podalírio e Macáon, os filhos de Asclépio. A ferida fechou-se. Ele participou então em numerosos combates e matou o mais célebre dos Troianos, Páris. Ao regressar de Tróia, diz-se que Filoctetes se fixou no Sul de Itália, onde fundou algumas cidades.

FILOMELA. Filha de Pandíon, rei de Atenas, ela tinha uma irmã, Procne, casada com o rei da Trácia, Tereu. Mas este último apaixonou-se pela cunhada, enclausurou a esposa, anunciou a sua morte, e forçou Filomela a ceder-lhe. Quando a jovem soube a verdade, o rei, para a impedir de falar, cortou-lhe a língua. A infeliz pôde, entretanto, comunicar com Procne, fazendo chegar até ela um tapete onde tinha bordado as imagens principais da sua trágica aventura. Perseguida por Tereu, foi transformada em andorinha.

FINEU. 1. Filho de Agenor e rei de Salmidesso, na Tessália, ele foi cegado pelos deuses por múltiplas razões. Teria, de facto, exercido os seus dons da profecia com demasiado zelo, em particular revelando a Frixo o caminho de regresso à Grécia; ou teria ainda cegado por ter, ele próprio, atingido com a cegueira os filhos Plexipo e Pandíon, falsamente acusados, pela madrasta Ideia, de terem atentado contra o seu pudor; ou teria ainda preferido, ao dom da visão, uma longa vida. Foi atormentado pelas Harpias, que lhe roubavam os alimentos e lhe conspurcavam o que ele se preparava para comer. Os boréadas Cálais e Zetes libertaram-no destes monstros durante a expedição dos Argonautas e, em recompensa, Fineu revelou-lhes o caminho a seguir para atingirem a Cólquida, pelo Bósforo, e os perigos a evitar.

2. Um segundo **Fineu** tentou, em vão, ver-se livre de Perseu, que lhe desposara a sobrinha Andrómeda.

Flauta. Juntamente com a lira, a flauta é o principal instrumento musical dos Antigos. Estes diziam que ela fora inventada por Hermes para encantar a solidão e o aborrecimento. Apolo, seduzido pelos sons melodiosos que saíam deste instrumento rústico, trocou-a por um ramo de ouro, o Caduceu, e tornou-se, por seu lado, um hábil tocador de flauta. Mársias também aprendeu a tocar e quis rivalizar com o deus; foi esfolado vivo. Um outro tipo de flauta, a Siringe, que se colocava horizontalmente na boca, fora talhada por Pã, a partir de uma cana de quem a ninfa que ele perseguia tomara a forma.

FLÉGIAS. Filho de Ares e de Crise, segundo uma versão, Flégias foi o herói epónimo dos Flégias e um dos reis de Orcómeno. O filho, Ixíon, foi rei dos Lápitas, e a filha, Corónis, seduzida por Apolo, deu à luz um filho célebre, Asclépio. Irritado contra o deus, Flégias pôs fogo ao seu templo e foi, segundo Virgílio, punido por este acto sacrílego com um castigo rigoroso nos Infernos.

FLEGETONTE. Nos Infernos, este afluente do Aqueronte transportava chamas, em vez de água. Por isso, é por vezes chamado Piriflegetonte, «Flegetonte de fogo».

FLORA. Adorada pelos Sabinos, Flora era a divindade das flores e da Primavera. Para explicar esta atribuição, Ovídio ligou Flora a um mito grego e assimilou-a à ninfa Clóris, que Zéfiro desposou concedendo-lhe todos os poderes sobre o desabrochar primaveril. Sempre segundo Ovídio, ela teria oferecido a Juno uma flor que, ao ser tocada, tinha o poder de tornar uma mulher fecundada. Deste modo, Juno, sem a ajuda de Júpiter, tornou-se mãe de Marte. É em lembrança deste nascimento, ao qual Flora teria indirectamente participado, que os Romanos concederam o nome de «Março» ao primeiro mês da Primavera.

FOBO. Nascido da deusa Afrodite, personificação do temor, acompanha o pai, Ares, nos campos de batalha. Ele suscita no coração dos combatentes a cobardia e incita-os a fugir. Conhece-se dele um irmão, Deimo, o Terror.

FOCO. 1. Dioniso, ao querer vingar a morte de Dirce, enlouqueceu Antíope. A infeliz andou errante por toda a Grécia até ao dia em que Foco, um neto de Sísifo, a curou daquele mal e casou com ela na Fócida. Ele foi enterrado por este povo em Titórea, pois um oráculo afirmara que este acto de piedade traria a fertilidade a todo o país.

2. Um outro **Foco** era o filho de Éaco e da ninfa Psâmate, enquanto os meios-irmãos, Télamon e Peleu, eram filhos de Éaco e de Endeis. Foco abandonou a própria pátria e conquistou a região que tomou o nome de Fócida. Tomou Astéria por esposa e teve dela dois filhos, Criso e Panopeu. Ao voltar junto dos seus, foi morto pelos irmãos, que lhe invejaram o poder e a glória.

3. Chamava-se também **Foco** um Beócio que decidira casar a filha, Calírroe, com o jovem que fosse vencedor num torneio de luta armada. Os pretendentes da jovem mataram este pai demasiado exigente, enquanto Calírroe fugiu e se escondeu. Algum tempo depois, os Beócios souberam da notícia do assassínio e conseguiram encontrar os culpados; foram capturados e lapidados em seguida.

FOLO. Um dia Héracles passou pelo Epiro e pediu hospitalidade a Folo, um sábio e benévolo centauro, filho de Sileno e da ninfa Hamadríade. Folo recebeu o herói com muito respeito e serviu-lhe uma refeição pomposa. Entretanto, Héracles pediu-lhe que abrisse um odre de vinho que estava reservado aos Centauros. Quando estes cheiraram o odor inebriante que se espalhara pelo campo, ficaram furiosos, cercaram a caverna de Folo e atacaram Héracles, que matou muitos deles e pôs os restantes em fuga. Folo não tomou parte no combate mas, ao enterrar os seus semelhantes, feriu-se mortalmente no pé com uma das flechas envenenadas de Héracles. O herói concedeu honras fúnebres à vítima involuntária e sepultou-o debaixo de uma montanha que tomou o nome de Fóloe.

FOME. Esta divindade, filha da Noite, que Virgílio coloca às portas dos Infernos, traz a esterilidade aos campos. Na descrição feita por Ovídio, ela tem o aspecto de uma mulher acocorada num campo árido, onde arranca algumas plantas pequenas. Erisícton, o herói tessálio, foi a sua mais trágica vítima.

FONTE. Filho de Jano, Fonte era geralmente venerado como deus das Nascentes e das Águas correntes.

FÓRCIS. É uma divindade marinha que pertence à primeira geração dos deuses. Fórcis é o filho de Ponto e de Geia e irmão de Nereu, de Taumas e de Ceto, com quem casou. Desta união surgiram a maior parte dos monstros que dominam as lendas gregas, tais como Cila, as Górgonas, Equidna e as Hespérides.

FÓRNAX. Este nome latino, que significa «forno», servia para designar uma divindade que presidia à cozedura do pão. Era particularmente venerada no momento da festa das Fornacais.

FORONEU. Segundo algumas lendas, Foroneu era filho de Ínaco, deus-rio, e da ninfa Mélia. Primeiro rei de Argos, ele foi também o primeiro a ensinar aos seus o uso do fogo. Casou com a ninfa Cerdo, aumentou o reino, conquistou o Peloponeso. À sua morte, os filhos, Pelasgo, Íaso e Agenor partilharam o Peloponeso, e Car fundou a cidade de Mégara.

FORTUNA. Nunca uma divindade foi tão temida pelos Romanos como a Fortuna, que eles identificaram com a *tychê* grega. Deusa da Sorte cega e do Acaso, ela oferece aos mortais, segundo os seus caprichos, a riqueza ou a pobreza, o poder ou servidão. Preside a todos os acontecimentos da vida e tem todos os poderes sobre os homens. Possui um corno da abundância e um leme, porque ela guia os interesses do mundo, de olhos fechados, e é invocada pelos homens (*Fortuna uirilis*), pelas mulheres (*Fortuna muliebris*), pelos viajantes, pelos cavaleiros e por todos os que exercem uma actividade sujeita à incerteza e ao perigo. Nos seus santuários mais célebres, em Âncio ou em Preneste, ela é escutada com temor quando profere os oráculos.

FRAUDE. É uma divindade alegórica infernal, encarnação do perjúrio, e vivia nas águas do Cocito onde escondia o seu corpo monstruoso terminado em cauda de serpente. Só mostra o rosto hipocritamente amável e doce. Os artistas representaram-na, por vezes, com duas cabeças e com a máscara do engano.

FRIXO. A região de Orcómeno era devastado pela seca e pela fome. O rei da região, Átamas, decidiu enviar a Delfos alguns delegados para que consultassem o oráculo de Apolo. Ino, segunda esposa de Átamas, que odiava os enteados, Frixo e Hele, subornou os enviados, que declararam ser necessário o sacrifício de Frixo para acalmar os deuses.

O infeliz pôde fugir com a irmã, montados no carneiro alado de lã de ouro, mas só ele chegou à Cólquida. Lá, o rei Eetes acolheu-o com bondade e deu-lhe a filha Calcíope em casamento.

FÚRIAS. Estes espíritos do mundo subterrâneo, inspirados nas divindades infernais etruscas, ocupavam um lugar importante na religião romana; mas a sua origem, nome e culto eram copiados das três Erínias gregas.

FURRINA. Esta divindade romana muito antiga seria ou uma ninfa da nascente do Tibre, que tinha o seu nome, ou, por aproximação feita pelos próprios antigos com a palavra *furia*, uma divindade infernal fertilizante.

G

GALATEIA. Polifemo amava Galateia, de corpo branco, filha de Dóris e de Nereu. Mas a fealdade do Ciclope era tão repugnante que a Nereide fugia quando este se aproximava; preferiu-lhe Ácis, jovem pastor da Sicília. Na intenção de retocar a lenda, um satírico grego afirma que o desdém de Galateia se transformou numa prudente amabilidade, quando esta soube que o Ciclope era filho de Posídon. Chega-se mesmo a afirmar que Galateia cedeu aos desejos de Polifemo e que lhe deu três filhos: Gálates, Celto e Ilírio.

GALATÓFAGOS. Constituem um dos muitos povos lendários com que Ulisses, na *Odisseia*, se cruzou, para sua felicidade e infortúnio também. Os Galatófagos eram homens que, como o próprio nome indica, se alimentavam exclusivamente de leite.

GALEOTES. Apolo, seu pai, durante uma das suas viagens ao país dos Hiperbóreos transmitira a Galeotes o poder da adivinhação. Este emigrou depois para a Sicília, onde fundou, na cidade de Hibla – que tomou o nome de Galeotes – a célebre raça dos adivinhos da ilha, os Galeotes.

GANIMEDES. A lenda de Ganimedes é, certamente, originária da Ásia Menor. Filho de Trós e de Calírroe, o jovem Ganimedes era famoso pela sua beleza. Zeus apaixonou-se por ele e transformou-se em águia para o arrebatar até aos céus, carregando-o nas suas garras. Tendo adquirido a imortalidade, Ganimedes substitui, por vezes, Hebe no seu trabalho, servindo a ambrósia na assembleia dos deuses.

GEIA. Segundo a cosmogonia de Hesíodo, Geia personifica a Terra em formação. Logo após Caos, ela emergiu, um dia, do nada e gerou um filho, Úrano. Formou depois com ele o primeiro casal divino e colocou no mundo uma geração de deuses e de monstros: os Titãs (ela teve, por isso, o nome de Titeia), as Titânides, os Ciclopes, os Hecatonquiros, as divindades marinhas – entre as quais Nereu e Taumas, que ela concebeu de um dos seus filhos, e Ponto, a vaga. Ela ajudou Crono a mutilar o pai, fornecendo-lhe uma foice. Com Geia copularam outras divindades, o Tártaro, entre outras, a quem ela deu, como filho, o terrível Tífon. Atribui-se-lhe igualmente a geração das Harpias, de Píton, de Caríbdis. Geia, Terra-Mãe, origem fecunda de tudo, não tardou em adquirir, nos cultos gregos e romanos, uma importância considerável. Um hino homérico celebra-a como divindade da fertilidade do solo e protectora, por causa dos seus numerosos filhos, da multiplicação dos seres humanos. Deméter, deusa das searas, é-lhe muitas vezes associada. Assimilada a Télus pelos Romanos, Geia tornou-se, na época clássica, uma divindade ctónia.

Gigantes. Depois de ter vencido os Titãs, Zeus, juntamente com os seus irmãos e irmãs, teve de empreender uma nova luta contra os Gigantes, nascidos do sangue que escorria da ferida de Úrano, mutilado por Crono. Colossos de um tamanho imenso, eles possuíam um tronco terminado em cauda de serpente. Extremamente bravos e indomáveis, eles tentaram subir ao Olimpo, colocando montanha sobre montanha. Perante este novo perigo, os deuses pediram a ajuda de Prometeu, filho do titã Jápeto, e de Héracles, pois um oráculo afirmava que só um mortal poderia facilitar a vitória total dos deuses. Héracles afastou as montanhas, que se desmoronaram sobre os Gigantes e os esmagaram, enquanto Zeus os fulminava. Os que sobreviveram, como foi o caso de Encélado, foram enclausurados nas profundezas da Terra.

Génio. Representado na forma de serpente, animal específico do mundo subterrâneo, o Génio simboliza, para os Romanos, a força espiritual e vivificante dos homens, dos imperadores (o Génio do imperador), e dos deuses (o Génio de Júpiter). Na verdade, todo o ser vivo é acompanhado pelo seu Génio, divindade individual que o segue desde a nascença até ao fim da sua existência; protege todos os seus actos e abençoa, de modo particular, os fenómenos da geração e da morte.

GÉRION. Monstro de três cabeças e três corpos, Gérion era filho de Crisaor e de Calírroe. Reinou sobre a ilha de Eritia, situada, sem dúvida, junto ao estreito de Gibraltar. Possuía bois magníficos guardados pelo pastor Eurítion e por Ortro, um cão feroz bicéfalo. Ao chegar aos territórios de Gérion, Héracles começou por estrangular o pastor e o cão, depois atingiu Gérion mortalmente. Pôde, assim, apoderar-se do rebanho e embarcar com o precioso despojo.

GIGES. Esta personagem histórica, rei da Líbia, cerca do século VIII a.C., é objecto de numerosas lendas. Giges era um modesto pastor da Líbia quando um dia descobriu, no flanco de um cavalo de bronze, um anel de ouro que tinha o poder de tornar invisível o seu portador. Ambicioso, Giges colocou-o no dedo e dirigiu-se ao rei Candaules, a quem assassinou impunemente. Sucedeu-lhe no trono e desposou a rainha. O rei confiou então as riquezas ao tesouro de Atenas, em Delfos.

Um dos Hecatonquiros tem também este nome.

GLAUCO. 1. Este deus marinho, antes de se tornar imortal, era um pobre pescador da Beócia. Um dia, tinha arrastado para a praia o produto da sua pesca e viu, com grande admiração, que os peixes se agitavam e, em saltos sucessivos, voltavam ao mar e desapareciam. Glauco tinha-os pousado sobre a erva mágica semeada por Crono. Ele comeu então algumas dessas ervas e sentiu-se também atraído pelo mar, no qual mergulhou. Tétis e as Nereides purificaram-no do seu invólucro de mortal, e Glauco tomou o aspecto de um ancião digno, com barba e cabelos cor do mar, o tronco recoberto de algas e terminado em cauda de peixe. Proferia oráculos escutados respeitosamente por todos os marinheiros. Ele figura ainda nas lendas dos Argonautas, junto de quem se encontra na altura dos combates contra os Tirrénios.

2. Um outro **Glauco**, rei de Éfira, futura Corinto, era filho de Sísifo e pai de Belerofonte. Era célebre no seu reino pela habilidade de montar a cavalo. No intuito de tornar ainda mais poderosas as éguas, impedia-as de copular. Afrodite, ofendida com este atentado às leis da natureza, recebeu de Zeus autorização para punir o rei. A deusa fez com que as éguas bebessem de uma fonte sagrada e deu-lhes o poder de comer carne humana: assim, durante os jogos fúnebres dados em honra de Pélias, Glauco foi derrubado de seu carro, despedaçado e devorado por estes rápidos animais carnívoros.

3. Filho de Hipóloco, este outro **Glauco**, bisneto do precedente, ficou conhecido pelos seus feitos na guerra de Tróia. Um dia, num combate, enfrentou Diomedes, que se encontrava no campo oposto. Aperceberam-se ambos que estavam unidos pelos sagrados laços da hospitalidade, pois o avô de Diomedes acolhera Belerofonte, avô de Glauco, no seu palácio, e concedera-lhe as oferendas da hospitalidade. Os guerreiros renovaram, então, no próprio campo de batalha, o gesto dos seus antepassados e trocaram as armas. Glauco, morto por Ájax, filho de Télamon, foi, segundo se diz, transportado pelos próprios ventos para a Lícia, onde fundou a primeira geração dos reis deste país.

4. Conta-se ainda que um **Glauco**, filho de Minos e de Pasífae, perseguia um rato quando desapareceu. Cansado de o procurar, Minos soube pelo oráculo de Delfos que só aquele que pudesse dar uma interpretação à mudança quotidiana de uma das vacas do seu rebanho em branco, depois em vermelho e, por fim, em negro, poderia encontrar e salvar o filho do rei. Um tal Poliido conseguiu: «Esta pele», diz ele, «muda como o aspecto de uma amora durante a sua maturação». Descobriu imediatamente o corpo do pequeno Glauco, afogado numa jarra cheia de mel. Minos enclausurou então o astucioso adivinho junto do corpo do filho e ordenou-lhe que o ressuscitasse. Poliido esfregou o corpo da criança com uma erva mágica, trazida por uma serpente, e Glauco voltou à vida.

GÓRDIAS. Havia um oráculo que tinha anunciado aos Frígios, humilhados pelas lutas intestinas e pela vaga do poder real, que deveriam proclamar rei aquele que lhes aparecesse num carro puxado por bois. Foi assim que Górdias se apresentou aos seus olhos: proclamaram-no imediatamente rei da Frígia. O rei Górdias, em reconhecimento, fundou a cidade de Górdio, consagrou o seu carro a Zeus e fez, à volta do timão, um nó tão complicado que chegou a afirmar-se que o império soberano sobre o Universo pertenceria a quem um dia fosse capaz de o desfazer. No século IV a.C., Alexandre, *o Grande*, de passagem por Górdio, desembainhou a espada e cortou o «nó górdio».

GÓRGONAS. Eram três irmãs: Esteno, Euríale e Medusa, filhas de Fórcis, filho de Ponto, e de Ceto, filha de Oceano. Eram divindades primordiais e residiam não longe do reino das Sombras, nos lugares desconhecidos. Elas oferecem à vista um aspecto aterrador. Têm uma cabeça enorme, uma cabeleira eriçada de serpentes, dentes tão longos como as defesas do javali e asas de ouro, que lhes permitem voar pelos ares. De olhos demasiado grandes, elas transformam em pedra quem quer que as olhe. Só Medusa, a mais célebre das Górgonas, é mortal; pereceu às mãos de Perseu.

GREIAS. Este nome significa «mulheres velhas» (em grego *graiai*). Em número de três, Pefredo, Énio e Dino, elas nasceram da união de Fórcis com Ceto, pais de numerosos outros monstros. Decrépitas e de cabelos brancos, elas possuíam um só olho e um só dente que partilhavam entre si. Irmãs das Górgonas, e encarregadas de guardar o caminho que conduzia à sua morada, as Greias pertencem è lenda de Perseu e de Medusa. O herói roubou-lhes o olho e o dente e, enquanto elas dormiam, passou sem qualquer dificuldade. Segundo uma outra versão, Perseu só aceitou devolver-lhes a vista na condição de elas indicarem o lugar onde as Ninfas escondiam as sandálias aladas e o elmo de Hades, que tornavam invisível quem os possuísse. Munido com estes adereços, ele pôde cortar a cabeça de Medusa.

Grifos. Aves lendárias com cabeça de águia e corpo de leão alado, os Grifos guardavam os tesouros de Apolo, no lendário país dos Hiperbóreos, na Cítia. Lutavam frequentemente com representantes de uma povoação mítica, os Arimaspos, que possuíam apenas um olho cada (sem dúvida porque fechavam o outro para atirar ao arco) e que procuravam, sem cessar, apoderar-se dos tesouros guardados pelos monstros. Esta lenda teria tido as suas origens nas minas de ouro que se encontravam na Rússia e especialmente nos Urais.

H

HADES. Filho de Crono e de Reia, Hades, depois da divisão do Universo em três partes, adquiriu o poder soberano sobre o mundo inferior, enquanto o irmão Zeus reinava nos céus e Posídon nos mares. Marido de Perséfone, que ele raptou à Terra e a sua mãe, Deméter, Hades é um deus temido pelos Gregos. Justiceiro implacável, está sentado num trono no fundo dos Infernos e tem na mão o ceptro com que governa, sem piedade, as almas dos mortos que povoam o sombrio e desconhecido reino. Tem na cabeça um elmo que o torna invisível; os Ciclopes tinham-lho oferecido e ele empresta-o, por sua vez, aos heróis das lendas a quem decide conceder ajuda e protecção. Rodeado pelas divindades dos Infernos, suas servas e mensageiras, ele dita à Terra a terrível lei da morte. No entanto, tal como a esposa Perséfone, deusa terrível dos Infernos, mas agradável para os homens da Terra, aos quais traz a fertilidade e a abundância das colheitas, Hades é por vezes chamado Pluto («o que distribui riquezas»); é invocado pelos agricultores e representado com os traços de um deus plácido, que tem numa mão o corno da abundância e na outra instrumentos aratórios. Durante a sua estadia na Terra, Hades comete sempre algumas infidelidades com as mortais ou as ninfas da vegetação e dos bosques. O duplo atributo da Morte e da Vida com que Hades se reveste é, na mitologia, comum a quase todas as divindades dos Infernos.

HALIRRÓTIO. Este filho de Posídon e da ninfa Êurite tentou violentar Alcipe, filha de Ares e de Aglauro. Para a defender, o deus da guerra matou-o. Levado a julgamento por Posídon, Ares foi apresentado ao tribunal dos deuses que se situava no cimo de uma das colinas de Atenas. Foi absolvido. A colina na qual decorrera o processo tornou-se, mais tarde, no lugar do tribunal de Atenas, o Areópago.

HAMADRÍADES. Tal como as suas irmãs, as Dríades, as Hamadríades elegeram as florestas para sua morada e vivem em simpatia com uma árvore à sua escolha, por dentro da casca. Mas elas alienam, assim, a própria liberdade e a morte dessa árvore marca, ao mesmo tempo, o fim da sua existência. É por isso que o lenhador deve escutar as suas súplicas enlouquecidas quando se dispõe a cortar uma árvore e evita imitar Erisícton, que recusou comover-se e foi severamente punido por Deméter, por causa do acto sacrílego que cometera e da dureza do seu coração.

HARMONIA. Fruto dos amores de Ares com Afrodite, Harmonia foi casada com Cadmo, fundador de Tebas, e os esponsais foram celebrados por todos os deuses do Olimpo. Como prenda, Harmonia recebeu, em particular, um peplo, tecido por Atena, e um colar lavrado pelo deus ferreiro, Hefesto. Havia, ligada a estes presentes, uma maldição; de tal modo que aqueles que os possuíram pereceram, sempre de modo trágico. Assim aconteceu nomeadamente com a geração dos Labdácidas, à qual Édipo, neto de Harmonia, pertenceu. Erifile, Fegeu, Alcméon, Arcínoe, Calírroe, foram outras tantas vítimas. Começado em alegria, o casamento de Harmonia e de Cadmo iria terminar na infelicidade. Seus filhos, Sémele, Ino-Leucótea, Agave, Autónoe e os respectivos netos conheceram infortúnios diversos. Entretanto, quando morreram, Harmonia e o marido foram transformados em serpentes, como recompensa pela velhice atormentada que tiveram.

HARPIAS. As filhas de Taumas e da oceânide Electra, Aelo, Ocípete, a quem se juntou mais tarde Celeno, eram consideradas por Hesíodo mulheres aladas de belos cabelos; depois, pouco a pouco, a lenda atribuiu-lhes a aparência de monstros pavorosos. O corpo como o de um abutre ossudo, o rosto enrugado, de bico e unhas recurvas e o odor fétido que elas emanavam são outras tantas representações sensíveis da seca, da fome e das epidemias; mas são também a imagem de monstros insaciáveis que raptam as crianças e guarnecem de mortos os Infernos. Os deuses não as destroem porque se servem da sua maldade para atormentar os mortais, tais como o cego Fineu, a quem roubavam ou conspurcavam os alimentos. Repelidas pelos filhos de Bóreas, Zetes e Cálais, elas estabeleceram-se nas ilhas Estrófades. O seu papel infernal continuou e os Latinos assimilam-nas, muitas vezes, às Fúrias, guardiãs do Tártaro sombrio.

HEBE. Os Romanos chamavam a esta deusa Juventude. Filha de Zeus e de Hera, ela dispensava a juventude eterna e a imortalidade servindo o néctar aos deuses do Olimpo. Foi substituída, nesta sagrada função, por Ganimedes e tornou-se esposa de Héracles quando este foi recebido entre os deuses. Deu-lhe dois filhos, Alexíares e Aniceto.

HÉCATE. Filha de Perses e de Astéria, Hécate pertence à primeira geração dos deuses. Quando os filhos de Crono reinaram sob a soberania suprema de Zeus, Hécate conservou os privilégios e prerrogativas anteriores: considerada, em tempos recuados, como deusa benfeitora, ela dispensava todas as riquezas materiais e espirituais, as vitórias aos mortais, aos imortais e aos deuses, que a respeitavam e temiam. Pouco a pouco, Hécate adquiriu um carácter temível e maléfico. Mensageira dos demónios e dos fantasmas, seguida por uma multidão uivante, ela encontra-se nos cruzamentos das estradas e entrega-se a diversas operações de magia e adivinhação. Representada com os traços de uma divindade tricéfala, a Hécate tripla foi assimilada, por vezes, às três divindades Selene, Ártemis e Perséfone. A sua estátua erguia-se nos cruzamentos; ofereciam-se sacrifícios à deusa e procuravam-se os seus favores por meio de encantamentos.

HECATONQUIROS. Gigantes com cem braços e cinquenta cabeças, os hecatonquiros Coto, Briareu e Giges, filhos de Urano e de Geia, tomaram o partido de Zeus na luta que opôs o deus aos Titãs. Vencidos, estes últimos foram atirados para o fundo do Tártaro e confiados, como sinal de gratidão, à guarda dos três Gigantes.

HÉCUBA. Filha de Dimas, rei da Frígia, ou de Cisseu, rei da Trácia, segundo outras tradições, Hécuba teve por marido Príamo, soberano da Tróada, e deu à luz muitos filhos que teriam, todos, na lenda da guerra de Tróia, uma celebridade trágica: Heitor, Páris, Creúsa, Laódice, Políxena, Deífobo, Heleno, Pámon, Polites, Ântifo, Hipónoo, Polidoro, Troilo e Cassandra. Um adivinho predisse que Páris haveria de arruinar Tróia e Hécuba expôs a criança à nascença. Esta, no entanto, conseguiu sobreviver e voltar à cidade natal onde foi acolhida, com alegria, pelo pai, Príamo. Se Hécuba tem um papel modesto na lenda, as infelicidades com que foi humilhada, o massacre dos filhos, que presenciou quase na totalidade, a sua solidão e a firmeza de alma conferiram-lhe uma grandeza incontestável: depois da tomada de Tróia, ao ser escolhida como escrava por Ulisses, ela avistou na praia o corpo de Polidoro que ela confiara, juntamente com grandes tesouros, a Polimestor, rei do Quersoneso. Hécuba decidiu vingar-se; convocou o rei traidor, arrancou-lhe os olhos e matou-lhe os dois filhos. Perseguida pelos companheiros do rei, que queriam matá-la, quando ia morrer lapidada por estes, foi transformada em cadela e saltou para o mar, no lugar chamado, desde então, *Cynossema* («o túmulo do cão»).

HEFESTO. Filho de Zeus e de Hera, segundo uma versão, mas também só de Hera, que o concebeu sem a ajuda do marido, por ciúmes de Atena, que nascera de Zeus sem a sua intervenção, Hefesto tinha um aspecto gnómico, particularmente horrendo, e coxeava das duas pernas. Conta-se, a este propósito, que Zeus o precipitara do cimo do Olimpo por ter ousado apoiar Hera numa querela conjugal; caiu sobre a ilha de Lemnos e ficou coxo para toda a vida. Diz-se também que Hera, desgostosa por ter dado à luz um filho tão feio, o atirou ao mar onde, durante nove anos, foi criado por Tétis. Foi o marido de várias deusas, sendo a mais célebre Afrodite, que o enganou muitas vezes, nomeadamente com Ares. Hélio levou a notícia do adultério a Hefesto que, para se vingar, surpreendeu os amantes em flagrante delito, os aprisionou numa rede e os ridicularizou à vista de todos os deuses do Olimpo.

Deus do Fogo e mesmo personificação divina do Fogo, Hefesto tornou-se logo o deus da Metalurgia e ferreiro oficial dos deuses e dos heróis. Segundo tradições tardias, instalou-se no fundo dos vulcões, ou das ilhas vulcânicas, como Híera, Imbro, assistido pelos Ciclopes e pelos Cabiros. Hefesto, com uma arte e um génio consumados e inimitáveis, forjou a armadura de Aquiles, o tridente de Posídon, a couraça de Héracles, as armas de Peleu, o ceptro e a égide de Zeus. Fabricou ainda um trono mágico de onde Hera não pôde levantar-se, pois ele quis vingar-se da mãe que o abandonara; mas logo consentiu em libertar a deusa em troca da promessa de ser readmitido na assembleia dos deuses do Olimpo. Assimilado pelos Romanos à divindade itálica Vulcano, Hefesto era representado ou como um anão, cuja estátua era colocada diante da lareira para conservar toda a força da chama, ou, geralmente, como um velho robusto, de barba eriçada e aspecto selvagem, com um boné oval na cabeça, o dos ferreiros; tem na mão um martelo.

HEITOR. Homero apresenta este filho mais velho de Príamo e de Hécuba como o mais corajoso e o mais nobre herói da guerra de Tróia. É um modelo de solicitude para com a esposa Andrómaca, filha do rei de Tebas da Mísia, e para com o filho, Astíanax. Sabia-se, por um oráculo, que enquanto Heitor fosse vivo, Tróia seria invencível; era por isso que o herói era rodeado pela confiança e veneração dos Troianos. Protegido por Apolo, saiu vencedor de muitos combates singulares. Mas quando matou Pátroclo, Aquiles, humilhado e cheio de dor pela morte do amigo, provocou o herói em duelo. Hécuba e Príamo suplicaram ao filho que evitasse o combate. Este, porém, sujeito ao destino e esperando sempre, como era costume, a ajuda dos deuses, aceitou o desafio lançado por Aquiles. Os dois guerreiros começaram a perseguir-se à volta da cidade. Atena, para melhor enganar Heitor, tomou então a forma de Deífobo (um dos irmãos, o preferido de Heitor) e incitou o herói a entrar em combate. Depois, abandonou-o à sua sorte, enquanto Apolo deixava igualmente de proteger Heitor, que compreendeu que estava perdido. Caiu com a garganta atravessada pela lança de Aquiles e, ao morrer, suplicou ao inimigo vitorioso que lhe concedesse ser sepultado. O herói recusou-lhe este último pedido. Heitor predisse-lhe, então, uma morte próxima. Depois de lhe ter perfurado os artelhos para o amarrar com uma correia, Aquiles atou o corpo do infeliz ao carro e deu assim várias voltas às muralhas de Tróia, por entre lamentações de todos os Troianos. No entanto, por ordem de Zeus, que lhe inspirou moderação, o herói deixou-se vergar pelas riquezas e súplicas de Príamo e entregou ao pai o filho bem-amado. Por ter preferido a morte à escravatura, Heitor ficou, para a Antiguidade, como modelo de piedade filial e conjugal, bem como exemplo de generosidade e de coragem.

HELE. Filha de Átamas e de Néfele, Hele conseguiu fugir com o irmão, Frixo, que fora prometido em sacrifício, montados no carneiro de ouro que, com eles, voou pelos ares. Ela caiu ao mar, entre Segeu e Quersoneso, no estreito chamado, desde então, Helesponto. Por seu lado, o irmão chegou são e salvo à Cólquida.

HÉLEN. Filho de Deucalião e de Pina, Hélen, rei da Ftia, era olhado por todos os Gregos como seu pai comum. As lendas atribuem-lhe três filhos, Doro, Éolo e Xuto, nascidos da ninfa Orseide, antepassados míticos do conjunto dos Helenos. De Doro e Éolo saíram as raças dos Dórios e dos Eólios. Quanto aos dois filhos de Xuto, Aqueu e Íon, eles geraram os Aqueus e os Iónios.

HELENA. Filha de Zeus, Helena nasceu de um ovo posto por Leda. Teve como pai oficial Tíndaro, o rei de Esparta, e por irmãos os Dioscuros. Entretanto, o seu destino foi tão nefasto aos Gregos que algumas tradições lhe atribuem Némesis, deusa da Vingança, como mãe. A personagem Helena, uma das mais célebres da mitologia grega, foi objecto de tantas versões, comentários e interpretações, durante a Antiguidade, que é difícil separar os caracteres originais da lenda.

Ela possuía todos os dons que conferem a beleza e foi objecto da cobiça de numerosos heróis. Teseu levou-a à força para a Ática e, antes de partir para os Infernos, desposou-a. A jovem esposa foi no entanto libertada, na ausência do marido, pelos Dioscuros e dada em casamento a Menelau, um dos cerca de cem pretendentes que disputavam a sua mão e se tinham compremetido a socorrer o eleito caso fosse ultrajado. Teve, deste segundo casamento, uma filha, Hermíone. Mas Helena, cada vez mais encantadora, atingiu o coração de Páris, que a raptou, sem que ela oferecesse grande oposição, e chegou com ela a Tróia. Conforme ao juramento que tinham feito, todos os pretendentes decidiram vingar a afronta feita aos Gregos pelos Troianos. Começava uma guerra interminável. Há tradições tardias que procuraram inocentar o comportamento de Helena que, de certo modo, traíra a sua pátria. Ela teria apenas sido um joguete nas mãos do destino implacável e, durante a guerra, teria muitas vezes manifestado simpatia pelos Gregos. À morte de Páris, ela tomou Deífobo por marido. Mas não hesitou em traí-lo e, durante o saque de Tróia, entregou-o a Menelau, com quem se reconciliou. Voltaram juntos para Esparta, após muitas aventuras, e reinaram finalmente sobre a cidade, na felicidade e na paz. Helena, cuja beleza desarmara tantos heróis ferozes, inimigos irredutíveis, teve, segundo outras versões, um fim digno do seu destino excepcional: como Proteu lhe anunciara na *Odisseia*, os deuses concederam-lhe a imortalidade e a graça de viver eternamente na companhia de Menelau, nos Campos Elísios. Segundo uma outra versão, depois de desaparecer da Terra Helena desposou Aquiles, um dos raros heróis que, pela sua juventude, não pertenceram ao número dos pretendentes. Os esponsais foram celebrados nas ilhas dos Bem-Aventurados, a ilha Branca, e foram abençoados com o nascimento de um filho alado, Eufórion, que, por desdenhar mais tarde o amor de Zeus, foi fulminado. Mais dramática é a versão de Pausânias: depois da morte de Menelau, Helena ter-se-ia refugiado em Rodes; mas Polixo, que a acolheu na ilha, desesperada pela morte do marido Tlepólemo diante de Tróia, culpou-a por esta infelicidade e impeliu-a ao suicídio.

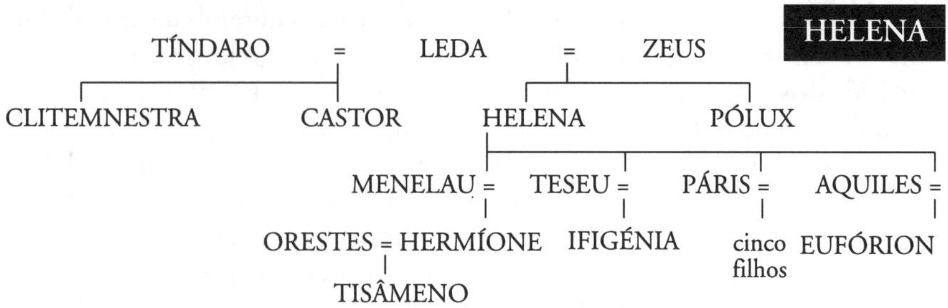

HELENO. Irmão gémeo de Cassandra, de quem aprendeu a arte da adivinhação, o filho de Príamo e de Hécuba, Heleno, combateu ao lado do seu irmão Heitor contra os Gregos; mas quando Príamo lhe recusou a mão de Helena, ele fugiu e refugiou-se no monte Ida, onde foi capturado por Ulisses. Traiu então a pátria e revelou aos Gregos as condições necessárias à sua vitória. Depois da queda de Tróia, tornou-se conselheiro e adivinho de Neoptólemo que, ao morrer assassinado por Orestes, lhe deixou o reino do Epiro e Andrómaca, de quem teve um filho, Cestrino.

HELÍADES. 1. Filhas de Hélio e da ninfa Clímene, uma das mais belas Oceânides, as Helíades são normalmente três, Lampécia, Faetusa e Febe. Depois da morte de Faetonte, seu irmão, elas choraram sobre os restos mortais durante quatro meses nas margens do rio Erídano. Os deuses, compadecidos com tão grande dor, transformaram-nas em choupos brancos e as suas lágrimas em gotas de âmbar. Esta matéria brilhante, que possui o brilho do Sol e a transparência de uma lágrima, encontrou nesta lenda uma justificação mítica que favoreceu o seu comércio.

2. Os filhos de Hélio têm também este nome. Foram venerados em Rodes, onde nascera a mãe, a ninfa Rodo, e eram célebres pelos seus conhecimentos em astrologia.

HÉLICON. Esta célebre cadeia de montanhas da Beócia, não longe do golfo de Corinto, era a morada privilegiada de Apolo e do seu cortejo de Musas. Era aí que jorravam as fontes Aganipe e Hipocrene.

HÉLIO. Filho de Hiperíon e de Teia, irmão de Eos e de Selene, Hélio é a representação divina do Sol, do calor e da luz solares. Marido de Perseide, teve numerosos filhos, que tiveram papel importante nas lendas, entre os quais Eetes, junto dos Argonautas, e Pasífae, no reino de Minos em Creta. A ninfa Rodo deu-lhe ainda sete filhos e a oceânide Clímene sete filhas, as Helíades, e um filho, Faetonte. Confundido muito cedo com o deus Apolo, Hélio não figura, porém, entre os grandes deuses gregos. É antes de mais o servidor de Zeus e cumpre, cada dia, montado no seu carro dourado, um percurso através dos céus. À tarde repousa a oeste, a norte do Oceano, na ilha dos Bem-Aventurados. Com uma beleza resplandecente e a fronte cingida por uma coroa de raios dourados, Hélio é o único deus que pode abarcar, de um só olhar, a superfície inteira da Terra e informar o Olimpo de tudo o que aí se passa. Vêmo-lo ainda, nas lendas, revelar a Hefesto a infidelidade de Afrodite com Ares e informar Deméter de que Hades é o raptor da filha Cora (Perséfone). Ele aparece ainda na lenda de Ulisses; os companheiros do herói tinham devorado, na Sicília, uma parte dos seus rebanhos sagrados e Hélio exigiu a Zeus uma vingança exemplar. O deus soberano fulminou impiedosamente os autores do sacrilégio. No Panteão grego, o seu lugar é modesto; entretanto, a ideia que ele evoca, o Sol, centro do mundo, fonte da luz e do calor indispensáveis à vida, por oposição às trevas e à morte, tomou, no fim da Antiguidade, uma importância considerável; a tal ponto que o deus Sol, com denominações diversas (Mitra, Sol Santíssimo, Sol Invicto, Heliogábalo), se tornou o deus essencial, se não único, do paganismo agonizante.

HÉMON. 1. Sobrinho de Jocasta, Hémon foi um dos primeiros homens devorados pela Esfinge de Tebas. Creonte, seu pai, rei da cidade, sentiu uma tristeza tal que prometeu o reino a quem matasse o monstro. Numa outra lenda, Hémon, sempre filho de Creonte, é o noivo de Antígona. Quando esta foi condenada a ser enterrada viva, ele cortou a própria língua e suicidou-se diante do pai. Uma terceira tradição, aquela que Eurípides seguiu numa tragédia perdida, mostra Antígona e Hémon a fugirem do palácio de Creonte. Nasceu-lhes um filho que voltou a Tebas e tomou parte em jogos fúnebres. Creonte, que reconhecera o neto, mandou matá-lo. Enlouquecido pela dor, Hémon matou a própria esposa e suicidou-se.

2. Filho de Pelasgo, pai de Téssalo, este **Hémon** vivia em Hemónia, terra que tomou o nome de Tessália quando ele morreu.

HERA. Filha de Crono e de Reia, Hera foi criada por Oceano e Tétis, antes de se tornar esposa de Zeus, de quem era também irmã. Ciumenta e rancorosa, ela é conhecida nas lendas pelas muitas querelas que a opuseram ao divino marido de quem lamentava constantemente as contínuas infidelidades. Deste modo, para se vingar, ela perseguiu sem descanso os filhos que Zeus teve das mortais: Europa, Io, Dioniso, Héracles, para citar apenas os mais célebres, foram vítimas do furor da deusa. Um dia, para impedir Zeus de descer à Terra, ao reencontro dos seus amores, Hera concebeu, de acordo com Posídon e Atena, o projecto de acorrentar o marido. Mas Zeus desfez o conluio e pendurou a esposa pelos cabelos a um anel fixado nas nuvens, depois de lhe ter ligado mãos e pés. Entretanto, os esposos irascíveis reconciliavam-se muitas vezes, por algum tempo. Foi assim que Zeus pôde tornar-se pai de quatro filhos legítimos, Ares, Hebe, Hefesto e Ilitia. Por outro lado, Hera intervém frequentemente nos assuntos dos mortais. Ela é vista a apoiar os Gregos contra os Troianos para se vingar de Páris, que não lhe tinha outorgado o título da mais bela deusa, concedendo-lhe o pomo de ouro, e lhe preferira Afrodite. Protegeu ainda o navio *Argo* durante a expedição dos Argonautas, de modo especial no momento perigoso da passagem entre Cila e Caríbdis. Aconteceu-lhe, por vezes, ser objecto dos avanços dos mortais, como os do gigante Porfírion e Ixíon. Zeus, revelando-se ainda mais ciumento do que ela, fulminou o primeiro e tirou Hera ao segundo na forma de uma nuvem.

É a única deusa casada entre todas as divindades femininas do Olimpo. Hera goza de privilégios e é tratada com respeito constante. Aparece então, aos olhos dos Gregos, como deusa do casamento legítimo, protectora da fecundidade do casal e, de modo particular, juntamente com Ilitia, das parturientes. Na literatura, como na arte, ela possui os atributos reais da tradição: o ceptro e o diadema; a cabeça recoberta com véus é o símbolo do casamento. Por vezes, segura ainda, numa das mãos, a romã, emblema da fecundidade. O pavão é o animal que lhe é consagrado, em lembrança de Argo, de quem tomou os cem olhos, quando foi morto, para os colocar nas penas desta ave. Hera não pôde, no entanto, tirar partido do título de rainha dos deuses e dos homens: ela é simplesmente a esposa do deus supremo, unanimemente venerada.

HÉRACLES. É um dos mais célebres heróis da mitologia grega. Filho de Zeus e de Alcmena, uma descendente de Perseu. O deus supremo tinha-o gerado aproveitando a ausência de Anfitrião, o marido legítimo. Ao fim dos nove meses, Hera, ciumenta, fez prometer a Zeus que todo o descendente de Perseu que nascesse naquela noite teria, sobre os homens, um poder imenso. A deusa deslocou-se então a Micenas e permitiu a Nicipe, esposa de Esténelo, também ele descendente de Perseu, que desse à luz um filho, Euristeu, antes que Alcmena desse à luz Héracles. Foi assim que este último perdeu os seus direitos. Hera continuou a sua vingança; enviou contra o berço do recém-nascido duas serpentes; mas, enquanto Íficles, irmão gémeo de Héracles e filho de Anfitrião, fugia apavorado, o futuro herói, sem perder o sangue-frio, conseguiu estrangular, com as suas próprias mãos, os dois monstros, provando assim que era, sem dúvida, de raça divina. Durante a infância, Héracles teve uma educação esmerada: Anfitrião ensinou-lhe a arte de conduzir um carro, Êurito, o modo de atirar ao arco, Lino, o modo de cantar e tocar lira com agrado. Foi, depois, proposto para guardar os rebanhos de Anfitrião e começou aí a série das suas façanhas, matando o leão de Citéron, que devastava o reino de seu pai e o do rei Téspio. Em recompensa, este último concedeu ao jovem herói os favores das suas cinquenta filhas. É então que Héracles vai combater e matar Ergino, rei de Orcómeno, que impunha um pesado tributo aos Tebanos. O rei de Tebas, Creonte, ofereceu-lhe a mão da filha, Mégara. Mas Hera, cuja cólera ainda não se apagara, enlouqueceu Héracles, e o herói massacrou então os próprios filhos. Desesperado por ter cometido crimes involuntários, refugiou-se na corte de Téspio que o purificou e, a conselho da Pítia, dirigiu-se a Tirinte, em expiação, a casa de Euris-

HÉRACLES

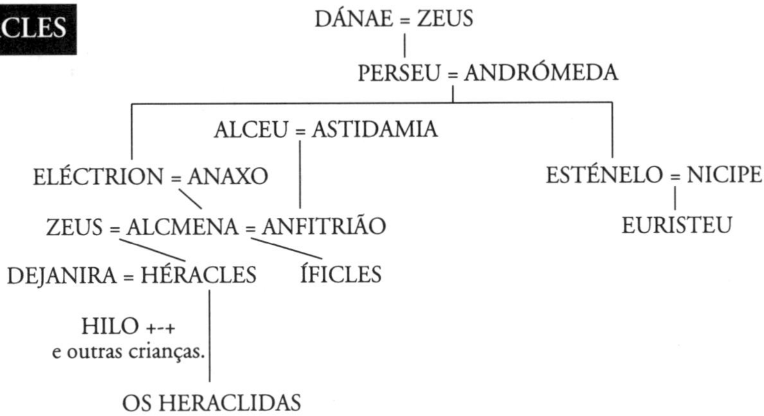

teu, que lhe impôs os Doze Trabalhos. Se os Doze Trabalhos fossem cumpridos, e doze anos passados, o herói poderia aspirar à imortalidade.

1.º *Combate contra o leão de Némea*: este animal temível, fruto dos amores de Equidna e de Tífon, aterrorizava o vale de Némea. Héracles, depois de ter tentado, em vão, abatê-lo com as suas flechas e com a moca, acabou por estrangulá-lo com as próprias mãos; depois esfolou-o e tomou, como veste, a sua pele, que nenhuma flecha poderia trespassar.

2.º *Combate contra a Hidra de Lerna*: enviado por Hera, este monstro de nove cabeças de serpente venenosas devastava a região de Lerna, junto de Argos; Héracles cortou-lhe as cabeças, uma após outra, e enterrou a que era imortal debaixo de um rochedo enorme.

3.º *Captura do javali de Erimanto*: Héracles recebera de Euristeu a ordem de não matar o animal que vivia nesta montanha da Arcádia. O herói perseguiu-o então durante longos meses. Recebeu a hospitalidade do centauro Folo mas, durante uma discussão, entrou em luta com os Centauros e matou muitos deles. Depois, o herói encontrou o rasto do javali, que capturou numa rede. Ao olhar para o animal, Euristeu ficou tão horrorizado que se escondeu numa vasilha.

4.º *Caça da corça Cerineia*: esta corça mágica, que tinha cornos de ouro e pés de bronze, foi perseguida durante um ano por Héracles, mas em vão. Por fim, o herói conseguiu ferir o animal com uma das flechas e, colocando-a às costas, entregou-a viva a Euristeu.

5.º *Destruição das aves do lago Estínfalo*: eram águias imensas, de bicos e garras de bronze, que se alimentavam de carne humana e semeavam o terror nas proximidades do lago Estínfalo, na Arcádia. Ajudado por Atena, que lhe oferecera os címbalos que aterrorizavam estas aves de rapina, Héracles conseguiu abatê-las com as flechas.

6.º *Limpeza das cavalariças de Augias*: sempre por ordem de Euristeu, Héracles limpou as gigantescas cavalariças de Augias, rei da Élida, fazendo inverter o curso dos rios Alfeu e Peneu.

O rei, que previamente lhe prometera um décimo do seu gado, recusou, depois, conceder-lhe a recompensa. Héracles matou-o, bem como aos filhos, com excepção de Fileu, que tivera a coragem de ser a favor do herói.

7.º *Captura do touro de Creta*: Posídon enfurecera um touro branco que Minos, rei de Creta, recusara sacrificar-lhe; o animal devastava as colheitas da ilha e ameaçava os habitantes com a fome. O herói conseguiu apanhá-lo pelos cornos, dominou-o e apresentou-o a Euristeu, na Grécia. O touro foi então de novo posto em liberdade e, por fim, capturado por Teseu às portas de Maratona.

8.º *Captura das éguas de Diomedes na Trácia*: ajudado por Abdero, Héracles foi encarregado de apanhar as éguas de Diomedes, rei dos Bístones, que se alimentavam de carne humana. Durante um combate, Diomedes foi morto pelo herói, e os seus restos mortais atirados aos cavalos carnívoros que acabavam de devorar o infeliz Abdero. Domados, os cavalos foram entregues aos animais ferozes no monte Olimpo.

9.º *Tomada do cinto da rainha das Amazonas*: este cinto mágico, oferta de Ares, ornava a cinta de Hipólita, rainha das Amazonas. Héracles, inicialmente bem acolhido pela soberana, teve, por fim, de a matar para se apoderar do precioso objecto. No regresso, o herói libertou Hesíone, que quase era devorada por um monstro marinho. Mas, por não lhe terem dado em recompensa os dois cavalos que Laomedonte, rei de Tróia e pai da jovem, lhe prometera, Héracles jurou vingar-se.

10.º *Captura dos bois de Gérion*: este gigante vivia no país do Oeste, para além dos limites conhecidos da Terra. Héracles partiu em expedição, atravessou o estreito de Gibraltar e ergueu aí duas colunas para deixar uma marca da sua passagem. Mas, oprimido pelo calor, o herói ameaçou Hélio com as suas flechas. Para o apaziguar, o Sol emprestou-lhe um barco de ouro que lhe permitiu atravessar o oceano. Héracles matou então Gérion e os guardas do rebanho e apoderou-se do gado. Voltou depois pela Gália, pela Itália e pela Trácia ao território de Euristeu, que sacrificou todos os animais a Hera.

11.º *As maçãs de ouro das Hespérides*: estes frutos maravilhosos, que Hera recebera por ocasião do seu casamento com Zeus, eram guardados por ninfas e por um dragão, num jardim encantado. Depois de ter sabido, por Nereu, o caminho a seguir, Héracles tomou provisoriamente o lugar do gigante Atlas, que sustentava o peso do mundo, e pediu-lhe que lhe trouxesse as maçãs. O gigante voltou, algum tempo depois, com os frutos, mas recusou retomar o fardo. Héracles conseguiu, no entanto, fugir com as maçãs, graças a um artifício, e os frutos foram consagrados a Atena.

12.º *Rapto de Cérbero dos Infernos*: Foi a última e a mais perigosa das missões que Héracles realizou. Ajudado por Hermes e Atena, o herói desceu ao reino das Sombras, de onde jamais mortal algum voltara. Aproveitou a viagem para libertar Teseu, imobilizado havia muitos anos, sentado na cadeira do esquecimento. Conseguiu apoderar-se de Cérbero e transportou-o para a Argólida. Apavorado com tal visão, Euristeu obrigou-o imediatamente a devolver o monstro aos Infernos.

Depois destes trabalhos, Héracles pôde voltar a Tebas; deu Mégara, sua primeira esposa, a Iolau; ganhou, em seguida, um concurso de tiro ao arco, contra o rei Êurito, mas não recebeu Íole, a filha do rei, que lhe fora prometida caso saísse vencedor. Furioso, matou Ífito, o filho do rei, e foi obrigado, para se purificar deste crime, a submeter-se como escravo ao serviço de Ônfale, rainha da Lídia. Esta humilhava o herói, obrigando-o, segundo uma versão romanceada da lenda, a fiar lã a seus pés. Mas diz-se também que Héracles gozava de alguma liberdade para realizar grandes feitos: foi assim que tomou parte na caça ao javali de Cálidon e na expedição dos Argonautas. Liberto do jugo de Ônfale, o herói partiu contra Tróia e matou Laomedonte, conforme havia jurado. Prestou a sua ajuda aos deuses do Olimpo para combater os Gigantes; depois vingou-se de Augias, que recusara pagar-lhe o seu salário. Combateu contra o rei Neleu, que não aceitara purificá-lo, empreendeu uma expedição contra Esparta, onde reinava Hipocoonte, e realizou toda uma série de façanhas. Voltou depois a Cálidon, onde tomou Dejanira por esposa, não sem ter sido obrigado a combater um dos pretendentes da jovem, o deus-rio Aqueloo. Apesar disso, por ter morto acidentalmente o jovem Êunomo, um dos pajens do sogro, Eneu, teve novamente de se exilar com a esposa. Durante a viagem, o centauro Nesso tentou violentar a esposa, e Héracles matou-o com as suas flechas; ao morrer, o centauro ofereceu à esposa do herói um filtro venenoso. Héracles estabeleceu-se em Tráquis e realizou aí a sua última vingança, ao matar o rei Êurito, bem como todos os filhos, e apoderou-se de Íole. Quando soube disto, Dejanira derramou o filtro sobre uma túnica, pensando que o herói, ao vesti-la, lhe seria sempre fiel, como lhe predissera Nesso. Mas a veste consumiu o corpo do infeliz. Dejanira, apavorada, enforcou-se. Hilo, o filho mais velho de Héracles, recebeu as últimas vontades do pai, que pediu para ser queimado numa pira sobre o monte Eta. Diz-se, a este propósito, que Zeus o arrebatou da Terra, o transportou para o Olimpo e lhe concedeu a apoteose e a imortalidade.

Símbolo da força e da energia, e mesmo do heroísmo, Héracles foi venerado como herói e como deus. Grande bebedor e comedor exemplar, folgazão, ele representa, aos olhos dos Gregos, o justiceiro que combate o mau e o perjuro, pune o ímpio e permanece como modelo de coragem diante dos perigos mortais que assediam o homem. Por fim, pela sua posteridade, os Heraclidas, ele é o antepassado mítico de todos os Gregos do Peloponeso.

HERACLIDAS. Este nome designa todos os descendentes de Héracles. À morte do herói perseguido pelo ódio de Euristeu, eles refugiaram-se, primeiro junto de Ceíce, rei de Tráquis, que, por temer represálias contra o seu país, os expulsou. Depois os Heraclidas encontraram junto de Teseu, rei de Atenas, uma ajuda eficaz. O herói aceitou entrar em guerra contra Euristeu, que pereceu durante a luta, juntamente com os filhos. Os Heraclidas conquistaram então o Peloponeso e instalaram-se aí. Foram, pouco depois, perseguidos por uma peste enviada pelos deuses irritados com os heróis por eles não terem sabido esperar o momento designado pelo destino, nem terem consultado os oráculos para uma tal empresa. Durante duas expedições, a primeira sob comando de Hilo, filho de Héracles, a segunda sob o de um dos seus descendentes, Aristómaco, os Heraclidas tentaram passar o istmo de Corinto, mas foram sempre repelidos pelos reis da região; não tinham sabido interpretar o oráculo que os aconselhava a passar pelos «estreitos». Por fim, os três filhos de Aristómaco, Témeno, Cresfontes e Aristodemo, tendo compreendido que era necessário entender por «estreitos» a via marítima entre a Grécia continental e o Peloponeso, asseguraram a rendição e retomaram a luta. Aristodemo morreu atingido por um raio pouco antes de chegarem ao Peloponeso; deixou dois filhos gémeos. Os Heraclidas desencadearam a luta final e vitoriosa, durante a qual mataram o rei Tisâmeno, filho de Orestes. Na partilha, Témeno obteve Argos; Procles e Eurístenes, filhos de Aristodemo, a Lacónia; Cresfontes, a Messénia. A fixação dos Heraclidas no Peloponeso corresponde, na História, à invasão dos Dórios e à organização dos territórios assim conquistados. Entretanto, para fundamentar o seu poder, todas as famílias reais antigas estabeleceram genealogias que as faziam descender dos Heraclidas. Creso afirmava descender de Héracles por Ônfale; o rei Tarquino, em Roma, afirmava que um dos seus antepassados era Antíoco, filho de Héracles; até algumas famílias romanas inventaram genealogias que lhes davam um Heraclida como antepassado.

HÉRCULES. Transposição latina de Héracles, Hércules tomou do seu modelo grego quase todas as lendas. Entretanto, os escritores romanos acrescentaram-lhe alguns suplementos. Foi assim que Hércules espancou o gigante Caco e matou o rei Fauno, que tinha o temível hábito de massacrar os estrangeiros que se aventurassem a pisar território seu. Por fim, Hércules foi recebido, com benevolência, pelo rei Evandro, que fundou, em sua honra, um santuário em Roma. Menos temível que Héracles, ele tem como atributo a lira e acompanha, muitas vezes, o cortejo das Musas e de Apolo Musageta.

HERMAFRODITO. Fruto dos amores de Hermes e de Afrodite, dos quais provém o nome, Hermafrodito era um jovem de rara beleza. Um dia, enquanto percorria a Ásia Menor, banhou-se nas águas da fonte Sálmacis, habitada por uma ninfa; esta, maravilhada, atirou-se sobre ele, abraçou-o e pediu aos deuses que a unissem a ele para sempre. Os deuses concederam-lho, e eles passaram a formar uma só pessoa, com dupla natureza. O mito de Andrógino, próximo do de Hermafrodito, é invocado por Platão no *Banquete*: conta que, no princípio, os homens possuíam as duas naturezas, masculina e feminina. Os deuses temiam, no entanto, o seu poder, e cortaram-nos em dois, criando assim os homens e as mulheres.

HERMES. Filho de Zeus e de Maia, e neto de Atlas, Hermes nasceu numa caverna do monte Cilene, na Arcádia. Manifestou imediatamente uma admirável maturidade precoce e qualidades de inteligência e astúcia extraordinárias. Era ainda um recém-nascido quando abandonou o berço e fugiu para a Piéria.

Nessa região, apaixonado pelas travessuras e pelo lucro, apoderou-se dos bois de Apolo. No regresso à caverna natal, tropeçou numa concha de tartaruga, que estava no chão; pegou nela e esticou cordas sobre esta caixa de ressonância original: assim nasceu a lira. Entretanto, Apolo conseguira encontrar Hermes, o ladrão, mas, em vez de se enfurecer com o jovem deus, ficou encantado com os sons que saíam do novo instrumento musical e fez de Hermes seu amigo. Ofereceu-lhe o cajado de pastor que, transformado, se tornou no célebre caduceu. Promovido pouco depois a arauto oficial dos deuses, Hermes aparece em muitas lendas; a sua influência sobre deuses, homens, e sobre o curso dos acontecimentos é notável. O deus é ainda visto a conduzir Príamo até Aquiles para reclamar o corpo de Heitor; a colocar as três deusas, Afrodite, Atena e Hera em presença de Páris, que julgará a sua beleza; a matar Argo, o guarda de Io; a oferecer a Néfele o carneiro de lã de ouro que havia de salvar Frixo e Hele; a ir muitas vezes em socorro de Ulisses em perigo; e a oferecer a heróis tão célebres como Héracles e Perseu as suas armas impagáveis. Tem igualmente a triste função de conduzir as almas do mundo dos vivos até ao reino das Sombras: tem, nesta dolorosa ocasião, o sobrenome de Psicopompo. Hermes coloca, muitas vezes, o elmo alado, um manto e um chapéu de viajante, juntamente com pequenas asas amarradas aos artelhos. Assim equipado, o embaixador do Olimpo, o instrumento da vontade divina, pode exercer todas as funções sem dificuldade e com a maior rapidez.

Inteligente, astucioso, enganador até, Hermes é, sem dúvida, um dos deuses mais pitorescos do Olimpo. Os Gregos veneravam-no como patrono dos oradores, como inventor do alfabeto, da música, da astronomia, dos pesos e medidas (ele era, então, o deus dos comerciantes), da ginástica. As suas estátuas erguiam-se nos cruzamentos ou na berma das estradas. A sua presença alimentava a coragem do viajante e suavizava o duro labor do vendedor ambulante; o deus afastava deles os perigos da estrada e os maus encontros. Deste modo, sem ser sobre-humano nem infra-humano, Hermes era o verdadeiro amigo divino de todos os Gregos.

HERMÍONE. Único filho nascido da união de Menelau com Helena, Hermíone foi dada em casamento, pouco antes da guerra de Tróia, a Orestes. Mas, para atrair Neoptólemo, cuja presença era necessária para assegurar a tomada de Tróia, Menelau deu a filha em casamento ao filho de Aquiles. Orestes, descontente, matou Neoptólemo e pôde, deste modo, desposar livremente Hermíone, de quem teve um filho, Tisâmeno.

HERO. É a jovem filha de Abido por amor da qual Leandro atravessava, cada noite, o Helesponto a nado, até ao dia em que se afogou.

Herói. É chamada herói, na mitologia, toda a personagem que exerceu, sobre os homens e sobre os acontecimentos, uma determinada influência, que lutou com tanta bravura ou realizou feitos de uma tal temeridade que se elevou acima dos seus semelhantes, os mortais, e que pôde ousar aproximar-se dos deuses, merecendo assim depois da morte uma veneração e um culto particulares. A poesia épica, a *Ilíada* em particular, foi a primeira a criar a ideia de herói. É assim que vemos Aquiles, Ájax, Ulisses e muitos outros entregarem-se, durante os combates da guerra de Tróia, a autênticos prodígios de habilidade e de coragem. Mas, desde a sua nascença, estes heróis são já diferentes dos homens. Na sua maior parte, eles são filhos de um deus ou de uma deusa de quem recebem, durante a sua existência, ajuda e protecção. Com o correr dos tempos, a noção de herói transformou-se pouco a pouco. Cada território quis possuir o seu próprio herói, verdadeiro símbolo nacional ou regional. Deste modo, vimos aparecer heróis atenienses, como Teseu; tebanos, como os Labdácidas; argivos ou beócios; e uma multidão de heróis epónimos. Algumas famílias sacerdotais ou nobres afirmaram, por conseguinte, descender de heróis lendários, como os adivinhos de Melampo, César de Eneias, e consequentemente de Vénus, Marco António de Hércules. Na era clássica grega (século V a.C.), homens políticos gregos, filósofos, poetas trágicos, como Péricles, Platão, Sófocles, foram, depois da morte, objecto do culto outorgado aos heróis.

HERSE. A mais jovem das três filhas de Cécrops, Herse é, com as duas irmãs, Pândroso e Aglauro, uma das heroínas da lenda do berço de Erictónio. Conta-se que Hermes, apaixonado por ela, comprara a preço de ouro a cumplicidade de Aglauro para se apoderar da irmã. Mas ela não cumpriu a promessa, e o deus, irritado, petrificou-a e não hesitou em violentar Herse, que deu à luz Céfalo e Cérix.

HERSÍLIA. Esta heroína de alta estirpe, feliz mediadora na guerra que opôs Sabinos e Romanos, foi desposada por Rómulo, a quem deu uma filha, Prima, e um filho, Aólio, depois chamado Avílio. Ela morreu atingida pelo raio de Júpiter e foi levada para os céus, onde tomou lugar entre as divindades e passou a chamar-se Hora ou Horta. Foi, desde então, invocada pela juventude romana como deusa que favorece a coragem.

HESÍONE. 1. É assim chamada a Oceânide esposa de Prometeu.

2. Uma outra **Hesíone** foi acorrentada pelo pai, o rei Laomedonte, a um rochedo de Tróia. Ele pretendia, com este gesto, apaziguar Apolo e Posídon, a quem ofendera, e oferecia para isso a filha como alimento a um monstro marinho. Héracles libertou a infeliz e foi reclamar ao rei o preço da sua acção: os dois cavalos que Zeus oferecera em troca de Ganimedes; mas Laomedonte recusou. Alguns anos mais tarde, Héracles voltou diante dos muros de Tróia, invadiu a cidade, matou o rei perjuro e deu Hesíone em casamento ao companheiro Télamon. Desta união nasceu um filho, Teucro.

HESPÉRIDES. Nos limites ocidentais da Terra, viviam as três Hespérides, Egle, Eritia e Hesperaretusa. Jovens belas e despreocupadas, as Hespérides guardavam, juntamente com o dragão Ládon, os jardins encantados onde existiam as célebres maçãs de ouro, presentes de Geia para Hera, na altura do seu casamento com Zeus. Héracles, ajudado por Atlas, roubou os frutos encantados. Consagrados à deusa Atena, eles foram mais tarde devolvidos às Hespérides.

HÉSPERO. Filho de Eos e irmão de Atlas, segundo a genealogia mais comum, Héspero desapareceu do mundo dos mortais e pensou-se que fora transformado em astro, o primeiro a brilhar logo que tomba o crepúsculo: a Estrela da tarde.

HÉSTIA. Filha de Crono e de Reia, Héstia pertence à geração das doze grandes divindades do Olimpo. Quando Zeus, seu irmão, se apoderou do poder supremo, ela obteve o favor de conservar, para sempre, a sua virgindade, a fim de escapar às tentativas amorosas de Apolo e de Posídon. Encarnação do fogo doméstico, a chama sagrada que arde sem cessar nas casas e nos templos, e que os purifica, Héstia é venerada como protectora das famílias, das cidades e das colónias. De facto, quando os Gregos queriam fundar uma colónia, levavam da metrópole o fogo de Héstia destinado a acender o fogo da nova pátria. Héstia, sempre imóvel e imutável, simboliza, deste modo, a perenidade religiosa, a continuidade de uma civilização e das suas luzes, apesar das emigrações, das destruições, das revoluções e das vicissitudes dos tempos. Foi assimilada pelos Romanos à célebre deusa Vesta.

HÍADES. Este é o nome genérico das ninfas que formam um grupo de sete estrelas da constelação do Touro. Elas eram as irmãs das Plêiades e filhas de Atlas e de Plêione, ou de Etra, conforme outras versões. O seu número varia. As mais conhecidas são: Ambrósia, Eudora, Corónis, Polixo, Feo, Dione, Esile. Zeus, para as recompensar de terem alimentado e protegido Dioniso, deu-lhes um lugar entre as constelações dos céus. Segundo outra tradição, as Híades, desvairadas com a morte do irmão Hias, morto na Líbia por um animal feroz, comoveram Zeus com os seus lamentos. Para as consolar e pôr termo a tal pranto, o deus transformou-as em estrelas. Mas nem por isso elas deixaram de derramar lágrimas, daí o seu nome Híades («as chuvosas»): a sua aparição, ao nascer ou ao pôr do Sol, anuncia a chuva.

HIDRA DE LERNA. Nascido de Tífon e de Equidna, este monstro vivia numa caverna junto ao lago de Lerna. Tinha corpo de cão e nove cabeças de serpente. Só uma destas cabeças era imortal. Enviado por Euristeu para matar Hidra, Héracles realizou então o segundo dos seus doze trabalhos. O herói cortou primeiro uma cabeça, mas logo duas outras apareceram no seu lugar. Então, com a ajuda de Iolau, seu fiel companheiro, Héracles queimou as cabeças de Hidra, cortou a que era imortal e enterrou-a debaixo de um rochedo enorme; depois revestiu as suas flechas com o sangue do monstro para tornar mortais os seus ferimentos. Diz-se que este sangue entrou na composição do filtro venenoso que Nesso, ao morrer, ofereceu a Dejanira, e que foi o causador da morte de Héracles. Conta-se ainda que o cheiro pestilento que exalava do rio Anigro fora provocado pelas vagas de sangue do monstro que tinham caído nas suas águas.

HÍGIA. Filha de Asclépio, deus da medicina, descendente de Apolo, esta deusa ajuda o pai a consolar os humanos doentes e a curar os animais. Aconselha aos homens os regimes e os medicamentos apropriados aos seus males. Como a maior parte das divindades tutelares, ela está cercada de emblemas infernais, e as obras de arte representam-na a segurar uma serpente, símbolo ctónico por excelência.

HILAÍRA. Filha de Leucipo e de Filódice, Hilaíra era uma sacerdotisa de Ártemis; por seu lado, a irmã, Febe, servia no culto de Atenas. Ambas ficaram conhecidas pelo nome de Leucípides. Foram raptadas pelos Dioscuros e Castor desposou Hilaíra.

HILAS. Filho de Teódamas, rei dos Dríopes, Hilas, amigo de Héracles, participou na expedição dos Argonautas e fez uma paragem nas costas da Mísia, juntamente com os companheiros. Foi buscar água à nascente de uma fonte e foi raptado pelas ninfas desse lugar, que se apaixonaram pela sua beleza. Desapareceu para sempre. Héracles, ajudado pelo lápita Polifemo, percorreu todos os bosques no seu encalço, mas chamaram-no em vão. Entretanto, os Argonautas, aproveitando uma brisa favorável, tinham levantado âncora sem esperar o regresso dos heróis em terra. Polifemo ficou na região e fundou a cidade de Cio, sobre a qual reinou. Héracles, por seu lado, prometeu aos Mísios que os deixaria em paz se continuassem a procurar Hilas. A tradição chegou até às épocas históricas onde, cada ano, havia sacerdotes que percorriam os campos a gritar pelo nome Hilas.

HILO. Um dos filhos preferidos de Héracles e Dejanira, Hilo foi criado por Céice, rei de Tráquis, na Tessália, enquanto seu pai realizava as façanhas. Enviado pela mãe à sua procura, Hilo encontrou o pai revestido pela túnica de Nesso e já moribundo. Transportou-o, então, até ao cimo do monte Eta, onde escutou as suas últimas vontades e, segundo recomendação do herói, tomou por esposa Iole. Tornou-se chefe dos Heraclidas e tentou penetrar no Peloponeso, de onde fora expulso. Desafiou Équemo, rei da Arcádia, em combate singular, com a promessa de que obteria o reino caso vencesse; mas também com a ameaça de que, se fosse vencido, todos os descendentes de Héracles seriam banidos do Peloponeso durante mais cinquenta anos. Foi morto e enterrado na cidade de Mégara.

HIMENEU. Este deus do Casamento, filho de Apolo e de uma Musa, ou de Dioniso e Afrodite, presidia, primitivamente, ao canto nupcial; era mesmo a sua personificação. Para justificar a sua invocação durante as cerimónias do casamento, com este nome foram-lhe atribuídas numerosas lendas.

Teria sido um jovem magnífico que libertara algumas jovens raptadas por piratas e tê-las-ia devolvido aos pais, na condição de lhe ser concedida a mão daquela que ele amava, mas que o desprezava. Segundo outra tradição, ele teria perdido a voz durante os esponsais de Ariadne e de Dioniso. Todas as lendas falavam da sua beleza que rivalizava com a de Apolo; os artistas não o esqueceram e, por conseguinte, chegaram mesmo a atribuir-lhe os emblemas do casamento, a tocha nupcial, a flauta e a coroa de rosas.

HIPERBÓREOS. Este povo mítico, que só alguns heróis, como Perseu e Héracles, puderam visitar, vivia nas regiões encantadas, para além dos lugares onde sopra o Bóreas, o vento norte, gelado e nevoso. Os Hiperbóreos ignoravam a noite. Um dia eterno e um calor delicado incitavam-nos à felicidade perfeita. Sempre contentes, praticavam, na simplicidade e na bondade, a piedade, sem temer a doença nem a morte. Passavam a vida a cantar e a dançar nos campos e nos bosques sagrados, frequentados por coros de graciosas ninfas perfumadas. Eram consagrados a Apolo que, no Outono, desde a chegada dos primeiros frios, abandonava a Grécia: conduzindo um carro atrelado por cisnes brancos, o deus encontrava, junto deste povo, um refúgio incomparável. Passava aí os meses de Inverno, onde só se conhecia uma única estação temperada.

HIPERÍON. Este Titã, filho de Úrano e de Geia, uniu-se à irmã Teia que deu à luz vários filhos: Hélio, deus do Sol, de quem Apolo conduzia o carro, Selene, a Lua, e Eos, a Aurora.

HIPERMNESTRA. 1. Dánao, rei de Argos, dera às filhas a ordem de estrangular os maridos. Só Hipermnestra poupou o marido, Linceu, e lhe deu um filho, Abas. Intimada pelo tribunal dos Argivos por se ter oposto ao pai, foi absolvida.

2. Também se chama **Hipermnestra** a mãe de Anfiarau.

HIPNO. Personificação do Sono, Hipno é irmão gémeo da Morte, da qual ele próprio é uma imagem suave. Génio alado, «ele volita tranquilamente, cheio de doçura para os mortais», diz Hesíodo. É por vezes representado nos sarcófagos com o aspecto de um jovem adormecido, com o braço apoiado sobre uma candeia tombada. Os seus atributos são o chifre e a papoila.

HIPOCOONTE. Héracles teve de lutar contra Hipocoonte, que usurpara o poder em Esparta e banira Tíndaro, seu irmão. Ajudado pelos doze filhos, Hipocoonte fazia tremer o país subjugado pela sua tirania. Héracles conseguiu, embora com dificuldade, matá-lo, bem como aos filhos, e restabelecer Tíndaro nos seus direitos.

Hipocrene. Esta «fonte do cavalo» brotou sobre o Hélicon por debaixo do casco do cavalo Pégaso e foi escolhida pelas Musas como centro dos seus lugares preferidos para habitar. Os poetas vêm aí procurar inspiração.

HIPODAMIA. 1. As núpcias de Pirítoo e Hipodamia, filha de Adrasto, foram o pretexto do célebre combate dos Centauros com os Lápitas.

2. Esta filha de Enómao, rei de Pisa na Elida, foi o motivo da corrida de carros realizada entre seu pai e os pretendentes. Só Pélops, ajudado por Mírtilo, conseguiu vencer o rei e pôde desposar **Hipodamia**, que lhe deu muitos filhos célebres como Atreu, Piteu, Alcátoo, Plístenes, Tiestes. Expulsa do seu país por ter mandado assassinar o cunhado Crisipo, de quem temia a ambição, ela refugiou-se na Argólida.

HIPÓLITO. Fruto dos amores de Teseu e da rainha das Amazonas, Antíope, Hipólito foi confiado, desde a nascença, à avó Etra, em Trezeno; o pai voltou a casar, pouco depois, com Fedra. Tal como a mãe, Hipólito honrava muito particularmente a deusa Ártemis; mas ele manifestava pelas mulheres um desprezo tal que Afrodite, ao mesmo tempo ciumenta do culto que a divina rival beneficiava e furiosa com o modo como Hipólito tratava o amor, decidiu vingar-se. Inspirou a Fedra uma paixão louca pelo enteado. Hipólito repeliu este amor. Temendo que ele revelasse a Teseu as suas pretensões, Fedra caluniou o jovem, que recebeu, em consequência, ordem do pai para abandonar Atenas e nunca mais aí voltar. Depois, o rei pediu a Posídon que punisse o filho de modo exemplar. Hipólito, montado no seu carro, corria à beira do mar quando viu sair, da espuma branca das ondas, um monstro que assustou os cavalos; estes largaram então em grande corrida, viraram o carro e espezinharam Hipólito. Segundo Ovídio e Virgílio, Ártemis pediu a Asclépio que o ressuscitasse e, desde então, Hipólito viveu na Itália, perto de Arícia, onde o identificaram com o deus Vírbio.

HIPOMEDONTE. Filho de Aristómaco e sobrinho de Adrasto, Hipomedonte foi morto ao tentar o assalto à cidade de Tebas, durante a expedição dos Sete Chefes. Mas ele deixou um filho, Polidoro, que para vingar a morte do pai se alistou ao lado dos Epígonos para uma segunda expedição contra Tebas.

HIPÓMENES. Filho de Megareu e neto de Posídon, Hipómenes foi o marido de Atalanta. Esta, cruelmente adversa ao casamento, vencia todos os pretendentes na corrida e ordenava que os matassem. Para o possível vencedor, ela reservava a mão. Hipómenes implorou a ajuda de Afrodite, ofendida com a castidade de Atalanta. A deusa deu ao apaixonado três maçãs de ouro, colhidas certamente no jardim das Hespérides, e aconselhou-o a que as semeasse, uma a uma, no caminho por onde iria desenrolar-se a corrida. Intrigada com estas maçãs, por três vezes Atalanta parou para as recolher, e Hipómenes, vencendo assim a corrida, desposou-a. Por terem insultado Zeus (alguns dizem Cíbele) ao entregarem-se, num santuário, a exageros amorosos, os esposos foram transformados em leões, que Cíbele atrelou ao seu carro. De facto, na Antiguidade, dizia-se que o leão só se unia ao leopardo: deste modo, nunca mais Atalanta e Hipómenes se uniriam.

HIPÓTOO. Filho do gigante Cércion, Hipótoo foi colocado no trono da Arcádia por Teseu, o assassino de seu pai. Foi morto acidentalmente por Télefo, seu sobrinho. Sucedeu-lhe o filho, Épito, mas morreu cegado por Posídon por ter forçado as portas de um dos templos do deus.

HIPSÍPILE. Filha de Toas, rei da ilha de Lemnos, Hipsípile era neta de Dioniso. Por terem abandonado o culto de Afrodite, as Lémnias tinham atraído sobre si a vingança da deusa: ela tinha-as recoberto com um odor tão forte que os maridos não suportavam aproximar-se delas e preferiam-lhes as concubinas, as escravas ou as estrangeiras. Furiosas por se verem preteridas, as mulheres massacraram todos os homens de Lemnos, excepto Toas, que Hipsípile conseguiu salvar. Escolhida como rainha, na altura da estadia dos Argonautas, ela apaixonou-se por Jasão, de quem teve dois filhos, Euneu e Nebrófono. Mas, em seguida, as Lémnias descobriram que Toas estava vivo e Hipsípile teve de fugir. Foi capturada, pouco depois, por piratas e vendida ao rei de Némea, Licurgo, que lhe confiou a guarda do filho Ofeltes. Tendo abandonado, por um momento, a criança real, para indicar o caminho aos Sete Chefes, ela encontrou-o morto, sufocado por uma serpente. Felizmente, os heróis intercederam junto de Licurgo e da esposa Eurídice, que queria matar a ama descuidada, e Hipsípile pôde voltar a Lemnos, com os filhos, sã e salva.

HORÁCIOS. 1. A lenda e a história retiveram o nome de três irmãos célebres, da cidade de Roma, que combateram os Curiácios de Alba, para saber qual das cidades devia dominar a outra. Durante a luta, sucumbiram dois dos Horácios, mas o terceiro, ileso, conseguiu massacrar os três Curiácios, que estavam todos feridos. De regresso a Roma, Horácio matou a irmã, que chorava a morte do noivo, um dos Curiácios. Absolvido deste crime, ele teve, no entanto, de suportar o jugo da infâmia e de cobrir a cabeça.

2. É conhecido um outro herói da lenda romana, chamado **Horácio**, *o Vesgo* (*Horatius Cocles*). Junto com dois outros guerreiros, ele defendia, contra uma invasão etrusca, a ponte Sublício, sobre o Tibre, impedindo assim o inimigo de penetrar em Roma; fugiu depois a nado e foi ferido na coxa. Foi gratificado com terras e, em sua honra, foi erguida uma estátua.

3. Numa outra lenda romana, aparece ainda um outro **Horácio**. No fim de uma batalha entre Roma e os Etruscos, nenhum dos campos sabia quem tinha ganho, de tal modo fora cruel a batalha, e tão grande era o número de mortos de ambos os lados. O romano Horácio gritou, então, de um bosque vizinho dizendo que os Etruscos tinham perdido um guerreiro a mais do que os Romanos.

Provocou a fuga imediata dos inimigos, dando assim a vitória à sua cidade.

HORAS. Filhas de Témis e de Zeus, as Horas – Talo, Carpo e Auxo – são, antes de mais, as divindades que presidem à ordem da natureza e das estações do ano. Representam pois, nas tradições mais correntes, a Primavera, o

Verão e o Inverno. Numa época mais tardia, os Gregos, quando dividiram o dia em doze horas, acrescentaram-lhes o número. Foram então chamadas as «Doze Irmãs». Como as Horas não figuram nas lendas mitológicas gregas, e as noções que concernem a estas divindades evoluíram ou mudaram ao longo dos tempos, é difícil difinir os seus atributos. Podemos, no entanto, vê-las representadas com o aspecto de jovens felizes, a dançar junto com as Musas e as Graças, carregando produtos agrícolas das diversas estações, flores, espigas de trigo, cepas e frutos.

I

IACO. Este deus jovem, coroado de mirto, com uma tocha na mão, precedia a procissão dos mistérios de Elêusis. Iaco é, segundo a tradição mais corrente, filho de Zeus e de Deméter, irmão de Cora-Perséfone, e meio irmão de Dioniso. Por outro lado, segundo outras versões, Iaco é filho de Dioniso. Mais tardiamente, na altura do desenvolvimento dos mistérios órficos, ele foi considerado filho de Zeus e de Perséfone, e a própria reencarnação de Zagreu.

IAMBE. Quando Deméter, que partira à procura da filha, encontrou bom acolhimento na corte de Céleo, rei de Elêusis, a ninfa Iambe quis consolar a deusa lacrimosa e recitou-lhe versos cómicos, origem mítica, sem dúvida, do iambo e de poemas que eram cantados durante a celebração dos mistérios de Elêusis.

IÁSION. Filho de Zeus e da plêiade Electra, este Titã, irmão de Dárdano, foi amado pela deusa Deméter e uniu-se a ela num campo três vezes lavrado. Zeus descobriu os amantes e, irritado com tamanha audácia, fulminou Iásion.

Alguns meses mais tarde, em Creta, a deusa deu à luz um filho, Pluto, que tomou lugar no panteão grego entre as divindades da Fertilidade e da Abundância.

ÍASO. Muitos heróis têm este nome: um, pai de Atalanta, reinou na Arcádia; um outro foi o pai de Anfíon; um terceiro, rei de Argos, é por vezes considerado o pai de Io.

ÍBICO. Embora este poeta lírico, natural de Régio, que vivia na corte do tirano Policrates de Samos, cerca de 540 a.C., pertença à história literária da Grécia, a sua morte foi objecto de uma lenda: não longe de Corinto, um bando de ladrões feriu mortalmente Íbico; ele pediu então aos grous que voavam por cima dele que o vingassem. Pouco depois, sobre o teatro de Corinto, onde a multidão se reunira para assistir a um espectáculo de jogos, apareceu um bando de grous; um dos assassinos de Íbico, que se encontrava entre os espectadores, gritou apavorado: «Aí estão os vingadores de Íbico!». Num momento de pânico, o assassino confessara, sem querer, publicamente o seu crime. Foi morto juntamente com os seus cúmplices.

ICÁRIO. 1. Este ateniense concedeu um dia hospitalidade a Dioniso. O deus, em recompensa, ensinou-lhe a arte de fazer o vinho, tal como oferecera a planta da vinha a Eneu, de quem fora hóspede. Icário, orgulhoso com a sua nova bebida, convidou os pastores para um banquete. Estes, porém, embebedaram-se e ficaram apavorados com as dores que sentiam: pensaram que tinham sido envenados e mataram Icário. A filha, Erígone, ao encontrar o túmulo do pai, suicidou-se. Dioniso vingou-se enlouquecendo as jovens de Atenas.

2. Sobre a genealogia de um outro **Icário** conhecem-se duas versões: segundo uma, ele é filho de Perieres; segundo outra, apenas seu neto. Expulso da Lacedemónia por Hipocoonte, juntamente com o irmão Tíndaro, viveu na Acarnânia depois do assassínio deste por Héracles e desposou a ninfa Peribeia, de quem teve alguns filhos, entre os quais se contam Toas, Aletes e sobretudo Penélope. Quando esta chegou à idade de se casar, Icário, que a amava ternamente, procurou todos os obstáculos para a impedir de tomar um marido. Por fim, colocou a filha como prémio de uma corrida de carros, que foi ganha por Ulisses. Icário pediu então ao herói que lhe permitisse ficar junto da filha. Ulisses recusou, mas deu a Penélope a liberdade de escolher entre ele e o pai. A jovem corou e cobriu o rosto com um véu, mostrando assim que escolhera Ulisses. Icário submeteu-se a esta decisão e ergueu, no lugar em que se produzira esta cena, um templo à deusa Pudor.

ÍCARO. Filho de Dédalo e de uma escrava cretense do rei Minos, Ícaro estava preso, com o pai, no Labirinto. Puderam ambos escapar-se graças às asas que Dédalo fabricou e que eles colaram aos ombros com cera. Antes de começarem a voar, Dédalo recomendara ao filho que não se aproximasse demasiado do sol; mas Ícaro, verdadeiramente fora de si ao ver-se a voar, subiu cada vez mais alto nos ares, de tal modo que os raios do sol derreteram a cera. As asas descolaram-se, e o infeliz caiu no mar que, desde então, tomou o seu nome.

IDA. Na Antiguidade, conheciam-se duas cadeias de montanhas que tinham este nome. Uma, no centro da ilha de Creta, fora, nomeadamente, o lugar de refúgio de Zeus recém-nascido, criado pela ninfa Ida. Outra situava-se não longe de Tróia e foi, durante a guerra que opôs Gregos e Troianos, a morada favorita dos deuses quando participavam combates.

IDADES. Os Gregos e os Romanos pensavam que a Humanidade tinha vivido, durante longos séculos, sob o reino de Crono, livre de sofrimentos e num contínuo estado de alegria e de felicidade. Nesta idade de ouro, os mortais não conheciam nem o ódio nem a guerra; viviam sempre jovens, no amor e no respeito recíprocos, e praticavam os jogos e os entretenimentos mais virtuosos. A morte surpreendia-os na paz e adormeciam sem temor, num repouso feliz e eterno. Mas Zeus veio destronar Crono. Foi então que começou a idade de prata. A terra, embora fértil, dispensava com mais parcimónia as suas riquezas. O trabalho tornou-se uma obrigação. Os homens começaram a conhecer o sofrimento;

dividiram-se as terras e os bens, e cada um se fechou egoisticamente atrás dos limites do seu campo. Vieram, por fim, as idades do bronze e do ferro. Assim começou a era do crime, do ódio, das guerras, das revoluções e das invasões. Os vícios triunfaram demasiado sobre as virtudes. As infelicidades, as doenças, a fome e as epidemias torturaram, sem cessar, os homens. O temor dos deuses instalou-se nos humanos.

Este mito de uma humanidade feliz, nos tempos primordiais, e corrompida depois, pouco a pouco, foi sobretudo celebrada pelos Romanos, que veneravam em Saturno (Crono) o primeiro rei dos Latinos, cujo reinado fora tão benéfico à prosperidade de Roma.

IDAS. Filho de Afareu e de Arene, Idas participou em diversas expedições míticas, ao lado do irmão Linceu. Evidenciou-se, em particular, na caça ao javali de Cálidon e na expedição dos Argonautas. Ao tentar apoderar-se do reino da Mísia, foi vencido por Télefo. Os feitos mais célebres da sua lenda são, no entanto, a luta contra Apolo e os combates contra os Dioscuros. Ele raptara Marpessa, filha de Eveno, e tinha-a tomado por esposa. Mas o deus, também ele apaixonado pela jovem, quis apoderar-se dela. Zeus pôs termo à querela deixando a Marpessa o direito de escolher aquele que ela amava: ela preferiu Idas. Por outro lado, uma luta cerrada opôs Idas aos Dioscuros, seus primos, por causa da partilha de um rebanho. Com efeito, o herói apropriara-se, manhosamente, de todas as cabeças de gado e foi atacado, ele e o irmão Linceu, pelos Dioscuros. Castor foi morto durante a luta, e Pólux ia sofrer a mesma sorte quando Zeus interveio e fulminou Idas. Deste último diz-se também que o castigo do deus lhe foi imposto porque ele pretendera disputar, com os Dioscuros, as duas filhas de Leucipo, Hilaíra e Febe.

ÍDMON. 1. É assim chamado um tintureiro de Cólofon que foi pai de Aracne.

2. Um outro **Ídmon**, filho de Apolo e Astéria, ou de Cirene, teve por pai oficial Abas. Adivinho encarregado de aconselhar os Argonautas na sua expedição, ele sabia antecipadamente que a morte o esperava. Ao atingir o país dos Mariandinos, foi atacado por um javali feroz. Apesar da lança de Idas ter morto o animal, Ídmon morreu dos ferimentos.

IDOMENEU. Rei de Creta, filho de Deucalião e neto de Minos e de Pasífae, Idomeneu pertencia ao número dos pretendentes de Helena. Partiu de Creta com uma frota de oitenta embarcações, tripulada por um forte contingente de Cretenses, e participou no cerco de Tróia. Figurou depois entre os heróis que tomaram lugar no famoso cavalo de madeira e que penetraram, com a ajuda dessa artimanha, na cidade. Segundo a *Odisseia*, o seu regresso foi feliz; no entanto, outras tradições pós-homéricas dão-lhe uma feição dramática. A frota terá sido atingida por uma tempestade e Idomeneu prometeu a Posídon que lhe sacrificaria a primeira pessoa que ele avistasse ao chegar a Creta. A sua dor foi grande quando, ao lançar a âncora, descobriu, na costa, o próprio filho vindo para lhe manifestar a sua alegria. A maior parte dos mitógrafos afirma que ele cumpriu a promessa e imolou o filho; o país foi, então, devastado por uma peste, e os Cretenses, já horrorizados com o infanticídio, expulsaram o rei para apaziguar os deuses. Idomeneu voltou então à Calábria, fundou Salento e instituiu aí as sábias leis do avô Minos.

ÍFICLES. Filho de Anfitrião e de Alcmena, Íficles nasceu uma noite antes de Héracles, filho de Zeus e de Alcmena.

De ascendência mortal, ele não possuía a força nem a coragem do seu meio-irmão. Uma noite, Hera, para se vingar da rival, enviou a casa de Alcmena duas serpentes que deviam matar Héracles. Ao vê-las, Íficles fugiu do berço aos gritos, mas Héracles, sem perder o sangue-frio, apesar da sua tenra idade estrangulou os dois monstros. Mais tarde, Íficles ligou-se com grande amizade ao herói e acompanhou-o em numerosas expedições, particularmente contra os habitantes de Orcómeno. Teve como primeira esposa Automedusa, de quem teve Iolau, e, em segundas núpcias, desposou a mais jovem das filhas de Creonte. Pereceu ao lado do irmão, na guerra contra os filhos de Hipocoonte.

IFIGÉNIA. Filha de Agamémnon e de Clitemnestra, segundo a tradição mais comum, Ifigénia fora destinada pelo pai, a conselho do adivinho Calcas, a ser sacrificada à deusa Ártemis, que retinha a frota grega em Áulis e a impedia de se dirigir para Tróia. O pai chamou-a, com o pretexto falacioso de que ia tornar-se esposa de Aquiles, para a imolar ao punhal do sacrificador. Ártemis, condoída, pôs uma corça em seu lugar, arrebatou-a numa nuvem e transportou-a para a Táurida. Aí, Ifigénia tornou-se sacerdotisa de Ártemis, especialmente encarregada de imolar os estrangeiros à deusa. Um dia, Orestes, seu irmão, acompanhado por Pílades, desembarcou nas costas da Táurida. Feito prisioneiro, foi conduzido ao templo, onde Ifigénia oficiava, e foi reconhecido pela irmã. A sacerdotisa, para salvar Orestes, anulou o sacrifício acusando o estrangeiro de ser culpado de um assassínio e que, por isso, não podia ser sacrificado antes de se purificar. Depois, levando consigo a estátua de Ártemis, ela fugiu com o irmão e Pílades e chegou à Grécia, graças aos ventos favoráveis. Diz-se que Ifigénia morreu em Mégara; mas diz-se também que Ártemis tornara a jovem imortal e a assimilara à deusa Hécate. De facto, parece que Ifigénia terá sido a origem de uma das representações de Ártemis.

ÍFIS. 1. Jovem cretense, Ífis estava destinada a ser exposta pela mãe Teletusa, porque o pai, Ligdo, não queria filhas. Aconselhada por Ísis, Teletusa educou a filha e vestiu-a como se fosse um rapaz, de tal modo que Iante, uma jovem da região, se apaixonou por ela. Teletusa tentou então, por várias vezes, adiar o casamento, pois não queria revelar a verdade Por fim, Ísis teve piedade da mãe infeliz e transformou Ífis em rapaz, permitindo assim o casamento com Iante.

2. É também conhecido, com este nome, o amante de Anaxárete que,

desesperado com o desprezo da jovem, se suicidou.

ÍFITO. 1. Filho de Êurito, rei da Ecália, Ífito evidenciou-se como arqueiro temível ao lado dos Argonautas. Foi o único dos irmãos que tomou o partido de Héracles quando este ganhou, no tiro ao arco, a mão da sua irmã Íole; seu pai, Êurito, ao contrário do que ele próprio propusera, recusava-se a entregá-la. No entanto, Ífito foi morto, algum tempo depois, por Héracles, a quem ele tentava retomar os bois roubados. Segundo uma outra versão, foi precipitado do alto dos muros de Tirinte pelo herói, que sofrera um acesso repentino de loucura.

2. Conhece-se, com este mesmo nome, um rei meio lendário, meio histórico que governava a Elida por volta do século IX a. C. O seu reino fora vítima de divisões, fomes e epidemias. Aconselhado pelo oráculo de Delfos, o soberano realizou os jogos Olímpicos, fundados por Héracles, que haviam sido desprezados. Realizou então uma aliança com Licurgo, rei de Esparta; pôde assim esboçar uma primeira união entre os Gregos, cujos territórios estavam repartidos em múltiplos estados inimigos. Durante os jogos, todas as hostilidades deviam ser suspensas.

ILÍONE. Filha mais velha de Príamo e de Hécula, Ilíone desposou Polimestor, rei do Quersoneso, na Trácia, a quem deu um filho, Deípilo. Este foi morto pelo pai, que pensava estar a suprimir um dos inimigos, Polidoro, o próprio filho de Ilíone. Esta vingou a morte do filho matando o marido. Segundo outra versão da lenda, foi Hécuba quem fez perecer Polimestor, com as próprias mãos, depois de o ter cegado.

ILITIA. Deusa da Maternidade, irmã de Hebe, de Ares e de Hefesto, Ilitia é enviada por Hera, sua mãe, para levar ajuda às parturientes. Na *Ilíada* há várias Ilitias, que personificam as diferentes fases das dores do parto. Ilitia, representada com os traços de uma jovem, tem uma das mãos levantada e na outra empunha a tocha acesa, símbolo da vida que vem à luz.

ILO. Filho de Trós e da ninfa Calírroe, irmão de Cleópatra, Assáraco e Ganimedes, bisneto de Dárdano, Ilo desposou Eurídice e teve um filho, Laomedonte, o pai de Príamo. Uma segunda mulher deu-lhe uma filha, Temiste, avó de Eneias. Depois de ter ganho nos jogos, recebeu em recompensa vários escravos e uma vaca. Como o aconselhara o oráculo, Ilo seguiu o animal que, por fim, parou na colina Ate, na Frígia. Fundou aí uma cidade, a cidade de Ílion, chamada mais tarde Tróia. Zeus confirmou e aprovou a escolha feita enviando a Ilo uma estátua de Atena-Palas, o Paládio, destinada a proteger a nova cidade.

Imortalidade. Geralmente concedida a todos os deuses, a imortalidade é distribuída incessantemente, no Olimpo, através do néctar e da ambrósia, únicos alimentos divinos. Por vezes, alguns homens podem adquirir a imortalidade; uns, como o pescador Glauco, ao comer uma erva mágica que o transformou em deus marinho; outros, como a maioria dos heróis e heroínas, por pertencerem já à raça divina e se terem mostrado de uma coragem e de uma valentia sobre-humanas. Por vezes ainda vemos heróis, como Tideu, desgostarem os deuses com a sua crueldade e ser-lhes negada a imortalidade. Os acasos da natureza dão, a alguns mortais, uma imortalidade condicional; assim, o rei Ptérelas só morreu quando a filha lhe cortou o cabelo de ouro que o mantinha ligado à vida. Por fim, acontece ainda que a imortalidade seja trocada pela morte: tal foi o caso de Prometeu, que aceitou receber a imortalidade do centauro Quíron que, ferido e vítima de dores insuportáveis, preferiu o sossego da morte ao sofrimento eterno.

ÍNACO. Este deus-rio da Argólida, filho de Oceano e de Tétis, ele mesmo pai da ninfa Io, foi um dia escolhido por Hera e Posídon para árbitro: disputavam entre si a soberania da região que ele regava. Ínaco pronunciou-se a favor de Hera. Irritado, Posídon secou--o. Só as chuvas lhe devolviam a sua corrente normal.

INFERNOS. Com este nome, designam-se, na Antiguidade, os lugares onde as almas iam ter e onde residiam depois da morte. Entretanto, ao longo dos tempos, a ideia de Infernos evoluiu na mesma medida que as doutrinas filosóficas sobre a imortalidade da alma e sobre os castigos ou as benesses concedidas no além. No início, as almas permaneciam no Érebo, numa espécie de mundo obscuro, de onde tudo procede e aonde tudo acaba por voltar. No entanto, alguns heróis privilegiados encontram uma nova vida nos limites da Terra, em particular na Trácia, ou nas regiões da Cítia, entre os Hiperbóreos; ou ainda na ilha de Leuce, a ilha Branca para onde Aquiles voltou, depois da morte, juntamente com os companheiros, e onde se entregaram a uma felicidade eterna cheia dos seus prazeres favoritos. Por vezes também estas regiões desconhecidas, que jamais alguém atingiu, são descritas como lugares sombrios e enevoados, frios e solitários, onde vivem os Cimérios.

As descrições literárias dos Infernos tornaram-se cada vez mais numerosas e mais precisas, e acabou por se distinguir, nos Infernos, a morada dos bons e a habitação dos maus. Nesta última, guardada por Cérbero, correm os rios malditos e envenenados, o Aqueronte, o Piriflegetonte, o Cocito e o Estige; é o domínio do Tártaro, onde as almas, conduzidas pelo barqueiro Caronte, vêm suportar sofrimentos indescritíveis, como castigo pelos seus crimes cometidos na Terra: entre estes célebres renegados contam-se Tício, Tântalo e Sísifo. Ao contrário, os Campos Elísios acolhem as almas dos justos na beatitude, na concórdia e na paz, entre festas, danças e perfumes, no meio de paisagens encantadas. Domínio da população das almas, os Infernos são governados por Hades e pela sua esposa Perséfone (Plutão e Prosérpina para os Latinos). Estas duas divindades são rodeadas pelos seus servidores, entre os quais podemos citar as Erínias, as Fúrias, as Górgonas, as Harpias, Tânato e os três juizes do Tribunal, Minos, Éaco e Radamante, que destinam, para cada alma, segundo os seus méritos ou faltas, a morada maldita do Tártaro ou a bem-aventurada morada dos Campos Elísios.

INO. Filha de Cadmo e de Harmonia, e esposa de Átamas, rei da Etólia, Ino foi chamada Leucótea, depois de se metamorfosear em deusa marinha. Teve dois filhos, Learco e Melicertes.

INVEJA. Esta divindade alegórica, que se chama *Fthonos* entre os Gregos, *Invidia* para os Romanos, não possui lenda. Ela personifica, antes de mais, o fascínio do olhar que observa desejando aquilo que não pode possuir. Génio maléfico, com o coração sempre devorado por serpentes, a Inveja é terrivelmente magra: todos os desejos insaciados a atormentam.

IO. Jovem sacerdotisa de Argos, filha do rei Ínaco, ou de Íaso, rei de Argos, segundo uma outra versão, Io seduziu, um dia, com o seu encanto, o coração sempre ardente de Zeus. O deus uniu-se a ela, mas foi obrigado a transformá-la em novilha, para que a esposa, ciumenta, não suspeitasse da infidelidade. Hera, a quem a metamorfose não iludiu, pediu a Zeus que lhe consagrasse o animal. O deus obedeceu. Io foi então confiada a Argo de cem olhos, que só dormia com cinquenta de cada vez. Compadecido, Zeus pediu a Hermes que arrebatasse a prisioneira ao seu guarda. Libertada, Io não gozou por muito tempo da sua liberdade: Hera enviou no seu encalço um moscardo. O insecto, que se lhe cravou nos flancos, tornou a novilha tão furiosa que ela andou errante, durante meses, por toda a Grécia, sem nunca parar. Passou o Bósforo (ou «vau da vaca») e encontrou, preso a um rochedo, no monte Cáucaso, Prometeu que, segundo Ésquilo, lhe predisse um destino feliz. Daí, passou para o Egipto, onde retomou a sua forma primeira e gerou Épafo, da raça das Danaides. Identificaram-na, depois, com Ísis e, depois da sua morte, com a deusa Lua, representada na figura de uma mulher com cornos de ouro.

IÓBATES. Rei da Lícia, Ióbates, teve duas filhas: Estenebeia, que se casou com Preto, e Filónoe, que desposou Belerofonte. Ióbates teve, na lenda destas duas personagens, um papel importante.

IOLAU. Filho de Automedusa e de Íficles, que era irmão uterino de Héra-

IO

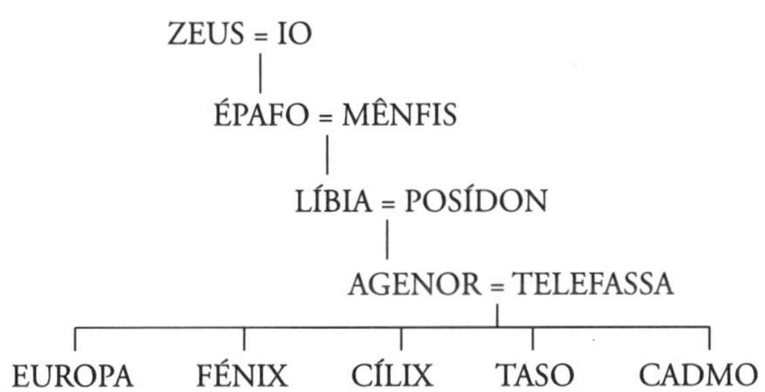

cles, Iolau foi um dos mais fiéis companheiros de seu tio, de quem conduzia habitualmente o carro; ajudou-o a vencer a Hidra de Lerna e a capturar os bois de Gérion; tomou parte, ao lado dos Argonautas, na caça ao javali de Cálidon e ganhou a corrida de carros nos primeiros jogos Olímpicos instituídos por Héracles. Este enviou o sobrinho para a Sardenha, a comandar os filhos que o herói tivera das filhas de Téspio. Iolau morreu nesta ilha. Mais tarde, os Infernos concederam-lhe a permissão de voltar à vida, para socorrer os filhos de Héracles que estavam em perigo: foi então que ele matou Euristeu e voltou ao reino das Sombras, honrado por todos.

ÍOLE. O rei Êurito, da Ecália, prometeu a filha, Íole, a Héracles, se o herói o superasse em precisão no tiro ao arco; Héracles venceu-o sem dificuldade. Mas o rei perjurou e Héracles, para se apoderar da jovem, teve de matar o rei e os filhos. Diante do massacre dos familiares, Íole quis suicidar-se e atirou-se do alto da fortaleza. Mas o vento encheu as suas vestes, e ela desceu à terra sem qualquer ferimento. Héracles enviou-a para junto da sua esposa, Dejanira. Mas esta, temendo que o herói preferisse a jovem e quizesse repudiá-la, fez-lhe chegar a túnica que o centauro Nesso lhe oferecera. De facto, a túnica envenenada provocou a morte de Héracles. Deste modo, Íole foi a causa indirecta do fim trágico do maior dos heróis da Antiguidade.

ÍON. Dos três filhos de Hélen, um, Doro, emigrou para o monte Parnaso; o segundo, Éolo, foi o herói epónimo dos Eólios; o terceiro, Xuto, fugiu para Atenas, onde casou com a filha de Erecteu, Creúsa, que lhe deu dois filhos, Aqueu e Íon. No entanto, uma outra tradição, seguida por Eurípides, afirma que Apolo era o verdadeiro pai de Íon. O deus levara o filho abandonado para Delfos e fizera dele um dos servos do seu templo. Xuto e Creúsa, angustiados por ficarem sem filhos, vieram um dia a Delfos consultar o oráculo, que lhes pediu que adoptassem Íon. No entanto, Creúsa tentou envenenar este filho que ela não reconheceu até ao momento em que lhe foi trazido o cesto onde ela o abandonara à nascença. Depois destes acontecimentos, Íon casou-se com Hélice, a filha de Selino, rei dos Egialeus, a quem sucedeu antes de se tornar rei da Ática, pela morte de Erecteu, e de governar sabiamente o reino, depois de o ter dividido em quatro tribos. À sua morte, o país tomou o seu nome, e uma colónia de Atenienses, que partira para a Ásia Menor, pôs à região onde se fixou o nome de Jónia.

ÍRIS. Esta antiga divindade era filha de Taumas e de Electra. Mensageira, serva, e mesmo confidente de Hera, ela preocupava-se em propiciar os mais pequenos desejos à sua senhora. Simboliza o arco-íris, ponte entre o céu e a terra, entre os deuses e os homens, que a deusa toma como caminho, na forma de uma jovem alada, segurando numa mão o bastão do arauto. Nos poemas tardios, ela é a esposa de Zéfiro e mãe de Eros.

IRO. 1.º Este mendigo de Ítaca tentou, para grande gáudio dos pretendentes de Penélope, expulsar a murro Ulisses, que voltava à sua pátria. Foi morto pelo herói.

2.º Um outro **Iro** é pai dos Argonautas Eurídamas e Eurícion. Peleu, que lhe matara acidentalmente um dos filhos, ofereceu-lhe rebanhos para o consolar. Iro recusou e abandonou o gado, que foi devorado por um lobo. O animal feroz foi transformado em estátua de pedra.

ÍSIS. Deusa egípcia, esposa de Osíris e mãe de Horus, Ísis foi adorada pelos Gregos, que assimilaram a sua lenda à de Io, depois à de Deméter. De facto, na lenda, ambas as deusas partiram à procura, uma do marido, outra da filha, para os arrebatar ao reino da Morte e das Sombras. Ísis teve igualmente direito a um culto no Império Romano, e foi-lhe erguido um templo especial no Campo de Marte. Ela é, então, símbolo da Terra e o inesgotável e fecundo recomeço de todas as coisas.

ISMENA. Tal como Antígona, Etéocles e Polinices, Ismena é uma das crianças nascidas do casamento de Édipo com a própria mãe, Jocasta. Quando, depois dos seus crimes, Édipo foi expulso de Tebas, Ismena ficou na cidade e não foi com Antígona, que acompanhava o pai cego pelos caminhos da Grécia. Mas ela encontrava-se junto de Édipo quando este morreu em Colono, e voltou a Tebas com a irmã. Assistiu à luta fraticida que opôs Etéocles e Polinices, mas não ousou infrigir a ordem de Creonte que proibia que Polinices fosse sepultado. Apesar disso, Antígona ousou desobedecer, e Ismena tentou partilhar a sorte fatal da irmã acusando-se de igual falta. Antígona, porém, afastou-a e partiu, sozinha, para a morte. É então que Ismena desaparece da lenda. Desconhece-se o seu fim.

ÍTACA. Situada não longe da costa do Epiro, Ítaca é uma das sete ilhas do mar Jónio; era a pátria e o reino de Ulisses. Entrou na lenda graças aos poemas de Homero e ao herói epónimo, Ítaco.

ÍTALO. Segundo alguns autores, Telégono, filho de Circe e de Ulisses, depois de ter morto involuntariamente o próprio pai, desposou Penélope, a viúva deste, e teve dela um filho, Ítalo. Este deu o seu nome ao país chamado Itália, que era habitada pelo povo dos Sículos. Mas, em outras lendas, Ítalo aparece como rei indígena.

IULO. Ascânio, filho de Eneias, conduzira à vitória os povos do Lácio em guerra contra os Rútulos e viu ser-lhe concedido, como sinal de veneração e reconhecimento, o nome de Iulo, uma das contracções de *Iouis*, Júpiter. Outros mitógrafos afirmaram que Iulo era o filho de Ascânio. Teria sido expulso do reino do Lácio pelo tio, Sílvio, e obrigado a dedicar-se ao sacerdócio.

IXÍON. A Ixíon coube o castigo infligido nos Infernos aos ingratos. Este rei dos Lápitas, depois de ter desposado Dia, filha do rei Dioneu, recusou ao sogro os ricos presentes que lhe prometera, depois matou-o atirando-o para dentro de uma fornalha.

O crime era duplamente odioso, pois o autor era culpado de perjúrio e de assassínio de um familiar. Ixíon, que ninguém aceitava purificar, implorou a Zeus: o soberano dos deuses deixou-se comover pelos seus lamentos e chegou mesmo a convidá-lo para a sua mesa, onde tomou o néctar e ambrósia, que conferem imortalidade. No entanto, de modo nenhum reconhecedor dos benefícios, Ixíon tentou seduzir Hera. Então Zeus criou uma nuvem semelhante à esposa. Foi com esta aparência que Ixíon se uniu. Destes amores ilusórios nasceram os Centauros. Hermes recebeu a missão de aplicar ao ingrato o castigo que merecia. O deus amarrou Ixíon com serpentes a uma roda que gira, sem repouso, no fundo do Tártaro.

J

JACINTO. Este jovem belo, por quem os deuses se disputavam, foi um dia mortalmente ferido pelo disco de Apolo, durante um jogo. Conta-se igualmente que Zéfiro, com ciúmes da afeição que Apolo testemunhava a Jacinto, desviou, com o seu sopro, o disco e, fazendo-o sair do percurso normal, dirigiu-o contra a cabeça do jovem. Apolo, diante desta infelicidade, sentiu uma dor violenta e, para perpetuar a lembrança do amigo, transformou o sangue do ferimento que manchava a terra numa flor de cor púrpura, com cálice em forma de lírio, cujas pétalas tinham inscrita a palavra grega *aí* que significa «ai!», ou é ainda a inicial do nome Jacinto. Como Narciso e Adónis, Jacinto faz parte dos jovens seres ceifados na primavera da vida e transformados em flor. Alguns mitógrafos acrescentam a hipótese de as suas lendas provirem da prática arcaica dos sacrifícios humanos, durante os quais se espalhava, sobre a terra, o sangue das vítimas imoladas, para a fertilizar.

JANO. Esta divindade é seguramente um dos maiores deuses do Panteão romano e possui mesmo uma certa preeminência sobre o deus supremo, Júpiter. Ele teria abordado a Itália com uma frota e ter-se-ia estabelecido no Lácio, onde terá fundado uma cidade que tomou dele o nome de Janículo. Teria reinado sobre o Lácio e acolhido Saturno, expulso pelos deuses. Para lhe agradecer, Saturno teria dado a Jano o dom da «dupla ciência», a do passado e a do futuro, mito que os Romanos manifestaram representando Jano com duas faces voltadas em sentido contrário. O deus de dupla face possui muitos outros atributos. É a divindade guardiã das portas, pois toda a porta olha para dois lados (*Janus Bifrons*). No momento de uma declaração de guerra, os Romanos abrem solenemente as portas do seu santuário, para indicar que o deus partiu em combate; e fecham-nas em tempo de paz, para mostrar que o deus, guardião da cidade, voltou ao santuário. Pouco a pouco, os atributos de Jano tomaram uma extensão considerável. Tornou-se o deus do início de todas as coisas, o do ano (*Januarius* significa «Janeiro»), o deus das quatro estações: possui, então, quatro cabeças em vez de duas. Ovídio diz que Jano possui uma face dupla porque exerce o seu poder sobre a terra e sobre os céus. Talvez não se trate de um deus cosmogónico, mas apenas e exclusivamente de um deus de Roma, simbolizando a vigilância da cidade onde transitam todos os comércios no Tibre, rio acima, rio abaixo. A diversidade destes atributos mostra até que ponto Jano é o deus essencial de um mundo ou de uma cidade que se abre ou se fecha conforme a sua vontade, sem que nada lhe escape.

JÁPETO. Filho de Úrano e de Geia, este Titã, que pertence à primeira geração dos deuses, é essencialmente célebre pela posteridade que deixou ao mundo dos deuses e dos homens. Marido da Oceânide Clímene, ele gerou, de facto, Atlas, Prometeu, Epimeteu, Menécio. Tendo-se oposto à tomada do poder por Zeus, foi precipitado no fundo do Tártaro com o irmão Crono e outros Titãs.

JASÃO. Filho de Éson, rei de Iolco, na Tessália, Jasão era ainda criança quando o tio Pélias destronou o pai. Pôde escapar, entretanto, e foi criado pelo centauro Quíron. Chegado à idade adulta, abandonou o monte Pélion e foi para Iolco, na esperança de fomentar uma revolta contra Pélias e restabelecer Éson nos seus direitos. Pelo caminho, nas margens de uma ribeira, encontrou uma anciã, sob cujos traços se escondia Hera; pediu-lhe que a atravessasse para a outra margem. Depois deste serviço, que lhe trouxe, por algum tempo, os favores da deusa, ele apercebeu-se de que perdera uma das sandálias. Ora, havia um oráculo que tinha avisado Pélias que desconfiasse de toda a pessoa que se lhe apresentasse descalça. Por isso, logo que Jasão chegou à corte, o rei usurpador, à vista deste homem que trazia um pé descalço, assustou-se e, para o afastar, encarregou-o da expedição que iria conquistar o Velo de ouro, guardado pelo rei da Cólquida, Eetes. Jasão aceitou e embarcou no navio Argo, juntamente com os principais heróis gregos, que tomaram o sobrenome de Argonautas. Com a ajuda de Medeia, que tomou por esposa, o herói pôde apoderar-se do Velo de ouro e voltar a Iolco, onde vingou a morte do pai, que Pélias matara na sua ausência. Mas, expulso por Acasto, teve de fugir com Medeia para Corinto. Aí, apaixonou-se por Creúsa, filha de Creonte, e repudiou Medeia, que se vingou fazendo perecer a rival e matando os próprios filhos. Há duas versões que contam o fim de Jasão: uma afirma que o herói, desesperado com o anúncio da morte dos filhos, se suicidou; outra diz que o herói morreu esmagado pela popa do navio *Argo*.

JASÃO

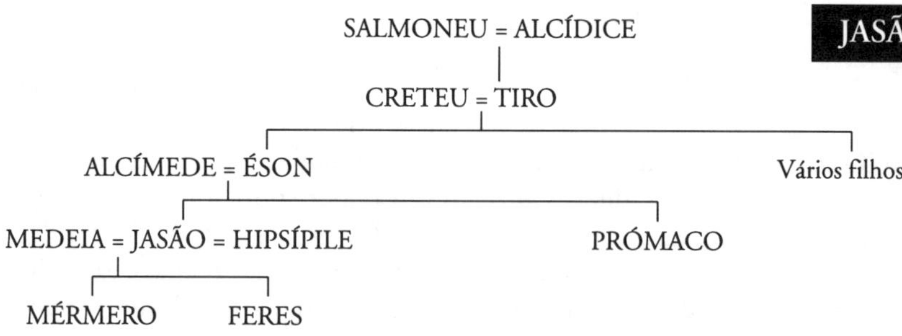

JOCASTA. Filha de um príncipe da família real de Tebas, Jocasta, chamada Epicasta por Homero, teve o triste privilégio de ser, ao mesmo tempo, mãe e esposa de Édipo, assassino do primeiro marido, Laio. Jocasta deu-lhe quatro filhos, Etéocles, Polinices, Antígona e Ismena, também chamados «os Labdácidas», contra os quais se iria encolerizar o destino, em sinal de maldição. Ao saber do incesto que cometera, Jocasta enforcou-se no palácio.

Jogos. Na época homérica, os jogos eram apenas torneios, poéticos ou atléticos, durante os quais os heróis entravam em competição por prazer, para obter a mão de uma mulher, a posse de um trono ou para honrar a memória de guerreiros ou de heróis mortos em campo de batalha. É assim que a *Ilíada* canta, longamente, os jogos fúnebres dados por Aquiles em honra de Pátroclo, morto na guerra de Tróia. Muito diferentes, e mais tardios, são os jogos públicos, que aparecem por meados do século VI e que se realizam em data fixa. Não são reservados exclusivamente às famílias da aristocracia e, marcados por um sentimento de veneração religiosa, obtêm sempre um grande sucesso popular. Todos os quatro anos, em Olímpia, no recinto sagrado de Áltis, celebravam-se os jogos Olímpicos, seguramente os mais famosos fundados por Héracles, que queria comemorar a sua vitória sobre Augias. No momento em que se realizam os jogos, são suspensas todas as hostilidades entre os Gregos. Os jogos Píticos, celebrados em Delfos, também a cada quatro anos, lembram a vitória de Apolo sobre a serpente Píton. Como o deus favorecia sobretudo as artes e a música, os jogos incluíam essencialmente concursos de canto e dança. Ao contrário, os jogos Nemeus realizavam-se a cada dois anos; haviam sido fundados por Héracles, quando matou o leão de Némea, ou por Adrasto, um dos Sete Chefes, em lembrança da morte acidental de Ofeltes, o filho do rei do país. Por fim, os jogos Ístmicos, que se realizavam em Corinto, cada três anos, foram organizados pela primeira vez por Posídon, em honra de Palémon – Melicertes – ou por Sísifo, ou mesmo por Posídon e Hélio, que selavam, deste modo, o acordo sobre a posse do Istmo pelo primeiro e da Acrocorinto pelo segundo. Diz-se também que o verdadeiro fundador dos jogos Ístmicos foi Teseu.

Outros jogos, de carácter político e religioso ainda mais claro, realizavam-se regularmente na Grécia, como as Panateneias, que reuniam, cada ano, todos os Gregos da Ática, para um culto comum à deusa Atena e permitiam à cidade de Atenas consolidar o seu poder e unidade. A tomada de consciência dos peregrinos reunidos à volta dos santuários de um deus, da unidade de uma só e grande Grécia, foi, na época clássica, uma das finalidades de todos os jogos públicos.

JUNO. O nome de Juno tem, sem dúvida, a mesma raiz que o de Júpiter. Tal como Júpiter é o rei do céu e dos deuses, Juno é venerada, em Roma, como rainha dos céus e esposa de Júpiter. Protectora das mulheres, ela acompanha-as durante a vida, desde o nascimento até à morte. Ela tem o papel como que de um duplo divino:

cada mulher tem a sua Juno, como cada homem possui o seu Génio. Para cada etapa decisiva da vida feminina, ela tem um sobrenome. Enquanto preside ao casamento, ela chama-se *Jugalis*. As parturientes imploram a sua ajuda com a denominação de *Juno Lucina*. As crianças que nascem são postas sob a sua protecção. Na verdade, mais do que deusa das esposas, ela é padroeira suprema das mães de família, a *Juno Matronalia*. O seu papel político não é de somenos importância; juntamente com Júpiter e Minerva, ela faz parte da trindade do Capitólio, que preserva o Estado romano e assegura a sua perenidade. Menos importante, mas mais próxima dos mortais do que a Hera grega, a quem se assimila, a Juno romana testemunha, sobretudo, a força fecunda da mulher.

JÚPITER. Durante toda a Antiguidade romana, Júpiter foi o maior de todos os deuses, o soberano do Céu e da Terra. Primitivamente venerado como divindade dos Elementos – o Tempo, o Raio, o Trovão, a Luz –, e posssuindo sobrenomes, epítetos sugestivos, como *Fulminator, Fulgurator, Tonitrualis, Pluvius, Tonans*, ele absorveu, pouco a pouco, as pequenas divindades da Itália; os seus atributos, bem como as suas representações, tomaram uma amplitude nova e multiforme. O Estado romano, extremamente centralizado, precisava de um deus que, no plano religioso, assegurasse e fortificasse a sua unidade. Júpiter tornou-se, de algum modo, esse deus político, garante das leis, dos tratados, dos juramentos e que protege Roma durante as guerras. A Júpiter Ferétrio eram oferecidos os despojos dos chefes inimigos. Implorava-se a Júpiter Stator – como durante o conflito entre Romanos e Sabinos – para parar uma invasão. Fora-lhe erguido um templo, no Capitólio, onde, ao lado de Juno e de Minerva, ele completava, com elas, a tríade capitolina protectora da integridade da cidade. Era chamado *Optimus Maximus*, e os cônsules, no momento da entrada no cargo, imploravam a sua ajuda e a sua indulgência. Era tão forte a preeminência de Júpiter no Estado romano que nem por isso se esvaneceu com a introdução de Zeus no panteão. Se é verdade que foram atribuídos ao primeiro os muitos mitos do segundo, também é certo que Júpiter conservou, até ao fim do paganismo, a sua importância política. Continuou a assegurar um laço único entre as diversas cidades do Império romano que possuíam, todas elas, o seu templo e as suas estátuas dedicadas a Júpiter. O próprio deus encarnou na pessoa dos imperadores que, para aumentarem o seu prestígio, não hesitaram em atribuir a si próprios os títulos do deus.

JUSTIÇA. Esta divindade alegórica romana, de aspecto ao mesmo tempo severo e digno, foi identificada com a Témis grega. Habitava outrora a Terra, na altura em que os homens viviam na bondade e na paz. Mas quando acabou a idade de ouro, e nasceram, no coração dos mortais, algumas tendências para o crime e para a iniquidade, a Justiça preferiu fugir e voltar aos céus, onde se tornou na constelação da Virgem.

JUTURNA. Ninfa de uma fonte do Lácio, Juturna, irmã de Turno, rei dos Rútulos, era célebre na mitologia romana pela sua beleza. Júpiter, que estava apaixonado por ela, concedeu-lhe a imortalidade e o poder de reinar sobre as ondas. As águas geladas da fonte Juturna eram famosas pelas suas propriedades salutares e simbolizavam também a insensibilidade da ninfa às pretensões de Júpiter.

JUVENTUDE. Esta divindade alegórica da juventude na religião romana foi tardiamente assimilada pela Hebe grega. Ela era particularmente venerada pelos adolescentes, no momento em que tomavam a toga viril. Passava por proteger a entrada dos jovens no mundo dos adultos.

K

KERES. Génios da morte, as Keres, filhas da Noite, tinham um aspecto disforme, asas negras e corpo recoberto por um manto húmido de sangue. Precipitavam-se sobre os campos de batalha, para sugar o sangue dos moribundos e enterrar as garras afiadas nas suas carnes. No entanto, na *Ilíada*, os seus atributos não diferem dos das Parcas: as Keres são a personificação dos diversos destinos entre os quais o homem ou o herói tem de escolher, para sempre. Numa época mais tardia, as Keres, génios maus, aconselham aos homens as más acções.

L

LÁBDACO. O nome deste rei de Tebas, neto de Cadmo e de Harmonia, pai de Laio e avô de Édipo, merece ser mencionado sobretudo por ter sido empregue para designar, com o nome patronímico de Labdácidas, os célebres heróis e heroínas tebanos Édipo, Polinices, Etéocles, Antígona e Ismena. Sabe-se, por outro lado, muito pouco sobre Lábdaco; terá reinado muito tarde em Tebas e a sua soberania foi marcada por uma guerra contra Pandíon, rei de Atenas.

Labirinto. No princípio, o labirinto, que se encontra principalmente no Egipto, era um monumento subterrâneo, escavado na rocha, que servia geralmente de túmulo a uma personagem célebre. O labirinto foi concebido como um conjunto de corredores complicados, de caminhos sem saída e múltiplos cruzamentos. Este costume parece ter chegado a Creta, onde, na lenda, o célebre Labirinto, construído por Dédalo por ordem do rei Minos, escondia para sempre do olhar dos vivos o Minotauro; monstro com corpo de homem e cabeça de touro, Pasífae dera-o à luz em consequência dos seus amores com um touro. O Labirinto cretense não era subterrâneo. Estava construído a céu aberto e compreendia um conjunto de peças e corredores enredados, dispostos em sábia desordem, concebido por Dédalo. Só Teseu, com a ajuda do fio de Ariadne, conseguiu encontrar o caminho, chegou junto do Minotauro e pôde matar o monstro. O mito do Labirinto foi retomado, de modo mais original, por outra lenda, a do rei Cócalo. Para descobrir Dédalo, o rei pensou oferecer uma recompensa a quem conseguisse fazer passar um fio pela espiral interna de uma concha de caracol. Dédalo conseguiu, atando um fio à pata de uma formiga. O insecto penetrou na concha, fez as várias voltas e atingiu, sem dificuldade, a saída deste novo labirinto.

LACEDÉMON. Rei epónimo do território ocupado pelos Lacedemónios, Lacedémon desposou Esparta, filha do rei Eurotas, e deu à capital do reino o nome da esposa. Teve um filho, Amidos, que lhe sucedeu no trono, e uma filha, Eurídice, esposa de Acrísio, filho de Abas.

LÁCIO. Território situado entre a Etrúria, a norte, e a Campânia, a sul, o Lácio figura em muitas lendas romanas anteriores à fundação de Roma. Na verdade, o Lácio foi governado por uma série de reis lendários que, depois da morte, tiveram as honras da apoteose (Jano, Pico, Fauno, Eneias). A população da capital, Alba-Longa, espalhou-se pela região e fundou, segundo se diz, a cidade de Roma.

LÁDON. 1. Este deus-rio da Arcádia, afluente do Alfeu, é filho de Oceano e de Tétis, marido de Estinfálide, pai de Dafne e de Métope. Nas suas margens, Pã encontrou a ninfa Sírinx e pôs-se a persegui-la. Ela precipitou-se para o rio, que logo a transformou em cana.

2. O dragão que guardava as maçãs de ouro das Hespérides também se chamava **Ládon**.

LAERTES. Este rei de Ítaca era filho de Arcísio; tomara parte na expedição dos Argonautas, na caça ao javali de Cálidon. A esposa, Anticleia, filha de Autólico, deu à luz Ulisses. Laertes teve uma vida retirada e triste, durante a longa ausência do filho. Vivia ainda quando este voltou; e, rejuvenescido por Atena, pôde ainda ajudar Ulisses a defender-se dos familiares dos pretendentes massacrados.

LAIO. Filho de Lábdaco, rei de Tebas, Laio sucedeu ao pai, após muitas contestações, e desposou Jocasta, segundo a tradição dos poetas trágicos. O oráculo de Delfos tinha afirmado que, se lhe nascesse um filho desta mulher, seriam grandes os perigos que correria. Mandou então para longe a esposa sem lhe dar qualquer satisfação. Vexada, ela embebedou o marido e este, meio inconsciente, gerou nela um filho, Édipo. Abandonada numa montanha, a criança foi recolhida e criada pelo rei de Corinto, Políbo. Um dia, Édipo encontrou no caminho Laio. Na ignorância recíproca dos laços de parentesco que os uniam, eles entraram em disputa e Édipo matou Laio; mais tarde desposou a viúva deste, sua própria mãe.

LÂMIA. Muitas vezes identificada com Empusa, Lâmia tomava a aparência de um fantasma aterrador para raptar e devorar as crianças. Ela fora outrora uma jovem encantadora, filha do rei Belo. Da sua união com Zeus, nasceram muitos filhos que Hera, ciumenta, fez perecer. Para se vingar, Lâmia transformou-se num monstro que se pôs a comer os recém-nascidos. Hera privou-a, então, de sono; e Zeus, para consolar a amante, vítima de tantas perseguições, concedeu-lhe o poder de tirar ou repor os próprios olhos, à sua vontade.

LAMPÉCIA. Filha de Hélio, Lampécia guardava, juntamente com a irmã Faetusa, os rebanhos sagrados de seu pai, na Sicília. Quando os companheiros de Ulisses devoraram alguns desses animais, as duas irmãs foram à procura de Hélio e advertiram-no do sacrilégio. O deus, irritado, fulminou os ímpios.

LAOCOONTE. Segundo a versão mais conhecida da lenda, Laocoonte é filho do príncipe troiano Antenor. Encarregado do culto de Apolo, Laocoonte cometeu um sacrilégio, pois casou-se, infringindo assim o voto de celibato, e atraiu sobre si a cólera de Apolo. Teve um papel determinante na queda de Tróia e, de modo particular, no célebre episódio do cavalo de madeira. Ele lançara um dardo contra o animal, para mostrar aos concidadãos que os flancos emitiam um som de uma cavidade onde se entrechocavam armas. Queria, deste modo, convencê-los a não introduzirem na cidade esta fortaleza inimiga disfarçada. Nesse mesmo momento, duas enormes serpentes, que saíram do mar, atiraram-se sobre o ímpio sacerdote e sobre os dois filhos, logo dilacerados e estrangulados. Mas os Troianos ignoravam o sacrilégio que Laocoonte cometera; pensaram, então, que a recusa de fazer penetrar o cavalo de madeira na cidade fora a única causa da cólera dos deuses. Abriram, pois, todas as grandes portas das muralhas e precipitaram, com este gesto infeliz, a ruína de Tróia.

LAODAMIA. 1. Filha de Acasto, Laodamia amava Protesilau, seu marido, apaixonadamente. Quando soube da sua morte diante das muralhas de Tróia, suplicou aos deuses que lhe concedessem rever o marido apenas durante três horas. Este favor foi-lhe concedido mas, quando acabou esse tempo, Protesilau preparou-se para descer, pela segunda vez, aos Infernos. Para não o abandonar, Laodamia suicidou-se. Conta-se também que Laodamia passava as noites abraçada à estátua que tinha a forma do marido. Quando soube disto, Acasto atirou a estátua ao fogo. Laodamia atirou-se, então, para as chamas e pereceu também.

2. A ama que recolheu e salvou o pequeno Orestes também se chamava **Laodamia**.

3. Uma terceira **Laodamia** é filha de Belerofonte. Foi amada por Zeus e deu à luz um filho, Sarpédon.

LAÓDICE. 1. Filha de Príamo e de Hécuba, Laódice foi, segundo alguns, esposa de Télefo, segundo outros, esposa de Helicáon, filho de Antenor. Ela fora amante de Ácamas, um dos filhos de Teseu, quando ele veio a Tróia como embaixador, e deu à luz um filho, Múnito. Quando se deu a queda de Tróia, ela fugiu, mas a terra entreabriu-se a seus pés e engoliu-a.

2. Uma outra **Laódice**, filha de Clitemnestra e de Agamémnon, é conhecida pelos trágicos gregos pelo nome de Electra.

LAOMEDONTE. Este filho de Ilo sucedeu ao pai no trono de Tróia. Com a ajuda de Posídon e Apolo, ele circundou a cidade com muralhas imensas e mandou construir um porto resguardado por importantes diques. Quando os deuses completaram, com zelo, os trabalhos respectivos, Laomedonte recusou sacrificar-lhes as cabeças de gado nascidas nesse ano, como tinha prometido. Para se vingar, Apolo enviou, ao reino, uma epidemia e Posídon enviou um monstro que devastava os campos inundando-os com água do mar. O oráculo consultado anunciou ao rei que tinha de expôr a própria filha, Hesíone, aos furores do monstro, para acalmar o deus do mar ofendido. Laomedonte foi então obrigado a amarrar a filha sobre um rochedo na beira do mar. Mas o acaso quis que Héracles, acompanhado por Télamon, viesse desembarcar sobre a costa de Tróia e avistasse a jovem.

O herói quebrou logo as cadeias e ofereceu-se a Laomedonte para abater o monstro. O rei prometeu-lhe, em troca, os dois cavalos brancos imortais e mais céleres que o ar, que Zeus lhe concedera em compensação do rapto de Ganimedes. Héracles mergulhou então a espada na garganta do monstro. Mas, mais uma vez, Laomedonte violou o compromisso. Héracles jurou vingança, abandonou a cidade de Tróia, recrutou uma armada e, de novo diante da cidade, ordenou o assalto imediato. Derrubou as muralhas e matou Laomedonte e todos os filhos, excepto Príamo, que ele estabeleceu no trono; Hesíone também foi poupada e oferecida a Télamon, o fiel companheiro do herói.

LÁPITAS. Povo mítico, os Lápitas habitavam nas montanhas da Tessália. Intervieram em numerosas lendas (Argonautas, javali de Cálidon), e tornaram-se famosos na luta que os opôs aos Centauros. Eram, na verdade, governados por Pirítoo, filho de Ixíon, e, consequentemente, meio-irmão dos Centauros. Estes reivindicaram a sua parte na herança. Para os acalmar, Pirítoo convidou-os para o seu casamento. Perturbados pelo vinho, os Centauros atacaram os Lápitas e tentaram violentar Hipodamia, a noiva de Pirítoo, mas foram vencidos.

LAR. Deus romano de origem etrusca, filho de Mercúrio e de Lara, o Lar encarna a alma dos mortos na forma de uma estatueta pequena que representa um adolescente. Protege cada habitação romana e é transmitido de geração em geração. É-lhe dedicado um culto minucioso e supersticioso. Aos Lares domésticos juntam-se os múltiplos Lares públicos, que garantem a segurança dos caminhos, dos campos, das encruzilhadas, e os Lares da cidade que são escolhidos entre os deuses romanos: Jano, Diana, Mercúrio.

LARA. Deusa romana do Silêncio, Lara, que tem por vezes os sobrenomes de *Muta* ou *Tacita*, é a heroína de uma lenda contada por Ovídio nos *Fastos*. Ninfa do Almo, ribeira que desagua no Tibre, ela recusou ceder às ordens de Júpiter. Ele ordenara às divindades das ribeiras que o ajudassem a raptar Juturna, por quem estava apaixonado. Pior que isso, Lara foi contar todos os projectos do galante Júpiter a Juno e a Juturna. Irritado, o deus arrancou-lhe a língua e ordenou a Mercúrio que conduzisse aquela tagarela aos Infernos. Durante o caminho, o deus seduziu-a e fez dela a mãe dos Lares. Lara é considerada, pelos Romanos, ao mesmo tempo deusa da Maledicência e uma das divindades do silêncio eterno, a Morte.

LARÊNCIA. As lendas divergem a respeito desta divindade romana também chamada, por vezes, Aca-Larência. Segundo uma, ela é esposa do pastor Fáustulo e mãe da ama dos gémeos Rómulo e Remo. Segundo outra, ela uniu-se a Hércules, que a tinha ganho como prémio de um jogo. Uma terceira versão dá-lhe por marido um rico possuidor de terras dos arredores de Roma. Mas ela é, talvez, apenas uma divindade ctónica, associada aos deuses Lares, tal como indicaria o seu nome Larência.

LARVAS. Génios malfeitores e demoníacos, as Larvas confundiam-se, muitas vezes, com os Lémures. Representavam também o espírito dos mortos que não tinham recebido sepultura ou que tinham cometido, durante a vida, crimes inexpiáveis. As Larvas voltavam à terra para atormentar os vivos e apareciam-lhes, com o aspecto de espectros ou esqueletos, trazendo consigo os terrores, as neuroses e mesmo a epilepsia.

LATINO. Este rei lendário, que deu o nome aos Latinos, era, para os Romanos, filho de Circe e de Ulisses, ou mesmo neto de Ulisses, ou ainda filho de Fauno e da ninfa Marica. De Amata, sua esposa, o rei teve uma filha, Lavínia, que Turno, o rei dos Rútulos, queria para esposa. Mas um dia, quando Lavínia realizava um sacrifício, foi envolta por chamas sem sentir qualquer dor. Interrogado sobre este prodígio, Fauno afirmou que ela deveria esperar, para se casar, a chegada de um guerreiro glorioso que ergueria bem alto a glória do nome dos Latinos. No dia em que Eneias desembarcou no Lácio, o rei reconheceu nele o herói anunciado e deu-lhe a filha em casamento. Latino, depois da morte, foi divinizado sob o nome de *Jupiter Latiaris.*

LAVERNA. Esta divindade romana de origens obscuras frequentava os lugares de má fama e concedia impunidade aos bandidos que a invocavam. Tornou-se, por isso, deusa dos ladrões.

LAVÍNIA. Filha única do rei Latino e de Amata, Lavínia estava noiva do chefe indígena Turno. Mas Fauno, seu avô, opôs-se, pelos seus oráculos, ao casamento e pediu que se esperasse pela vinda de um estrangeiro que daria origem a uma raça chamada a dominar o mundo. Eneias desembarcou, pouco depois, na Itália e encontrou refúgio entre os Latinos; ora, o rei, convencido da realização da profecia, concedeu-lhe a mão da filha. Porém, Juno, que perseguia sem tréguas todo o ser de raça troiana, provocou, por intermédio da fúria Alecto, a cólera e a oposição de Amata, o furor ciumento de Turno e, consequentemente, uma guerra inexpiável. Eneias venceu a guerra e tomou Lavínia por esposa. Já viúva, ela deu à luz um filho póstumo, Sílvio, a quem Ascânio, seu meio-irmão, foi obrigado a ceder a cidade de Lavínio, designando-o, mais tarde, como seu sucessor no trono.

LEANDRO. Este jovem de Abido atravessava, todas as noites, a nado, o Helesponto, para se encontrar com Hero, uma sacerdotisa de Afrodite, que morava na margem oposta. Ela guiava com uma tocha o percurso do amante. Só se deixavam de madrugada, quando surgia a aurora. Mas, numa noite de trovoada, o temporal apagou a chama da tocha. Leandro perdeu-se na escuridão das ondas e, desfalecido, afogou-se. O mar depositou o seu corpo na margem, onde Hero, inquieta até à loucura, o esperara horas a fio. Desesperada, a infeliz atirou-se às ondas e juntou-se, assim, para sempre, ao amante infortunado.

LEARCO. Perséfone tinha confiado ao rei Átamas de Orcómeno, e à esposa

Hino, o recém-nascido Dioniso. Enlouquecido por Hera, o rei matou o próprio filho Learco e despedaçou-lhe o corpo, pensando que era um veado. Conta-se também que Learco foi morto por confusão, em vez da própria mãe, Hino. Átamas queria, na verdade, punir a esposa por ter perseguido Frixo e Hele, os dois filhos que o rei tivera de Néfele.

LEDA. Filha de Téstio, rei da Etólia, ela viveu na corte de seu pai onde conheceu Tíndaro, destronado e expulso do seu reino em Esparta. Casou com ele e deu-lhe uma descendência ilustre surgida de um ovo: Pólux e Helena, filhos de Zeus, que amara Leda na forma de um cisne; Castor e Clitemnestra, filhos legítimos de Tíndaro.

LÉLEX. Rei epónimo dos Léleges, em Esparta, Lélex teve dois filhos, Miles e Policáon. O primeiro foi pai do deus-rio Eurotas, o segundo deu ao território que governava o nome da esposa, Messene (a Messénia). Por vezes é também considerado o avô de Teléboas; Lélex seria, pois, antepassado dos Teléboas, governados por Ptérelas.

LEMNOS. Uma das mais famosas ilhas do mar Egeu, Lemnos figura na mitologia como território de passagem de grande número de heróis, como os Argonautas e Filoctetes; pensa-se que Hefesto caiu aí, quando os deuses lhe retiraram a protecção e o precipitaram do Olimpo. A ilha foi povoada por Trácios; mas estes foram massacrados pelas próprias esposas, amaldiçoadas por Afrodite. Hipsípile, uma delas, foi escolhida como rainha. Lemnos foi avistada por Jasão e os Argonautas uniram-se com as Lémnias, mas a raça que nasceu dessa união foi finalmente expulsa da ilha pelos Pelasgos.

LÉMURES. São os espectros malfeitores, irrequietos e inquietantes dos mortos, que voltam, por vezes, às moradas terrestres para aterrorizar os vivos. Para os acalmar, ou antes para os pôr em fuga, os Romanos celebravam a festa chamada *Lemuria.* Atirava-se aos Lémures favas negras e batia-se, durante toda a noite, em vasos de bronze, para os assustar. Durante esta festa, todos os templos estavam fechados e eram proibidos os casamentos.

LESTRÍGONES. Durante a escala que fizeram no Sul da Itália, num porto geralmente identificado com a cidade de Fórmias, na Campânia, Ulisses e os companheiros foram atacados pelos Lestrígones. Eram gigantes antropófagos, que lhes atiraram pedras e afundaram todos os navios. O rei de Ítaca pôde escapar-lhes, mas muitos navegadores que o acompanhavam foram colhidos pelas mãos imensas dos gigantes e por eles devorados.

LETES. Filha de Éris, a Discórdia, e mãe das Cárites, Letes é uma nascente dos Infernos, onde as almas dos mortos vêm dessedentar-se, para esquecer todos os sofrimentos passados e as circunstâncias da sua existência terrestre anterior. Sob a influência da doutrina neoplatónica, Letes tornou-se no rio onde toda a alma que voltava à Terra devia mergulhar para esquecer a antiga pessoa que tinha habitado e, sobretudo, as imagens do Inferno e da Morte.

LETO. Chamada Latona pelos Romanos, Leto, filha do Titã Ceu e da Titânide Febe, foi amada por Zeus, que dela teve dois gémeos. Mas o deus, temendo a cólera de Hera, abandonou a amante. Hera, quando descobriu a infidelidade do marido, ordenou a todas as terras que recusassem a hospitalidade a Leto. A infeliz andou errante durante meses, de terra em terra. Avistou, por fim, um pedaço de terra que flutuava sobre a água, chamado Ortígia. Esta ilha árida e desolada quis acolher Leto já atormentada pelas primeiras dores. Nem Hera nem Ilitia, deusa dos partos e dos nascimentos, quiseram vir em sua ajuda, para lhe propiciar um parto sem dificuldades. A infortunada teve, então, de sofrer durante nove dias e nove noites: não pôde dar à luz os filhos divinos, Apolo e Ártemis, enquanto Ilitia não aceitou vir em sua ajuda. Foi então que Ortígia foi fixada no fundo do mar, por intermédio de quatro colunas, e que a vegetação e as flores começaram a perfurar a crosta árida do solo. A ilha tomou o nome de Delos, «a Brilhante», e tornou-se uma das ilhas mais célebres e mais férteis das Cíclades. Leto foi recompensada, pela sua constância e coragem, com o afecto dos dois filhos, que a defenderam contra o gigante Tício, das injúrias de Níobe e da serpente Píton.

LEUCIPO. 1. Este filho de Enómao, para melhor se aproximar de Dafne, que ele amava, disfarçou-se de mulher. Mas a artimanha foi descoberta e as Ninfas despedaçaram-no, ou, segundo outra versão, foi arrebatado pelos deuses.

2. Também se chamava **Leucipo** o filho de Perieres da Messénia, e marido de Filódice, filha do deus-rio Ínaco. Teve três filhas: Febe e Hilaíra, casadas com Idas e Linceu e raptadas pelos Dioscuros; e Arsínoe, a última, que foi amante de Apolo e certamente a mãe de Asclépio. Este Leucipo deu o nome à cidade de Leuctras.

LEUCÓTEA. É o nome pelo qual Ino passou a ser chamada depois de se tornar uma divindade marinha. Era filha de Cadmo e Harmonia e irmã de Sémele, mãe de Dioniso. Átamas, rei de Tebas, tinha repudiado Néfele, que lhe dera dois filhos, Frixo e Hele, para poder casar com ela. Ela deu-lhe dois filhos, Learco e Melicertes. Leucótea temia que os filhos do primeiro casamento reinassem em vez dos seus; queimou então algumas sementes e atraiu, com este gesto, sobre Tebas, uma fome aterradora. Deturpou, depois, o oráculo e fez proclamar, por toda a cidade, que os deuses exigiam o sacrifício de Frixo. Este teve apenas tempo para fugir com a irmã.

Mas a maldição iria abater-se sobre os dois esposos: para os castigar por terem criado o pequeno Dioniso, filho dos adultérios de Zeus, Hera enlouqueceu-os. Átamas confundiu o próprio filho, Learco, com um animal selvagem e matou-o. Leucótea, por seu lado, mergulhou Melicertes num caldeirão de água a ferver e atirou-se ao mar juntamente com o cadáver da criança. Só então a cólera dos deuses se acalmou. Leucótea tornou-se numa divindade marinha de cor branca, semelhante à da névoa. Obteve alguns poderes para apaziguar as tempestades e foi identificada, pelos Romanos, com a deusa *Matuta*. O filho foi também venerado como um deus e associado ao deus romano Portuno, guarda dos portos.

LIBERDADE. Esta divindade alegórica foi criada por necessidade da política imperial romana. Associada a Júpiter, foi venerada principalmente no Aventino; tomou o aspecto de uma mulher com um boné frígio, atributo revolucionário de alcance universal, com um ramo de loureiro numa das mãos.

LÍBERO. Esta divindade arcaica da Itália Central, sem lenda própria, juntamente com a sua semelhante, Líbera, presidia à cultura da vinha e à fertilidade dos campos. Foram sem dificuldade assimilados por Baco, deus do Vinho, e por Ceres, deusa do Trigo.

LIBITINA. Esta muito antiga divindade romana do mundo subterrâneo não possui lenda nem mito. Era nomeada durante as cerimónias fúnebres, cujo desenrolar ela protegia. Do mesmo modo, logo foi confundida com a deusa da morte, Prosérpina. Em consequência de uma etimologia errónea, foi aproximada a *Libido* (a Paixão), e tornou-se auxiliar de Vénus.

LICÁON. 1. Filho de Pelasgo, Licáon, rei da Arcádia, e os seus cinquenta filhos eram famosos pela sua impiedade. Zeus decidiu visitá-los disfarçado de pobre camponês. Licáon, para saber se este estrangeiro, sentado à sua mesa, era um deus, ousou servir-lhe pratos que continham carne humana. Zeus, indignado, repeliu para longe a mesa do festim e fulminou todos os filhos do rei, excepto Níctimo, que subiu ao trono; a Licáon transformou-o em lobo. Segundo uma outra lenda, Licáon era também pai de Calisto, a futura constelação da Ursa.

2. Filho de Príamo, um outro **Licáon** foi surpreendido no jardim de seu pai por Aquiles, que o prendeu. Pátroclo vendeu Licáon em Lemnos, mas Eécion, de Imbros, voltou a comprá-lo, e o príncipe voltou secretamente a Tróia para perecer, doze dias depois, às mãos de Aquiles.

LICAS. Companheiro de Héracles, Licas foi encarregado por Dejanira de levar a túnica de Nesso ao herói, que devia vesti-la no momento de oferecer um sacrifício a Zeus. Ao vesti-la, Héracles sentiu que todo o corpo se consumia. Enlouquecido pela dor, derrubou os altares, arrancou as árvores, injuriou Licas que, aterrado, tentou desculpar-se. Héracles não o escutou, agarrou-o por um pé, fê-lo rodopiar sobre a sua cabeça e precipitou-o no mar da Eubeia. Aí, o infeliz foi transformado em ilhas rochosas, as Lícades.

LICÍMNIO. Filho de Eléctrion e de uma escrava, Média, Licímnio acompanhou, depois da morte do pai, Anfitrião e a sua meia-irmã, Alcmena, em caminho para Tebas, onde se casou com Perimede, irmã de Anfitrião; esta deu-lhe três filhos, Eno, Argeu e Melas, que acompanharam todos Héracles em algumas das suas expedições. O primeiro foi morto em Esparta pelos filhos de Hipocoonte; os dois outros foram massacrados durante um ataque, na Ecália, contra o rei Êurito. Depois da morte de Héracles, de quem era tio, Licímnio foi perseguido, com os Heraclidas, por Euristeu, e tentou instalar-se no Peloponeso, mas em vão. Conta-se que Tlepólemo, um heraclida, quis bater num dos escravos com um bastão, mas atingiu, sem querer, Licímnio, que se interpusera, e matou-o.

LICO. 1. Filho de Cadmo, rei de Tebas, Lico foi condenado à morte, junto com a esposa, Dirce, por Anfíon e Zeto, por causa dos maus-tratos que o casal dera a Antíope.

2. Um outro **Lico**, filho de Pandíon, foi expulso do reino de Atenas pelo irmão Egeu e encontrou refúgio na Messénia onde se tornou sacerdote das deusas Deméter e Perséfone e se iniciou nos mistérios das deusas; recebeu também o dom da profecia. Diz-se ainda que ele emigrou para esta região da Ásia Menor e lhe deu o seu nome, a Lícia.

3. Um terceiro **Lico**, rei dos Mariandinos, recebeu a ajuda de Héracles e graças a ele pôde apoderar-se do reino dos Bébrices.

LICOMEDES. Rei da ilha de Ciros, Licomedes recebeu Aquiles que, disfarçado de mulher, tentava, a conselho de Tétis, sua mãe, não partir para Tróia. Aí, Aquiles teve de Deidamia, filha de Licomedes, um filho célebre, Neoptólemo. Encontramos este rei na lenda ateniense sobre Teseu. Quando o herói chegou a Ciros, Licomedes recebeu-o com grande pompa. No entanto, temendo que o seu hóspede o destronasse, fê-lo subir a uma alta falésia e precipitou-o lá de cima.

LICURGO. 1. Quando Dioniso chegou à Trácia com o cortejo das Bacantes e alguns fiéis, foi atacado por Licurgo, rei dos Edonos, que capturou o séquito do deus e o obrigou a fugir e a refugiar-se no mar, no fundo da gruta de Tétis. A impiedade do rei merecia um castigo. Os deuses ajudaram as Bacantes, prisioneiras, a quebrar as grilhetas e estas enlouqueceram Licurgo: o infeliz matou o filho, Drias, à machadada, pensando que cortava um pé de videira. Horrorizada com o crime, a Trácia tornou-se estéril. Um oráculo pediu aos Edonos que matassem o rei. Licurgo foi então amarrado a quatro cavalos selvajens que o despedaçaram. O campo voltou a ganhar verdura.

2. Rei de Némea, um outro **Licurgo** acolheu os Sete Chefes a caminho de Tebas, consentiu que lhes fosse dada água e encarregou Hipsípile de os guiar.

LINCEU. 1. Filho de Egipto, Linceu foi o único a escapar ao massacre dos irmãos pelas Danaides e foi salvo graças à cumplicidade da esposa Hipermnestra. Fugiu de Argos e esperou, numa colina vizinha, um sinal luminoso para voltar, são e salvo, para junto da esposa. Os Argivos, cada ano, comemoravam esta lenda com uma festa de archotes. Diz-se que Linceu se reconciliou com o sogro, Dánao, mas outras lendas afirmam que, mais tarde, Linceu matou o rei e tomou o poder em seu lugar. Talvez tenha massacrado as cunhadas, para vingar o assassínio dos irmãos.

2. Herói da Messénia, irmão de Idas e filho de Afareu, este **Linceu** é um dos Argonautas mais célebres: o seu

olhar era tão penetrante que via, na obscuridade, como em pleno dia. Foi morto por Pólux, um dos Dioscuros.

LINCO. Rei da Cítia, Linco recebeu um dia, na sua corte, Triptólemo, a quem Deméter tinha dado a ordem de espalhar, por toda a terra, a arte de cultivar o trigo. Ciumento dos seus poderes e dons, o rei quis matar o hóspede durante a noite. Mas Deméter previu o gesto criminoso do rei e transformou Linco em lince.

LINO. Parece que, na sua origem, Lino era um tipo de canto fúnebre. Mas, pouco a pouco, personificou-se. Segundo uma tradição da Argólida, Psâmate, a filha do rei Crotopo, tivera de Apolo um filho, Lino. Por temer a ira do pai, ela expôs a criança. Esta foi recolhida por pastores mas, pouco depois, devorada por cães. Psâmate não pôde esconder a sua dor e revelou a sua falta. Furioso, o pai condenou-a à morte. Este duplo crime atraiu a cólera de Apolo, que castigou a cidade de Argos enviando uma Harpia, depois a peste. Interrogado, o oráculo de Delfos ordenou aos Argivos que estabelecessem um culto à memória e em honra de Lino e de Psâmate; e logo a epidemia cessou. Na Beócia, uma outra lenda diz que Lino tivera uma Musa por mãe. Músico excelente, ele fora encarregado de ensinar Héracles mas, um dia que Lino ousara repreender o aluno rebelde, o herói matou o mestre. Contava-se ainda que Lino tivera a imprudência de rivalizar com Apolo, afirmando que tocava lira melhor do que o deus. Irritado, o deus tê-lo-ia morto para o castigar daquela vaidade insolente.

Lira. A invenção deste instrumento musical deve-se à musa Polímnia; outras versões afirmam que foi Hermes quem, apenas recém-nascido, se escapou do berço, tropeçou numa tartaruga, que ele matou, e estendeu sete cordas sobre a cavidade da carapaça do animal. Símbolo da poesia, a lira é não só o instrumento preferido de Apolo, mas também o dos poetas míticos, como Orfeu, que pôde com ela encantar as Sereias, e Tâmiris, que quis rivalizar com as Musas: punido pela vaidade, foi atingido pela cegueira.

LÓTIS. Esta ninfa conseguiu sempre escapar ao deus Priapo, que tentava seduzi-la de surpresa; ela foi salva pelo zurrar do burro de Sileno, que lhe permitiu fugir num momento em que o deus se aproximava dela. Um dia, já quase a sucumbir a Priapo, ela transformou-se num arbusto, o *lótus*.

LOTÓFAGOS. Povo lendário, que os Antigos identificaram com as populações do Nordeste de África, os Lotófagos tinham o estranho costume de se alimentar exclusivamente de um fruto, o *lótus*, que sabia a mel e a flores moídas. A quem desembarcasse na sua região, como fizeram Ulisses e os companheiros, eles ofereciam este alimento desconhecido, cujo sabor era tão fino e delicado que os recém-chegados, encantados, esqueciam a própria pátria e recusavam abandonar a região dispensadora de dons tão saborosos. Ao aperceber-se do perigo, que não previra, Ulisses teve de usar a força para obrigar os companheiros a voltar às embarcações e a fazerem-se ao mar em direcção à pátria.

Loucura. Misteriosa, por vezes repentina, a loucura atinge muitas vezes as personagens mitológicas. Ela é frequentemente a manifestação da cólera de um deus. Este envia geralmente as Erínias, que atormentam, até à alucinação, os criminosos ou os assassinos, por vezes mesmo um certo grupo de homens ou de mulheres, que cometeram faltas colectivas. Só a purificação pode pôr fim aos acessos de demência. Ela é, então, sinal privilegiado do perdão dos deuses. Purificado da culpa, o criminoso enlouquecido volta à normalidade mental. Algumas divindades, associadas ao culto de Dioniso, como as Ménades, são repentinamente possuídas pelo deus e como que dominadas por uma força misteriosa, que as faz perder a razão e as incita a corridas loucas e tumultuosas através dos campos. Até a epilepsia, o «mal sagrado», curta manifestação de uma espécie de demência, e todos os males semelhantes, sobretudo entre os Romanos, tudo é considerado sinal da presença, por vezes benévola, dos deuses.

LUA. Consagravam-se a esta divindade primitiva da Itália os despojos de guerra e as armas capturadas aos inimigos durante as batalhas. Como rodeava os guerreiros mortos, ela era, por vezes, incluída entre as divindades infernais, sob o nome de Lua de Saturno.

LÚCIFER. Deus-astro dos Romanos, identificado com o Fósforo dos Gregos, Lúcifer («portador da luz») anuncia a Aurora, de quem é filho. Conhecemos-lhe outros nomes, designando todos a Estrela da Manhã [o planeta Vénus]: Héspero, Heósforo. É pai de Ceíce, e de Dedálion, pai de Quíone.

Lúcifer é também o sobrenome das principais divindades da Luz.

LUPERCO. Este antigo deus itálico, amigo dos pastores e protector dos rebanhos contra os lobos, foi rapidamente assimilado pelos Romanos a Fauno; depois, após a conquista da Grécia, com Pã árcade. A festa das Lupercálias era celebrada em sua honra para evitar a esterilidade feminina.

M

MACÁON. Filho de Asclépio, Macáon reinou, com o irmão Podalírio, sobre três cidades da Tessália. Pretendente de Helena, tomou parte na expedição contra Tróia e, tendo recebido do pai o precioso dom de curar as feridas, mesmo as mais graves, pôs-se ao serviço dos heróis. Curou Menelau, atingido por uma flecha de Pândaro, e Filoctetes, consumido por uma chaga feita havia dez anos por uma flecha de Héracles. Foi, por fim, um dos que se introduziram nos flancos do cavalo de Tróia. Macáon foi logo morto por Eurípilo, filho de Télefo. As cinzas sagradas deste médico, possuidor de uma ciência miraculosa, foram levadas por Nestor para um santuário de Gerénia, onde os doentes vinham procurar a cura.

MAIA. Esta Plêiade foi amada por Zeus numa gruta do monte Cilene. Deu à luz Hermes. Foi também a ama de Árcade, filho de Zeus e de Calisto, o que lhe valeu o ressentimento de Hera. Os Romanos, que veneravam Maia, acrescentavam que, perseguida por Juno, ela só repousou quando o amante a transformou em astro.

MANES. Originalmente, os Manes eram génios tutelares da casa romana, tal como os Penates e os Lares. Representavam a alma dos defuntos que tinham outrora habitado aquela casa. Mais tarde, os Romanos deram este nome às almas dos mortos, que consideraram divinas, e fizeram delas divindades do mundo inferior; concederam-lhes um culto para acalmar a sua ira. Segundo algumas tradições, estes génios tinham por mãe Mania, a personificação da loucura. Mas ao chamar-lhes Manes, isto é, «favoráveis», as almas dos mortos tão temidas pelos Romanos deviam, por esta ingénua adulação, tornar-se benfeitoras.

MANIA. Semelhante às Erínias, esta divindade tinha o poder aterrador de suscitar a loucura no espírito dos culpados e de os levar a acções impensadas, aos crimes, assassínios e sacrilégios.

MANTO. Filha do adivinho Tirésias, Manto foi capturada pelos Epígonos durante a expedição contra Tebas. Estes enviaram-na, juntamente com os despojos da cidade pilhada, para Delfos, em agradecimento a Apolo pela ajuda dispensada. Aí aprendeu a arte da adivinhação e tornou-se numa sibila; deixou então a Grécia e partiu para a Ásia Menor onde, como amante de Apolo, deu à luz o adivinho

Mopso. Conta-se também que Manto foi seduzida por Alcméon, um dos Epígonos, que lhe gerou um filho, Anfíloco. Os Romanos afirmaram, por seu lado, que uma Manto, filha de Hércules, dera à luz um filho, Aucno que, mais tarde, em honra de sua mãe, fundou uma cidade que se chamou Mântua.

MARICA. Segundo Virgílio, esta ninfa da antiga religião latina era considerada esposa de Fauno e mãe de Latino, rei do Lácio. Era honrada num bosque sagrado, nas margens do Líris, pelos habitantes de Minturnas, cidade importante do Lácio, nas fronteiras da Campânia.

MÁRON. Neto de Dioniso, filho de Evantes, e sacerdote de Apolo em Ismaro, na Trácia, Máron ofereceu a Ulisses um vinho muito forte com o qual o herói embriagou o ciclope Polifemo que adormeceu antes de o herói lhe vazar a única vista. Máron, pela sua origem, faz parte do cortejo de Dioniso e personifica a Ebriedade, sobretudo entre os Romanos.

MARPESSA. Filha de Eveno, rei da Etólia, e neta de Ares, Marpessa foi prometida pelo pai àquele que o vencesse numa corrida de carros. Mas ele estipulou também que o pretendente vencido seria decapitado. Desprezando o perigo, foram numerosos os que arriscaram e pereceram decapitados. Um dia, Idas, apaixonado por Marpessa, pediu ao pai, Posídon, que lhe oferecesse um carro encantado. Pôde assim arrebatar Marpessa. Mas Apolo, também ele apaixonado pela jovem, desafiou o herói para um duelo. Zeus separou os combatentes e pediu a Marpessa que escolhesse. Sabiamente a jovem elegeu para marido o mortal, pois temia, com razão, que o deus, demasiado inconstante, a abandonasse na velhice. Para os Antigos, ela era também o símbolo da prudência e da ponderação.

MÁRSIAS. Este Sileno, considerado o inventor da harmonia frígia, recolheu um dia uma flauta que Atena tinha deitado fora e amaldiçoado, afirmando que soprar nela deformava as faces. Encantado com os sons melodiosos deste instrumento, Mársias ousou desafiar Apolo. O deus aceitou impondo apenas a condição de que o vencido se pusesse à discrição do vencedor. Foram escolhidos, como árbitro do concurso, as Musas e o rei Midas. Depois de uma disputa cerrada, as Musas pronunciaram-se a favor de Apolo, enquanto Midas, por seu lado, reservava ao Sileno a vitória. Apolo castigou-o. Quanto a Mársias, o deus infligiu-lhe o terrível suplício de ser esfolado vivo e suspenso num pinheiro. Conta-se que Apolo, arrependido da vingança, transformou Mársias em rio e consagrou a flauta a Dioniso.

MARTE. É a transposição latina do Ares helénico e um dos deuses romanos sobre os quais as interpretações mitológicas permanecem controversas. É certo que ele é o deus da Guerra: os colégios dos sacerdotes sálios, que o honravam, invocavam-no batendo nos escudos; Augusto mandou erguer um templo em sua honra concedendo-lhe o sobrenome de *Ultor* («o Vingador»).

Entretanto, a influência que a figura de Ares exerce sobre Marte não deve apagar o carácter muito mais complexo do primitivo Marte, venerado muito particularmente pelos Sabinos e pelos Oscos. Longe de ser um deus da Destruição, Marte protegia, pelo contrário, a vegetação e assegurava o seu desenvolvimento. Durante o mês que tem o seu nome, altura em que se manifesta a eclosão dos primeiros ramos e das primeiras flores, era-lhe consagrada uma festa. Os mitógrafos contemporâneos tentaram fazer uma síntese plausível dos dois atributos do deus: a guerra e a prosperidade. Mostraram que as festas de Marte se desenrolam na altura em que as armadas abandonam o repouso e retomam os combates. Marte seria, então, a figura simbólica do despertar da força e do vigor, tanto na natureza como no coração dos guerreiros.

MATER MATUTA. Esta deusa era primitivamente adorada pelas matronas romanas, a quem favorecia a fecundidade. Mais tarde, porém, o epíteto de Matuta, que lhe foi atribuído, confundiu-a com a luz matinal e com a Aurora. Quando os mitos gregos penetraram em Roma, Mater Matuta foi, por razões obscuras, assimilada a Leucótea que, transformada em deusa marinha após ter-se suicidado, viera, segundo uma lenda, encontar refúgio nas costas da Itália.

MEANDRO. Como todos os rios divinizados, Meandro é filho de Oceano e de Tétis. Tem a sua nascente na Frígia e desagua no mar Icário. É o pai de Ciânee, a mãe de Cauno. Este último foi amado pela própria irmã Bíblis e, para escapar a este amor contranatura, partiu para a Cária, onde fundou a cidade de Cauno.

MEDEIA. A história de Medeia liga-se à lenda dos Argonautas. Quando estes desembarcaram no litoral do Ponto, na Cólquida, para conquistar o Velo de ouro, eles tiveram de enfrentar a hostilidade do rei Eetes, guardião do precioso tesouro. Receberam, entretanto, a ajuda de Medeia, a filha do rei, que se apaixonara por Jasão. Especialista nas artes da magia, a jovem deu ao amante uma loção, com a qual o herói devia untar o corpo, para se proteger das chamas do dragão que vigiava o Velo de ouro. Ofereceu-lhe também uma pedra, que ele atirou para o meio dos homens armados, que haviam nascido dos dentes do dragão: imediatamente os guerreiros começaram a lutar, matando-se uns aos outros, e o herói pôde, assim, apoderar-se do Velo. Em agradecimento, Jasão concedeu a Medeia o título de esposa. A maga fugiu então com ele e, para impedir Eetes de os perseguir, ela matou e despedaçou o próprio irmão Absirto, cujos membros ensanguentados espalhou ao longo do caminho que trilhava. Chegada a Iolco, na Tessália, foi recebida com grande pompa. Por amor a Jasão, ela entregou-se a todo o tipo de crimes. Foi assim que incitou as filhas de Pélias a matarem o próprio pai, sob pretexto de que o rejuvenesceriam, cortando-o em pedaços e atirando-o para uma caldeira de água a ferver. Repelidos por Acasto, o filho de Pélias, os esposos refugiaram-se em Corinto, onde Medeia deu à luz dois filhos, Feres e Mérmero. Após alguns anos de felicidade, Jasão abandonou Medeia e tomou Creúsa, a filha de Creonte, rei de Corinto, por esposa. Ao ver-se repudiada e injuriada, Medeia pensou numa vingança exemplar. Ofereceu a Creúsa uma túnica que queimou o corpo da jovem esposa e incendiou o palácio; depois, estrangulou os próprios filhos. Após estes crimes, Medeia fugiu para Atenas num carro atrelado por dois dragões alados e desposou o rei Egeu, de quem teve um filho. Banida por Teseu, que tentara em vão matar, ela voltou, por fim, para junto do pai, na Cólquida. Segundo uma tradição, desceu aos Campos Elísios, onde se uniu a Aquiles.

MEDUSA. A única das três Górgonas que não era imortal, Medusa valia-se do terror particular que inspirava aos mortais, com a cabeleira formada por serpentes, os dentes enormes, as convulsões que crispavam o seu rosto e o olhar que petrificava quem ousasse enfrentá-lo. Os mitos a este respeito são abundantes: todos tentam explicar estes malefícios. Segundo uns, ela seria uma jovem bela demasiado orgulhosa da própria cabeleira. Para a castigar, Atena teria transformado a cabeleira da jovem num molho de serpentes. Segundo outros, a mesma Atena tê-la-ia punido por se ter unido a Posídon, impondo-lhe uma figura horrenda. A morte de Medusa é também objecto de muitas narrações: a mais conhecida põe em cena o herói Perseu, que, por ordem de Atena e com a sua ajuda particular, cortou a cabeça de Medusa. Para não ser petrificado, só pôde olhar para a imagem da Górgona no espelho polido do seu escudo. Do sangue que se espalhava, nasceram Pégaso e Crisaor, filhos de Posídon, o único deus que ousou juntar-se a este monstro horrível. A cabeça de Medusa ornou a égide de Atena. A deusa, graças a este atributo mágico, punha em fuga os adversários.

MÉGARA. O rei de Tebas, Creonte, concedeu Mégara, sua filha, a Héracles, vencedor dos Mínias de Orcómeno e do próprio rei, Ergino, que impunha um pesado tributo aos Tebanos. Esta união iria acabar de forma trágica. Quando Héracles teve um dia de se ausentar para descer aos Infernos e buscar Cérbero, um tal Lico apoderou-se de Tebas, matou Creonte e quis massacrar Mégara, juntamente com os filhos, para reinar sem qualquer preocupação. Ao regressar, o herói assassinou o usurpador, mas Hera enlouqueceu-o e levou-o a estrangular a esposa e os filhos. Uma outra versão diz que Mégara escapou à carnificina, mas Héracles, não podendo suportar a vista da esposa que lhe lembrava a morte dos filhos, deu-a em casamento ao sobrinho, Iolau.

MEGERA. Uma das Erínias, Megera (o «Ódio») tem duas funções principais: suscita entre os homens as querelas armadas, as cóleras e os crimes de ciúme e inveja; nos Infernos, ela atormenta, com as irmãs Alecto e Tisífone, os culpados, que ela própria conduzira ao assassínio.

MELAMPO. Neto de Creteu, Melampo tinha adquirido o dom da adivinhação de modo ímpar, ao enterrar o corpo de uma serpente. Os filhos deste animal – que os Antigos veneravam recompensaram-no por este acto de piedade lambendo-lhe, durante o sono, as orelhas. Ao acordar, apercebeu-se de que compreendia a linguagem das aves, dos insectos e de muitos outros animais. Pôs este dom ao serviço do irmão Bias que, para obter a mão de Péro, filha de Neleu, devia roubar a Fílaco um rebanho que era guardado por um cão feroz que nunca dormia. O adivinho dirigiu-se a Fílaco e foi retido como prisioneiro um ano. Um dia, ouviu dois bichos da madeira que anunciavam o desmoronamento iminente das traves carunchosas que sustentavam o tecto do cárcere. Melampo preveniu os guardas e fez-se transferir para uma outra prisão. Aquela que ele tinha deixado desmoronou-se pouco depois. Admirado com tal presciência, Fílaco pediu a Melampo que lhe curasse o filho impotente. O adivinho conseguiu a cura à força de práticas mágicas. Em agradecimento, Fílaco ofereceu-lhe o rebanho e Bias pôde assim obter a mão de Péro.

Melampo multiplicou ainda os seus prodígios. Foi o primeiro a introduzir o culto de Dioniso na Grécia. Libertou as filhas de Preto, rei de Tirinte, da loucura com que tinham sido atingidas. Na sua loucura, elas consideravam-se vacas e percorriam os campos a mugir. Como paga pelo seu trabalho, Melampo exigiu dois terços do reino. Depois de muita recusa e hesitação, o rei consentiu e deu mesmo em casamento a Melampo e ao irmão duas das filhas, Ifianassa e Lisipe.

MELANIPE. Hipe, filha do centauro Quíron, foi seduzida por Éolo, o filho de Hélen, no monte Pélion. Ela deu à luz uma filha, Melanipe, e obteve de Posídon a graça de ser colocada entre as estrelas, onde veio a ser a constelação do Cavalo. Deste modo, o centauro Quíron nunca teve conhecimento da culpa da filha. Melanipe foi também ela seduzida por Posídon e pôs no mundo dois filhos, Beoto e Éolo.

Conhecemos uma outra lenda, na qual Melanipe era a rainha das Amazonas. Capturada por Héracles, foi depois resgatada pela irmã Hipólita, mas morta por Télamon pouco depois, num combate, por ter rompido uma trégua.

MELANIPO. 1. Quando Teseu foi morto pelo bandido Sínis, ele uniu-se a Perigune, filha deste, e teve um filho, Melanipo.

2. O mais célebre **Melanipo** é, no entanto, o que, na lenda, combateu com Etéocles, contra os Sete Chefes, e matou Mecisteu e Tideu. Este último, quase a expirar, viu chegar Anfiarau, que lhe trazia a cabeça de Melanipo. Na selvajaria de um último instinto de vingança, Tideu abriu o crânio do inimigo e engoliu-lhe, de uma só vez, o cérebro; depois expirou. Atena, horrorizada com tal crueldade, recusou conceder a Tideu a imortalidade.

MELÂNTIO. Este cabreiro traiu o seu senhor, Ulisses, e pôs-se do lado dos Pretendentes. Quando o herói voltou a Ítaca, disfarçado de mendigo, Melântio insultou-o, depois distribuiu armas aos Pretendentes atacados por Ulisses. Foi preso depois da vitória do seu senhor; como castigo, foi-lhe cortado o nariz, as orelhas, as mãos e os pés, que foram dados como alimento aos cães.

MELANTO. 1. Filha de Deucalião, Melanto, segundo a versão mais comum, uniu-se a Posídon e deu à luz um filho, Delfo, herói epónimo de Delfos.

2. Conhece-se uma outra **Melanto**, irmã de Melântio, o cabreiro de Ulisses, que ela seguiu na traição, pondo-se do lado dos Pretendentes. Foi enforcada, tal como todas as servas infiéis ao herói.

MELEAGRO. Conhecem-se duas versões da lenda de Meleagro. Uma, na *Ilíada*, que Fénix conta a Aquiles, outra mais tardia. Na primeira versão, Meleagro é filho de Eneu, rei de Cálidon, e de Alteia. Seu pai tinha-se esquecido de sacrificar a Ártemis. A deusa sentiu-se tão ultrajada que logo enviou um javali monstruoso para devastar a região de Cálidon e ameaçava introduzir, pouco a pouco, a fome em todo o reino etólio. Meleagro ofereceu-se para expulsar o monstro e pediu a ajuda das cidades das redondezas, bem como a dos Curetes. Abatido o animal, Ártemis, quando se tratou da partilha dos despojos, suscitou uma querela entre Etólios e Curetes, que logo se puseram em luta. No meio da confusão geral, Meleagro matou os irmãos da mãe. Esta enviou então sobre o filho a maldição dos deuses e a cólera das Erínias. Meleagro retirou-se então do combate, por temer o castigo das forças divinas. Entretanto, como os Curetes vitoriosos cercavam a cidade e a incendiavam já, todos os amigos de Meleagro, a mãe e a própria esposa Cleópatra se prostraram a seus pés pedindo-lhe que voltasse à luta. O herói deixou-se comover, revestiu-se com a mais bela armadura que possuía e repeliu o assalto dos Curetes.

Segundo outra versão, Alteia recebeu a visita das Parcas quando Meleagro nasceu. Elas revelaram-lhe que o filho viveria tanto tempo quanto durasse o tição que então ardia no átrio. Alteia apressou-se logo a apagá-lo e escondeu-o cuidadosamente. Maleagro cresceu, forte e corajoso, e participou, com uma multidão de heróis, na caça ao javali de Cálidon. Uma vez vencido o monstro, ele desejou oferecer os despojos à caçadora Atalanta. Vexados por lhes terem preferido uma mulher, os irmãos de Alteia proferiram ameaças. Irritado, Meleagro combateu-os e matou-os. Então, Alteia, louca de desespero, foi buscar o tição, acendeu-o e, quando se apagou a última brasa, a vida escapou-se do corpo de Meleagro. Quando tomou consciência do seu gesto, Alteia desesperada enforcou-se, e as irmãs de Melagro não pararam de chorar até que Ártemis as transformou em galinhas do mato.

MÉLIA. Ninfa Oceânide, Mélia foi esposa do deus-rio Ínaco e deu à luz Foroneu, um dos reis lendários de Argos, Egialeu e Fegeu, um dos reis da Arcádia.

MELÍADES. Estas Ninfas nasceram do sangue de Úrano, derramado quando este foi mutilado por Crono. Para comemorar este mito, os Gregos atribuem-lhe, como habitação, os freixos, com os quais se fabricavam, então, as armas mortais que provocavam grandes derrames de sangue. Elas protegem as crianças abandonadas sob os ramos dos freixos, cuja cúpula lhes serve de abrigo natural contra as intempéries. Há outras tradições que atribuem às Melíades, certamente pela mesma razão, o poder de protegerem os rebanhos.

MELICERTES. Filho de Ino e de Átamas, Melicertes foi vítima da loucura assassina dos próprios pais e, segundo uma versão, atirado para dentro de uma caldeira com água a ferver; segundo outra, foi morto pelo pai com um golpe de chuço, ou ainda atirado pela mãe ao mar. Entretanto, o trágico destino havia de obter uma recompensa suprema. Melicertes foi admitido entre as divindades do Mar e passou a chamar-se Palémon; os jogos Ístmicos foram mesmo instituídos em sua honra por Sísifo. Melicertes foi assimilado, pelos Romanos, ao deus Portuno, protector dos portos de Roma.

MELPÓMENE. A tragédia está sob a protecção desta Musa. Mas, originalmente, a Melpómene cabia o canto e a harmonia musicais. Como foi logo associada a Dioniso, pensou-se então em pôr, sob sua protecção, a tragédia, nascida do culto dionisíaco. Foi-lhe também colocado, na mão direita, o bastão de Héracles, herói cujos feitos o teatro gostava de celebrar; na mão esquerda, ela empunha a máscara trágica.

MÉMNON. Filho de Eos (a Aurora) e de Titono, chefe de um contingente de Etíopes na guerra de Tróia, Mémnon foi um herói de grande valor e combateu corajosamente ao lado dos Troianos contra os Gregos. Graças à sua armadura, que, tal como a de Aquiles, havia sido forjada por Hefesto, ele pôde matar muitos heróis gregos e, em particular, Antíloco, filho de Nestor. Aquiles decidiu vingar a morte do compatriota e amigo e moveu, contra Mémnon, um combate singular. Nos céus, Zeus pesava o destino dos dois heróis diante de Tétis e de Eos, suas mães lacrimosas. A balança inclinou-se a favor de Aquiles e o deus concedeu, como consolação, a imortalidade a Mémnon. O corpo do herói foi então enterrado com grande pompa, enquanto apareciam no céu certas aves, as Memnónides que, cada ano, segundo se dizia, visitavam as cinzas do herói nas margens do Helesponto. Conta-se também que Mémnon foi enterrado no Egipto, em Tebas, e que a estátua que se erguia por detrás do templo emitia um som semelhante ao da lira, quando o sol, ao nascer, lhe tocava com os primeiros raios. Só Eos ficou inconsolável com a morte do filho; ela derrama, cada manhã, as lágrimas que se transformam em gotas de orvalho.

MÉNADES. Esta palavra, que significa, no plural, as «Furiosas», designa as Bacantes. De facto, elas eram vítimas de um tipo de loucura furiosa quando celebravam os mistérios de Dioniso.

MENECEU. 1. Neto de Penteu, pai de Jocasta e de Creonte, Meneceu atirou-se do alto das muralhas de Tebas para tentar pôr fim à peste que devastava a cidade em punição pelo incesto cometido por Édipo.

2. Neto do precedente e filho de Creonte, **Meneceu** teve, ao suicidar-se, o mesmo gesto que o avô, para atrair os favores de Ares, deus da guerra, durante a luta que opôs Tebas aos Sete Chefes. Estes últimos foram, de facto, repelidos e seis deles foram mortos.

MENELAU. Tal como o irmão Agamémnon, este filho de Atreu esteve envolvido no conflito que opôs o pai a Tiestes. Quando as circunstâncias atribuíram a este último o trono de Atreu, Menelau refugiou-se na corte de Tíndaro, rei de Esparta, que tinha uma filha de grande beleza, Helena. Menelau apaixonou-se e desposou-a. Enquanto Agamémnon conseguia retomar o trono de Argos, ele instalou-se no de Esparta, que recebera do sogro em herança. Viveria feliz com Helena, que lhe deu numerosos filhos, até ao dia em que Páris, filho de Príamo, rei de Tróia, de passagem por Esparta, veio encontrá-lo. Foi bem recebido por Menelau que, entretanto, teve de se ausentar para oferecer um sacrifício. Em sua ausência, Páris seduziu Helena e levou-a consigo para Tróia. Ao saber da fuga da esposa, Menelau convocou todos os antigos pretendentes de Helena para vingarem, de modo exemplar, a afronta. Menelau e Ulisses foram enviados em embaixada a Tróia, para reclamar, pacificamente, a restituição de Helena. Porém, diante da recusa dos raptores, tiveram de preparar-se para a guerra. A maior parte dos Estados gregos manifestou solidariedade e, juntos, prepararam uma armada comum. Durante a guerra de Tróia, que iria durar dez anos, Menelau matou muitos troianos, e Páris teria perecido sob os seus golpes não fora Afrodite protegê-lo.

À morte de Páris, Helena casou com Deífobo; foi para casa deste troiano que Menelau se dirigiu quando pôs a cidade a ferro e fogo. Deífobo pereceu às suas mãos.

O encontro de Helena e Menelau, depois de tantos anos separados, foi dramático. No entanto, seduzido pela beleza, o herói perdoou à jovem esposa, e a reconciliação entre os dois foi total. Após uma viagem atormentada no regresso, que duraria oito anos, porque Menelau, de contentamento, se esquecera de sacrificar aos deuses, viveu em Esparta muito tempo ainda com a esposa, feliz e no meio da prosperidade. Quando morreu, foi transportado pelos deuses até às longínquas regiões da felicidade eterna, os Campos Elísios.

MENESTEU. Banido do reino de Atenas, Péteo, neto de Erecteu, teve um filho, Menesteu. Durante a ausência de Teseu, que tinha descido aos Infernos, os Dioscuros invadiram a Ática e procuraram um rei. Chamaram então Menesteu do exílio e ele subiu ao trono de Atenas. Como pretendente de Helena, comandou um contingente de Atenienses na guerra de Tróia, onde se distinguiu pelas tácticas perfeitas da arte militar. Depois da tomada da cidade, Menesteu, segundo uma versão da lenda, não voltou a Atenas; estabeleceu-se em Melo, onde se tornou rei. Uma outra versão afirma que, depois do regresso de Teseu a Atenas, Menesteu foi acabar os seus dias em Ciros.

MENIPE. Esta filha de Orion não hesitou, juntamente com a irmã Metíoque, em se sacrificar, para apaziguar os deuses que tinham enviado uma peste sobre o Orcómeno. Destinadas a serem entregues às forças infernais, a sua coragem e abnegação comoveram os deuses, que as transformaram em astros. Tomaram então, na lenda, o nome de Corónides.

MENTOR. Filho de Álcimo, de Ítaca, Mentor soube merecer a amizade de Ulisses que, ao partir para Tróia, lhe confiou a gestão dos seus bens e terras e a educação de Telémaco. Na *Odisseia*, Atena aparecia muitas vezes com os traços de Mentor, para proteger e instruir Ulisses e o filho. O provérbio apoderar-se-ia, depois, deste nome.

MERCÚRIO. Após a helenização dos deuses romanos, Mercúrio foi confundido com o Hermes dos Gregos, de quem tomou os atributos e as lendas. No entanto, o carácter primitivo de Mercúrio é, antes de mais, marcado pelo próprio nome, que se liga, certamente, a *Merx* («mercadoria») e *Mercari* («negociar»). Ele é, pois, originalmente, ao que parece, uma divindade do negócio. Entretanto, nenhuma lenda romana lhe concerne; aparece apenas no *Anfitrião* de Plauto e tem um papel intermediário, ao serviço das aventuras amorosas de Júpiter. Os Romanos atribuem-lhe, por vezes, a paternidade dos deuses Lares, protectores dos caminhos, e de Evandro, fundador de uma cidade na Arcádia, no sopé do monte Palatino.

MÉROPE. 1. Filha do rei Cípselo, Mérope tinha casado com um Heraclida, Cresfontes, rei da Messénia; mas este foi morto, ele e os filhos, por um outro Heraclida, Polifontes, que se apropriou do reino e forçou Mérope a casar com ele. Entretanto, a jovem conseguira salvar um dos filhos, Épito, e enviá-lo para longe. Polifontes, quando soube, fez tudo o que era possível para encontrar a criança e matá-la, pois temia vir a ser destronado por este herdeiro legítimo. Um dia Épito, já homem, veio à corte do rei usurpador, com o nome falso de Telefontes, e afirmava ter morto Épito. Polifontes, desconfiado, manteve-o na corte, para verificar a verdade; por seu lado, Mérope, que soubera que o filho tinha desaparecido, estava convencida de que o estrangeiro falava a verdade. Uma noite, ela introduziu-se no quarto do falso Telefontes para o matar; mas soube, no último momento, por um servidor, que Telefontes era simplesmente o seu filho. Então Mérope, de acordo com Épito, fingiu, cheia de lágrimas, que acabava de perder o filho. Polifontes felicitou, pois, o falso Telefontes e pediu-lhe que presidisse a um sacrifício. Servindo-se do punhal do sacrificador, Épito assassinou o padrasto e fez-se reconhecer como rei.

2. Esta Plêiade, do mesmo nome, que foi a única a não casar com um deus, mas sim com um mortal, Sísifo, deu à luz um filho, Glauco, pai de Belerofonte. Envergonhada com esta união, ela recusou brilhar no céu quando foi transformada por Zeus em astro: ela mora aí, apesar de tudo, mas é a menos brilhante dá estrelas.

3. Uma outra **Mérope** é a filha do rei Enópion.

Metamorfose. Sinal da presença dos deuses, a metamorfose aparece, na mitologia, como a peripécia essencial ou a conclusão de uma lenda. Os que a sofrem escapam, deste modo, às perseguições amorosas dos deuses ou dos homens, ao castigo dos inimigos mortais ou imortais. Podem tomar todas as formas possíveis, animais, vegetais e mesmo minerais. Deste modo, Dafne, quase a ser apanhada por Apolo, que a amava, foi transformada em loureiro. Do mesmo modo, a ninfa Aretusa, por quem o deus-rio Alfeu sentia uma profunda paixão, foi transformada em fonte, graças à ajuda de Ártemis.

Acontece também que os deuses, para melhor enganarem aquelas que querem seduzir, ou simplesmente por manha, tomam formas animais: é com a aparência de um touro que Zeus arrebatou Europa, e foi com a de um cisne que se uniu a Leda, transformada em ganso.

Por vezes, a metamorfose é a expressão brutal e inapelável da cólera e da punição dos deuses: as suas vítimas são, muitas vezes, transformadas em estátuas e, deste modo, condenadas à imobilidade eterna. Acontece também que a metamorfose seja um dom dos deuses, a recompensa de uma acção louvável. O mais belo exemplo disto é o de Filémon e de Báucis, transformados em árvores por terem concedido a hospitalidade a Júpiter e a Mercúrio. A metamorfose pode ainda ser sinal da piedade dos deuses: as Helíades, filhas do Sol, inconsoláveis com a morte do irmão Faetonte, foram transformadas em choupos. Mudar de forma, mudar de essência é, sem dúvida, aos olhos dos mortais, a mais alta expressão do poder das divindades, pois se a imortalidade dos deuses nem sempre é percebida pela alma humana, a metamorfose, pelo contrário, é quase sempre um prodígio visível, e mesmo palpável.

METANIRA. Filha de Anfíction e esposa do rei de Elêusis, Céleo, Metanira concedeu a hospitalidade a Deméter e tomou-a ao seu serviço. Uma noite, com os seus gritos de terror, ela foi a causa involuntária da morte do próprio filho, Demofonte, que a deusa, em sinal de reconhecimento, queria, pelo fogo, tornar imortal: surpreendida com os gritos, Deméter esqueceu, por momentos, a criança no fogo. Para acalmar os choros da rainha, Deméter prometeu-lhe que ela havia de dar à luz um filho, Triptólemo, a quem a deusa concedeu os mais maravilhosos dons.

METÍOQUE. Filha de Orion e irmã de Menipe, Metíoque foi, tal como a irmã, transformada em astro, e tomou o nome de Corónide.

MÉTIS. Filha de Oceano e de Tétis, e personificação da Prudência, Métis foi a primeira esposa de Zeus. Possuidora dos dons da magia, ela ofereceu ao esposo uma poção mágica que, bebida por Crono, obrigou o Titã a restituir os filhos. O casal teve primeiro uma filha; mas o oráculo de Geia revelou que o segundo filho expulsaria o próprio pai do Olimpo. Zeus engoliu então Métis, mas foi logo atingido por uma violenta dor de cabeça. Para aliviar a dor, a conselho de Hermes Hefesto abriu-lhe a cabeça, de onde saiu Atena já armada e de elmo.

MIDAS. Este rei da Frígia entrou na lenda popular por causa das grandes orelhas de burro que tinha. Na verdade, um dia em que o rei percorria os bosques, chegou ao monte Tmolo, onde Apolo e Mársias disputavam sobre qual dos dois era o melhor músico. Escolhido como árbitro, Midas teve a infeliz e estúpida ideia de declarar Mársias vencedor. Então Apolo, irritado, fez-lhe nascer, no mesmo momento, um par de orelhas de burro. Envergonhado, o rei escondeu-as sob o barrete frígio. O barbeiro do rei foi o único a conhecer este segredo até ao dia em que, incapaz de guardar por mais tempo o silêncio, abriu um poço na terra, aproximou a boca e gritou: «O rei Midas tem orelhas de burro!». No mesmo lugar nasceu um canavial que, ao murmurar, repetia sem cessar esta frase impertinente. Cedo a notícia correu por todo o reino, e toda a gente gozava o rei. Esta lenda, tardia, trazida por Ovídio, segue-se a uma outra lenda que prova, mais uma vez, a irreflexão de Midas. Sileno acompanhava o cortejo de Dioniso e dos Sátiros quando se perdeu. Encontrado adormecido pelos habitantes da Frígia, foi acorrentado e conduzido a Midas, que se apressou em libertá-lo e devolvê-lo a Dioniso. Este, para recompensar o rei dedicado, concedeu-lhe que pedisse um favor. Midas, na sua irreflexão, pediu então que tudo aquilo que tocasse fosse transformado em ouro. Concedido o desejo, o rei apercebeu-se então que todos os alimentos que levava à boca se tornavam em barras de ouro, e toda a bebida se convertia em ondas de metal precioso. Vendo-se em risco de morrer à fome e à sede, suplicou novamente ao deus Dioniso que desfizesse o encantamento. Feliz por ter dado a Midas uma boa lição, o deus exigiu apenas que este se purificasse no Pactolo. Este rio, desde então, arrasta nele pepitas de ouro.

MILÃO de Crotona. Tal como Giges e muitos outros heróis, Milão de Crotona pertence menos à mitologia do que à tradição das lendas populares. Ele foi, por volta do V século a.C., um dos maiores atletas de toda a Grécia. Vencedor em todos os jogos Olímpicos e Píticos, durante vários anos, o herói entregava-se a feitos inesperados, alguns coincidentes com os de Héracles. Carregou nos braços um boi vivo, com o qual percorreu toda a extensão do estádio de Olímpia. Não contente por ter, deste modo, afirmado a sua superioridade sobre os seus concorrentes, matou o animal a murro e devorou-o por completo num só dia. Mas acabou por confiar demasiado nas próprias forças. Um dia o herói propôs-se abater um carvalho abrindo-o ao meio; mas as suas mãos ficaram trilhadas entre as duas partes da árvore, que voltaram a unir-se. Milão, definitivamente imobilizado, foi devorado pelos lobos.

MINERVA. Esta divindade romana muito antiga, de origem etrusca, estava associada a Juno e a Júpiter, no meio da tríade capitolina em Roma. Ela representava o pensamento elevado, as letras, as artes e a música, a sabedoria e a inteligência, todas imagens alegóricas de que encontramos inúmeros exemplos na religião romana. Confundiu-se, depois, com a Atena dos Gregos e foi, desde muito cedo, impossível distinguir os aspectos propriamente romanos dos seus atributos.

MÍNIAS. Neto de Posídon, Mínias emigrou da Tessália para a Beócia, onde fundou a cidade de Orcómeno e reinou sobre os Mínias, dos quais descendia um certo número de Argonautas. Cedo os Mínias estenderam o seu domínio sobre Iolco, na Tessália. Mínias era um rei muito rico, um dos primeiros soberanos que ordenaram a construção de um «tesouro». A sua posteridade foi célebre: as filhas, as Miníades, Alcítoe, Leucipe e Arcipe, recusaram juntar-se ao cortejo de Dioniso; irritado, o deus enlouqueceu-as antes de as transformar em morcegos. Mínias teve muitos outros filhos, também célebres: uma das filhas foi a mãe de Tício, e uma outra, Clímene, foi esposa de Fílaco e avó de Jasão. Quanto ao filho, Orcómeno, sucedeu-lhe no trono da cidade de Orcómeno, cidade rica da Beócia.

MINOS. Filho de Zeus e de Europa, Minos foi o sucessor de Astérion no trono de Creta. Desde o início do seu reinado, este rei atraiu a vingança e a cólera de Posídon ao recusar-lhe o sacrifício de um touro. Pasífae, sua esposa, apaixonou-se pelo animal e gerou um monstro, o Minotauro. Minos abandonou esta mulher ímpia e entregou-se, sem medida, a inúmeras aventuras amorosas; diz-se, a este propósito, que, para se vingar das repetidas infidelidades do marido, Pasífae fez um feitiço ao leito do rei, de onde saíram escorpiões e serpentes que mataram todas as amantes de Minos. Este reinado foi marcado, sobretudo, pelo assassinato de um dos filhos do rei, Andrógeo. Para não deixar o assassino impune, Minos fez guerra aos Atenienses e exigiu deles um tributo anual de sete rapazes e sete moças, que eram entregues ao Minotauro e devorados por este. Teseu conseguiu introduzir-se no Labirinto e matar o monstro. Depois, raptou Ariadne, uma das filhas do rei, que o ajudara na empresa. Desde então, as infelicidades oprimiram Minos. O rei soube que Dédalo tinha, certamente, favorecido os amores monstruosos de Pasífae e atirou o arquitecto para o fundo de uma prisão; este, no entanto, conseguiu escapar-se. O rei organizou então uma armada para o perseguir. Chegado à Sicília, à corte do rei Cócalo, foi traiçoeiramente mergulhado numa bacia de água a ferver. Apesar de uma existência trágica, Minos era considerado, na Antiguidade, um rei sábio e um legislador admirável. Diz-se também que conversava frequentemente com Zeus, numa gruta sagrada, e que extraía, desses diálogos com o deus, os melhores ensinamentos para conduzir a vida do Estado. Foi por causa do seu espírito de equidade que se sentou ao lado do irmão Radamante e de Éaco no tribunal dos Infernos.

MINOTAURO. Monstro horrível, com corpo de homem e cabeça de touro, o Minotauro nasceu do amor irresistível e contranatura de Pasífae, rainha de Creta, por um touro branco que o rei Minos, seu marido, recusara sacrificar a Posídon. Aterrado com este nascimento, o rei quis esconder a notícia aos habitantes da ilha, e mandou Dédalo construir um palácio com numerosos corredores e salas enredadas, que se cruzassem sem cessar, e ordenou que enclausurassem aí o Minotauro. Este monstro alimentava--se de carne humana, fornecida essencialmente pelo tributo anual de sete rapazes e sete raparigas atenienses. O monstro foi morto por Teseu, ajudado por Ariadne.

MIRMÍDONES. Este povo da Ftiótida, na Tessália, era assim chamado em honra do rei Mírmidon, cuja mãe, Eurimedusa, fora seduzida por Zeus. Havia no entanto uma outra tradição, mais conhecida e embelezada, com uma lenda que explica a etimologia da palavra grega Mirmídones (em grego, *murmêkés*, «formigas»). Outrora, na ilha Egina, reinava o rei Éaco, filho de Zeus e de Egina. Hera, que suportava mal as infidelidades do marido, quis punir o fruto deste adultério. Ela enviou sobre o reino uma peste que fez perecer todos os habitantes. Enlouquecido, Éaco, vendo-se rei sem povo, correu para o templo de Zeus, seu pai, e suplicou-lhe que repovoasse a ilha. Na mesma noite, o rei sonhou que as formigas se transformavam em criaturas humanas. No dia seguinte, de manhã, o filho, Télamon, veio acordar o rei e mostrou-lhe, ao longe, uma multidão armada que se aproximava do palácio. Todas as formigas da ilha tinham sido transformadas em guerreiros. Comandados por Peleu, filho de Éaco, os Mirmídones emigraram para a Tessália e, conduzidos por Aquiles, comportaram-se com bravura no cerco de Tróia.

MIRRA. Cíniras, rei de Chipre, afirmou um dia que a beleza da filha Mirra (ou Esmirna) ultrapassava a de Afrodite. A deusa vingou-se do insulto: Mirra concebeu um amor incestuoso pelo próprio pai e, uma noite, introduziu-se no seu leito. Foi assim que Cíniras gerou um filho que era também seu neto, o célebre Adónis. Quando soube do crime, o rei expulsou a filha do palácio. Ao chegar ao cimo de uma colina, a jovem infeliz foi transformada na árvore da mirra por Afrodite que, comovida, recolheu Adónis.

MÍRTILO. Cocheiro de Enómao, rei de Pisa, na Élida, Mírtilo era filho de Hermes e de Faetusa, uma das Danaides. Pélops, que fora obrigado, para conquistar Hipodamia, a filha do rei, a vencer, a todo o custo, uma corrida de carros, propôs a Mírtilo um negócio: se Mírtilo traísse o seu senhor, teria o direito de passar uma noite com Hipodamia. Ele aceitou a proposta e substituiu os eixos das rodas do cavalo real por eixos de cera. Durante a corrida, o carro partiu-se e Enómao perdeu a vida. Pélops, vencedor, ganhou Hipodamia, mas recusou cumprir a promessa e, num acto de traição, atirou Mírtilo ao mar; este, antes de morrer, amaldiçoou Pélops e todos os seus descendentes.

Mistérios. Na Antiguidade, chama--se «mistérios» a um conjunto de ritos mágicos celebrados no maior dos segredos, por um certo número de iniciados, em honra de um deus ou de uma deusa, como Hera, Atena, Afrodite, Dioniso. O mais célebre dos mistérios era o que se celebrava em Elêusis. Originalmente abertos a todos, os mistérios de Elêusis foram proibidos ao público cerca do século V a.C. e reservados a uma elite, que cedo se transformou em seita. Os mistérios de Elêusis prestavam não só um culto a Deméter, deusa das Searas, e mais geralmente da Fertilidade da terra; celebravam também a história mítica de Cora, a filha da deusa, que passava seis meses cada ano nos Infernos, para voltar à terra e à vida durante os outros seis meses. Deste modo, a homenagem prestada à personificação da Fertilidade juntava-se à veneração daquela que morria e ressuscitava cada ano. Cedo se reconheceu em Cora o símbolo da imortalidade da alma, à qual só podiam aceder, por certas práticas, procissões e liturgias, os iniciados, que se tornavam, deste modo, eleitos capazes de conhecer um dia a eternidade feliz e a serenidade da alma.

MNEMÓSINE. Filha de Úrano e de Geia, esta Titânide gerou as nove Musas, depois de ter acolhido Zeus junto dela durante nove noites. Ela é, antes de mais, a personificação da memória. Os antigos representavam-na com os traços de uma mulher que encosta uma das orelhas à mão direita.

MOIRAS. Os Romanos assimilaram-nas às Parcas. Elas são três: Cloto, Láquesis e Átropo. Filhas de Zeus e de Témis, ou da Noite, as Moiras eram, primitivamente, uma divindade única. A sua aparição no culto grego é tão antiga como o início da religião e dos mitos. Habitam num palácio vizinho do Olimpo. Vigiam o desenrolar da vida de cada homem; Cloto fia, e a sua roça a girar simboliza o curso da existência. Láquesis dispensa a sorte reservada a cada um. Átropo corta, inflexível, o fio da vida.

MOLOSSO. Depois da tomada de Tróia, Andrómaca foi dada como cativa a Neoptólemo e deu-lhe vários filhos, entre os quais Molosso. Exposto logo à nascença pela mãe, foi porém recolhido pelo pai, que, entretanto, desposara Hermíone. Esta, cujo casamento fora estéril, perseguia Andrómaca e Molosso e preparava-se mesmo para os decapitar sobre o altar de Tétis; foi então que apareceu Peleu e conseguiu salvá-los. Tétis ordenou então a Andrómaca e a Molosso que partissem para o Epiro, onde Andrómaca desposou Heleno, rei do país, a quem Molosso sucedeu, pouco depois, dando o seu nome ao povo dos Molossos.

MOMO. Personificação da crítica e dos sarcasmos, inseparável companheira de Como, deus dos festins, Momo era adorada desde a alta Antiguidade. Hesíodo menciona-a e considera-a filha da Noite. É a heroína de várias lendas, das quais a mais célebre a mostra a troçar do ser humano formado por Vulcano, que não deixara no peito da criatura uma pequena abertura para que se pudesse ler nele os pensamentos secretos.

MONETA. Na altura da divisão do mundo pelos deuses, Juno recebeu o

Império das riquezas. Os Romanos atribuíram-lhe o sobrenome de Moneta e o ofício de proteger as transações comerciais. Construíram-lhe um templo onde cunhavam as moedas.

Montanhas. O cume das altas montanhas era, em geral, o lugar onde vivia a divindade. Por extensão e por assimilação, os Antigos acabaram por adorar a própria montanha, tal como uma divindade. Este costume, de origem semítica ou fenícia, desenvolveu-se principalmente nas regiões da Ásia Menor e do Próximo Oriente, colonizadas pelos Gregos. Refere-se, a este propósito, o monte Argeu, na Capadócia, que ornamenta as moedas com os traços de Zeus, e por vezes de Apolo. Hesíodo, na *Teogonia*, cita algumas montanhas como lugares sagrados e divinizados e, entre elas, o Olimpo, morada dos deuses, e o monte Ida, lugar onde Zeus nasceu. As montanhas foram cedo personificadas. Tornaram--se semelhantes a deuses ou a Ninfas (o monte Taígeto), ou a heróis, como o Citéron, que, na lenda, toma a aparência de um rei de Plateias. Assim também o monte Atlas, o Gigante que, transformado em pedra, uniu o céu e a terra. Por fim, podemos ainda mencionar as montanhas santificadas pelo oráculo de um deus (o monte Parnaso).

MOPSO. 1. Filho de Âmpix e de Clóris, este Lápita, um dos mais célebres adivinhos da mitologia grega, pôs os seus dons ao serviço dos Argonautas e dos caçadores do javali de Cálidon. Na Líbia, foi mordido por uma serpente nascida do sangue que escorrera da cabeça decepada de Medusa. Morreu em poucos instantes. Os Argonautas enterraram-no com todas as honras fúnebres.

2. Conhecemos um outro **Mopso**, filho de Apolo e de Manto, a filha de Tirésias. Teve Rácio como pai adoptivo. Fundador de Cólofon, Mopso entrou nesta cidade em competição com um outro adivinho, Calcas, que regressava de Tróia. Por duas vezes Mopso se mostrou superior a este que, envergonhado, se matou. Depois desta vitória, Mopso e Anfíloco, que também possuía o dom da profecia, fundaram a cidade de Malo, na Cilícia. Rei por pouco tempo, Mopso viu logo Anfíloco reclamar a sua parte do reino. Um combate entre os dois heróis terminou com a morte de ambos.

MORFEU. É um dos muitos filhos de Hipno; deus alado, Morfeu percorre incessantemente toda a terra e toca os mortais com uma papoila para os adormecer. Suscita ainda os sonhos, tomando a aparência de seres humanos: é deste modo que intervém nas lendas, em particular na de Alcíone, a quem aparece sob os traços do próprio marido Céice, afogado num naufrágio.

Morte. Nas religiões dos Gregos e dos Romanos, a morte é raramente personificada. É certo que conhecemos Perséfone e Hades, que reinam no território dos mortos; porém, nem uma nem outro, apesar do seu carácter cruel e implacável, se identificam realmente com a morte. Mesmo o deus Tânato não se identifica com ela; é antes aquele que dá a morte. Na verdade, a morte, para os Antigos, é uma entidade abstracta, o sentimento do desconhecido.

Conhecem-se os seus servidores, Apolo, Ártemis e as suas flechas venenosas; mas, da morte em si, não existem imagens nem representações alegóricas. O culto tão minucioso dos mortos, entre os Gregos e entre os Romanos, na forma de oferendas, é uma homenagem necessária, que se presta às almas que atravessaram os limites do conhecido e que entraram, assim, em comunicação directa com as divindades. Mas o culto não é a expressão de uma veneração receosa para com uma divindade, que teria por nome Morte.

MÚCIO CÉVOLA. Decidido a matar o rei etrusco Porsena, que sitiava Roma, o romano Múcio penetrou, um dia, no campo inimigo, mas enganou-se na pessoa e matou um dos oficiais do rei. Preso imediatamente, foi conduzido à presença de Porsena; colocou, então, a mão direita sobre o braseiro, que ali estava para um sacrifício, e deixou que a mão se consumisse sem nunca dizer nada. Queria mostrar aos inimigos que um Romano nada teme. Admirado com este acto de coragem, Porsena libertou Múcio. Este, antes de partir, advertiu Porsena de que trezentos outros Romanos estavam prontos a assassiná-lo. Aterrorizado, o rei pediu então a paz e levantou o cerco. Venerado como um herói, Múcio, que perdera a mão direita nesta aventura, passou a chamar-se Cévola («o canhoto»).

MUSAS. Segundo Homero, as Musas eram deusas que inspiravam os cantos. No século VIII, elas não possuíam ainda atributos muito precisos. Porém, um século mais tarde, os seus caracteres são, na *Teogonia* de Hesíodo, mais claros e mais definidos. Filhas de Zeus e de Mnemósine (a Memória), elas são nove, mas eram, primitivamente, apenas três: presidem às diferentes formas de poesia. A Clio pertence a História, a Euterpe a Poesia lírica, a Talia é atribuída a Comédia, a Melpómene a Tragédia; Terpsícore inspira a Dança, Érato a Poesia erótica, Polímnia o Hino; a Urânia liga-se a Astronomia e a Calíope a Poesia épica. O cortejo é precedido por Apolo que recebe, nesta ocasião, o sobrenome de «Musageta». As suas moradas são múltiplas e correspondem, muitas vezes, a lugares de culto ou a lendas. Habitam no Olimpo e distraem os deuses com seus cantos, mas têm na Terra lugares de predilecção, como o monte Píero, em lembrança das nove filhas do rei da Macedónia Píero, que quiseram rivalizar com elas e que foram punidas e transformadas em pegas por Apolo. Os poetas vinham também procurar a inspiração no monte Hélicon e junto das fontes sagradas Aganipe e Hipocrene onde, segundo a lenda, habitavam, por vezes, as Musas. Elas foram identificadas, pelos Romanos, com as Camenas.

MUSEU. Filho de Orfeu, ou de Eumolpo, e da deusa Selene, Museu pertence à geração dos poetas míticos da Trácia, que tiveram papel importante na fundação dos mistérios e na criação da seita órfica. Atribuía-se a Museu várias obras sobre os deuses, a iniciação mística e a invenção de novas fórmulas de purificação. Dizia-se que Héracles se lhe dirigira para ser admitido, em Elêusis, no número dos iniciados aos mistérios.

N

NÁIADES. A origem destas Ninfas das águas correntes, fontes, regatos e rios, difere segundo as tradições. Homero dá-lhes Zeus por pai, outros mitólogos Oceano. Por vezes, diz-se que foram geradas pelo rio onde vivem. Jovens, de rosto delicado e corpo de uma brancura resplandecente, elas são o objecto constante dos desejos de deuses e de mortais. Elas sabem, no entanto, defender-se contra as investidas dos apaixonados que elas desprezam e podem até enlouquecer. Por vezes paralizam os que, indevidamente, se banharam nas águas proibidas ou sagradas. Mas sabem, também, mostrar-se generosas para aqueles que reclamam a cura de uma doença e que se banham em certas nascentes, em rios bem determinados, com propriedades termais salutares.

NAPEIAS. Estas Ninfas de grande beleza percorrem cumes e colinas, vales e pradarias férteis, a cantar, e favorecem a eclosão dos rebentos e das ervas.

NARCISO. Filho da ninfa Liríope e do rio Cefiso, na Fócida, Narciso, jovem de uma beleza resplandecente, era insensível aos sentimentos de amor de que era objecto. A ninfa Eco, que sentia por ele uma grande paixão, foi afastada com desprezo e morreu de dor. As irmãs indignaram-se e queixaram-se a Némesis do egoísmo e da indiferença de Narciso. A deusa decidiu então vingar as apaixonadas repelidas. O adivinho Tirésias afirmara que Narciso viveria enquanto não visse a própria imagem. Némesis, durante uma caçada, atraiu o jovem e fê-lo ir matar a sede a uma fonte. Apaixonado pelo rosto que o espelho das águas lhe devolvia, mas que ele não podia atingir, incapaz de se afastar dele, Narciso esqueceu-se de beber e de comer, criou raiz à beira daquela fonte e transformou-se, pouco a pouco, na flor que tem o seu nome. Desde então, essa flor reflecte-se na água durante a bela estação e murcha no Outono. Segundo uma outra versão da mesma lenda, Narciso tinha uma irmã muito parecida com ele e que ele amava loucamente. A jovem morreu. Para não perder a lembrança da sua imagem, Narciso contemplava-se numa fonte, dia e noite, e morreu de definhamento.

Nascimento. As parturientes podiam invocar a ajuda de um certo número de divindades. Pedem ajuda a Ilitia e a Mater Matuta para lhes aliviarem as dores do parto e afastarem todas as ameaças que poderiam pesar, no momento do nascimento, sobre a saúde da mãe e da criança. Imploravam também a Juno, deusa da mulher, e pediam-lhe uma criança bela e sã, símbolo da fecundidade feliz do casamento.

NÁUPLIO. 1. Filho de Posídon, Náuplio fundou a cidade de Náuplia, não longe de Argos.

2. Um segundo **Náuplio**, descendente do primeiro, e muitas vezes confundido com ele, desposou Clímene, filha de Catreu, rei de Creta, segundo a versão mais comum; teve vários filhos, entre os quais o célebre Palamedes. Náuplio era um navegador célebre e muitas vezes recorreram a ele para exilar ou deportar os indesejados de um reino. Deste modo, o rei Áleo pediu a Náuplio que afogasse Auge, sua filha, que fora seduzida por Héracles. No caminho, a infeliz deu à luz um filho, Télefo. Náuplio, comovido, poupou-os e vendeu-os a mercadores do reino de Teutras, na Mísia. No entanto, a parte mais famosa da lenda de Náuplio é inseparável da de Palamedes que, falsamente acusado de traição por Ulisses, foi lapidado pelos Gregos durante a guerra de Tróia. Náuplio decidiu vingar-se. Incitou primeiro as esposas dos heróis e dos reis gregos, que tinham partido para Tróia, a enganarem os maridos ao contar-lhes que estes tinham morrido ou se entregavam constantemente ao adultério. É então que vemos Clitemnestra, esposa de Agamémnon, tomar Egisto por amante; Egíale, esposa de Diomedes, tornar-se amante de Cometes; e Meda, esposa de Idomeneu, a amante de Leuco. Não contente por ter semeado, para o futuro, o desentendimento entre os esposos, Náuplio acendeu, depois da queda de Tróia, tochas sobre os perigosos promontórios de Cafareu, sobre a costa da Eubeia, atraindo assim os navios gregos, que naufragaram quase todos.

NAUSÍCAA. Filha de Alcínoo e de Arete, soberanos dos Feaces, uma manhã Nausícaa saíra para as margens da ribeira, não longe do mar, para lavar roupa. Acabada a tarefa, foi brincar com uma bola, juntamente com as servas e companheiras. A bola escapou-se e caiu na ribeira. Com os gritos das jovens, Ulisses, que, após um naufrágio, tinha ali dado à costa e desfalecido, acordou e cobriu o corpo com alguma folhagem. As jovens assustadas puseram-se a fugir. Só Nausícaa ousou aproximar-se do herói; deu-lhe algumas roupas e conduziu-o ao palácio do pai. Alcínoo reconfortou-o e deu-lhe um navio para voltar a Ítaca. Nausícaa viu, contrafeita, partir o náufrago que ela amava, mas que não podia desposar pois era casado com Penélope.

NAXO. Esta Cíclade deve o seu nome a um herói epónimo que se instalou na ilha com uma colónia de Cários. Foi em Naxo que Teseu abandonou Ariadne, que Dioniso tomou por esposa pouco depois. A este deus foi aí dedicado um culto particularmente sumptuoso, com todas as honras.

NÉFELE. Foi a nuvem criada por Zeus, com a qual se uniu o rei Átamas e que lhe deu dois filhos: Frixo e Hele. Pouco depois, foi abandonada pelo marido, que preferiu Ino e quis mesmo sacrificar Frixo a Zeus para obter o fim de uma seca. Néfele salvou os filhos deixando-os montar no carneiro do Velo de ouro, que se elevou nos ares e se dirigiu para a Cólquida. Conta-se também que Zeus lhe deu a forma de Hera e que, unida a Ixíon, Néfele gerou os temíveis e monstruosos Centauros.

NELEU. Filho de Posídon e de Tiro, Neleu foi abandonado com o irmão, Pélias, mas salvo por camponeses. Mais tarde, os gémeos tiveram conhecimento do segredo do seu nascimento e, ao encontrarem a mãe, mataram a madrasta Sidero sobre o altar de Hera. A deusa, irritada, suscitou querelas violentas entre os dois irmãos e Neleu teve de exilar-se na Messénia, onde fundou a cidade de Pilos, de que se tornou rei. Marido de Clóris, uma filha de Anfíon, ele teve uma filha e doze filhos. Estes foram todos mortos por Héracles, excepto Nestor, porque o pai recusara purificar o herói do assassínio de Ífito. Diz-se que Neleu sofreu também a sorte reservada aos filhos; mas também se conta que morreu doente em Corinto, depois de ter escapado ao massacre.

NÉMESIS. Divindade primitiva da Ática, Némesis foi, pouco a pouco, venerada em toda a Grécia. Por vezes confundida com as Erínias, ela adquire, lenta e progressivamente, uma genealogia e uma lenda próprias. Filha da Noite, foi perseguida por Zeus apaixonado e tomou todas as formas para lhe escapar. Transformou-se em ganso; mas Zeus transformou-se também em ganso para se unir a ela. A deusa pôs um ovo que foi confiado a Leda, de onde saíram Helena e os Dioscuros. Némesis é, porém, diferente das Erínias; as vinganças que ela exerce não são cegas. Ela procura simplesmente que os mortais orgulhosos não tentem igualar-se aos deuses. Humilha os que receberam demasiados dons e se vangloriam; aconselha a moderação e a discrição: é representada com o indicador diante da boca.

NEOPTÓLEMO. Filho de Aquiles e de Deidamia, tem o sobrenome de Pino, por causa da cabeleira ruiva. Neoptólemo foi educado na corte do rei Licomedes, soberano da ilha de Ciros. Chegado à idade adulta, teve de seguir os Gregos que souberam, por um oráculo, que a presença do filho de Aquiles nas suas fileiras era indispensável à vitória sobre Tróia. Durante a luta final, Neoptólemo comportou-se com bravura e mostrou ser um digno sucessor do pai: foi um dos que se esconderam nos flancos do cavalo de madeira. Já dentro da cidade, Neoptólemo matou o velho rei Príamo, o pequeno Astíanax e recebeu, no momento da partilha das cativas troianas, Andrómaca, que lhe deu três filhos: Molosso, Píelo e Pérgamo. De regresso à pátria, ele sacrificou Políxena, uma das filhas de Príamo, aos Manes de Aquiles. Mas não chegou à Ftia, terra dos seus antepassados, região de que Acasto se apoderara na sua ausência; parou no Epiro, onde se tornou rei. Para lhe agradecer os grandes serviços prestados, Menelau concedeu-lhe a mão da filha Hermíone, outrora prometida a Orestes. Este último vingou-se matando, em Delfos, Neoptólemo, que fora consultar o oráculo sobre as razões da esterilidade do seu casamento.

NEPTUNO. Identificado com Posídon numa data relativamente antiga, Neptuno perdeu, pouco a pouco, o seu carácter itálico; mas aproveitou, em troca, os mitos que concernem ao seu homólogo grego. É certo que Neptuno, na religião primitiva dos povos do Lácio, não foi o deus do mar. Estas nações, de facto, dedicavam-se à agricultura; ao contrário dos Gregos, cuja economia se fundava essencialmente no comércio marítimo. Neptuno era, aos olhos dos Latinos, uma divindade da Humidade. As *Neptunalia* celebravam-se em sua honra, na época dos grandes calores de Julho, debaixo de abrigos de folhagem que dispensavam uma certa frescura, e onde era possível encontrar a própria essência do deus Neptuno.

NEREIDES. Divindades marinhas, filhas de Nereu e de Dóris, as cinquenta Nereides eram, de algum modo, as ninfas do Mediterrâneo. Habitavam no fundo do mar, num palácio luminoso, e distraíam o pai com cantos e danças. Tinham cada uma sua forma, com um aspecto particular da superfície das águas, e apareciam muitas vezes como criaturas magníficas, meio mulheres meio peixes, misturando-se nas vagas e nas algas, montadas sobre os Tritões ou cavalos-marinhos. São-lhe atribuídas poucas lendas. No entanto, algumas delas foram célebres, como Anfitrite, esposa de Posídon, Oritia, Galateia, Tétis, esposa de Peleu e mãe de Aquiles.

NEREU. Este deus marinho, muito antigo, anterior mesmo a Posídon, distingue-se do grande deus do mar pelo seu carácter simultaneamente justo, ponderado e pacífico. Filho de Ponto e de Geia, marido da Oceânide Dóris e pai das cinquenta Nereides, Nereu é representado com os traços de um ancião, cuja imagem aparece sobre o mar, nas rugas das águas, entre o branco fervilhar das ondas de espuma. O seu império estende-se particularmente às ondas do mar Egeu. Mora no fundo de uma gruta cheia de luz. Sai, no entanto, muitas vezes do seu luxuoso refúgio para se manifestar aos olhos dos mortais e lhes anunciar o futuro. Foi deste modo que indicou a Héracles o caminho que deveria tomar para chegar ao jardim das Hespérides. Foi ele também quem advertiu Páris dos males que ameaçariam a sua pátria se Helena fosse raptada.

NESSO. Este centauro, filho de Ixíon e de Néfele, tornara-se o barqueiro do rio Eveno. Tentou violentar Dejanira, esposa de Héracles, durante a travessia desse rio, mas foi mortalmente ferido por uma flecha lançada pelo herói. Antes de expirar, confiou a Dejanira um frasco onde estavam misturados um pouco do seu sangue e da sua semente; assegurou-lhe, traiçoeiramente, que este líquido, espalhado sobre as vestes de Héracles, teria o poder de tornar o marido eternamente fiel. Ao vestir a túnica sobre a qual a crédula Dejanira tinha derramado o filtro, Héracles sentiu que o corpo se lhe consumia, pouco a pouco, e, enlouquecido pela dor, fez-se imolar numa pira no cimo do monte Eta.

NESTOR. Um dos doze filhos de Neleu e de Clóris, Nestor viu perecer os onze irmãos às mãos de Héracles; mas ele foi poupado. Rei de Pilos, guerreiro sábio e justo, Nestor participou de modo especial em três grandes feitos que, na mitologia grega, ocupam um lugar de relevo. Ao lado dos Pílios, desafiou os Épios. Tomou parte no combate dos Lápitas contra os Centauros e participou na caça ao javali de Cálidon, em companhia dos Argonautas. Apolo concedeu-lhe viver durante três gerações de homens, e pôde assim embarcar à cabeça de noventa embarcações que comandou no cerco de Tróia. O seu papel eminente como moderador e a sua preocupação constante em apaziguar as discórdias entre os heróis gregos – tais como Aquiles e Agamémnon – são confirmados por numerosas descrições elogiosas que dele faz Homero na *Ilíada* e na *Odisseia*. Depois da queda de Tróia, Nestor foi um dos raros guerreiros gregos que voltaram sem problemas à pátria, onde ficou até morrer, fazendo reinar, no seu território, a justiça e a piedade.

NICE. Esta divindade grega é a personificação da Vitória e um dos sobrenomes de Atena.

NICTEU. Nicteu teve uma filha, Antíope, que fugira para Sícion, para a corte do rei Epopeu. Ele era filho de Hirieu e de Clónia, que governava então a cidade de Tebas. Nicteu organizou uma expedição contra este rei inimigo e travou com ele uma batalha, mas foi vencido e morto, deixando o poder ao irmão, Lico. Segundo uma outra versão da lenda, ele ter-se-ia suicidado ao saber que a filha tinha fugido.

NINFAS. Sob este nome muito genérico, os Gregos agrupam todas as divindades femininas da natureza que povoam os mares, as águas, os bosques, as árvores, as florestas, as montanhas, os vales férteis, as nascentes, os arvoredos, os rochedos e as grutas. Jovens de rara beleza, representadas nuas ou seminuas, elas eram filhas de Zeus e do Céu. A chuva que o deus fazia cair brotava de novo em nascentes e dava-lhes então origem. Do mesmo modo, os Antigos atrubuíam às Ninfas um poder fertilizante e alimentador, que elas exerciam enquanto misturadas com a humidade do ar, da água e das florestas. Mas a sua acção benfazeja não dizia apenas respeito à natureza. Os seres humanos, por seu lado, também beneficiavam da terna solicitude desses seres. Elas protegem os noivos, que mergulham na água de certas nascentes ou fontes para aí obterem a purificação indispensável a uma fecundidade feliz. A este carácter regenerador, particularmente apreciado pelos Gregos, juntavam-se dois atributos: as Ninfas gostam de profetizar e são mesmo capazes de inspirar, aos homens que provam da água sagrada das suas nascentes, pensamentos nobres e o desejo de realizar grandes feitos. Elas revelam-lhes também o desenlace, favorável ou nefasto, das suas doenças. Chegam até a curar os humanos de seus males por acção de algumas das suas águas. Na mitologia grega, as Ninfas são ordenadas e classificadas com precisão: as Nereides povoam os mares;

as Náiades, os rios, e, de um modo especial, as águas vivas; as Dríades, as florestas de carvalhos; as Alseides, as matas. Quanto às Oréades, elas habitam as montanhas; e as Hamadríades, os bosques. As Napeias ocupam os vales; e as Melíades só vivem nos freixos. As inumeráveis lendas onde as Ninfas intervêm mostram-nas, não só apaixonadas pelos deuses, mas também por simples mortais. Da sua união com estes últimos nasceram os heróis, os semideuses, os antepassados das primeiras raças humanas. Indolentes, a fiar e a cantar sobre as ondas e nas árvores, apesar de mortais, elas vivem milhares de anos. São as fadas da Antiguidade.

NÍOBE. Filha de Tântalo e esposa de Anfíon, Níobe deu à luz sete filhos e sete filhas, os Nióbidas. Orgulhosa como o pai, ela vangloriou-se, diante de quem quis ouvir, da sua fecundidade e da beleza dos filhos; fez troça de Leto, que tivera apenas dois filhos, Ártemis e Apolo. Mas isso era troçar dos deuses, e a infeliz Níobe soube-o à sua custa. Indignados com tal presunção, os divinos filhos de Leto, ainda crianças, mataram os de Níobe com flechas; apenas uma filha escapou ao massacre, mas, por causa do medo que sofreu, ficou, para sempre, com o rosto de uma palidez mortal; por isso lhe chamaram Clóris («pálida»). Ao ouvir os gritos dos filhos agonizantes, Níobe saiu do palácio e, ao observar o espectáculo horrível de todos os corpos estendidos e agonizantes, ficou como que petrificada. Então Zeus, comovido, transformou-a em rochedo, de onde brotam as suas lágrimas como de uma nascente. Durante nove dias, os corpos ficaram sem sepultura. No décimo dia, os deuses acalmaram-se, e eles próprios enterraram os filhos de Níobe.

NISO. 1. Filho de Pandíon, rei de Atenas, Niso tinha três irmãos, Egeu, Palas e Lico, que, como ele, foram expulsos da Ática quando o pai morreu. Cedo os quatro heróis restabeleceram a soberania sobre este território que partilharam entre si. Assim, Niso ficou com o reino de Mégara, juntamente com o porto, Nisa. Durante uma expedição contra a Grécia, para vingar a morte do filho Andrógeo, morto por Egeu, rei de Atenas, o rei de Creta, Minos, sitiou Nisa. Cila, a filha de Niso, apaixonada por Minos, traiu a pátria e cortou o cabelo de ouro que mantinha o pai ligado à vida; entregou, assim, a cidade ao inimigo, em troca da promessa de casamento que lhe fizera o rei de Creta. Este, porém, ficou tão assustado com o parricídio que, diz-se, afogou Cila. Conta-se também que Niso, transformado em águia, se precipitou dos ares sobre a filha, que foi também transformada em ave.

2. **Niso**, companheiro de Eneias e amigo de Euríalo, participou, com este, nos jogos fúnebres celebrados em honra de Anquises. Na corrida a pé, escorregou e caiu; levantou-se imediatamente, mas tropeçou num dos concorrentes bem colocados e permitiu assim a Euríalo arrebatar a vitória. Mais tarde, durante a guerra contra os Rútulos, Niso e Euríalo partiram, de noite, para surpreender os inimigos adormecidos no seu campo, depois de numerosas libações. Mataram um dos chefes,

Ramnes, e muitos outros guerreiros. Preparavam-se para voltar ao seu campo, quando foram surpreendidos por cavaleiros rútulos e não tiveram tempo de se escapar para um bosque. Euríalo foi feito prisioneiro; Niso atacou então, sozinho, os Rútulos e foi juntos que os amigos inseparáveis, lutando com uma energia feroz, tombaram sob os golpes e ficaram unidos na morte, como tinham sido em vida.

3.º Dioniso confiou a **Niso**, marido da ama de leite do deus, o reino de Tebas, antes de partir para um longo périplo até à Índia. Porém, quando o deus voltou, Niso recusou entregar-lhe o poder sobre a cidade. Pacientemente, Dioniso esperou alguns anos, depois pediu-lhe permissão para celebrar uma festa em Tebas; o rei consentiu. Disfarçados de Bacantes, os guerreiros do deus apoderaram-se de Niso e restabeleceram o divino chefe nos seus direitos.

NOITE. Esta divindade, cuja origem remonta a tempos muito antigos, representa a obscuridade primordial, angustiante, cheia de incerteza sombria. Filha de Caos, ela uniu-se ao irmão, Érebo, e tornou-se mãe de Éter («ar»), e de Hemera («luz»). Ela gerou também abstrações divinizadas, pouco favoráveis aos humanos, como a Morte, as Parcas, a Fraude, a Velhice, Némesis, as Hespérides; viviam na Hespéria, para lá das colunas de Hércules (estreito de Gibraltar), nas regiões onde nunca ninguém ousara aventurar-se.

NOTO. Este vento quente e húmido, que sopra do sul, é filho de Eos.

Númen. Para simplificar, é costume traduzir a palavra *numen* por «divindade». Na verdade, o númen, entre os Romanos, corresponde à força divina, misteriosa, que guia cada um dos actos humanos e os torna eficazes; existe em cada coisa, em cada vegetal, em cada animal, conferindo-lhes um sopro de vida e de vontade. Os númenes são inúmeros, e os homens devem conseguir conciliar-se com eles, por meio de festas e de sacrifícios. Podemos dizer, por fim, que o númen é a expressão rude do divino, tal como foi concebido pelos primeiros homens, muito antes de construir, sobre a noção das genealogias, os mitos e as lendas.

O

OCEÂNIDES. Coroadas de flores, elas acompanham, durante o cortejo, a concha de Tétis, sua mãe. As Oceânides são as ninfas dos fundos inacessíveis do mar e do Oceano, seu pai. Nas lendas, algumas distinguiram-se, tais como Clímene, esposa do Titã Jápeto, e Dione, amante de Zeus.

OCEANO. É o elemento original que apareceu antes do próprio mundo e que preside à criação; o Oceano tem um lugar importante na mitologia. Filho de Úrano e de Geia, ele é a personificação divina da água. Circunda a Terra como um imenso rio onde tudo se cria e onde tudo vem morrer. É o pai de cerca de três mil rios que alimentam, com suas águas, os homens e fertilizam a terra. Tétis, sua esposa, concebeu uma multidão de filhas, as Oceânides. Tardiamente representado nas obras de arte, o Oceano, com o aspecto de um ancião de barba esverdeada, segura um corno de touro, que simboliza a abundância poderosa e alimentadora das águas.

OLÍMPIA. Esta cidade da Élida, na Grécia, situada na margem direita do Alfeu, iria adquirir, na Antiguidade, uma celebridade imensa, por causa dos jogos que aí se realizavam, todos os quatro anos, em honra de Zeus. Estes jogos foram fundados por Pélops, marido de Hipodamia, em honra de Hera, a deusa do casamento. Mais tarde, Héracles, depois de vencer Augias e a cidade de Élis, retomou a tradição dos jogos; mas, desta vez, em honra de Zeus, seu pai, que tão bem o tinha protegido durante os seus feitos. Um recinto sagrado, o Áltis, foi cuidadosamente traçado e foi consagrado um templo a Pélops, seu ilustre predecessor. A madeira de choupo branco de que se serviam para os sacrifícios em Olímpia foi, segundo a lenda, trazida dos Infernos por Héracles. Apesar de tudo, os jogos Olímpicos só adquiriram uma real expansão com o impulso de heróis lendários como Óxilo e Ífito, ambos reis da Élida. O segundo, de modo especial, quis, ao criar à volta destes jogos uma ideia de unidade, pôr um termo às lutas intestinas que devastavam a Grécia.

OLIMPO. Esta montanha célebre, situada entre a Macedónia e a Tessália, era considerada, na Antiguidade, como sendo a morada dos deuses. Depois da sua vitória sobre os Gigantes, foi lá que Zeus residiu, em toda a sua majestade, provido dos seus atributos e ajudado pela assembleia das grandes divindades. Era aí que ele deliberava sobre o destino dos heróis e dos mortais e, por vezes, sobre o dos próprios deuses. Subtraídos aos olhares dos mortais por um manto de nuvens, que recobria o cume do Olimpo, os deuses banqueteavam-se sumptuosamente, bebendo néctar e saboreando a ambrósia, acompanhados pelos cantos e pelas danças das Musas graciosas.

Oliveira. Emblema da paz e da riqueza, o seu fruto era o alimento essencial dos Gregos. A oliveira foi introduzida pela primeira vez na Grécia por Atena, na altura da sua querela com Posídon pela supremacia sobre a Ática. A deusa fez brotar a oliveira por detrás do Erectéion, como o mais belo presente que podia oferecer aos Atenienses. Ainda na época clássica eram adorados os doze rebentos do cepo original, que fora plantado nos jardins da Academia. Ramos ou coroas de oliveira eram oferecidos aos vencedores das Panateneias e aos assassinos que acabavam de ser purificados. A oliveira era a árvore da civilização, da paz e da vitória sobre as forças obscuras, esterilizantes e injustas.

ÔNFALE. Num acesso de loucura, Héracles matou um dos seus melhores amigos, Ífito, filho do rei Êurito. Depois, foi consultar o oráculo de Apolo, que o aconselhou a vender-se como escravo à rainha da Lídia, Ônfale, a fim de se purificar do assassínio. A rainha impôs ao herói um certo número de tarefas, que ele realizou brilhantemente. Foi assim que libertou a região dos dois Cércopes, larápios famosos pela sua crueldade, de Sileu, que obrigava os estrangeiros que passavam por ali a cultivar as suas vinhas e os matava de seguida; combateu ainda contra os Lídios de Itona, que devastavam as terras de Ônfale: recuperou os despojos e depois arrasou a cidade. Por fim, matou uma serpente enorme que devorava homens e rebanhos. Admirada com o valor e com a beleza do seu escravo, Ônfale concedeu-lhe a liberdade e casou com ele. Uma estranha versão latina da lenda conta que a rainha da Lídia humilhava Héracles vestindo-o de mulher e forçando-o a fiar a lã a seus pés, enquanto ela se revestia com a pele do leão de Némea e brandia o cajado do marido.

Ônfalo. Esta pedra cónica sagrada, cujo nome significa «umbigo», passava por ser o centro da Terra. Duas águias que haviam sido enviadas por Zeus à volta do mundo, uma em direcção a oeste, outra para este, tinham-se reencontrado nesse lugar. O ônfalo era venerado em Delfos e associado ao culto de Dioniso.

OPS. Assimilada a Cíbele e a Reia, Ops, esposa de Saturno e deusa da Abundância, figura entre as muitas divindades romanas da Terra. Ela protege as culturas; a sua festa pública é celebrada na época das colheitas e das sementeiras. Introduzida, segundo a lenda, pelo chefe dos Sabinos Tito Tácio, no Panteão romano, foi tardiamente representada com os traços de uma matrona que estende a mão direita a oferecer socorro e a mão esquerda para distribuir o pão.

Oráculo. Advertência, conselho ou ordem de um deus, o oráculo permitia aos homens conhecer a vontade dos imortais e tomar as decisões em função da resposta do deus. Era consultado num templo especial, num local ao qual uma lenda teria concedido grande crédito. Os oráculos de Zeus e de Apolo são os mais célebres. O oráculo de Dodona, no Epiro, exprimia, pelo murmúrio das folhas dum bosque sagrado, o pensamento de Zeus. Mas os servidores do grande deus interrogavam também o voo das aves ou o sussuro de uma fonte. Em Delfos, o oráculo de Apolo (existia um outro em Dídime) foi fundado, segundo o hino homérico em honra de Apolo Píton, pelo próprio deus, depois da sua vitória sobre a serpente Píton. Destronou, assim, o muito antigo oráculo de Geia, a Terra. Formou-se como que uma confederação à volta do santuário, e foram instituídos os jogos Píticos para selar esta nova união de todos os peregrinos que vinham ouvir a Pítia. Vinham pedir ao oráculo conselhos de ordem política ou de ordem pessoal. Havia quem ali viesse para se purificar de um assassínio, como aconteceu com Orestes. Procurava-se conhecer o novo local de uma colónia. O oráculo era a prova da submissão dos mortais aos destinos divinos; nas lendas, nunca herói algum conseguiu subtrair-se-lhe.

ORÉADES. Estas ninfas, que apreciavam e frequentavam os picos escarpados das montanhas, não têm o carácter ameno nem lânguido das irmãs que habitam os vales ou os bosques. Amantes dos exercícios violentos, em companhia de Ártemis caçadora, que elas, por vezes, escolhem como guia, estas ninfas perseguem a caça até aos lugares mais perigosos, à beira dos precipícios, menosprezando qualquer perigo ou fadiga.

ORESTES. Não existe uma lenda de Orestes, mas sim várias, que se completam e às quais os poetas trágicos gregos deram um poderoso relevo. Orestes era ainda criança quando seu pai Agamémnon foi morto por Clitemnestra e Egisto. Ele pôde, no entanto, com a ajuda de Electra, sua irmã, refugiar-se junto do tio, Estrófio, na Fócida; aí fez-se amigo de Pílades, seu primo, que se tornou o fiel companheiro dos seus infortúnios. Chegado à idade adulta, decidiu, por conselho de Apolo, vingar a morte do pai. Acompanhado por Pílades, partiu em segredo para Micenas e matou Egisto e Clitemnestra. Este assassínio, que parecia uma vingança justa, horrorizou no entanto os deuses e, por ser assassino da própria mãe, os deuses enviaram-lhe as Erínias para o atormentarem até à loucura, entre alucinações e remorsos. Entretanto, Apolo não abandonou o infeliz. Aconselhou-o a refugiar-se em Atenas, onde o Areópago, graças à intervenção decisiva de Atena, o absolveu do assassínio. Depois o deus purificou-o em Delfos e, pela boca da Pítia, fez- lhe saber que ficaria definitivamente curado da sua demência se fosse buscar a estátua de Ártemis a Táurida. Em Táurida, Orestes e Pílades, na iminência de serem sacrificados como estrangeiros, foram reconhecidos por Ifigénia, sacerdotisa de Ártemis, que fugiu depois com eles entregando-lhes a estátua. De regresso ao Peloponeso, a Micenas, o herói tomou posse do reino de seu pai Agamémnon, injustamente espoliado, depois raptou e desposou Hermíone. Orestes reinou, desde então, sobre Argos, e morreu tranquilamente já de idade avançada.

ORFEU. Filho do rei da Trácia, Eagro, e da musa Calíope, Orfeu é o maior poeta lendário da Grécia. Cumulado com os dons de Apolo, ele recebeu, como presente do deus, uma lira de sete cordas à qual, segundo se diz, ele acrescentou mais duas, em lembrança das nove Musas, as irmãs da mãe. Tirava deste instrumento notas tão comoventes e melodiosas que os rios paravam, os rochedos seguiam-no, as árvores paravam os seus murmúrios. Tinha também a faculdade de capturar os animais ferozes. Os Argonautas serviram-se dos seus talentos na expedição. Com a doçura e beleza da sua voz, Orfeu soube acalmar as águas agitadas, ultrapassou a sedução das Sirenes e adormeceu o dragão da Cólquida. Viajou no Egipto e iniciou-se nos mistérios de Osíris, em quem se devia inspirar para fundar os mistérios órficos de Elêusis. No regresso da expedição dos Argonautas, ele estabeleceu-se na Trácia, onde tomou a ninfa Eurídice por esposa.

Um dia, a jovem mulher, para escapar às propostas do pastor Aristeu, fugiu e foi mordida por uma serpente; morreu no mesmo instante. Louco de dor, Orfeu obteve de Zeus a permissão para ir encontrá-la nos Infernos e trazê-la de volta para a terra. Com a lira, ele acalmou o Cérbero feroz, apaziguou, por um momento, as Fúrias e arrancou a esposa à morte. Mas fora-lhe imposta a condição de não olhar para a esposa antes que esta estivesse no mundo dos vivos. No momento em que chegava às portas do Inferno, ele voltou a cabeça para ver se Eurídice o seguia. No mesmo momento, ela perdeu os sentidos, para sempre. De volta à Trácia, Orfeu permaneceu fiel à esposa desaparecida e desprezou o amor das mulheres do seu país que, irritadas, o despedaçaram. A sua cabeça, atirada ao Hebro, foi recolhida em Lesbos. A lira foi colocada por Zeus entre as constelações, a pedido de Apolo e das Musas; estas, por seu lado, concederam aos seus membros esparsos uma sepultura no sopé do Olimpo.

Orfismo. O poeta mítico Orfeu foi, segundo se diz, o fundador desta seita religiosa que, desde o início do século VI, se entregava a certos mistérios cujo processamento e ordem são ainda hoje parcialmente desconhecidos. O sucesso do Orfismo entre os Gregos, como entre os Romanos, explica-se pela sua tendência em afastar a mitologia de uma complexidade que a tornava quase incompreensível e em sincretizar os deuses, os mitos e as doutrinas religiosas, para tentar fazer brotar daí a ideia de um deus único que se chamava então Zeus ou, na sua forma mais comum, Zagreu. A teogonia órfica difere sensivelmente da teogonia hesiódica e tradicional. O mundo nasceu de um ovo; a parte superior da casca tornou-se o céu e a inferior a terra; depois, surgiram os deuses originais e, por fim, Zeus, que, tendo-se unido com a filha Perséfone, teve um filho, Zagreu, chamado a reinar sobre o mundo. Mas Zagreu foi esquartejado pelos inimigos; apesar disso, pôde ser ressuscitado pelo pai.

Segundo a doutrina órfica, a alma é imortal; ela habita um corpo mortal, marcado pelo pecado, manchado por crimes de múltiplas gerações. Depois da morte, a alma reencarna em outro corpo humano ou num animal, e assim por diante. Durante estas transformações sucessivas, a alma alimenta-se de ricas experiências que a passagem em corpos diferentes lhe fornece. Nos intervalos da reencarnação, ela encontra nos Infernos a mortificação necessária ao desafogo e à purificação. Só os iniciados nos mistérios órficos, os místicos, isto é, aqueles que conhecem as fórmulas mágicas que permitem passar de um corpo para o outro, da vida animal à vida de beatitude, podem aspirar, um dia, à salvação definitiva da sua alma. Os mistérios órficos concedem, também, à alma dos seus adeptos como que um baptismo em leite de cabra, que os prepara e os abre para a vida eterna e bem-aventurada; sem, no entanto, serem privados do livre-arbítrio entre o bem e o mal. Vê-se pois que, pelo orfismo largamente espalhado em todas as camadas da sociedade greco-romana nos últimos anos do paganismo, os corações estavam já preparados para a doutrina do cristianismo. Este, aliás, na sua iconografia, não renegou tudo o que devia ao orfismo, e, muitas vezes, sob estelas funerárias do início da era cristã, o Cristo tem os traços e os atributos de Orfeu.

ORÍON. Não têm conta as lendas que dizem respeito a este caçador gigante de grande beleza. Umas dizem que é filho de um camponês da Beócia que alojou Zeus, Posídon e Hermes. Os deuses, em agradecimento pela hospitalidade recebida, ter-lhe-iam oferecido este filho. Outros afirmam que ele é filho de Posídon e de Euríale. Tanto a vida como a morte do herói são descritas de diversas formas. Tendo ido a Quios, apaixonou-se pela filha do rei Enópion, Mérope, neta de Dioniso, e quis seduzi-la. O rei, em punição, cegou-o. Para recuperar a vista, Oríon teve de voltar ao Oriente e expôr-se aos raios do sol. Viveu, depois, como caçador junto de Ártemis; mas Eos, que o amava, tirou-lho e, por ciúme, Ártemis matou-o com uma flecha. Segundo outros mitógrafos, a deusa matou-o instigada pelo irmão, que lhe mostrava, no mar, um ponto longínquo e a desafiava a atingi-lo. Ela atirou uma das suas flechas, que atingiu o alvo, mas era a cabeça de Oríon que se avistava sobre o mar. Apolo não podia suportar a afeição que a irmã tinha pelo caçador. Horácio afirma, por seu lado, que Oríon quis violentar Ártemis e a virgem tê-lo-ia morto com a mordedura de um escorpião que ela teria feito sair da terra. Quaisquer que sejam as versões da lenda, quase todas afirmam que Oríon, depois de morrer, foi colocado entre os astros e deu origem à constelação que tem o seu nome.

ORITIA. Filha de Erecteu, um dos reis lendários de Atenas, Oritia foi raptada por Bóreas e levada para a Trácia. Lá, deu à luz quatro filhos, os Boréadas, dos quais dois, Zetes e Cálais, tomaram parte na expedição dos Argonautas, ao lado de Jasão.

ORTRO. É um monstro nascido da união de Equidna com Tífon; irmão de Cérbero, Ortro era um cão com duas cabeças. Uniu-se à própria mãe e gerou a Esfinge de Tebas. Pertence ao rei da ilha Eritia, Gérion, de quem guardava o célebre rebanho. Mas foi rapidamente estrangulado por Héracles que pôde assim, sem dificuldade, apoderar-se do gado.

ÓXILO. Descendente de Endímion e de Etolo, rei da Élida, que fora expulso do seu território e encontrara uma nova soberania sobre a Etólia, Óxilo cometeu um assassínio e teve de passar um ano de exílio em Élis. Nessa mesma altura, os Heraclidas procuravam um ser com três olhos que, segundo o oráculo, era o único a poder guiá-los para as terras que lhes atribuíra o destino. Viram então chegar Óxilo que, cumprida a sua pena, voltava à Etólia. O herói vinha montado num cavalo zarolho; entre ambos, animal e homem, possuíam três olhos. Os Heraclidas pediram então a Óxilo que os conduzisse ao Peloponeso. Depois de partilharem os territórios, Óxilo recebeu, como lhe fora prometido, o território da Élida, que pertencera aos seus antepassados. Instituiu, no seu reino, um governo sábio e deu novo vigor aos jogos Olímpicos, outrora instituídos por Héracles. O filho, Laia, que ele tivera de Piéria, sucedeu-lhe no trono.

P

PÃ. Venerado de modo particular na Arcádia, este deus, cujo nome significa «tudo», protegia primitivamente os rebanhos, os cabreiros e os pastores. Disforme, monstruoso, com cabeça e pés de bode e o tronco de homem peludo, Pã foi objecto de gozo por todos os deuses do Olimpo quando seu pai, Hermes, o apresentou. Deus da fecundidade e da potência sexual, ao mesmo tempo brutal nos desejos e aterrador nas aparições (fala-se de um medo «pânico»), Pã iria logo ser venerado, durante o período clássico, em toda a Grécia. Adquiriu novos atributos e foi associado a numerosas lendas. Médico, curandeiro, profeta, inventor da flauta, da flauta pastoril, exprimindo, só por si, tanto pelo aspecto animalesco como pelos amores nunca saciados, a força invencível e prolixa de toda a natureza. Pã foi associado, por influência da filosofia neoplatónica, à ideia de fertilidade. Esta concepção de um deus total iria inspirar a história tão estranha narrada por Plutarco. No reino de Tibério, um barco imobilizou-se repentinamente nas águas do mar Egeu e elevou-se uma voz pedindo ao navegador que gritasse ao chegar ao litoral: «O grande Pã morreu.» O piloto, depois de muitas hesitações, decidiu anunciar a morte de Pã e imediatamente se levantaram, de toda a parte, gemidos e dolorosos lamentos, como se a terra inteira estivesse de luto. Para os autores cristãos, a morte de Pã era a morte do paganismo que o cristianismo ia substituir.

PACTOLO. Filho de Zeus e de Leucótea, Pactolo teve como filha Eurianassa, esposa de Tântalo. Tendo cometido incesto involuntário com a irmã, Demódice, ele atirou-se, envergonhado, ao rio Crisórroas («rio onde corre ouro») de que se tornou o deus e a quem deu o próprio nome. As areias douradas do Pactolo tornaram-se proverbiais. A sua origem remonta ao dia em que Midas, que transformava em ouro tudo quanto tocava, se banhou nas águas desse rio para se libertar desse dom tão incómodo.

PALÁDIO. Esta pequena estátua de Palas, de três côvados de altura, com os pés colados um ao outro, a mão direita a segurar uma lança e na esquerda a roca e o fuso, foi, segundo se diz, precipitada por Zeus do Olimpo e caiu aos pés de Tio, o fundador da cidade de Tróia. O herói viu, neste prodígio, um sinal da benevolência dos deuses e colocou, envolta nas maiores honras, a efígie no templo de Atena. Um oráculo assegurou então que Tróia subsistiria enquanto o Paládio permanecesse na cidade. Os Gregos, conhecedores do oráculo, na altura da guerra de Tróia, procuraram arrebatar o Paládio. Ulisses e Diomedes conseguiram introduzir-se, durante a noite, nos subterrâneos do templo. Algumas versões afirmam, no entanto, que, temendo esta eventualidade, os Troianos tinham mandado esculpir um segundo Paládio, de tal modo que, se o primeiro foi roubado pelos Gregos, o segundo levou-o Eneias para a Itália e confiou-o ao templo de Vesta, em Roma. Deste modo se cumpria a predição segundo a qual, através de Roma, Tróia renasceria das suas cinzas.

PALAMEDES. Ulisses recebeu a ordem de se juntar à expedição dos Gregos contra Tróia e, contrafeito com a notícia, fingiu-se louco. Palamedes, filho de Náuplio, encontrou-o a lavrar no campo, fingindo nada ter compreendido. Para desfazer a artimanha, colocou então Telémaco, filho único do herói, diante da charrua. Para não o matar, Ulisses desviou os bois, provando assim que estava em posse da razão. Foi então obrigado a juntar-se aos Gregos. Desejoso de vingança, Ulisses, durante a guerra de Tróia, acusou Palamedes de traição e forneceu provas previamente elaboradas, nomeadamente uma carta que ele afirmava ter sido escrita por Príamo. Palamedes foi julgado, declarado culpado e lapidado. Seu pai, Náuplio, vingou-o atraindo a frota grega, no regresso de Tróia, sobre o promontório rochoso de Cafareu, onde naufragou. Atribui-se muitas vezes a Palamedes, aluno do sábio e ponderado centauro Quíron, algumas invenções, como algumas letras do alfabeto grego, a moeda, os números, os jogos dos ossinhos e dos dados. Diz-se também que ele inventou o jogo das damas para minorar a demora do cerco de Tróia.

PALAS. 1. Para explicar este sobrenome de Atena, contava-se que Palas era uma filha de Tritão que fora involuntariamente morta por Atena. Esta, angustiada, tomara, em honra da vítima, o seu nome e esculpiu o Paládio.

2. Segundo algumas tradições, **Palas** era o nome de um gigante, pai de Atena. Ele quis violentar a filha e ela esfolou-o vivo e revestiu-se com a sua pele.

3. Um **Palas**, filho de Licáon, rei da Arcádia, deu o Paládio a Dárdano, seu genro, quando este partiu para fundar uma colónia em Tróia. Este mesmo Palas é tido por avô de Evandro.

4. Herói epónimo do Palatino, um outro **Palas** é o filho de Evandro e aliado de Eneias nos combates contra os Rútulos de Turno.

5. Conhece-se, por fim, um **Palas** filho de Pandíon, rei de Atenas. Teve cinquenta filhos, os Palântidas, com os quais lutou contra Teseu, considerado usurpador. Mas foi derrotado, bem como os filhos, pelo herói de Atenas.

PALÉMON. Melicertes passou a chamar-se Palémon quando a mãe Ino-Leucótea se atirou, com ele, ao mar. Zeus deificou-o e enviou-o para a costa de Corinto montado no dorso de um golfinho. Foi recolhido e enterrado por Sísifo, que fundou, em sua honra, os jogos Ístmicos.

PALES. Quer como deus, quer como deusa, esta divindade pastoril antiga, especificamente latina, protege as pastagens, os rebanhos e os pastores; estes últimos são então chamados pelos poetas os «discípulos» ou os «favoritos de Pales». Não se sabe se se trata de um deus ou de uma deusa; aparentemente, seria uma divindade masculina. A 21 de Abril, que se presume ser o aniversário da fundação de Roma, havia festas em sua honra, a fim de purificar o gado e os estábulos.

PALICOS. Seduzida por Zeus, a ninfa Talia logo passou a carregar dois filhos no seio. Temendo os efeitos do ciúme terrível de Hera, ela pediu ao amante que a escondesse nas entranhas da terra. Zeus satisfez-lhe o pedido. Pouco depois, não longe de Palica, dois gémeos saíram do solo da Sicília. Foram logo colocados entre o número dos deuses infernais. Em honra destes Palicos, os Gregos construíram um templo junto a um pequeno lago vulcânico de águas sulfurosas e a ferver, que passava por ter servido de berço aos gémeos divinos. Atiravam-se para aí tabuinhas em que se inscreviam pedidos e votos. Consoante elas flutuassem sobre as águas, ou submergissem, os presságios do cumprimento desses votos eram considerados favoráveis ou contrários.

PALINURO. Este piloto do navio de Eneias, dominado por um sono invencível, adormeceu ao leme, durante a travessia entre a Sicília e a Itália; foi atirado ao mar por um balanço repentino. Conseguiu nadar durante vários dias e chegou às costas da Lucânia. Mas, logo ao chegar a terra firme, foi morto pelos nativos da região. Quando Eneias, guiado pela Sibila de Cumas, desceu ao mundo subterrâneo, encontrou, nas margens do Estige, Palinuro que, insepulto, não podia penetrar nos Infernos. A Sibila prometeu ao infeliz que os bárbaros que o tinham assassinado, ameaçados por uma peste, se apressariam a enterrar os seus restos mortais. O cabo Palinuro, na costa ocidental da Lucânia, perpetuou, desde então, a sua lembrança.

PANACEIA. Filha de Asclépio e de Lampécia, Panaceia pertence ao grupo das divindades que curam todas as doenças utilizando os simples.

PANDÁREO. Filho do adivinho Mérops, Pandáreo, nascido em Mileto, apoderou-se um dia do cão de ouro que tinha sido guarda de Zeus criança, em Creta, e confiou-o a Tântalo. Algum tempo depois, veio reclamar o furto. Tântalo fingiu então ignorar tudo; e Zeus puniu os dois cúmplices: petrificou Pandáreo e enterrou Tântalo no monte Sípilo. Diz-se também que Pandáreo e a esposa Harmótoe puderam fugir para Atenas e, daí, para a Sicília; mas não escaparam por muito tempo ao castigo do deus e foram mortos. As três filhas que ficaram orfãs foram educadas por Hera, Afrodite, Ártemis e Atena, até ao dia em que foram apanhadas pelas Harpias e arrastadas até aos Infernos.

PÂNDARO. Este herói comandava um regimento de Lícios, durante a guerra de Tróia. Aí, distinguiu-se como arqueiro hábil, instruído nesta arte difícil pelo próprio Apolo. Depois de uma curta trégua entre os dois campos, para permitir a Menelau e a Páris que se enfrentassem em duelo, Atena incitou Pândaro a atirar uma flecha sobre Menelau. Os Gregos e os Troianos, diante de tal provocação, retomaram imediatamente a luta, e Pândaro foi morto por Diomedes.

PANDÍON. Com este nome, conhecem-se dois reis de Atenas. Um, filho de Erictónio, teve dois filhos, Erecteu e Butes, e duas filhas, Procne e Filomela. Foi ele quem concluiu o casamento desta última com Tereu, rei da Trácia.

Outro Pandíon é bisneto do precedente. Orestes foi purificado de ter assassinado a mãe durante o seu reinado. Conta-se que, expulso de Atenas, Pandíon fugiu para Mégara e desposou a filha de Pilas, o rei da cidade, a quem sucedeu. Desta união nasceram quatro filhos: Egeu, Palas, Niso e Lico.

PANDORA. 1. Durante a luta entre Atenas e Elêusis, o rei Erecteu, para obter a vitória final, teve de sacrificar aos deuses a mais jovem das suas filhas, Ctónia. As duas irmãs desta, Protogenia e Pandora, mataram-se imediatamente, pois tinham jurado que, se uma delas morresse, as outras morreriam também.

2. Quando Prometeu roubou o fogo do céu para o oferecer aos homens, os deuses do Olimpo, para punir a raça demasiado poderosa dos mortais, criaram uma mulher jovem. Concederam-lhe a beleza, a graça, a astúcia, a audácia, a força e, depois de lhe terem chamado **Pandora** («que possui todos os dons»), enviaram-na à Terra para seduzir os mortais e os conduzir à perdição. Epimeteu, o irmão de Prometeu, escolheu-a para esposa. Pandora, um dia, por curiosidade, levantou a tampa de uma jarra que ela devia manter fechada e deixou escapar todos os males que se espalharam pela terra. Só a esperança ficou, no fundo do recipiente. Mais tarde, afirmou-se que esta jarra continha os dons divinos que, libertados por Pandora, voltaram ao Olimpo, abandonando os homens para sempre.

PÂNDROSO. Filha de Cécrops, fundador de Atenas, irmã de Aglauro e de Herse, Pândroso foi atingida pela loucura e atirou-se do alto da Acrópole, depois de ter aberto o berço do pequeno Erictónio que Atena lhe confiara.

PARCAS. As três Parcas, que tinham o aspecto de fiadoras, presidiam, na antiga religião romana, a primeira ao nascimento, a segunda ao casamento e a terceira à morte. Também chamadas *Tria Fata*, «os três destinos», imagens temidas do Fado, do Destino a que está ligada toda a vida, elas foram logicamente assimiladas pelos Romanos às severas Moiras gregas. Tomaram os nomes latinos de Nona, Décima e Morta.

PÁRIS. Também chamado Alexandre, Páris era o filho mais novo de Príamo, rei de Tróia, e de Hécuba. Antes do seu nascimento, a mãe sonhara que gerava um archote em chama, que incendiava toda a cidade, sonho premonitório da ruína de Tróia. Assustada com o mau presságio, Hécuba abandonou Páris no monte Ida, onde foi recolhido pelo pastor Agelau. O herói conseguiu, um dia, descobrir a sua origem e voltou à corte de Príamo. Fez-se reconhecer, durante os jogos fúnebres, pelo irmão Deífobo e pela irmã Cassandra, a profetisa, e foi acolhido pelo pai, com grande alegria, que o julgava morto. A Páris se liga a história de um julgamento célebre. Quando Peleu e Tétis celebraram os esponsais, todos os deuses foram convidados, à excepção de Éris, a discórdia. Furiosa com esta omissão voluntária, a deusa atirou uma maçã de ouro para o meio dos convivas com esta inscrição: «Para a mais bela». Imediatamente Afrodite, Atena e Hera reivindicaram este elogioso epíteto. Para o desempate, Zeus chamou Páris para julgar. As três deusas apresentaram-se diante dele, na sua nudez. Hera prometeu-lhe a soberania sobre a Ásia, Atena a glória dos guerreiros e Afrodite a mais bela das mulheres. Foi a esta última que Páris ofereceu a maçã. Para realizar a profecia, a deusa protegeu-o e permitiu-lhe que raptasse Helena, esposa de Menelau, rei de Esparta: tal foi a origem da guerra de Tróia. Irritadas por não terem sido escolhidas, Atena e Hera testemunharam, durante a guerra, um ódio selvagem ao troiano Páris e protegeram os Gregos. Páris escapou, por pouco, aos golpes de Menelau, que o provocara para um combate singular. Afrodite escondeu-o então numa nuvem. Páris matou muitos guerreiros e feriu Aquiles mortalmente, com uma das suas flechas, no calcanhar. Ferido ele próprio, por uma flecha de Filoctetes, Páris iria sucumbir, pouco depois, pois a sua primeira esposa, Enone, recusara curá-lo.

PARNASO. Esta cadeia de montanhas, que se eleva a alguns quilómetros de Delfos, passava por ser a morada das Musas, de Apolo e Dioniso, o lugar privilegiado onde músicos e poetas vinham procurar inspiração. Os flancos do Parnaso possuíam numerosas cavernas, habitadas, segundo as lendas, por divindades agrestes. Num destes antros, brotava a célebre fonte Castália. No sopé do Parnaso estendiam-se o vale de Plisto e a estrada de Delfos, onde Laio foi morto pelo filho Édipo.

PARTENOPEU. Filho ilegítimo de Meleagro, este herói foi abandonado pela mãe Atalanta no monte Parténio, nas fronteiras da Argólida e da Arcádia. Foi descoberto por um pastor que o ofereceu ao rei Córito, que o adoptou como fizera com Télefo, abandonado pela mãe, Auge. Recebeu então o nome de Partenopeu, isto é, «filho de uma jovem pura», porque se diz que Atalanta, apesar da sua maternidade, se conservara virgem. Partenopeu foi um dos Sete Chefes que marcharam contra Tebas, onde pereceu, deixando um filho, Prómaco, que dez anos depois, com os Epígonos, vingou a morte do pai destruindo Tebas.

PASÍFAE. Filha de Hélio, Pasífae, esposa de Minos, foi a mãe de Ariadne, de Fedra, de Glauco e de Andrógeo. Mas o casal ficou pouco tempo unido. Minos recusara imolar um touro branco que Posídon lhe tinha enviado, e o deus, irritado com esta impiedade, inspirou à esposa do rei um amor monstruoso pelo touro. Querendo saciar plenamente a sua paixão, Pasífae pediu a Dédalo que fabricasse uma vaca de madeira e fechou-se dentro do corpo do animal. Foi assim que o touro se uniu a Pasífae e lhe gerou um monstro horrível, meio homem meio touro, o Minotauro.

PÁTROCLO. Nasceu na Lócrida, onde reinava seu pai Menécio, marido de Esténele. Pátroclo, ainda jovem, matou, num acesso de loucura, um dos companheiros de jogo. Teve de se exilar. Acolhido por Peleu, rei dos Mirmídones, na Ftia, na Tessália, recebeu a purificação necessária à expiação e à absolvição do assassínio. Mas, por ter criado amizade com Aquiles, o filho deste monarca generoso, Pátroclo não voltou à sua pátria. Quando a guerra de Tróia eclodiu, ele seguiu o amigo à cabeça de um contingente de Mirmídones e entregou-se, diante dos muros da cidade, a valorosos feitos. Seguiu Aquiles até à tenda, quando este se desentendeu com Agamémnon. Como ele, recusou continuar a lutar. Apesar disso, como a sorte das armas não favorecia os Gregos, Pátroclo consentiu em retomar o combate e Aquiles emprestou-lhe mesmo as armas e a armadura. Conseguiu fazer recuar os Troianos. Mas, durante um combate singular, foi morto por Heitor. Furioso com esta morte, Aquiles ganhou um tal desejo de vingança que saiu da tenda, retomou as armas e matou Heitor. Depois honrou a memória do amigo com jogos fúnebres solenes. Os dois inseparáveis companheiros iriam reencontrar-se, mais tarde, na ilha Branca, morada mítica e bem-aventurada dos heróis, onde eles continuam, no além, uma existência eternamente heróica.

PAZ. Esta divindade alegórica romana, cujo culto só aparece tardiamente, foi identificada com a *Eirênê*, deusa grega da Paz, e uma das três Horas. Ela assume geralmente a figura de uma mulher de fisionomia agradável, a segurar o corno da abundância e um ramo de oliveira.

Pedras sagradas. Designadas muitas vezes com o nome de Bétilos, as pedras ou aerolitos eram, originalmente, consideradas a morada de um deus ou a sua representação. A cada deus é dedicada uma pedra de forma particular. Ela é cúbica para Cíbele, rectangular para Hermes, em forma de marco para Mercúrio, divindade das estradas. A pedra sagrada lembra também, na mitologia, certas acções dos deuses ou dos homens. Assim, a pedra sonora de Mégara, onde Apolo pousou a lira, a pedra da qual Anaxárete tomou a aparência, ou ainda a célebre pedra que Crono engoliu em vez do próprio filho, Zeus. Em Trezeno, mostrou-se, por muito tempo, a pedra sobre a qual se tinham sentado os nove juízes encarregados de purificar Orestes.

PÉGASO. Este cavalo alado e mágico, tão rápido como o vento, nasceu do sangue da Medusa, quando Perseu lhe cortou a cabeça. Ele viveu em busca das fontes. Bateu com o casco no monte Hélicon e deu assim origem, segundo se diz, à nascente de Hipocrene. Um dia em que bebia da nascente de Pirene, no Acrocorinto, foi domado por Belerofonte. Este montou o miraculoso cavalo de corrida e realizou grandes proezas. Venceu em especial a Quimera; mas o orgulho foi a sua perdição. Levado por Pégaso, quis subir aos céus. Zeus fê-lo tombar. Sozinho, o cavalo alado atingiu a morada dos deuses, e estes colocaram-no entre as constelações.

PELASGO. Os Pelasgos, primeiros habitantes lendários da Grécia, afirmavam ter por antepassado Pelasgo, o herói mítico que nasceu no solo da Arcádia, fruto dos amores de Níobe e de Zeus. Marido da ninfa Cilene, teve um filho, Licáon, e uma filha, Calisto, mãe de Arcas, herói epónimo da Arcádia. Numa outra versão da lenda, ele é filho de Tríopas e de Sósis, e irmão de Íaso e de Agenor. Teve uma filha, Larissa. Há outras tradições que, ao contrário, afirmam que Larissa era sua mãe, e Posídon o pai. Com seus dois irmãos, Aqueu e Ftio, ele partilhou a soberania sobre o Peloponeso, divindindo o território em três regiões, a Acaia, a Ftiótida e a Pelásgia.

PELEU. Filho de Éaco, rei dos Mirmídones, Peleu cometeu um assassínio; ainda adolescente, matou Foco, seu meio-irmão, com a ajuda do irmão Télamon. Banidos da cidade, Télamon e Peleu separaram-se, então, para seguir caminhos diferentes. Eurícion, rei da Ftiótida, concedeu a Peleu a purificação necessária para o limpar daquele assassínio e deu-lhe mesmo a filha, Antígona, em casamento. Mas a felicidade do herói havia de ter curta duração; durante a caça ao javali de Cálidon, Peleu matou o sogro e, apesar da boa fé, foi banido. Refugiado na corte de Acasto, em Iolco, recusou ceder aos avanços da rainha Astidamia, que, por duas vezes, o caluniou: a primeira vez, enviou uma carta a Antígona declarando que Peleu a enganava; a esposa, julgando-se injuriada, enforcou-se; a segunda vez, afirmou ao esposo que Peleu tentara seduzi-la. O rei abandonou, então, Peleu no monte Pélion. O herói conseguiu, no entanto, escapar-se, graças ao centauro Quíron e aos animais ferozes, e voltou a Iolco, onde matou Acasto e esquartejou Astidamia. A ninfa Tétis, filha de Nereu, foi a segunda esposa de Peleu. Recusando tomar por marido um mortal, apesar da ordem dos deuses, ela assumiu todas as formas possíveis quando Peleu tentou aproximar-se, das mais pequenas às maiores, das mais monstruosas às mais subtis. Mas Peleu não se deixou desencorajar nem assustar, e conseguiu vencê-la. Os esponsais realizaram-se então com grande pompa, com a participação e os presentes de todos os deuses. Peleu recebeu, em particular, uma armadura invencível e dois cavalos imortais, que serviram, depois, a Aquiles. Peleu viveu longamente, mas, enquanto o filho se encontrava em frente de Tróia, ele foi afastado do reino pelos filhos de Acasto, e foi acabar os seus dias na ilha de Cós, não longe das costas da Cária.

PÉLIAS. Filho de Posídon e de Tiro, Pélias foi exposto à nascença junto com o irmão Neleu e salvo por pastores. Ambos souberam, mais tarde, que eram de origem divina; dirigiram-se então a Iolco e libertaram a mãe perseguida por Sidero. Pélias matou esta última no templo de Hera e, depois de ter expulsado o irmão, apoderou-se do trono. Da sua união com Anaxíbia nasceram um filho, Acasto, e quatro filhas, Pisídice, Pelópia, Hipótoe e Alceste. Após alguns anos de reinado, Pélias viu chegar a Iolco Jasão, filho de seu meio-irmão Éson, que reclamou o reino. Para se ver livre deste familiar incómodo, Pélias enviou-o a conquistar o Velo de ouro à Cólquida. Aproveitou da partida de Jasão para incitar Éson e Alcímede, pais de Jasão, ao suicídio, e para matar o primo Prómaco, eventual pretendente ao trono. Quando Jasão voltou, a esposa Medeia incitou as filhas de Pélias a cortarem o pai em pedaços e a pô-lo a ferver com o pretexto de que o tornariam imortal. Só Alceste recusou participar no crime. Tornado rei, Acasto exilou as irmãs criminosas, bem como Jasão e Medeia, e ordenou, em honra do pai, jogos fúnebres, nos quais tomaram parte alguns dos grandes heróis lendários.

PÉLION. Montanha da Tessália que os Gigantes colocaram sobre o Ossa, para tomar de assalto o Olimpo, o Pélion foi também morada do centauro Quíron. O cume deste monte estava coroado com um templo célebre consagrado a Zeus.

PELÓPIA. 1. Filha de Tiestes, Pelópia vivia em Sícion, na corte do rei Tesproto, onde tinha a função de sacerdotisa. Da sua união incestuosa com o pai surgiu um filho, Egisto, que ela expôs. Esperava este filho quando tomou por marido o tio Atreu, e suicidou-se quando Egisto, já grande, soube o segredo do seu nascimento.

2. Uma outra **Pelópia** é também a filha de Pélias.

PÉLOPS. Tântalo, rei da Lídia, recebeu um dia os deuses à sua mesa e serviu-lhes o filho Pélops, dizendo que o prato era dos mais finos. Deméter comeu uma espádua, mas os outros deuses aperceberam-se logo do sacrilégio e do crime; não tocaram na comida e apressaram-se logo a devolver Pélops à vida. A espádua ausente foi substituída por uma de marfim. Pélops emigrou para a Grécia e foi recebido pelo rei de Pisa, Enómao: desposou mesmo a filha do rei, Hipodamia, depois de uma corrida de carros de que ela era o prémio, e que fez de Pélops, antes de Héracles, o primeiro fundador dos jogos Olímpicos. Foi necessária a ajuda de Posídon, que o amava, para que arrebatasse a vitória. Teve uma vida feliz, mas teve da esposa vários filhos dos quais pelo menos dois exageraram em crueldade, Atreu e Tiestes.

PENATES. O culto destes deuses teria sido, ao que parece, importado da Frígia por Tarquino, o Antigo. Formam, na religião romana, juntamente com Lar e Vesta, uma tríade protectora da casa e do lar. É-lhes reservado um lugar para o culto e para as oferendas, em cada casa, para que protejam particularmente o aprovisionamento. Aos cultos privados devemos juntar os cultos públicos prestados aos deuses Penates, desde a mais humilde das aldeias à mais sumptuosa cidade. Em Roma, os Penates da cidade, representados por dois jovens sentados, haviam sido, segundo uma lenda, trazidos para Itália por Eneias, no regresso de Tróia.

PENÉLOPE. Filha da ninfa Peribeia e de Icário, irmão de Tíndaro, rei de Esparta, Penélope foi dada em casamento a Ulisses, que tinha ganho o concurso em que se defrontaram os pretendentes da jovem. Ela deu à luz um filho, Telémaco, que era ainda criança quando Ulisses deixou o reino de Ítaca e partiu para Tróia. Durante os vinte anos que durou a ausência do marido, Penélope teve de afastar, por todos os meios e artifícios, os avanços dos pretendentes, que afirmavam que Ulisses estava morto e a pressionavam para que escolhesse, entre eles, um novo marido. Ela declarou então que tinha de acabar de tecer a mortalha do velho sogro Laertes, antes de fazer a sua escolha. De noite, ela desfazia aquilo que avançara durante o dia. Este estratagema foi denunciado por uma das criadas. No momento em que, cada vez mais, era solicitada pelos pretendentes, ela ia pôr fim, embora contrafeita, aos muitos anos de fidelidade conjugal e de castidade, Ulisses chegou a Ítaca. Depois de se ter feito reconhecer pela esposa, massacrou todos os homens que tinham invadido a sua casa e se entregavam a libações e pilhagens. Depois voltou para junto de Penélope; e Atena, segundo se diz, prolongou, para eles, a duração da noite. As tradições pós-homéricas não seguiram todas esta narração. Umas afirmam que Penélope cedeu aos pretendentes e concebeu o deus Pã. Outras acrescentam que Ulisses a repudiou e ela foi acabar os seus dias em Mantineia. Por fim, alguns dizem que Telégono, filho de Ulisses e de Circe, depois de ter morto, por desprezo, o próprio pai, desposou Penélope. Mas ela ficou, para sempre, como símbolo de uma fidelidade tanto mais notável quanto foi rara entre as mulheres dos heróis que partiram para Tróia.

PENEU. Rio principal da Tessália, Peneu nasce no monte Pindo e irriga o vale de Tempe, entre o monte Ossa e o mar. Divinizado, considerado como filho de Oceano e de Tétis, era consagrado principalmente a Apolo, pois a filha, Dafne, tinha sido transformada em loureiro, por ter desprezado os amores deste deus.

PENTESILEIA. Esta rainha das Amazonas, filha de Otrera e de Ares, teve de abandonar a pátria por ter morto acidentalmente Hipólita, sua irmã; purificada do assassínio por Príamo, ela socorreu os Troianos, desencorajados pela morte de Heitor. Durante um combate, Aquiles feriu-a mortalmente; mas, ao vê-la cair, achou-a tão bela e distinta que se apaixonou e chorou longamente sobre o seu cadáver. Tersites, filho do etólio Ágrio, o guerreiro mais palrador e mais disforme de toda a armada grega, zombou da dor do seu chefe. Este matou-o. Para o vingar, Diomedes, parente de Tersites, atirou o corpo de Pentesileia ao rio Escamandro. Aquiles conseguiu recolhê-lo e enterrá-lo com todas as honras fúnebres.

PENTEU. Filho de Equíon e de Agave, Penteu sucedeu a Cadmo no trono de Tebas. Quando Dioniso, ao regressar da Índia, penetrou nos seus Estados, Penteu tentou opôr-se à introdução do culto dos mistérios do deus; este decidiu vingar-se. Tendo sido convidado pelo deus a assistir, no monte Citéron, aos delírios báquicos com que as mulheres tebanas eram atingidas, Penteu foi descoberto por estas em fúria e, tomado por animal feroz, foi despedaçado.

A mãe, Agave, enlouquecida, cortou-lhe a cabeça e só mais tarde se apercebeu do crime terrível.

PERDIZ. Um dos aprendizes de Dédalo, de quem era sobrinho, Perdiz inventou a serra, o compasso e a roda do oleiro. Com ciúmes de tanta habilidade e arte, o tio atirou-o do alto do templo de Atena sobre a Acrópole. Convocado para julgar este assassínio, o Areópago condenou Dédalo ao exílio.

Conhece-se uma outra variante desta lenda sobre a morte de Perdiz. Ele é chamado Talo, e conta-se que a deusa Atena o transformou em perdiz, mesmo no momento em que o seu corpo ia esmagar-se sobre os rochedos.

PÉRGAMO. Conhecemos, com este nome, a cidade histórica da Ásia Menor cujo herói epónimo foi Pérgamo, filho de Neoptólemo e de Andrómaca. Mas os poetas gregos chamam também Pérgamo à cidadela de Tróia e até, por vezes, à própria cidade.

PERIBEIA. 1. Esposa de Télamon, Peribeia foi mãe do grande Ájax. Ela pertencia ao número das jovens destinadas ao Minotauro, quando Teseu partiu também e venceu o monstro. O rei Minos, ao ver a jovem, apaixonou-se por ela e quis seduzi-la; Teseu opôs-se-lhe.

2. Uma outra **Peribeia** é esposa de Pólibo, rei de Sícion, que recolheu Édipo abandonado numa cesta no mar. Os dois soberanos adoptaram a criança. Mais tarde, ao saber que estava destinado a matar o pai e a desposar a mãe, Édipo fugiu e dirigiu-se para Tebas, depois de ter morto Laio. Na cidade, tomou por esposa a viúva Jocasta. Cedo teve conhecimento, por Peribeia, que nem ela nem Pólibo eram seus pais; ele compreendeu, então, que tinha morto o pai e tomado a mãe por esposa, sem querer e sem saber.

3. Uma terceira **Peribeia** é esposa de Icário e mãe de Penélope.

4. A mãe de Nausítoo, fundador do reino dos Feaces, teve por mãe uma tal **Peribeia**.

5. Conhece-se ainda uma outra **Peribeia** que foi enviada pelos Lócrios a Ílion, para servir Atena, a fim de acalmar a deusa irritada pelo gesto de Ájax, que seduzira Cassandra num dos seus templos.

6. Também tem este nome a esposa de Eneu e mãe de Tideu.

PERICLÍMENO. 1. Filho de Posídon e de Clóris, Periclímeno é, na lenda, o aliado de Etéocles contra Polinices e, de um modo mais geral, contra os Sete Chefes. Durante a luta, matou um deles, Partenopeu, e perseguiu, depois da vitória dos Tebanos, Anfiarau, que Zeus fez mergulhar finalmente na terra.

2. Um outro **Periclímeno** é o filho mais novo de Neleu; tomou parte na expedição dos Argonautas. Distingue-se, sobretudo, pela faculdade de poder assumir todas as formas. Quando Héracles organizou uma expedição contra Pilos, Periclímeno tentou atacar o herói e transformou-se em abelha. Mas, advertido por Atena, Héracles não se deixou iludir com a metamorfose e matou Periclímeno. Diz-se também que este último teve tempo para se transformar em águia mas foi abatido por uma flecha de Héracles.

PERIFETES. Gigante coxo, Perifetes, filho de Hefesto e de Anticleia, servia-se, para andar, de uma muleta de bronze com a qual costumava atacar os viajantes. Teseu encontrou-o um dia no caminho, arrancou-lhe a muleta, bateu-lhe com ela e matou-o.

PERSÉFONE. Filha de Deméter e de Zeus, Perséfone é também chamada Cora. Sem Deméter saber, Zeus prometera Perséfone a Hades. Quando a jovem colhia flores no campo, juntamente com as companheiras e as ninfas despreocupadas, ela avistou um belo narciso, aproximou-se dele e colheu-o. Nesse mesmo instante, a terra entreabriu-se, Hades saiu da cratera e arrebatou a sobrinha no seu carro. Deméter, louca de dor, pois não sabia quem lhe raptara a filha, partiu em busca dela e andou errante, pelo mundo, durante nove dias e nove noites. Ao fim deste tempo, o Sol, comovido, revelou-lhe quem fora o raptor. Para se vingar, Deméter abandonou o Olimpo e deixou de fazer frutificar a terra. Preocupado então com a sorte dos mortais, Zeus enviou Hermes ao mundo dos Infernos para trazer Perséfone de volta e a devolver à mãe, com a única condição de que, durante a sua estadia no mundo subterrâneo, ela não tivesse comido nada. Mas Hades, sabedor do ardil de Zeus, deu à esposa sementes de romã. Pensava que poderia, deste modo, guardar Perséfone para si. No entanto, o deus foi obrigado a aceitar um compromisso. Perséfone ficaria junto dele durante seis meses e viveria a outra metade do ano junto de Deméter.

A lenda desta divindade é fácil de interpretar: Perséfone, fechada nos Infernos, é simplesmente o trigo enterrado na terra durante o Outono e o Inverno. No regresso da Primavera e durante o Verão, à germinação das plantas corresponde o regresso de Perséfone para junto de sua mãe, de que os mistérios de Elêusis simbolizam o carácter sagrado. De uma forma geral, Perséfone é, sobretudo, a esposa de Hades, a majestosa rainha das Sombras, a mãe das Erínias terríveis. Nas obras de arte, ela atesta este carácter terrível que lhe atribuíram os escritores gregos. Severa e grande, sentada num trono ao lado do marido, ela segura um archote, e por vezes uma papoila, cujas virtudes soporíferas simbolizam o sono anual da terra, sono tão próximo da morte.

PERSEU. Fruto dos amores de Zeus e de Dánae, este célebre herói da Argólida foi, logo à nascença, colocado num arca junto da mãe, pelo avô Acrísio, e abandonado no mar. As ondas rejeitaram-nos na ilha de Serifo, onde

PERSEU

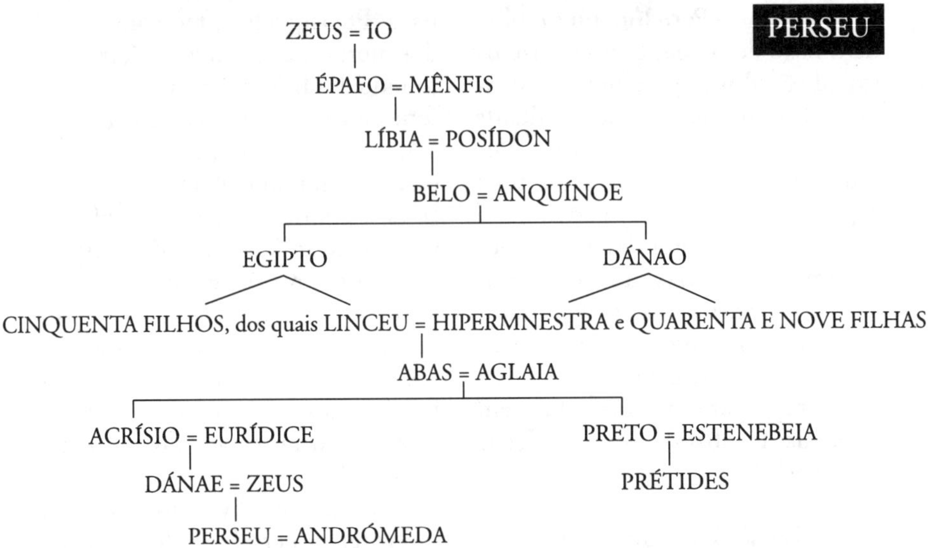

reinava Polidectes. Querendo seduzir Dánae, o rei tentou afastar Perseu, que se tornara adulto, e pediu-lhe que lhe fosse buscar a cabeça da Górgona. Ajudado por Hermes e Atena, o herói obrigou as Greias, depois de lhes ter roubado o olho e o dente comuns, a indicar-lhe o caminho das Ninfas. Recebeu aí o elmo de Hades, que o torna invisível, enquanto Hermes e Atena lhe forneciam armas maravilhosas. O herói pôde, com estes meios, cortar a cabeça de Medusa sem ser visto pelas outras Górgonas. No regresso, libertou Andrómeda e desposou-a, apesar da traição organizada por Fineu. Depois, antes de voltar a Serifo, passou por África: o gigante Atlas acolheu-o mal por o herói ser filho de Zeus; Perseu apresentou-lhe a cabeça da Medusa, petrificou-o e transformou-o na montanha que tem o seu nome. Por fim, já em Serifo, a cabeça do monstro permitiu-lhe libertar a mãe Dánae que, perseguida pelo constante assédio de Polidectes, se refugiara num templo: no regresso, Polidectes e os companheiros foram petrificados.

Entretanto, Perseu desejava conhecer o avô; queria também reivindicar os seus direitos no reino de Argos. À sua chegada, Acrísio lembrou-se da predição do oráculo, segundo a qual ele seria morto pelo neto, e fugiu para Larissa, para entre os Pelasgos. Ocasionalmente de passagem nesta cidade, Perseu participou em jogos fúnebres. Ao lançar o disco, atingiu, por distracção, um dos espectadores e matou-o: era Acrísio. Quando soube da identidade da vítima, Perseu prestou ao avô as honras fúnebres; depois, sem ousar voltar a Argos, cedeu a Megapentes, filho de Preto, o reino de Argos. Recebeu em troca o de Tirinte. Venerado como semideus, Perseu, depois da morte, foi colocado no céu entre as constelações.

PERSUASÃO. Divindade alegórica, a Persuasão era venerada pelos Gregos, e de modo particular na Ática, com o nome de *Peitho*. O seu culto ligava-se ao de Afrodite. Os Romanos chamaram-lhe *Suada*. Empregavam mesmo, por vezes, para a designar, o diminutivo *Suadela*. Associada a Vénus, ela suscitava o desejo de casamento entre os apaixonados e incitava-os a declararem as suas inclinações.

PICO. Segundo as mitografias antigas, este rei do Lácio, filho de Saturno e esposo da ninfa Canente, teria manifestado oráculos com a ajuda da ave picanço. Segundo outras versões, cujos temas mitológicos são mais trabalhados, desdenhando os avanços encantadores de Circe, acabaria por apaixonar-se por Pomona. Irritada, a maga tê-lo-ia transformado em picanço. Entretanto, ele teria conservado, com esta forma, os seus dons da profecia, nomeadamente o de prever a chuva. Assim, tinha também entre os camponeses romanos o prestígio de uma divindade agreste, que protege os campos contra a seca e assegura a pastagem do gado.

PIEDADE. Honrada sobretudo pelos Romanos, esta divindade alegórica simbolizava a afeição que o homem devia mostrar aos seus semelhantes, aos pais, aos amigos, aos deuses e, mais tarde, ao génio do imperador, cuja Piedade se tornou um símbolo poderoso. Esta divindade tinha os atributos da opulência (o corno da abundância) e da fidelidade (a cegonha).

PIÉRIA. Região situada a sul da Macedónia, a Piéria era célebre, na Antiguidade, pelo culto que aí se prestava a Orfeu e às Musas, às quais se atribuía o sobrenome de Piérides. Conhece-se, a este propósito, uma lenda que faz das nove Piérides as filhas de Píero, rei da Macedónia, e de Evipe. Elas ousaram comparar o seu talento musical ao das Musas, mas foram vencidas por estas num concurso de canto. Em punição do orgulho que mostraram, foram transformadas em pegas.

PIGMALIÃO. 1. Rei de Tiro, figura por vezes na genealogia de Dido.

2. Rei lendário de Chipre e escultor famoso, **Pigmalião** dedicara-se ao celibato; entretanto, apaixonara-se por uma estátua, que representava uma jovem, de que ele próprio era autor. Suplicou então a Afrodite que lhe procurasse uma mulher semelhante à sua obra. A deusa deu vida à estátua, e Pigmalião pôde desposar Galateia, que ele tinha de certo modo criado. Desta união, nasceu Pafo, fundador da cidade cipriota que tem este nome, cidade onde viria a erguer-se um famoso santuário a Afrodite.

PIGMEUS. A *Ilíada* fala dos Pigmeus como seres humanos de estatura minúscula, habitantes da região sul do Egipto, certamente na Etiópia actual. Um dia, um Pigmeu foi transformado em cegonha por Hera: ele tinha descuidado o culto da deusa. Transformado em pássaro, tentou, por várias vezes, vir pegar o próprio filho. Os Pigmeus, no entanto, impediram-no. Desde então, as cegonhas tornaram-se as suas inimigas figadais. Uma outra lenda relativa aos Pigmeus põe em cena Héracles. Sempre prontos a combater alguém maior do que eles, os Pigmeus tentaram um dia assaltar Héracles que, cansado após a luta contra Anteu, tinha adormecido. Ao acordar, o herói envolveu-os na pele de leão, aprisionou-os e trouxe-os para o palácio de Euristeu.

PÍLADES. Recolhido após o assassínio do pai Agamémnon, pelo rei da Fócida, Estrófio, Orestes foi criado junto com o primo, Pílades. A amizade que nasceu entre os dois heróis foi tão fiel que se tornou proverbial. Pílades foi um dos instigadores do assassínio de Clitemnestra; e quando Orestes, depois do crime, foi atingido de loucura e perseguido pelas Erínias, Pílades não o abandonou. Foi recompensado pela sua dedicação: Orestes, finalmente rei de Argos, concedeu-lhe a mão da irmã, Electra. O casal teve dois filhos, Médon e Estrófio.

PILUMNO. Antiga divindade romana, Pilumno, sobre o qual não se conhecem lendas, presidia aos casamentos. Estava rodeado por diversos atributos como a vassoura, o pilão e o machado. Pilumno foi, mais tarde, venerado como deus da Cultura, e o seu culto foi por vezes associado ao de seu irmão Picumno. O pilão representava o trigo que se moi, e o machado as terras desbravadas.

PÍRAMO. Segundo Ovídio, Píramo e Tisbe eram dois jovens babilónios que se amavam ternamente. Habitavam em duas casas contíguas e podiam contemplar-se através de uma fenda do muro que os separava. Entretanto, os pais recusavam casá-los. Um dia, combinaram encontrar-se debaixo de uma amoreira branca. Tisbe chegou primeiro e foi surpreendida por uma leoa; conseguiu fugir, mas perdeu o véu, que o animal manchou de sangue. Píramo, ao chegar ao local, encontrou o véu ensanguentado e julgou que Tisbe tinha sido devorada. Não podendo suportar esta ideia, atirou-se sobre a própria espada junto à amoreira branca, cujos frutos se tornaram tão encarnados como o sangue. Tisbe, ao voltar ao local, descobriu então o corpo inanimado do amante e, desesperada, suicidou-se também. Segundo uma outra narração da lenda, mais antiga e menos ornada, Tisbe, grávida de Píramo antes do casamento, envergonhada, suicidou-se; e o amante juntou-se a ela na morte.

PIRENE. Esta célebre fonte de Corinto, um dos grandes lugares lendários da Grécia, era habitada pela ninfa Pirene, filha do deus-rio Asopo. Foi transformada em fonte, de tal modo ela tinha derramado lágrimas pela morte de um dos filhos. Segundo outra lenda, a nascente desta fonte, que brotava do rochedo de Acrocorinto, fora dada a Sísifo pelo deus-rio Asopo que soubera, pelo rei, o nome do raptor da filha Egina.

PIRÍTOO. Este rei dos Lápitas, na Tessália, é, na lenda, objecto de duas versões diferentes. Na primeira, é filho de Zeus; na segunda, de Dia e Ixíon. Ao ouvir falar de Teseu, de quem se elogiavam os feitos em toda a Grécia, sentiu um terrível ciúme e quis ver se esta glória não era exagerada. Roubou então uma parte do rebanho de Teseu, em forma de provocação. Teseu prontificou-se a combatê-lo. Mas este, seduzido pelo herói, depôs as armas e declarou-se seu escravo. O herói fez dele um amigo. Juntos, desceram aos Infernos, na intenção de seduzir Perséfone e de a arrebatar ao marido Hades. Punido por este acto ímpio, Pirítoo não iria voltar a rever a terra.

PIRRA. Filha de Epimeteu e de Pandora, Pirra foi esposa de Deucalião, um dos primeiros heróis. Graças à sua grande piedade, ela escapou, bem como o marido, ao dilúvio universal e tornou-se mãe de um novo género humano ao lançar, imitada por Deucalião, pedras que se transformavam, respectivamente, em mulheres e homens.

PIRRO. Emprega-se, por vezes, o nome Pirro, *o Ruivo*, em vez de Neoptólemo, filho de Aquiles e de Deidamia, certamente porque o herói da guerra de Tróia tinha os cabelos ruivos.

PITEU. Rei de Trezeno e filho de Pélops e de Hipodamia, Piteu era conhecido pela sua ciência, pela sua sabedoria e pelos seus dons da profecia. Soubera, por um oráculo, que o filho que fosse gerado por Egeu teria um nome glorioso. Deste modo, depois de ter embebedado o rei de Atenas, seu hóspede, colocou-o na cama da filha, Etra. Desta união involuntária nasceu Teseu e, por seu lado, Piteu teve assim a alegria e o orgulho de se tornar avô do herói. Mais tarde, Hipólito, filho de Teseu, foi confiado à guarda do avô e sucedeu-lhe no trono de Trezeno.

Pítia. Exclusivamente ligada ao oráculo de Delfos, a pítia era escolhida, no início, entre as mais belas e as mais castas jovens da cidade. Esta função foi, depois, reservada às mulheres de idade adulta. Sentada num tripé, por cima de uma greta por onde saíam vapores impregnados, de algum modo, do espírito de Apolo, a pítia entrava numa espécie de transe histérico e pronunciava então palavras incoerentes, que exprimiam o conselho do deus. Interpretadas, depois, pelos sacerdotes, as respostas da pítia eram transmitidas aos que a consultavam e que podiam, assim, conhecer o futuro dos seus projectos e mesmo o seu destino.

PÍTON. Quando Hera soube que Leto estava grávida de Zeus, pediu à terra que gerasse um monstro, Píton, encarregado de perseguir Leto sem cessar. Porém, graças a Posídon, Leto conseguiu esconder-se e deu à luz Ártemis e Apolo. Este último atingiu, em quatro dias, a estatura de adulto. Dirigiu-se então para Delfos e encontrou, no sopé do monte Parnaso, a serpente Píton, que tanto tinha perseguido a mãe. Perseguiu-a, penetrou depois, atrás dela, no templo onde habitava o oráculo da Terra-Mãe e trespassou-a com flechas. Segundo uma outra lenda, os sacerdotes hiperbóreos Pasaso e Agieu fundaram a supremacia do oráculo de Apolo sobre este da Terra-Mãe. Em lembrança desta vitória, Apolo fundou os jogos Píticos e tomou, ele mesmo, o nome de Pítio.

PLÊIADES. Existem várias narrações sobre o mito das sete irmãs, Maia, Electra, Taígete, Astérope, Mérope, Alcíone e Celeno, filhas de Atlas e de Plêione, que formam a constelação das Plêiades. Segundo uma tradição beócia, Zeus colocou-as entre as estrelas depois de as ter transformado em pombas para as subtrair às perseguições de Oríon. No entanto, a tradição mais corrente conta que, desesperadas com o castigo que Zeus infligira ao pai, elas se suicidaram e foram transformadas em estrelas. A sua aparição, durante a Primavera, em Maio (os Latinos chamam-lhe *Vergilias*, da palavra *Ver* que significa «Primavera») indica ao marinheiro, em busca do seu caminho nos céus, a estação propícia à navegação (na verdade Plêiades deriva da palavra grega que significa «navegador») e o seu desaparecimento, no início de Novembro, assinala o começo do mau tempo, perigoso para a navegação.

PLÊIONE. Filha de Oceano e de Tétis, Plêione uniu-se ao gigante Atlas e tornou-se mãe das sete Plêiades. Perseguida, durante cinco anos, por Oríon, foi transformada em estrela.

PLÍSTENES. Filho de Pélops e de Hipodamia, segundo a versão mais corrente da lenda, Plístenes, segundo outras versões, era filho de Atreu e marido de Aérope; era ainda pai de Agamémnon e Menelau. Uma outra tradição diz que ele foi morto pelo pai; nada mais se sabe sobre a sua existência.

PLUTÃO. Este deus, cujo nome deriva da palavra grega *plutos*, que significa «riqueza», era a personificação divina da Fecundidade da terra e o garante da abundância das colheitas. Era também chamado *Dis Pater*, «pai das Riquezas» e frequentemente associado ao deus Pluto. Divindade subterrânea, Plutão cedo se tornou um dos sobrenomes de Hades, o soberano dos Infernos, e tomou um carácter temível, sobretudo entre os Romanos. Eram-lhe sacrificados animais de pêlo escuro, ovelhas ou porcos negros, e entregava-se ao seu castigo inflexível todo o condenado à morte.

PLUTO. Tendo-se encontrado, no casamento de Cadmo, com Harmonia, Iásion e Deméter amaram-se sobre um campo lavrado três vezes. Desta união nasceu um filho, Puto, que personifica a Riqueza. Zeus, segundo se diz, privou-o da vista, para que dispensasse os seus bens sem olhar aos méritos próprios de cada um, de igual modo a ricos e a pobres, a bons e a maus.

POBREZA. Conhecida entre os Gregos pelo nome de *Penia*, a Pobreza uniu-se com Poros, o expediente, filho de Métis, para dar origem a Eros, o Amor.

PODALÍRIO. Este filho de Asclépio partiu, contra Tróia, junto com o irmão Macáon, na chefia de uma companhia de Tessálios. Hábil como seu pai na arte da medicina, pôs os seus dons ao serviço dos Gregos durante toda a guerra e foi o único, juntamente com Macáon, a poder curar a terrível ferida de Filoctetes. Depois da vitória dos seus compatriotas, Podalírio deixou Tróia com Calcas, Anfíloco e outros heróis. Chegou, por terra, a

Cólofon, onde Calcas morreu. Depois consultou o oráculo de Delfos, que o aconselhou a estabelecer-se num país onde o céu caía sobre a terra. Depois de ter reflectido por muito tempo, Podalírio estabeleceu-se na Cária, em Sirno, onde desposou Sirna, filha do rei. O território deste povo estava, de facto, cercado de montanhas tão altas que os cumes pareciam sustentar o céu.

PODARCES. 1. Quando Héracles matou Laomedonte, rei de Tróia, e todos os filhos, poupou no entanto um deles, Podarces, que tomara o partido do herói. O jovem foi depois resgatado por Hesíone, e passou a chamar-se Príamo. Mais tarde subiu ao trono de Tróia.

2. **Podarces** é também o filho de Íficlo, e neto de Filaco, rei dos Filaceus na Tessália. Comandava uma armada de Tessálios, no cerco de Tróia, onde foi morto por Pentesileia, rainha das Amazonas.

POLÍADAS. Deu-se este nome aos deuses protectores de uma cidade (*polis*, em grego). Atena era adorada em Atenas com esta mesma designação, como protectora da Acrópole, centro da cidade.

PÓLIBO. 1. Este rei de Corinto acolheu Édipo abandonado e criou-o como filho. Édipo cresceu e soube da tremenda fatalidade ligada à sua vida, que pesava sobre os seus pais: iria, na verdade, matar um e desposar o outro. Pensando que Pólibo e Peribeia, a esposa, eram seus verdadeiros pais, o infeliz abandonou-os imediatamente. Depois de ter morto Laio e desposado Jocasta, Édipo recebeu uma carta de Peribeia que lhe anunciava a morte de Pólibo e lhe revelava o segredo do seu nascimento, bem como as circunstâncias da sua adopção.

2. Também se conhece, com este nome, um rei do Egipto que recebeu em sua casa Helena e Menelau.

3. **Pólibo** é também um rei de Sícion, a quem Adrasto sucedeu, antes de subir ao trono de Argos.

POLIBOTES. Com os outros gigantes, seus irmãos, Polibotes participou na guerra contra os deuses do Olimpo. Posídon quebrou, com o tridente, um pedaço da ilha de Cós que atirou contra Polibotes, esmagando-o sob o peso das rochas. Este incidente deu origem a uma nova ilha, a de Nisiro.

POLIDAMANTE. Filho do troiano Pântoo e de Frôntis, Polidamante era irmão de Euforbo. Ligou-se pela amizade a Heitor de quem foi, de algum modo, conselheiro e estratego, e a quem prestou muitas vezes ajuda nos combates.

POLIDECTES. Este rei de Serifo concedeu hospitalidade a Dánae e Perseu. Depois, quis seduzir Dánae. Em punição por este ultraje, Perseu apresentou-lhe a cabeça de Medusa e petrificou-o. Por sua morte, o reino coube ao irmão Díctis.

POLIDORO. 1. Filho de Cadmo e de Harmonia, Polidoro sucedeu ao pai no trono de Tebas. Marido de Nicteide, teve dela um filho, Lábdaco, avô de Édipo.

2. Um outro **Polidoro**, filho de Príamo e Laótoe, foi morto por Aquiles durante a guerra de Tróia. No entanto, algumas versões posteriores afirmam que Polidoro era filho de Príamo e de Hécuba. Ainda jovem, foi confiado ao rei da Trácia, Polimestor, que recebeu igualmente a guarda dos tesouros da cidade de Tróia. Após o saque da cidade, querendo apoderar-se das riquezas, o rei estrangulou Polidoro e atirou o cadáver ao mar. As ondas rejeitaram o corpo nas costas da Tróada, onde foi descoberto e reconhecido por Hécuba.

Uma outra tradição, apresentada pelos trágicos, conta que Polidoro foi confiado à irmã Ilíone, esposa de Polimestor. A rainha criou o irmão fazendo crer que o filho, Deípilo, era Polidoro. Polimestor, por ordem dos Gregos, matou o próprio filho pensando que matava Polidoro. Então este incitou a irmã a vingar-se do assassínio do filho massacrando o marido.

POLIFEMO. 1. Filho de Élato e de Hipe, este Lápita participou na expedição dos Argonautas e instalou-se depois na Mísia, onde construiu a cidade de Cio, sobre a qual reinou até à morte, sofrida na batalha contra os Cálibes, um dos povos do Ponto.

2. Um outro **Polifemo**, bem mais célebre que o precedente, é filho de Posídon e da ninfa Toosa. Este Ciclope era um monstro gigantesco, de um só olho na fronte, que se alimentava de carne humana. Morava numa caverna, não longe do monte Etna, e o seu enorme rebanho de carneiros pastava na montanha. Tivera uma paixão infeliz por Galateia, amante de Ácis, e vingara-se cruelmente dos dois jovens. Mas ele é essencialmente conhecido pela sua luta contra Ulisses. O herói aportou às suas terras com alguns homens e pediu-lhe hospitalidade. Como resposta, Polifemo apoderou-se de dois companheiros de Ulisses, matou-os e devorou-os, fazendo estalar os ossos dos infelizes entre as enormes mandíbulas; depois, fechou todos os outros marinheiros num antro e bloqueou a entrada com uma pedra enorme. No dia seguinte, de manhã, comeu mais dois prisioneiros e, à tarde, outros dois ainda. Foi então que bebeu o vinho que Ulisses lhe apresentou e que, sob o seu efeito, adormeceu. Imediatamente o herói pegou num enorme tronco com a ponta em brasa e, ajudado pelo resto dos companheiros, espetou-o no olho do Ciclope. Polifemo gritou com toda a força; estava cego.

Para sair da caverna, Ulisses e os companheiros penduraram-se por debaixo do ventre dos carneiros e puderam, assim, libertar-se sem perigo, apesar da vigilância de Polifemo. Este, com a mão, palpava o dorso dos animais, para se assegurar de que nenhum carregava os hóspedes. Quando se puseram de novo em viagem, Ulisses e os companheiros injuriaram Polifemo que, enraivecido, atirou rochas enormes contra o navio. Depois o Ciclope chamou os irmãos em sua ajuda contra «Ninguém»: tal era o nome pelo qual Ulisses se dera a conhecer. Os Ciclopes pensaram que Polifemo enlouquecera e abandonaram o infeliz, que só pôde implorar a vingança ao pai, Posídon. De facto, o deus desencadeou, sobre Ulisses, uma série de enormes tempestades.

POLIMESTOR. Rei de Quersoneso, na Trácia, Polimestor casara com Ilíone, uma filha do rei Príamo. Os esposos, durante a guerra de Tróia, foram encarregados de guardar o tesouro de Tróia bem como o pequeno Polidoro, um dos filhos de Príamo e de Hécuba; educaram-no como se fosse seu filho. No momento da queda da cidade, Polimestor quis matar Polidoro, mas enganou-se e estrangulou o próprio filho, Deipilo. Ilíone, para se vingar, matou o marido assassino. Diz-se também que Polimestor, por cobiçar o ouro que lhe fora confiado, obteve dos Gregos, em troca do assassínio de Polidoro, o direito de conservar as riquezas: o corpo da criança atirado ao mar foi parar às costas da Tróada e foi reconhecido por Hécuba. Ela convocou então Polimestor sob um falso pretexto e arrancou-lhe os olhos. Conta-se por fim que, prisioneiro dos Gregos, Polidoro estava destinado a ser trocado por Helena. Mas os Troianos recusaram a troca e Polidoro teria sido lapidado.

POLÍMNIA. A esta Musa, sem atributos específicos, dá-se o título de «inspiradora dos hinos heróicos e divinos». No entanto, como a estatuária a representa geralmente numa atitude pensativa, é por vezes assimilada a Mnemósine, deusa da Memória, de quem seria filha.

POLINICES. Esta personagem, que pertence às lendas tebanas, nascera da união incestuosa de Jocasta e de Édipo. Aceitou, depois de ter expulsado o pai, partilhar o poder com o irmão Etéocles, reinando cada um durante um ano. Mas como Etéocles recusava ceder o poder, Polinices fugiu de Tebas e refugiou-se junto de Adrasto, rei de Argos, cuja filha, Argia, tomou por esposa. Não abandonou, no entanto, as suas aspirações ao trono de Tebas e preparou uma expedição contra o irmão perjuro. Os Argivos, comandados por Polinices, Tideu, Capaneu, Partenopeu, Hipomedonte, Adrasto e Anfiarau apresentaram-se diante das muralhas de Tebas. Os dois irmãos, animados por um ódio inexpiável, encontraram-se então em combate singular e pereceram ambos, tal como predissera seu pai Édipo numa maldição. Etéocles teve direito às honras fúnebres, mas o corpo de Polinices, culpado de ter pegado em armas contra a própria pátria, foi abandonado sem sepultura. Antígona atraiu a si a cólera de Creonte, novo tirano de Tebas, por ter sepultado o irmão. Deste modo, a raça incestuosa de Édipo conheceu o ódio e a infelicidade até à sua extinção.

POLIPETES. 1. Filho de Pirítoo e de Hipodamia, Polipetes sucedeu ao pai como rei dos Lápitas, na Tessália. Como pretendente de Helena, tomou também parte na guerra de Tróia e fez-se notar pela valentia no combate, matando numerosos heróis troianos. Por fim, figurou entre os Gregos que se instalaram nos flancos do cavalo de Tróia.

2. Um outro **Polipetes** era filho de Ulisses e de Calídice, à qual sucedeu no trono do país dos Tesprotes, no Epiro.

POLÍXENA. A mais jovem das filhas de Príamo e de Hécuba, Políxena, entrou em alguns episódios da guerra de Tróia, dos quais fizeram eco algumas tradições posteriores à *Ilíada*. De facto, Aquiles sentira por ela uma grande paixão quando a jovem, na companhia de Príamo e Hécuba, veio ter com ele, para lhe pedir o corpo do irmão Heitor. Conta-se que, para obter a sua mão, Aquiles se mostrou pronto a trair os seus e a voltar imediatamente à Grécia; ou mesmo a juntar-se às hostes troianas. Mas Páris vigiava e matou o herói. Na altura do saque de Tróia, a sombra de Aquiles apareceu aos Gregos e pediu-lhes que sacrificassem Políxena. Foi sobre o túmulo de Aquiles que o próprio filho, Neoptólemo, cumpriu esta ordem, para apaziguar os manes atormentados do pai.

POLIXO. 1. Natural de Lemnos, aconselhou a rainha Hipsípile, de quem era a ama de leite, a acolher os Argonautas para que a raça do povo de Lemnos não se extinguisse.

2. Uma outra **Polixo** é esposa de Nicteu, a quem deu uma filha, Antíope.

3. A mais célebre **Polixo** foi, no entanto, a viúva de Tlepólemo, filho de Héracles, que, à cabeça de um contingente de Ródios, perecera diante de Tróia. Louca de dor, Polixo quis vingar-se da morte do marido. Helena, esposa de Menelau, concedeu-lhe hospitalidade e recebeu-a como uma amiga; mas, por a considerar responsável pela guerra de Tróia, Polixo disfarçou as servas da rainha em Erínias. Helena, incessantemente atormentada, já meio enlouquecida, acabou por se enforcar.

PÓLUX. Um dos Dioscuros, Pólux é filho de Leda e de Zeus, irmão de Castor.

POMONA. De origem etrusca, esta ninfa das flores e dos frutos, anexada pela religião romana, foi cantada pelos poetas que lhe atribuíam numerosos amores com as divindades agrestes e rústicas, nomeadamente com Pico, Silvano e Vertumno. Ovídio conta-nos que ela foi esposa deste último, e que a recíproca fidelidade imortal lhes permitiu envelhecer e rejuvenescer, sem cessar, à imagem do ciclo das estações e da maturação das plantas e dos frutos. Sentada sobre um grande cesto de flores e de frutos, Pomona segura algumas maçãs e um ramo. Os poetas cantam-na coroada de parras e de uvas, enquanto ela derrama frutos que brotam de um corno da abundância.

PONTO. Mencionado por Hesíodo, Ponto é a personificação do mar, das vagas e dos abismos. Foi gerado por Geia e uniu-se, depois, com a própria mãe, dando assim origem às multiplas forças do Oceano: Nereu, Fórcis, Ceto, Taumas. No entanto, o Ponto não foi objecto de qualquer obra de arte e não se lhe conhece qualquer lenda própria. Para os Antigos, o seu nome designava apenas o mar Negro.

PORFÍRION. Este gigante fez guerra aos deuses do Olimpo, colocando, até ao céu, rochedo sobre rochedo. Depois tentou estrangular Hera e ultrajá-la. Em punição, Zeus derrubou o impudente com o raio, e Héracles trespassou-o com uma flecha.

PORTUNO. Tal como o deus Jano, esta divindade romana muito antiga protege, originalmente, as portas, as passagens e os depósitos de trigo. Mais tarde, torna-se protector dos portos, em especial do de Roma, sobre o Tibre. Assimilado pelos Romanos ao deus grego Palémon, Portuno era filho da *Mater Matuta*, ela própria identificada com a deusa Leucótea, mãe de Palémon.

POSÍDON. Filho de Crono e de Reia, Posídon, deus do Mediterrâneo, foi criado pelos Telquines. Célebre, como todos os deuses do Olimpo, pelos amores com imortais, como Deméter ou Anfitrite, sua esposa legítima, ou mesmo com monstros como Medusa, ele deu essencialmente origem a criaturas nefastas: os Cércopes, os Aloídas, Crisaor, o ciclope Polifemo. Também se intrometeu nos assuntos dos mortais: com Apolo, participou na construção das muralhas de Tróia. Tentou, em vão, roubar a Atena a supremacia sobre a Ática e, furioso por ter perdido, bateu com o tridente na rocha da Acrópole de Atenas, que possuía ainda essa marca na época histórica. Disputou, sem sucesso, com Hélio, a cidade de Corinto e com Hera a de Argos. Durante a guerra de Tróia, tomou partido pelos Gregos, irritado com os Troianos por não lhe terem pago o trabalho da construção da muralha. Consentiu, entretanto, em proteger Eneias: escondeu-o da vista de Aquiles, quando este se preparava para o matar.

Deus dos tremores de terra e também do elemento líquido, cuja representação mais impressionante é o mar, na sua imensidão e força selvagem, Posídon reside no fundo das águas. Por vezes, acontece sair do seu palácio, num carro atrelado por cavalos da cor das algas e da espuma, para dirigir os movimentos das ondas e acalmar ou suscitar tempestades, batendo com o tridente, ou gritando às ondas com uma voz tonitruante. Os marinheiros veneram-no e pedem-lhe que lhes conceda uma boa travessia. O seu poder estende-se não só ao elemento marinho, mas também às águas tranquilas e às ninfas. Deste modo, dissipando a humidade, favorece a fertilidade dos campos e é, muitas vezes, considerado uma divindade agrária.

POTO. Filho de Afrodite, Poto personifica, com Eros, com quem é muitas vezes assimilado, o desejo amoroso. Não possui qualquer lenda própria.

PRENESTE. Esta muito antiga cidade latina foi fundada por Céculo, filho de Vulcano. A origem de Preneste é também atribuída a Telégono, filho de Ulisses e de Circe. Esta cidade latina adquiriu uma grande fama graças ao templo consagrado à deusa Fortuna, diante da qual se vinha jogar os dados para interrogar a sorte.

PRETENDENTES. Na mitologia, os pretendentes são heróis que solicitam a mão de uma jovem, normalmente de família real. Estes pretendentes são, então, submetidos a concursos durante os jogos, ou a corridas de carro, ao tiro ao arco, antes de serem escolhidos como maridos. Foi o caso dos pretendentes de Hipodamia, filha do rei Enómao, a quem, se fossem vencidos, ser-lhes-ia cortada a cabeça. Só Pélops, graças a uma artimanha, pôde desposar a jovem. Entretanto, na

Ilíada, os pretendentes de Helena não precisaram de recorrer a acções tão perigosas. Cerca de uma centena, contavam-se entre os mais célebres heróis da Antiguidade. A conselho de Ulisses, Tíndaro obrigou os pretendentes a jurar que, qualquer que fosse o eleito, todos se compremeteriam, para o futuro, a socorrer aquele que viesse a ser eleito, caso sofresse algum ultraje. Deste modo, quando Páris raptou Helena, todos os pretendentes se dirigiram para Tróia em expedição punitiva. Na lenda narrada na *Odisseia*, os pretendentes de Penélope, que afirmavam que Ulisses estava morto e a pressionavam para que escolhesse um novo esposo, tinham invadido o palácio do rei de Ítaca. Pilhavam as riquezas e entregavam-se a festins constantes e a orgias. Ao regressar de Tróia, Ulisses, sem se fazer reconhecer, sugeriu a Penélope que aceitasse por marido o que fosse capaz de atirar com o seu arco. Nenhum dos pretendentes foi capaz, excepto o próprio herói que, ajudado por Telémaco, matou todos os rivais.

PRÉTIDES. Filhas de Preto, rei de Tirinte, Ifianassa, Ifínoe e Lisipe tinham o nome patronímico de Prétides. Por terem ousado comparar a sua beleza à da própria deusa, chegando mesmo a afirmar que a superavam, Hera enlouqueceu-as. Julgando-se vacas, andaram errantes a mugir pelos campos fora. Diz-se também que esta punição lhes foi imposta por Dioniso por terem desprezado o seu culto. O adivinho Melampo conseguiu curar as Prétides e tornou-se rei de metade do território governado por Preto.

PRETO. Filho de Abas, Preto disputou o reino de Argos com o irmão gémeo Acrísio. Foi por ele expulso e retirou-se para a corte do rei da Lícia, Ióbates. Desposou uma das filhas do rei, Estenebeia, que lhe deu três filhas, conhecidas pelo nome de Prétides. Organizou depois uma armada e pressionou com ela Acrísio, seu irmão, que acabou por ceder-lhe uma parte do território, a região de Tirinte. Foi aí que Preto teve um papel importante na lenda de Belerofonte. Na verdade, foi ele quem purificou o herói de um assassínio. No entanto, por uma acusação falsa da esposa, ele enviou o hóspede ao sogro Ióbates para que o matasse. Ióbates recusou matá-lo, mas submeteu o herói às provas mais perigosas.

PRÍAMO. Rei dos Mínias, Príamo era primitivamente chamado Podarces, isto é, «pé ligeiro». Era filho de Laomedonte, que fora morto por Héracles por ter recusado o preço combinado pela libertação da filha Hesíone. Poupado por Héracles por se ter posto do lado do herói contra o próprio pai, foi resgatado pela irmã e tomou, então, o nome de Príamo, «aquele que foi vendido». Subiu ao trono de Tróia, desposou Arisbe e depois, em segundas núpcias, Hécuba. Segundo Homero, ele foi pai de muitos filhos, que tiveram quase todos um papel eminente durante a guerra de Tróia: Heitor, Páris, Deífobo, Cassandra, Creúsa, Laódice, Heleno; a quase todos o rei viu perecer. Ainda jovem, Príamo ajudou os Frígios num combate contra as Amazonas; mas era já idoso quando eclodiu a guerra de Tróia, e a *Ilíada* conta que ele não tomou parte activa na guerra.

Aceitou, no entanto, presidir aos conselhos; mas só Heitor decidia o desenrolar das operações.

Príamo teve, na verdade, um papel patético no fim da *Ilíada*, quando suplica a Aquiles que lhe devolva o corpo do filho Heitor. A dor de um pai e a emoção do inimigo vencedor, uma e outra confundidas nas mesmas e fatais dores da guerra, dão ao texto da *Ilíada*, e à personagem de Príamo, um poderoso relevo. Quando Tróia foi invadida pelos Gregos, o rei refugiou-se com Hécuba no fundo do palácio e encerrou o altar de Zeus. Mas o deus supremo nada podia fazer em favor do soberano infeliz, que Neoptólemo estrangulou.

PRIAPO. Este deus itifálico é, segundo a tradição mais corrente, o filho de Dioniso e de Afrodite. Hera, sempre ciumenta, tornou-o disforme logo à nascença. Temendo ser objecto de gozo, Afrodite abandonou o filho nas regiões próximas do Helesponto, onde o culto deste deus se localizou, de modo especial em Lâmpsaco. Divindade da Fecundidade, tanto pelo seu emblema, o falo, como pela sua ascendência, Priapo assegura a reprodução dos rebanhos de carneiros e cabras, o nascimento das abelhas, o crescimento das uvas. É adorado pelo povo rústico de pastores das proximidades do Helesponto. O seu culto espalhou-se pela Itália onde obteve grande aceitação. Priapo foi, depois, assimilado a um certo número de divindades agrestes e, nomeadamente, ao deus Pã. Colocava-se nos pomares e nos jardins uma pedra fálica para favorecer o florir e a frutificação.

PROCNE. A lenda desta filha de Pandíon, rei de Atenas, é inseparável da de Filomela, sua irmã. De facto, casada com Tereu, rei dos Trácios, que viera em socorro de seu pai durante uma guerra, ela teve do rei um filho, Ítis. Tereu seduziu, entretanto, Filomela, e Procne decidiu vingar-se de modo exemplar. Matou o próprio filho, cortou-lhe os membros, ferveu-os numa marmita e serviu-os como refeição ao marido. Depois, quando ele já tinha comido, ela revelou-lhe a verdade. Fugiu, então, com a irmã; mas Tereu, louco de dor, perseguia-as; no momento de as apanhar, elas suplicaram aos deuses para que as poupasse; foram então transformadas em aves: Procne tornou-se um belo rouxinol e Filomela uma graciosa andorinha.

PRÓCRIS. Filha de Erecteu, rei de Atenas, Prócris foi involuntariamente morta pelo próprio marido, Céfalo.

PROCRUSTES ou **PROCUSTES**. «Aquele que estica», tal é o sobrenome do bandido Damastes ou Polipémon. Procrustes possuía dois leitos. Forçava os viajantes de grande estatura a estenderem-se no leito mais pequeno e, os mais pequenos, a estenderem-se no maior. Aos primeiros, ele cortava os membros; aos segundos, esticava os braços e as pernas. Teseu pôs fim a tão selváticos feitos e submeteu Procrustes ao mesmo suplício.

PROMETEU. Filho do Titã Jápeto e de Clímene, irmão de Atlas, de Menécio e de Epimeteu, Prometeu era um gigante de quem Zeus temia o poder. Profeta, inventor, Prometeu criou, de

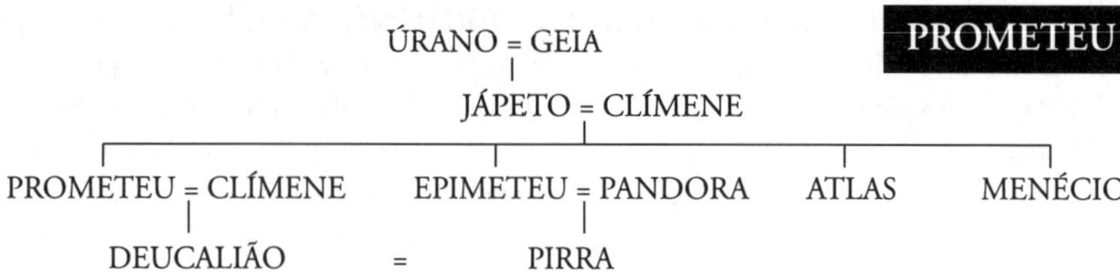

um bloco de argila misturada com água, o primeiro homem. Para não deixar a sua criatura desprovida de tudo, foi arrebatar ao carro do Sol uma faísca; escondeu-a na cana de um chicote e, de regresso à Terra, ofereceu esta origem do fogo divino aos homens que, na sua ausência, se haviam multiplicado. Não contente com esta primeira aventura, que foi uma injúria feita ao poder soberano de Zeus, ele imaginou uma segunda. Matou e esquartejou um touro; de um lado, colocou a carne, a medula, as entranhas, que recobriu com a pele do animal; do outro, os ossos, que recobriu com a gordura do animal. Prometeu ofereceu então a Zeus uma das duas partes, pertencendo a outra aos homens. Zeus, atraído pela brancura da banha, escolheu a parte que continha apenas os ossos. Ao vêr-se enganado, Zeus decidiu vingar-se dos mortais e de Prometeu. Aos primeiros, enviou Pandora, bela jovem criada por Hefesto, que espalhou todos os males pela Terra ao abrir o famoso cofre. Ao segundo, enviou Hefesto: Prometeu foi acorrentado pelo deus no mais alto cume do monte Cáucaso onde, cada dia, durante séculos, uma águia vinha devorar o fígado do infeliz, que voltava sempre a crescer. Por ter advertido Zeus para que não desposasse Tétis, se o deus não queria ter um filho que o destronasse, Prometeu teve direito à clemência do mestre. Héracles matou a ave com uma flecha e libertou o gigante. Entretanto, Zeus impôs-lhe a obrigação de trazer sempre no dedo um anel de ferro ligado a um pequeno bocado de rocha. Depois, Prometeu adquiriu a imortalidadade, que lhe foi cedida pelo centauro Quíron.

PROSÉRPINA. Divindade romana, Prosérpina estendia, originalmente, a sua protecção particularmente sobre a germinação das plantas. Foi, no entanto, muito cedo assimilada à Perséfone grega e tornou-se esposa de Plutão e rainha dos Infernos.

PROTESILAU. Este herói pertence às lendas da Tessália, país em que nasceu como fruto do casamento de Íficlo, rei da Tessália, com Astíoque. Como pretendente de Helena, partiu para Tróia ao comando de quarenta embarcações, após ter desposado Laodamia, filha de Acasto, da família de Jasão. Como um oráculo tinha afirmado que o primeiro guerreiro a pisar o solo da Ásia seria imediatamente morto, ninguém ousava descer a terra. Protesilau aceitou ser o primeiro e logo pereceu aos golpes de Heitor. A esposa, inconsolável, obteve dos deuses que o marido voltasse algum tempo para entre os vivos e, quando ele voltou para os Infernos, ela seguiu-o.

PROTEU. Filho de Posídon e de Tétis, Proteu é uma divindade secundária do mar, encarregado de proteger as focas, rebanho que pertence a seu pai. Segundo Homero, Proteu residia na ilha de Faros, perto do rio Egipto. Virgílio coloca a sua residência na ilha de Cárpato, entre Creta e Rodes. Era essencialmente célebre pelo extraordinário poder de adivinhação que possuía. O pai tinha-lho concedido em recompensa de serviços prestados. Sabia indicar com perfeição o que foi, o que é e o que deve ser. Mas este «Velho do mar», pouco amável, recusava-se sempre a proferir as predições. Entretanto, quem desejasse saber, por ele, o futuro, devia vir encontrá-lo, por volta do meio-dia, hora em que ele fazia a sesta, e acorrentá-lo. Surpreendido e furioso, Proteu transformava-se numa série de monstros, todos aterradores, embora uns mais do que outros. Chegava mesmo a tomar a aparência indescritível da água e do fogo. Então, se aquele que viera consultá-lo não se assustasse, Proteu retomava a sua forma primeira e consentia em falar. Foi assim que revelou a Menelau por que meios podia voltar à pátria; foi também graças aos seus conselhos que Aristeu pôde repovoar as colmeias destruídas pelas Dríades.

PRUDÊNCIA. Como acontece com todas as divindades alegóricas romanas, os caracteres e os atributos da Prudência estão mal definidos. É geralmente representada com os traços de uma mulher de rosto duplo, um virado para o passado, outro orientado para o futuro. Numa época tardia, ela foi identificada com Métis, a primeira esposa de Zeus.

PSIQUE. Nas *Metamorfoses*, Apuleio conta que Psique era a mais bela de três irmãs, filhas de um rei. Todos os habitantes do reino vinham junto dela para a admirar, e chegavam mesmo a prestar-lhe culto, esquecendo as marcas de devoção que deviam a Vénus. A deusa do Amor concebeu então pela jovem um ciúme vingador e chamou Cupido, seu filho, para a ajudar. Ordenou-lhe que inspirasse a Psique um amor pelo mais feio e mais desprezível dos homens. Cupido pegou no seu arco e voou em direcção à jovem. Ao vê-la, porém, ficou tão chocado com a sua beleza que logo se apaixonou por ela e não executou as ordens da divina mãe. Enquanto as duas irmãs de Psique casaram com indivíduos ricos, a bela jovem não se decidia por ninguém. Preocupado, o rei seu pai consultou o oráculo de Apolo; este ordenou-lhe que vestisse a filha de negro e a acompanhasse até ao cimo de uma alta colina, onde uma horrenda serpente viria unir-se a ela. Apesar do seu desespero, o rei executou as ordens dos deuses e abandonou Psique. Surgiu então uma leve brisa, e o sopro do Zéfiro transportou a jovem, pelos ares, e foi depô-la, sã e salva, sobre uma pradaria macia e perfumada, onde ela adormeceu. Na madrugada seguinte, ao abrir os olhos, a jovem encontrou-se no jardim encantado de um palácio de ouro e prata, incrustado de pedras preciosas. Aproximou-se, inquieta e curiosa, da morada desconhecida; ouviu então uma voz que a convidava a entrar na rica habitação. Empurrou a porta e encontrou, nas salas luxuosas, um banho já preparado, uma refeição e um leito sumptuoso, onde ela se deitou ao cair da noite. Pouco depois, deu-se conta de uma presença ao seu lado; pensou que era o marido de que falara o oráculo. Este esposo, amoroso e doce, pediu a Psique que não tentasse olhar para ele. A jovem obteve dele a permissão de voltar, durante alguns dias, a casa para ver os pais. Mas as irmãs, ao vê-la tão feliz, tentaram introduzir a dúvida no coração de Psique e afirmavam que, nas trevas da noite, ela devia certamente unir-se a um monstro.

Transtornada, Psique, na noite que se seguiu ao seu regresso ao palácio, aproximou-se do esposo adormecido e quis vê-lo à luz da candeia. Em vez de um monstro, ela viu Cupido, o mais belo e mais amável dos deuses; deslumbrada, avançou com a lâmpada ainda mais, e foi então que uma gota de óleo a ferver caiu no ombro do divino esposo. Cupido acordou e, em sobressalto, censurou Psique pela sua desconfiança e desapareceu. Louca de dor, a infortunada andou errante à procura dele e, por fim, dirigiu-se a Vénus. A deusa, demasiado feliz por ver chegada a hora da vingança, reteve Psique ao seu serviço como escrava e impôs-lhe trabalhos rudes e humilhantes. Mas nenhuma tarefa parecia impossível à jovem mulher, de tal modo o amor lhe dava coragem e perseverança. Com a ajuda das formigas, ela separou grãos de todas as espécies, que Vénus tinha misturado. Trouxe à deusa a lã de ouro de carneiros ferozes. Ajudada por uma águia, pôde ir buscar água à nascente do Estige, considerada inacessível. Conseguiu ludibriar Cérbero e chegar junto do trono de Prosérpina, no mais fundo dos Infernos, para trazer a Vénus um pouco da beleza da rainha das Sombras. Contudo, a curiosidade iria perdê-la uma vez mais: abriu a caixa que Perséfone lhe remetera e logo caiu num sono profundo. Entretanto, fechado no palácio de sua mãe, Cupido morria de amor pela bela Psique, até ao dia em que conseguiu escapar por uma das janelas da morada e, ao encontrar a esposa adormecida, acordou-a com uma beliscadura ligeira das suas flechas. Diante de tão grande amor, Vénus não ficou insensível. Mercúrio arrebatou Psique da terra e trouxe-a para o palácio dos deuses, onde ela bebeu a ambrósia e o néctar que lhe conferiram a imortalidade. Assim, pôde ficar para sempre unida ao Amor.

O sentido do conto é claro: Psique é o símbolo da alma humana purificada das paixões pelos sofrimentos e preparada para fruir, no amor, uma felicidade eterna.

PTÉRELAS. Eléctrion, rei de Micenas, recebeu um dia a visita dos filhos de Ptérelas, que reivindicaram o trono da cidade por ela ter outrora pertencido a Mestor, seu antepassado. Eléctrion recusou ceder a esta reclamação e, à sua morte, foi o sobrinho, Anfitrião, que se encarregou de conduzir uma expedição contra Ptérelas. Mas Posídon, pai de Ptérelas, colocara na cabeça do filho um cabelo de ouro que o tornava imortal. Foi então que a filha do rei, Cometo, se apaixonou por Anfitrião e decidiu trair a pátria; cortou o cabelo do pai, que morreu imediatamente. Horrorizado por tal crime, que no entanto lhe prestara serviço, Anfitrião condenou Cometo à morte por parricídio.

Purificação. Desconhecida por Homero, esta prática religiosa foi, ao que parece, introduzida por Apolo, quando o deus matou a serpente Píton. De facto, todo o assassínio, mesmo o de um monstro ou de um criminoso, constituía uma mácula que precisava de purificação. Apolo dirigiu-se então à Tessália e banhou-se nas águas do rio Tempe. Do mesmo modo, na mitologia, os heróis culpados de assassínio, ou de sacrilégios, deviam exilar-se e procurar, por todos os meios, uma forma de se purificarem, a fim de acalmarem as divindades infernais. No geral, esta purificação era-lhes concedida por um rei do país vizinho e, se o assassino se arrependesse, era imediatamente perdoado pelos deuses.

Q

QUIMERA. Tal como Cérbero e muitos outros monstros, a Quimera é o produto disforme do monstro Equidna e de Tífon. Tem cabeça de leão, ou de cabra, e uma cauda de dragão. Criada por Amisodares, rei da Cária, ela aterrorizava todos os lugares das redondezas vomitando chamas; devorava todos os seres humanos que tinham a infelicidade de se encontar no seu caminho. Por temer que o monstro atacasse o seu povo, o rei da Lícia pediu a Belerofonte que os libertasse de tal flagelo. Este, montado no cavalo Pégaso, atingiu a Quimera com flechas de chumbo, cujo metal fundiu com o ardor das chamas por ela lançadas: foi assim mortalmente queimada.

QUÍONE. 1. Filha de Bóreas e de Oritia, Quíone uniu-se a Posídon e deu à luz Eumolpo. Mas, para evitar a cólera de seu pai, foi obrigada a atirar o filho ao mar. O deus dos Oceanos recolheu o filho e confiou-o a uma filha de Anfitrite.

2. Uma outra **Quíone**, filha de Dedálion, deu à luz dois gémeos: um, Filámon, era filho de Apolo, enquanto outro, Autólico, era filho de Hermes. Orgulhosa de ter sido amante de dois deuses, Quíone ousou comparar-se em beleza a Ártemis. A deusa, revoltada com tanta audácia, trespassou a insolente com as suas flechas.

QUIRINO. Associado a Marte e a Júpiter, este antigo deus sabino possuía os atributos guerreiros, entre os quais a lança, e foi por isso muitas vezes confundido com Marte ou com Rómulo, filho de Marte e fundador de Roma. Em lembrança desta lenda, o imperador Augusto tomou o sobrenome de *Quirinus*. Entretanto, um gramático latino, num comentário sobre Virgílio, afirma que Quirino é um «Marte tranquilo». Em tempos muito antigos, este deus exercia, certamente, a função eminentemente pacífica de protector dos agricultores.

QUÍRON. Entre os Centauros, Quíron é um caso à parte. Os seus irmãos eram tão brutais e incultos quanto Quíron se distinguia pela sua ponderação e sabedoria. Fruto dos amores de Crono e da ninfa Fílira, ele tinha a estranha forma de um homem-cavalo, porque o pai teve de se transformar em cavalo para o gerar. Conta-se que sua mãe, desesperada por ter dado à luz um monstro, pediu aos deuses que a transformassem: estes metamorfosearam-na em tília. Quíron recebeu os mais preciosos ensinamentos de Apolo e de Ártemis e aprendeu destes preceptores divinos as artes da medicina e da caça. Cedo os pacientes começaram a consultar o Centauro, que os recebia numa gruta, situada no sopé do monte Pélion, na Tessália. São muitos os heróis que tiveram o privilégio de ser seus discípulos: Castor e Pólux, Anfiarau, Peleu, Aquiles, Nestor, Ulisses, Actéon, Diomedes e os Argonautas, em favor dos quais ele elaborou um calendário marítimo. Imortal, estava-lhe prometida uma existência dispensadora de diversas mercês. Mas Héracles, por distracção, durante um combate que opunha Centauros a Lápitas feriu-o na coxa com uma flecha tingida de sangue venenoso da Hidra de Lerna. Atingido por dores atrozes, Quíron ofereceu, com o consentimento dos deuses, a sua imortalidade a Prometeu e pôde, enfim, dar o último suspiro. Zeus colocou este Centauro irrepreensível entre os astros. Forma aí a constelação do sagitário.

R

RADAMANTE. Da união de Zeus e de Europa nasceram três filhos, Minos, Sarpédon e Radamante. Foram adoptados por Astério, rei de Creta, quando este desposou a amante abandonada do rei dos deuses. Aquando da morte deste príncipe, Minos tomou o poder, enquanto Radamante organizava os costumes jurídicos da ilha e redigia o código cretense. Outra tradição conta que Radamante foi obrigado a fugir para a Beócia, onde tomou por esposa Alcmena, viúva de Anfitrião. Promulgou as leis que regem as Cíclades; foi, segundo se diz, autor da lei de Talião e adquiriu, por isso, grande reputação de justiça e sabedoria. Foi por isso também que os deuses, querendo recompensá-lo, lhe concederam o terceiro assento no tribunal dos Infernos, ao lado de Éaco e de Minos. Encarregaram-no, em especial, de julgar as almas dos mortos provenientes de África ou da Ásia.

Raio. Atributo essencial de Zeus, o raio é representado por três faíscas paralelas; é considerado uma das manifestações sagradas do deus. Ele era a sua voz e a sua vontade poderosa. O lugar onde caísse o raio tornava-se lugar de culto, e os cadáveres fulminados eram apenas recobertos de terra; era como se tivessem sido marcados, desde então, por um sinal misterioso, que os sacerdotes, especializados na arte «fulgural», deviam interpretar para o comum dos mortais.

RECO. 1. Este centauro, filho de Ixíon, atentou contra a honra de Atalanta. A jovem casta trespassou o impudente com flechas.

2. Uma outra personagem, também chamada **Reco**, teve a piedosa ideia de escorar um carvalho que ameaçava cair e salvou assim, da morte, as Hamadríades que moravam nessa árvore. Em recompensa, teve direito aos seus favores, na condição de lhes permanecer fiel. Mas um dia foi picado por uma abelha, mensageira das ninfas, e cegou, ou por ter acolhido mal o insecto ou por ter sido culpado de infidelidade para com estas ninfas das árvores.

REIA. Filha de Geia e de Úrano, esta Titânide deu à luz, em Héstia, Deméter, Hera, Hades, Posídon e Zeus. Como o marido, Crono, devorava todos os filhos que dela nascessem, por saber que um deles o havia de destronar, Reia, no momento de dar à luz, refugiou-se em Creta. Foi aí que nasceu Zeus. Reia apresentou então a Crono uma pedra, envolta em panos, como se fosse o recém-nascido. Crono, assim enganado, engoliu o objecto inerte. Reia tornou-se mãe de um deus supremo que, ao roubar a soberania ao próprio pai, iria trazer ao mundo a estabilidade da justiça. Foi venerada, na religião grega, com uma assiduidade constante. Foi assimilada pelos povos da Ásia Menor a Cíbele, a Grande Mãe dos deuses, depois adorada em todo o Ocidente e no Próximo Oriente mediterrânico sob uma pluralidade de formas e de nomes.

REIA SÍLVIA. Descendente de Eneias e filha de Numitor, rei de Alba, Reia Sílvia foi condenada por Amúlio, seu tio, usurpador do trono, a tornar-se vestal, para não dar à luz descendentes que pudessem reclamar os direitos de herança ao trono. Entretanto, seduzida por Marte, ela gerou Rómulo e Remo, que iriam restabelecer Numitor no trono. Ela morreu pouco depois. Diz-se também que o rio Tibre, para onde o seu corpo fora atirado, a tomara por esposa.

REMO. A lenda deste fundador de Roma é inseparável da do irmão gémeo Rómulo. Os dois irmãos entraram em disputa por causa das condições da fundação da futura Roma. Rómulo traçou então um recinto fictício para delimitar a implantação da cidade e proibiu Remo de o transpor. Este não escutou a advertência e foi morto pelo irmão, irritado com o seu gesto sacrílego. Remo foi enterrado no Aventino, com todas as honras, por Rómulo, consternado com o resultado do movimento criminoso a que o levou a cólera.

RESO. Filho do rei da Trácia Ioneu, segundo a tradição homérica Reso possuía dois cavalos muito rápidos, mais brancos do que a neve, que ele pôs ao serviço de Tróia no último ano da luta contra os Gregos. Segundo uma tradição posterior à *Ilíada*, um oráculo tinha predito que, se os cavalos do herói bebessem nas águas do rio Escamandro, Tróia permaneceria invulnerável. Advertidos por Atena, Ulisses e Diomedes foram de noite ao campo troiano, degolaram Reso na própria tenda e apoderaram-se dos preciosos cavalos.

Ressurreição. Este mito, que se desenvolveu de modo especial após a aparição do Orfismo, tem, nas lendas, apenas uma importância episódica. É assim que é permitido a algumas personagens, como Perséfone, voltar provisoriamente à terra; a outras, como Asclépio, o médico, ou Circe, a maga, ressuscitarem os mortos, graças ao conhecimento que têm de plantas mágicas capazes de vencer a morte.

Rio. O elemento líquido, a água, e de modo especial o rio, animado por um movimento perpétuo e misterioso, teve um papel importante nas civilizações antigas, pois era um factor determinante da fertilidade e, consequentemente, do progresso económico. Para mais, o rio é dispensador de frescura; ele purifica os culpados e lava-os dos seus crimes; é o testemunho das gerações sucessivas, das civilizações e do passado. Os principais rios da Grécia e da Ásia Menor aparecem, muitas vezes, na mitologia, com o aspecto de deuses com aparência humana. Em número de três mil, os rios são filhos de Oceano e de Tétis, irmãos das Ninfas e, por vezes, pais de heróis lendários. Também se vêem, muitas vezes, tomar parte nas lutas que levam os mortais a combaterem uns contra os outros. Deste modo, no momento da guerra de Tróia, o Escamandro toma o partido dos Troianos e entra em conversação com Aquiles. O mais célebre dos rios é Aqueloo, o maior curso de água da Grécia e o mais velho na genealogia dos rios. É mesmo o símbolo, pelo seu poder e pela sua majestade, da perenidade da Grécia. A sua força é indomável, e só Héracles, a quem o rio tentou arrebatar Dejanira, conseguiu vencê-lo numa luta feroz.

ROBIGO. Juntamente com Robiga, Robigo forma, na religião romana, um casal de divindades agrárias protectoras do cereal. É-lhes prestado um culto na preocupação de defender as searas contra a ferrugem, um embaraçoso parasita.

ROMA. Conhecemos vários heróis epónimos de Roma. Quando Ulisses viveu, por algum tempo, em companhia de Circe, algumas lendas, posteriores a Homero, afirmam que ele gerou alguns filhos, entre os quais Romo, que devia dar, segundo se diz, o seu nome à cidade de Roma. Mas entre todas as tradições, a mais conhecida é a que faz remontar a fundação da cidade de Roma aos descendentes de Eneias, filho de Afrodite. O herói troiano, rei do Lácio, teve um filho, Iulo, que fundou Alba Longa, o berço da futura Roma. Mais tarde, Reia Sílvia, descendente de Eneias, tornou-se, pela união com Marte, a mãe de Rómulo e de Remo, os primeiros fundadores de Roma. Deste modo, a cidade, criada por heróis de raça divina, pôde reivindicar, por conseguinte, o domínio do mundo e reconciliar, tal como predissera Homero, os Troianos e os Gregos. Na época imperial, os Romanos adoraram uma deusa chamada Roma, que, segundo a lenda, fora uma das cativas de Ulisses e de Eneias, que tinha aconselhado os heróis a instalarem-se no Palatino. Como forma de reconhecimento, os heróis dedicaram-lhe um culto. Seja como for, este último expandiu-se à medida que o poder de Roma se estendeu além das fronteiras da Itália.

Havia o costume de representar Roma com os traços de uma mulher com elmo alado. Por vezes, empunhava o corno da abundância, que derrama, sobre o mundo, submetido à sua lei, a prosperidade e a paz.

RÓMULO. Ao morrer, Sílio Proco, rei de Alba Longa e descendente do herói troiano Eneias, deixou dois filhos: Numitor, herdeiro legítimo do trono, e Amúlio. Ambicioso e sem escrúpulos, Amúlio atirou Numitor para a prisão, apoderou-se do poder, matou o sobrinho Lauso durante uma caçada e forçou a sobrinha, Reia Sílvia, a consagrar-se ao culto de Vesta, afastando assim toda a eventualidade da existência de um pretendente ao trono. Mas os deuses decidiram de outro modo. Num bosque sagrado, onde ia buscar água a uma fonte, Reia Sílvia foi um dia seduzida pelo deus Marte, que fez dela a mãe de Rómulo e de Remo. Amúlio condenou Reia Sílvia à morte

RÓMULO

ANQUISES = AFRODITE
    |
LAVÍNIA = ENEIAS = CREÚSA
    | |
SÍLVIO   ASCÂNIO
    |
entre outros descendentes, PROCAS
    |
NUMITOR   AMÚLIO
    |
MARTE = REIA SÍLVIA
    |
RÓMULO   REMO

por ter faltado ao voto de virgindade e expôs os dois gémeos, num cesto de vime, no rio Tibre. Na altura, o rio transbordava e a Fortuna quis que um turbilhão de água depositasse o berço sobre uma fraga, no sopé de uma das colinas da futura Roma. Uma loba que perdera as crias descobriu ali os recém-nascidos e transpôs, para eles, o seu instinto maternal frustrado. Ofereceu-lhes então o leite dos seus seios. Mais tarde, um pastor, Fáustulo, e a esposa, Aca Larência, criaram-nos e instruíram-nos.

Chegados à idade adulta, Rómulo e Remo, junto com os pequenos vadios das redondezas, entregaram-se sem escrúpulos à pilhagem e roubaram algumas cabeças de gado do rebanho de Amúlio. Remo foi preso pelos guardas do rei e posto na prisão. Rómulo, a quem Fáustulo revelara a sua origem, dirigiu-se então para Alba, matou o rei usurpador, libertou o irmão e restabeleceu o avô, Numitor, no trono. Depois, os dois gémeos abandonaram Alba e decidiram fundar uma cidade nas margens do Tibre, no lugar onde o rio os tinha depositado, como agradecimento por os não ter submergido. Mas o entendimento entre os irmãos foi efémero. Surgiu entre eles uma discussão sobre a implantação da cidade: para resolver a querela, consultaram os oráculos. Remo viu seis abutres sobre o Aventino; Rómulo viu doze sobre o Palatino e decretou, então, que os auspícios lhe eram favoráveis. Remo concordou; mas quando Rómulo traçou, com uma charrua, um sulco à volta do lugar da futura Roma, proibindo a quem quer que fosse de o transpor, Remo, em sinal de gozo, saltou por cima do limite e pereceu às mãos do irmão.

Tornado senhor único do território, Rómulo empreendeu a construção de Roma e, por achar a população pouco numerosa, criou, na colina do capitólio, um asilo onde se refugiavam os facínoras e celerados da região e mesmo escravos fugitivos. Rómulo proclamou-se rei destes vadios. Entretanto, faltavam as mulheres e a população da cidade diminuía. O rei imaginou uma estratégia: mandou anunciar em toda a região que iam celebrar-se em Roma jogos em honra do deus Conso e convidou os Sabinos, seus vizinhos, para a festa. Durante as cerimónias, os homens de Rómulo raptaram as mulheres dos Sabinos. Em consequência disto, houve uma guerra entre as duas nações. Luta sangrenta e de consequências imprevisíveis, esta guerra compreende também o episódio da traição de Tarpeia. Pouco favorecido pela sorte das armas, Rómulo suplicou ajuda a Júpiter e prometeu construir-lhe um templo. O deus concedeu-lhe a vitória.

Sabinos e Romanos uniram-se então numa confederação governada por dois reis, Rómulo e Tácio, chefe dos Sabinos, que foi morto à traição. Quanto à morte do fundador de Roma, conhecem-se duas versões: a primeira, gloriosa; a segunda, menos brilhante. Segundo uma, depois de um reinado de trinta e três anos, Rómulo, durante uma trovoada, foi arrebatado aos céus por Marte, seu pai; apareceu aureolado por uma luz sobrenatural a um senador romano, a quem ordenou que o proclamassem deus com o nome de Quirino. Segundo outra tradição, Rómulo teria sido um tirano cruel; os senadores, fartos do seu poder, tê-lo-iam despedaçado e teriam levado, sob a sua veste, os restos ensanguentados do seu corpo.

É difícil considerar Rómulo uma personagem autêntica da história de Roma. É certo que ele nunca existiu senão na imaginação dos Antigos. Entretanto, permanece um ser lendário que justifica e diviniza a fundação de uma cidade chamada a dominar, durante séculos, o mundo mediterrânico.

RÚTULOS. Os Rútulos habitavam o território a sul do Tibre, na costa do Lácio. Por instigação de Turno, seu chefe, os Rútulos combateram os Troianos e Eneias, para impedir que este desposasse Lavínia. Mas Turno, herói lendário, pereceu durante um combate singular e eles foram rapidamente submetidos pelos Romanos e desapareceram da história.

S

SABÁZIO. Deus frígio, Sabázio foi venerado como divindade idêntica a Dioniso, com quem foi tardiamente assimilado. Era filho de Perséfone e de Zeus, mas não se lhe conhece qualquer lenda própria.

SABEDORIA. Esta divindade alegórica foi, por muito tempo, personificada por Atena que representava, aos olhos dos Gregos, a razão e a paz simbolizadas, respectivamente, pela coruja e pelo ramo de oliveira.

Sacrifício. Na mitologia, esta prática é uma oferenda destinada a atrair o favor divino, ou uma acção de graças de um herói para com um deus. Muitas vezes reduzido à simples imolação de animais, o sacrifício comportava, nos casos de grande aflição ou de grandes medos, pessoas humanas. É assim que vemos, nas lendas, Ifigénia na iminência de ser sacrificada a Ártemis, para que a frota grega seja empurrada por ventos favoráveis. Políxena será imolada sobre o túmulo de Aquiles para apaziguar a alma do herói. Por vezes é o próprio herói ou heroína que se oferecem ao cutelo do sacrificador, como as Corónides, que graças à sua morte puseram fim a uma peste.

SÁLMACIS. Esta ninfa da Frígia obteve de Zeus o privilégio de se unir para sempre a Hermafrodito, por quem se apaixonara.

SALMONEU. Filho ou neto de Éolo, irmão de Sísifo e pai de Tiro, Salmoneu emigrou da Tessália para a Élida, onde se tornou rei epónimo de uma cidade cuja fundação estabeleceu. Era detestado pelos seus porque ousava igualar-se com Zeus e exigia que se lhe dedicasse um culto. Passeava nas ruas da cidade montado num carro que arrastava atrás correntes para imitar o trovão e lançava, de vez em quando, tochas em chama, que simulavam os

SALMONEU

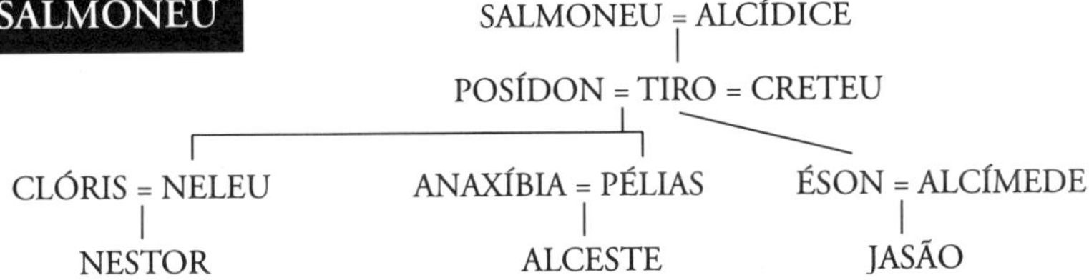

relâmpagos e queimavam mortalmente os transeuntes. Zeus, irritado com tão grande presunção, fulminou-o, bem como ao seu povo, e incendiou a cidade de Salmone. Os mitógrafos modernos afirmam que Salmoneu quisera certamente pôr fim a uma seca parodiando a trovoada, que sempre liberta uma chuva benéfica.

SÁLUS. Personificação da Saúde, da Prosperidade e do Bem-estar público, esta divindade romana, que não possui qualquer lenda, foi muito cedo associada à deusa helénica Hígia, a Saúde, filha de Asclépio e de Lampécia. Era representada com os traços de uma pessoa jovem, acompanhada por uma serpente, atributo por excelência do mundo infernal. Era invocada pelos doentes, e mesmo pelo Estado romano, quando circunstâncias graves o exigiam.

SANCO. Semo Sanco é um dos mais antigos deuses da religião romana. Certamente de origem sabina e identificado, mais tarde, com *Dius Fidius*, ele possuía um templo no monte Quirinal e presidia aos juramentos, aos quais conferia um carácter sagrado.

SÁRON. Esta divindade tutelar do mar, adorada pelos marinheiros, foi outrora um mortal, rei de Trezeno, que dedicara um culto a Ártemis e, tal como a deusa, se tinha apaixonado pela caça. Um dia, quando perseguia uma corça até à beira do mar, o animal penetrou nas ondas e Sáron seguiu atrás dele até que, esgotado, se afogou. O seu corpo foi rejeitado à beira-mar, não longe do golfo Sarónico, e o seu povo venerou-o julgando-o igual aos imortais.

SARPÉDON. A lenda menciona pelo menos dois Sarpédon. Um, filho de Zeus e de Europa, teve desencontros com o irmão Minos. Refugiou-se na região próxima de Mileto, onde se tornou rei. Outro Sarpédon, mais conhecido, é filho de Zeus e de Laodamia. Comandou um contingente de Lícios, ao lado dos Troianos, auxiliando-os na luta contra os Gregos. De tamanho gigantesco e bravura sem igual, Sarpédon viria morrer às mãos de Pátroclo.

SÁTIROS. Divindades gregas dos bosques e das montanhas, os Sátiros, também chamados Silenos, ou mesmo Faunos pelos Romanos, simbolizam a força expansiva e sem limites dos seres vivos, vegetais ou animais. Os Sátiros têm o aspecto de homens pequenos, de cabelos eriçados; orelhas semelhantes às dos animais selvagens. Têm dois chifres na fronte e, por vezes, uma cauda de cavalo ou de cabra. Percorrem incessantemente os campos e procuram saciar os seus apetites; são, por isso, temidos pelos mortais, que receiam sobretudo neles os abusos nefastos e incontrolados da natureza.

SATURNO. Rapidamente assimilado pelo deus grego Crono, por razões ainda hoje obscuras, Saturno perdeu rapidamente os seus atributos e o seu carácter propriamente itálicos. Deus das Sementeiras e dos cereais, por vezes mesmo da Vinha, ele é representado com a foice do ceifeiro e a podoa do vinhateiro. Virgílio e Dionísio de Halicarnasso construíram, a respeito de

Saturno, uma lenda: o deus, expulso do Olimpo, encontrou refúgio na Itália e perpetuou, depois do reino de Jano, as benesses da idade de ouro e de uma civilização sem defeitos.

SAÚDE. Esta divindade alegórica, sem lenda particular, chamada Hígia pelos Gregos, era filha de Asclépio. Os Romanos chamavam-lhe Sálus e tinham-lhe construído em Roma vários templos. Os particulares, e até o Estado romano, corpo vivo da nação, colocavam-se sob a protecção da Saúde. Neste caso, ela simbolizava o Bem-estar público e a Prosperidade e era objecto de uma festa no mesmo dia da Concórdia e Jano. Segurava na mão o leme, tal como a Fortuna, ou dispensava libações sobre um altar rodeado por uma serpente.

SELENE. Filha de Hiperíon e de Teia, irmã de Hélio, Selene personifica a deusa Lua que, no céu grego, reluz com grande brilho. Tem os traços de uma jovem com o rosto de uma brancura reluzente, que faz empalidecer todos os astros, enquanto ela percorre os céus num carro de prata. São inumeráveis os amores que ela teve, uns com Zeus, outros com Pã, que a seduziu e a atraiu para as florestas oferecendo-lhe um véu de uma brancura resplandecente. Mas a sua paixão mais célebre é ainda a que ela sentiu por Endímion, que pedira aos deuses que lhe concedessem a imortalidade, mesmo ficando mergulhado num sono eterno. Cada noite, Selene visita o amante imóvel e acaricia-o com os seus raios prateados. Ela é a mais invejada das deusas. Em cada um dos seus eclipses, há um dragão que se prepara para a devorar. As magas da Tessália estão encarregadas de assustar o monstro para impedirem que se consuma a funesta refeição.

SÉMELE. Filha de Cadmo, o fundador de Tebas, e de Harmonia, Sémele foi uma das amantes de Zeus. Hera, ciumenta, tomou a fisionomia de Béroe, a ama de leite de Sémele, e aconselhou a rival a pedir a Zeus que se lhe mostrasse em toda a sua glória. Apavorado, mas sem ousar recusar, pois ele tinha prometido que lhe concederia quanto desejasse, Zeus apresentou-se diante dela com o trovão e o raio; no mesmo instante, a infeliz foi fulminada. O deus teve, entretanto, tempo para retirar do seio de Sémele Dioniso, o filho que ela concebera. Dioniso iria, depois, descer aos Infernos para arrebatar a mãe ao reino das Sombras e transportá-la para o Olimpo, onde esta se tornou imortal sob o nome de Tione.

SEMÍRAMIS. A lenda desta heroína assíria espalhou-se por toda a Grécia e também pela Itália. Dérceto, deusa de Áscalon, na Síria, com rosto harmonioso e corpo semelhante ao de um peixe, sentira uma paixão violenta por um jovem sírio; teve dele uma filha, a futura Semíramis. Abandonada na floresta, a criança recém-nascida estava destinada à morte, mas as pombas encarregaram-se de a alimentar apanhando, nos redis da vizinhança, o leite e o queijo necessários à sua alimentação. Descoberta por Símio, guarda principal dos rebanhos do rei Nino, ela foi adoptada pelos pastores. Já crescida, atraiu a atenção geral pela sua beleza, graça e inteligência, que acabaram por suscitar o amor de Ones, jovem general de Nino; Ones desposou-a. Pouco depois do casamento, Ones acompanhou o rei – que reinava por volta do ano 2500 a.C. – numa expedição contra a Bactriana. Durante o cerco da cidade de Bactros, aparentemente inexpugnável, Ones chamou a esposa para junto dele. Sem qualquer hesitação, e com raciocínio singular e valorosa determinação, Semíramis imaginou um plano de ataque da cidade. Tomou o comando de um contingente sírio, tomou de assalto a cidade e conduziu os guerreiros à vitória.

Encantado com tanta audácia, Nino quis arrebatar Semíramis ao marido e chegou até a ameaçá-lo de morte. Desesperado, o marido enforcou-se. Semíramis casou então com o rei e deu-lhe um filho, Nínias.

À morte do rei, Semíramis sucedeu-lhe no trono de Nínive. Começa então a sua lenda. Abundam as narrações sobre os seus feitos, heroísmo e espírito de empresa. Mandou construir Babilónia, a cidade modelo do Oriente, com as suas muralhas inexpugnáveis, o plano particular das ruas e os jardins suspensos, de que toda a Antiguidade admirou o carácter encantador. Chegou mesmo a atribuir-se-lhe a fundação das cidades e de todas as construções para cuja origem não havia explicação. Por fim, não contente com enriquecer o património do seu império, Semíramis lançou-se em guerras e conquistas longínquas. Submeteu muitas nações da Ásia, subjugou o Egipto, onde o oráculo de Ámon lhe anunciou que morreria logo que o filho a traísse. Depois instalou-se na Etiópia. Pegou ainda em armas contra os habitantes da Índia; mas foi ferida e repelida e soube, no momento da derrota, que o filho procurava usurpar-lhe o poder. Sem esperar mais, ela pôs nas mãos do filho os destinos do império que lhe pertencera; e desapareceu. Alguns afirmam que foi transformada em pomba e divinizada. Para os mitólogos modernos, Semíramis era, sem dúvida, uma divindade idêntica à Astarte síria, assimilada, mais tarde, pela Afrodite grega.

SERIFO. Foi sobre as margens desta ilha das Cíclades que foram parar Dánao e seu filho Perseu, abandonados dentro de uma arca por Acrísio. Perseu foi criado em Serifo e foi dali que partiu para realizar feitos gloriosos. Durante a sua ausência, a mãe teve de resistir às solicitações de Polidectes, rei da ilha, que queria seduzi-la. Ao regressar, Perseu, irritado, apresentou ao rei e aos companheiros a cabeça da Górgona que logo os transformou em pedra.

Sete contra Tebas (os). Trata-se do título de uma tragédia de Ésquilo que conta a luta que opôs os irmãos Etéocles e Polinices, depois da morte de seu pai, por causa da posse do reino de Tebas. Ela mostra como Polinices, expulso da cidade pelo irmão, se aliou a Adrasto, rei de Argos, e a mais cinco outros chefes, Anfiarau, Capaneu, Hipomedonte, Tideu e Partenopeu, para depois marcharem contra Tebas. Os dois irmãos inimigos acabaram por morrer às mãos um do outro, durante um duelo. Os magistrados da cidade decidiram conceder sepultura a Etéocles e deixar Polinices, traidor da pátria, como presa para os abutres. Enquanto Ismena enterrava Etéocles, com todas as honras, Antígona concedia a Polinices, seu irmão, a sepultura que a cidade lhe recusara.

Sibila. Personificação da própria Adivinhação, a sibila é uma sacerdotisa de Apolo que emite profecias e tende, cada vez mais e de modo especial entre os Romanos, a tomar o lugar dos oráculos dos deuses. Os Antigos conhecem, entre outras, quatro especialmente famosas: a sibila de Marpesso, que vivia numa gruta do monte Ida, na Tróada; a de Eritreia, a de Tibur e, por fim, a mais célebre de todas, a Sibila de Cumas. Esta última aparece em muitas lendas, nomeadamente na de Eneias – ele consultou-a antes de descer aos Infernos – e na do rei Tarquino, que comprou os livros sibilinos, textos sagrados do Estado romano.

SÍCION. As genealogias sobre este rei são confusas. Ora é filho de Erecteu, rei de Atenas, ora de Pélops, ou ainda de Máraton, filho de Epopeu. Ele é, no entanto, na maior parte das vezes, neto de Erecteu, rei de Atenas. Sucedeu a Laomedonte no trono da cidade de Sícion, de que se tornou rei epónimo.

SIDERO. Salmoneu, rei de Salmone, na Élida, casara com Alcídice, de quem tivera uma filha, Tiro. Após a morte da primeira esposa, o rei casou com Sidero que maltratava a enteada. Esta uniu-se um dia a Posídon e deu à luz dois gémeos, Pélias e Neleu, que logo expôs por temer a cólera de Sidero. Quando os filhos, já grandes, souberam da perseguição de que era vítima a mãe, decidiram vingar-se da madrasta. Sidero, assustada, refugiou-se no templo de Hera. Mas Pélias não hesitou e degolou-a sobre o próprio altar da deusa.

SILENO. Filho de Hermes e de Pã, Sileno educou, segundo se consta, o jovem Dioniso: era, de facto, considerado filósofo sábio e profeta. Mas muitas vezes recusava-se a utilizar os próprios talentos e tinha de ser forçado, como fez o rei Midas. Ancião jovial e voluptuoso, de aspecto repugnante e nariz achatado, um ventre enorme, Sileno seguia o cortejo de Dioniso; montado num burro, cantava e ria sem cessar, como se estivesse sempre possuído pelo vinho.

SILENOS. Era assim que se chamavam os velhos Sátiros, irmãos do deus Sileno. Gostavam do vinho, do amor e do sono. Cobertos de uvas, seguiam, contentes, o cortejo de Dioniso.

SILVANO. É a divindade romana dos Arvoredos, dos Pomares e dos Pequenos Bosques. Silvano foi primeiro adorado na forma de uma árvore, depois tomou aparência humana e foi assimilado ao deus Pã ou a Fauno. O seu carácter malicioso, inclinado para as impertinências, fazia-o temido pelos viajantes que atravessavam os bosques; os pais ameaçavam as crianças com o castigo de Silvano quando eles partiam os ramos das árvores. Este génio não possuía qualquer culto oficial, mas era muito popular nos meios rurais romanos como divindade tutelar e pastoril. Eram-lhe oferecidos frutos e animais novos do estábulo. Era normalmente representado como um velho alegre, coroado de hera e uma podoa na mão.

SÍNIS. Este bandido, morto por Teseu, tinha o costume de amarrar os membros das vítimas aos ramos de dois pinheiros cujos cimos ele tinha previamente aproximado; ao libertar as árvores, estas, ao afastarem-se, esquartejavam os infelizes. Teseu espancou Sínis, depois uniu-se a Perigune, filha do bandido, que se escondera num campo de hissopo. Esta deu-lhe um filho, Melanipo.

SIRENES. Sobre estas divindades que assombram o mar, sobre a sua origem, nem os autores gregos nem os autores latinos concordam. São duas ou três, com nomes diversos, entre os quais podemos citar Parténope, Leucósia e Lígia. Eram filhas de Aqueloo e de Terpsícore, de Melpómene ou de Fórcis. Eram semelhantes a aves enormes com cabeça de mulher. Viviam a oeste da Sicília e eram consideradas cantoras incomparáveis, cujo canto mágico atraía para os recifes os navegadores de que elas se alimentavam. No entanto, dois heróis resistiram ao seu encanto fatal: Orfeu, tocando na lira sons melodiosos que arrebatavam mais do que a música das Sirenes, conseguiu desviar dos obstáculos mortais os marinheiros do navio Argo, que o acompanhavam com Jasão; Ulisses tapou com cera os ouvidos dos companheiros e fez-se amarrar ao mastro do navio, satisfazendo assim a sua curiosidade sem correr o risco de sucumbir aos encantos das temíveis cantoras. Como um adivinho tinha predito que elas deixariam de viver logo que alguém pudesse ouvir o seu canto sem se tornar sua vítima, as Sirenes precipitaram-se no mar, onde foram transformadas em rochedos.

SIRINGE. Esta ninfa da Arcádia, perseguida por Pã, atirou-se às águas do Ládon e transformou-se em cana no momento em que o deus ia apanhá-la. Pã cortou então essa cana e fez com ela uma flauta, para conservar a lembrança daquela que ele amara. Depois colocou o instrumento numa caverna onde, mais tarde, eram encerradas as jovens: se fossem virgens, saíam daí acompanhadas pelo terno som da Siringe; se o não fossem, apesar de o afirmarem, desapareciam para sempre.

SÍSIFO. Este rei de Corinto, filho de Éolo, desposou a plêiade Mérope; teve por filho Glauco e Belerofonte como neto. É conhecido essencialmente na lenda pelo castigo que lhe foi dado nos Infernos: condenado a empurrar uma pedra até ao cume de uma montanha, ele nunca conseguia chegar ao fim, pois o enorme bloco voltava sempre a cair. O infortunado era obrigado a recomeçar, eternamente, o seu trabalho. Os mitógrafos antigos não estão de acordo quanto aos motivos de tal castigo. Segundo uns, ele foi um rei ambicioso e hipócrita, que devastou a Ática e foi, por fim, morto por Teseu. Para outros, ele é apenas um denunciador que teria revelado ao deus-rio Asopo que a filha, Egina, fora raptada por Zeus. Para outros ainda, ele teria cometido o sacrilégio de instruir os homens sobre os mistérios

SÍSIFO = MÉROPE
|
GLAUCO(2) = EURÍNOME
|
BELEROFONTE

SÍSIFO

divinos. Irritado com tantos malefícios, Zeus enviou Tânato, a Morte, junto do rei de Corinto, mas Sísifo conseguiu acorrentá-la e o reino dos mortos despovoou-se, pouco a pouco, até ao dia em que o próprio Zeus obrigou o herói a libertar Tânato. Transportado para o Hades, Sísifo conseguiu escapar-se e viveu ainda muitos anos, antes de ser punido pelos crimes. Ao atribuírem-lhe, nos Infernos, um trabalho enorme e sem fim, os deuses impediram Sísifo de ter qualquer tempo livre para pensar em novas evasões ou novos malefícios.

SOL. Também chamado *Sol indiges*, o Sol era uma antiga divindade sabina que personificava a luz do dia e o calor do Sol, sem os quais nenhuma terra podia ser fértil. Estava sempre associado à deusa Lua, que simbolizava o ciclo das estações e era representado no templo, junto com Júpiter Capitolino. O Sol só tardiamente foi assimilado a Hélio, e o seu culto ganhou uma dimensão importante no Império Romano quando se estabeleceu, num esforço de sincretismo, o culto preeminente do Sol.

SONHOS. Divindades greco-romanas, os Sonhos são Génios que comunicam aos mortais adormecidos as mensagens dos deuses. É também graças a eles que os homens podem conhecer, em particular, a vontade ou o pensamento de Zeus e de Hennes. São geralmente interpretados por alguns sacerdotes especializados na arte de comentar os sonhos.

SONO. É a divindade romana do Sono e, tal como o Hipno grego, é filho da Noite e irmão da Morte.

SORANO. Adorado no monte Soracte, na Etrúria, Sorano, cujo culto estava associado ao do lobo, foi cedo identificado com Apolo-Lício (Apolo-Lobo).

Suicídio. Considerado crime pelo direito grego e romano, o suicídio, frequente na mitologia, nem sempre é condenado. Vemos, por exemplo, heróis que se suicidam para que as suas almas, sedentas de vingança, atormentem, sem cessar, a consciência dos inimigos. Alguns amantes inconsolados põem termo aos seus dias para se juntarem no Além; e os deuses perdoam-lhes o gesto fatal. Mesmo nestes casos, o suicídio toma um valor de sacrifício. Torna-se num acto de amor elevado a dimensões sobrenaturais e honra Afrodite. É muitas vezes recompensado pela metamorfose em astro ou em constelação.

T

TÁCIO. Quando Rómulo ordenou o rapto das Sabinas, o rei dos Sabinos, Tito Tácio, entrou imediatamente em guerra contra Roma, pela afronta sofrida pelo seu povo. A luta foi longa, entrecortada por diversas peripécias, entre as quais aquela que, graças à traição de Tarpeia, permitiu à armada sabina penetrar na cidade. Estes povos reconciliaram-se cedo e passaram a formar um Estado único, governado por um tipo de diarquia, com Rómulo e Tácio como reis. Entretanto, ao fim de alguns anos, as querelas recomeçaram. Os Sabinos mataram os Laurentinos e os pais das vítimas, como represália, assassinaram o rei Tácio durante uma festa em Lavínio. O rei foi enterrado com grande pompa pelo companheiro de reinado, Rómulo, que, contudo, nada fez para punir os assassinos. Reinou sozinho sobre Romanos e Sabinos.

TAGES. Um dia, na Etrúria, junto de Tarquínios, um lavrador viu sair, do sulco que traçava, um recém-nascido. Apresentava-se como filho de Génio-Jovial e tomou o nome de Tages. Logo os Etruscos e o próprio rei Tárcon se apressaram a dirigir-se-lhe para contemplar a profunda e admirável sabedoria, semelhante à de um ancião repleto de experiência de vida. Tages, antes de desaparecer, ensinou-lhes a adivinhação e a arte de interpretar os presságios. Todos estes conselhos preciosos foram registados em livros sagrados.

TAÍGETE. Esta Plêiade, perseguida por Zeus, foi socorrida por Ártemis, que a transformou em corça. Voltou mais tarde à sua forma primitiva e consagrou à deusa a corça de chifres de ouro, capturada por Héracles. Conta-se, também, que ela cedeu ao deus supremo e deu à luz Lacedémon, antepassado dos Lacedemónios, povo de Esparta. Envergonhada, escondeu-se no cume do monte Amiclas, que passou a chamar-se Taígeto.

TALIA. É a Musa da comédia e da poesia jovial. Talia é representada como uma jovem alegre, coroada com hera; segura uma grinalda na mão direita e a máscara da comédia na esquerda. Como Musa dos pastores, empunha, por vezes, um cajado.

TALO. 1. Ligado, pelo seu nascimento, a Hefesto ou a Dédalo, Talo era tanto um ser humano como um autómato de bronze. Guardava a ilha de Creta do rei Minos, com uma vigilância e um zelo excepcionais e impedia os viajantes de aportarem às costas da ilha: lapidava-os e queimava-os, apertando-os, com o próprio corpo, que ele tinha previamente levado ao rubro no fogo. Mas um dia Medeia, com os seus encantamentos, conseguiu enlouquecê-lo e Talo rompeu a veia do pé, que era o único ponto vulnerável do seu corpo. Diz-se também que Filoctetes lha perfurou com uma flecha.

2. Conhece-se um outro **Talo**, filho de Policaste, sobrinho e aprendiz do arquitecto Dédalo. Este Talo superou o familiar e mestre na habilidade e na perfeição; inventou, por exemplo, a serra a partir da mandíbula da serpente; inventou a roda do oleiro e o compasso e adquiriu uma grande fama em toda a Ática. Dédalo, com ciúmes de Talo, precipitou-o do alto da Acrópole, depois tentou esconder o seu crime, mas foi logo identificado e julgado pelo tribunal do Areópago. Convencido de ter cometido um assassínio, foi banido da cidade de Atenas. Durante este tempo, Policaste, ao saber da morte do filho, enforcou-se. A alma de Talo, segundo algumas versões, transformou-se em perdiz.

TÂMIRIS. Originário da Trácia, filho de Filámon e da ninfa Argíope, Tâmiris era célebre pelas suas invenções vocais e líricas e era considerado, juntamente com Orfeu, um dos mais famosos poetas míticos da Grécia. Aprendera a música de Lino e consta-se que ensinara a sua arte a Homero. Há muitas lendas sobre esta personagem. Conta-se que Tâmiris estava apaixonado por Jacinto; tinha como rival Apolo. O deus, para o eliminar, apressou-se a dizer às Musas que o poeta se vangloriava de as ultrapassar. Irritadas, as nove divindades cegaram Tâmiris e privaram-no da faculdade de cantar. O infeliz, desesperado, quebrou a lira e atirou-a às águas do rio Balira.

TÂNATO. Eurípides, na tragédia *Alceste*, cita Tânato como deus da Morte. Com efeito, vive nos Infernos, onde foi gerado pela Noite, ao mesmo tempo que o seu irmão gémeo Hipno, o Sono. Tal como Orco, seu homólogo na religião romana, não se lhe conhece qualquer mito particular. Ele é antes o mensageiro da morte e não a morte em si mesma.

TÂNTALO. Este rei da Lídia ou da Frígia era filho de Zeus e da ninfa Pluto, e pai de Níobe e de Pélops. Segundo a versão mais comum, Tântalo revelou aos mortais os mistérios do culto dos deuses; há, porém, outras tradições que afirmam que ele roubou o néctar e a ambrósia aos deuses, para oferecer ao seu povo as essências imortais. Conta-se ainda que, desejoso de pôr à prova a arte de adivinhação dos deuses, lhes serviu, durante um festim, o próprio filho. O crime foi descoberto por Zeus, e Pélops foi ressuscitado por Hermes. Diz-se também que ele atraíra sobre si uma pena eterna, por não ter cuidado de um cão de ouro que lhe fora confiado, para guardar um templo consagrado a Zeus. Quanto ao castigo que lhe foi infligido por todos estes crimes supostos, ele era considerado, na Antiguidade, particularmente horrendo: ora era um rochedo que perpetuamente ameaçava esmagá-lo, ora, consumido pela sede e pela fome, não podia matar a sede nem comer os frutos de uma árvore que lhe fugiam quando ele tentava colhê-los. Tântalo sofria o pior dos suplícios: o de não poder agarrar o que desejava.

TARPEIA. Durante a guerra contra os Sabinos, o rei Rómulo confiara a guarda da cidadela de Roma a Semprónio Tarpeio. A filha deste avistou, um dia, no campo inimigo, o rei dos Sabinos, Tácio, e apaixonou-se por ele. Com a promessa de que o soberano a tomaria por esposa, Tarpeia não hesitou em abrir as portas da cidadela. Mas o rei perjurou e os seus guerreiros sufocaram a jovem mulher, que sucumbiu debaixo dos escudos. Os Romanos, que mais tarde colocaram Tarpeia no número das heroínas, tentaram inocentá-la e acrescentaram à lenda primitiva outros episódios, todos a seu favor. Afirma-se, pois, que Tarpeia era filha de Tácio e que, raptada por Rómulo, ela se vingara desta afronta abrindo as portas de Roma aos Sabinos, seus compatriotas. Diz-se também que Tarpeia fora morta por recusar conceder aos Sabinos os planos de guerra estabelecidos por Rómulo. Por fim, contava-se que ela prometera aos Sabinos abrir-lhes as portas da cidadela, mas exigiu que antes todos depositassem, na sua frente, o que traziam na mão esquerda, como se desejasse as suas jóias; mas, na verdade, o que ela desejava, antes de mais, eram os escudos, sem os quais os guerreiros estavam à mercê dos Romanos. Infelizmente este artifício foi descoberto e Tácio ordenou aos Sabinos que sufocassem Tarpeia sob os escudos. A jovem heróica deu o seu nome à rocha Tarpeia, de onde eram precipitados os criminosos.

TÁRTARO. Na *Ilíada*, Tártaro é um lugar subterrâneo, o fundo dos Infernos, que é separado da superfície do solo por um espaço igual àquele que existe entre a terra e o céu. Abismo insondável, obscuro, cercado por uma tripla muralha de bronze, é a prisão dos deuses da primeira geração, dos Titãs, dos Gigantes, vencidos por Zeus e de todas as outras divindades que infringiram as leis olímpicas. Os deuses apanhados em falta são ameaçados de serem para aí precipitados. O Tártaro constitui o fundo de todas as coisas, além do qual nada mais existe. Os poetas latinos fizeram dele a expressão do próprio Inferno: um lugar abafado, situado no fundo de um abismo tal que os culpados, que aí são castigados eternamente, não conseguiram nunca escapar daí.

TAUMAS. Como todas as divindades primordiais, este filho de Ponto e de Geia não possui qualquer lenda, mas pertence, pela sua genealogia, ao importante ramo dos deuses do mar. Uniu-se a uma oceânide, Electra, filha de Oceano, que gerou monstros, as Harpias, e à mensageira muito amada dos deuses, Íris.

TEANO. Filha do rei da Trácia, Cisseu, Teano tinha por irmã, segundo uma das genealogias heróicas conhecidas, Hécuba, esposa de Príamo. Casada com Antenor, ela foi encarregada pela cidade de Tróia do culto de Atena. Por ter recebido Ulisses e Menelau com benevolência, quando estes vieram em embaixada para reclamar a restituição de Helena, raptada por Páris, Teano foi poupada pelos Gregos, bem como o marido e os filhos, no momento do massacre que se seguiu à tomada de Tróia. Ela viveu, depois, na Ilíria. Entretanto, há uma tradição que afirma que ela foi salva por ter traído a pátria, entregando aos Gregos o Paládio, estátua de Atena, de que dependia a salvação da cidade.

TEBAS. Capital da Beócia, Tebas, a mais célebre das cidades da mitologia, foi fundada pelo herói lendário Cadmo. A cidadela que aí foi construída chamou-se Cadmeia em sua honra. Mais tarde, Zeto e Anfíon reinaram sobre a cidade e construíram novas muralhas: o primeiro transportava as pedras, enquanto o segundo tocava lira com tanta habilidade que encantava os materiais de construção; estes dispunham-se por si próprios, segundo os planos. Segundo outras lendas, Héracles e Dioniso nasceram em Tebas, e a cidade tornou-se, por conseguinte, o lugar das duas grandes epopeias míticas: a dos Sete Chefes e a dos Epígonos. Mas foram essencialmente os poetas trágicos que a invocaram ao contar as infelicidades dos reis humilhados pelo destino, como Lábdaco, Laio, Édipo, Etéocles e Polinices.

TEIA. Filha de Úrano e de Geia, Teia é uma das primeiras divindades. Unida a Hiperíon, ela iria dar à luz três filhos ilustres: Hélio, o Sol; Eos, a Aurora; e Selene, a Lua.

TÉLAMON. Tal como o irmão Peleu, pai de Aquiles, Télamon, pai de Ájax, «o Grande», mereceu ter uma lenda. Filho de Éaco, Télamon participou no assassínio do meio irmão Foco; expulso da sua pátria, Egina, dirigiu-se para Salamina onde o rei Cicreu o purificou do assassínio e lhe concedeu a mão da filha Glauce. Quando a esposa e o sogro morreram, ele tornou-se rei e casou, segunda vez, com Peribeia. Esta deu-lhe um filho, Ájax. Participou na caça ao javali de Cálidon e tomou parte na expedição dos Argonautas. Companheiro de Héracles em Tróia, auxiliou o herói na luta contra Laomedonte e, em recompensa, recebeu em casamento a filha deste rei, Hesíone. Desta união nasceu um filho, Teucro. Ájax e Teucro partiram para Tróia; mas só Teucro voltou da expedição, e o pai expulsou-o do seu reino por não ter sabido vingar o irmão.

TÉLEFO. Filho de Héracles e de Auge, Télefo foi abandonado na montanha e recolhido por pastores, que o confiaram ao rei Córito. Ao atingir a idade adulta, perguntou ao oráculo de Delfos quem eram os seus pais. Obteve como conselho que se dirigisse a casa de Teutras, rei da Mísia, que tinha casado com sua mãe. Télefo sucedeu ao rei alguns anos mais tarde. Familiar, por afinidade, da família real de Tróia, opôs-se ao desembarque dos Gregos nas costas da Mísia; matou, nesta ocasião, alguns heróis, entre os quais Tersandro, filho de Polinices. Mas Dioniso atingiu-o com o terror e fê-lo sucumbir numa vinha onde o herói tinha sido ferido por Aquiles. A chaga nunca mais curou. Entretanto, a conselho dos adivinhos, que declaravam que Tróia não podia ser tomada senão com a ajuda de Télefo, Aquiles voltou a encontrá-lo e fechou a ferida purulenta tocando-lhe com uma seta enferrujada. Télefo, agradecido, indicou aos Gregos o caminho a seguir para se aproximarem e vencerem Tróia.

TELÉGONO. Este herói nasceu da união de Circe com Ulisses quando este último, no regresso à pátria, se encontrou com a maga. Criado pela mãe e conhecedor da sua origem, Telégono partiu para Ítaca com alguns companheiros a fim de se fazer reconhecer pelo pai. Chegado ao reino de Ulisses, apoderou-se dos rebanhos do rei. Os habitantes da ilha e o seu chefe combateram os bandidos; Telégono, sem saber de quem se tratava, atingiu o próprio pai com uma seta de espinhas de raia: cumpria-se, assim, o oráculo que afirmara que Ulisses havia de perecer do mar e às mãos do próprio filho. Apercebendo-se do engano e do crime involuntário, Telégono chorou amargamente sobre o corpo do pai. Depois, levou a Circe o féretro de Ulisses a quem ela prestou as honras fúnebres. Mais tarde, desposou Penélope, de quem teve Ítalo, rei epónimo da Itália.

TELÉMACO. Quando o seu pai, Ulisses, partiu para Tróia, Telémaco ficou só em Ítaca, junto com a mãe Penélope. Mas, como a ausência do pai se prolongava, os pretendentes de Penélope afluíram ao palácio e delapidavam os bens reais. Telémaco, revoltado, mas felizmente aconselhado por Mentor, e sobretudo pela deusa Atena, partiu à procura de Ulisses. Foi recebido por Nestor, que encarregou o próprio filho de conduzir o herói de Pilos a Esparta, onde Menelau o acolheu. Mas nada pôde saber por aqueles que o acolheram e retomou, entristecido, o caminho de Ítaca. Foi aí que ele encontrou, com grande alegria, o pai que chegara alguns dias antes e que fora recebido pelo pastor Eumeu. Juntos, prepararam o massacre no qual iriam perecer todos os pretendentes de Penélope. As tradições atribuem a Telémaco diferentes esposas: Cassífone, filha de Ulisses e de Circe, a própria Circe ou ainda Nausícaa, a filha de Alcínoo, rei dos Feaces.

TELQUINES. Estes génios, maléficos na sua maior parte, passavam por descender de Posídon e assumiam uma forma ao mesmo tempo humana e de animal marinho, pois eram providos de cauda de peixe e pés espalmados. Por vezes tinham o aspecto de uma serpente. Viviam na ilha de Rodes, célebre pelas suas perturbações sísmicas e vulcânicas e, por esta mesma razão, atribuía-se-lhes a maior parte das calamidades que se abatiam sobre a ilha: o granizo, a neve, a chuva. Eram mesmo acusados de misturar enxofre na água do Estige, para tornar as terras estéreis e fazer perecer os animais. Compreende-se assim que, génios subterrâneos e espíritos do fogo, eles fossem confundidos com os Cabiros, de quem possuíam, ainda em maior grau, a arte de forjar os metais e de trabalhar os emblemas dos deuses, como a harpa de Crono e o tridente de Posídon. Entretanto, apesar dos seus dons artísticos, a sua maldade levou os deuses a puni-los. Zeus atirou-os para as ondas do mar e transformou-os em rochedos;

uma outra versão fá-los perecer sob as flechas lançadas por Apolo.

TÉLUS (Telure). É a divindade romana que personifica o princípio da fecundidade. Télus favorece o desenvolvimento da espécie humana e protege as colheitas. É representada como uma jovem com múltiplos seios e é-lhe dedicado um culto sob o nome de Mãe terrestre. Enquanto divindade da Abundância, ela é frequentemente colocada na companhia das divindades dos Infernos. Assimilada pela deusa helénica Geia, Télus perdeu os seus atributos próprios em benefício de Ceres, de Deméter, ou de Cíbele.

TÉMENO. 1. Filho de Pelasgo, Témeno acolheu, segundo consta, a deusa Hera, quando ela nasceu na ilha de Samos, e criou-a na Arcádia. Depois, mandou construir em Estínfalo três templos em honra da deusa. No primeiro, a deusa foi venerada como criança divina; no segundo, como esposa de Zeus; no terceiro, como viúva, quando se separou, provisoriamente, do deus supremo.

2. É conhecido, com o mesmo nome, um herói que descendia de Héracles. Junto com os irmãos Cresfontes e Aristodemo e, à morte deste último, com os sobrinhos Procles e Eurístenes, ele quis apoderar-se do Peloponeso. Mas um dos Heraclidas, Hípotes, matou Carno, poeta da Carnânia, que penetrara no campo dos Gregos para aí cantar versos proféticos; então, os deuses, irritados, destruíram a frota dos Heraclidas numa tempestade e enviaram a fome sobre a armada. O assassino foi pois banido e, segundo os conselhos do oráculo de Delfos, foi escolhido para guia da expedição «um ser de três olhos», Óxilo, zarolho montado a cavalo. Témeno pôde desembarcar nas costas da Élida; coube-lhe em partilha Argos, no Peloponeso.

TÉMIS. Filha de Úrano e de Geia, Témis pertence à geração dos deuses primordiais. É uma das esposas de Zeus e mãe das Horas, as Moiras, das ninfas do Erídano e, segundo alguns autores, das Hespérides. Segundo Homero, ela é a personificação da ordem estabelecida e das leis que regem a justiça. Respeitada por todos os deuses do Olimpo, assiste às deliberações dos deuses e dos homens e preserva, em todas as ocasiões, a equidade das decisões que aí são tomadas. Ela é, por vezes, definida como divindade possuidora do dom da profecia; instalou o seu oráculo em Delfos, onde sucedeu ao de Geia. Mas Apolo foi-lhe superior. É representada com uma balança e uma espada nas mãos (os dois emblemas da justiça). Mas, sobretudo, os olhos vendados são símbolo da imparcialidade nas sentenças que profere.

Templo. No início, o templo era apenas uma caverna ou uma gruta, na qual se prestava culto a um deus que, segundo as lendas, aí teria nascido ou morado. Depois foram construídos templos em pedra e tijolo, que serviam para abrigar os tesouros das cidades. Por fim, e muito mais tarde, tornaram-se a morada dos deuses sobre a Terra. O templo possuía duas partes: uma, o *hiéron*, santuário reservado ao culto dos sacrifícios; outro, o *naos*, recinto sagrado onde, na obscuridade e no segredo, se erguia a imagem ou a estátua do deus. Este lugar do templo era proibido ao público, pois temia-se que o deus fosse perturbado por alguns sacrilégios. Só os sacerdotes ou as sacerdotisas dos deuses ou das deusas tinham direito de penetrar neste recinto.

TEREU. Rei da Trácia, este filho de Ares ousou seduzir, com subterfúgios desonestos, Filomela, irmã da própria esposa, Procne. Foi transformado em abutre, enquanto Filomela e Procne eram transformadas, respectivamente, em andorinha e em rouxinol.

TÉRMINO. A antiguidade do culto deste deus é atestada pelo facto de os Sabinos, os Lígures, os Etruscos o reconhecerem como uma das suas divindades. Ele marca, de modo imutável, os limites dos campos; depois, por extensão, as fronteiras do Estado. Tal como Júpiter divide os espaços dos céus, Término divide os espaços terrestres, os territórios e as propriedades. Um simples marco basta para o representar. Mais tardiamente, foi-lhe atribuída uma cabeça humana colocada sobre uma pedra piramidal; sem pernas nem braços, ele não podia mudar de lugar e garantia, deste modo, a integridade do terreno que delimitava.

TERPSÍCORE. Esta Musa, representada com os traços de uma jovem divertida, marca, com os sons da lira, a cadência dos cantos e a dança coral. Do mesmo modo, alguns autores gregos atribuem-lhe a maternidade das Sirenes que, como ela, tinham o poder de encantar, com o seu canto, quantos as ouviam. A partir do século V a.C. é, no entanto, considerada Musa da poesia lírica, dos coros dramáticos e da dança.

TERSANDRO. Este herói é filho de Polinices e neto de Édipo. Participou na expedição vitoriosa dos Epígonos contra Tebas; depois as suas actividades guerreiras levaram-no, ao lado de Agamémnon, para Tróia. Mas o seu navio encalhou na Mísia e os Gregos aproveitaram para devastar o território do rei Télefo, que matou Tersandro. Ele desposara Demonassa, filha de Anfiarau, um dos Sete Chefes. Desta união nascera Tisâmeno, que reinou algum tempo em Tebas.

TERSITES. Combatente grego na guerra de Tróia, Tersites era o mais feio, o mais cobarde e o mais maldoso dos Gregos. Acerca da sua morte, conhecem-se duas tradições, nenhuma delas favorável. Segundo a primeira, teria tentado fomentar uma revolta e teria sido morto por Ulisses. Segundo outra, teria arrancado, com a ponta de uma lança, os olhos de Pentesileia, a rainha das Amazonas, mortalmente ferida por Aquiles. Este último, irritado com tanta crueldade, teria atingido o crânio de Tersites com punhadas.

TESEU. Um dos maiores heróis gregos da Ática, Teseu era considerado pelos Atenienses uma personagem histórica. É verdade que está presente na maior parte das lendas e existia na cidade de Atenas um provérbio Lacónico: «Nada sem Teseu». Segundo a tradição mais comum, ele é simplesmente o filho de Etra e de Egeu, rei

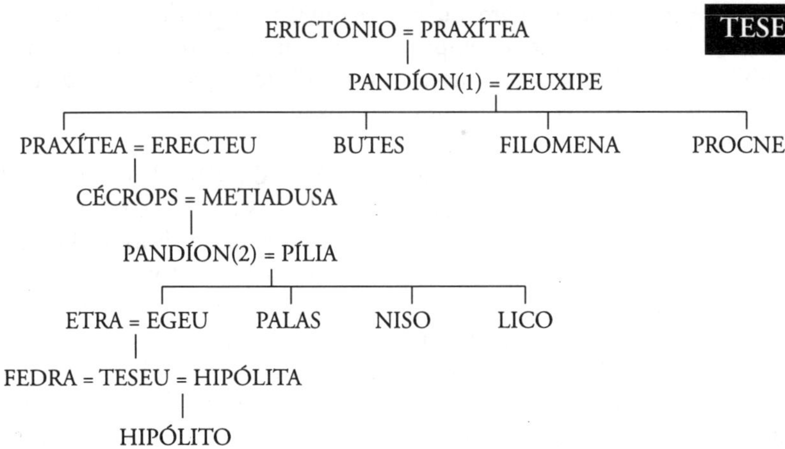

de Atenas. Mas dizia-se também que a sua força prodigiosa só lhe podia ter sido dada por um deus, e que Posídon era seu pai.

Criado pela mãe em casa do avô Piteu, em Trezeno, ele ignorava tudo sobre o seu nascimento. Egeu tinha, de facto, abandonado Etra, ordenando-lhe que nada revelasse à criança que ia nascer enquanto ela não fosse capaz de levantar um rochedo sob o qual ele tinha colocado as sandálias e a espada. Teseu cresceu, então, sem saber que era filho de um rei; mas, desde a mais tenra idade, fez prova de uma coragem e de um sangue-frio sem igual: Héracles, que viera repousar na corte de Piteu, atirou distraidamente ao chão a pele de leão com que se cobria. Imediatamente todos os servidores e familiares do rei fugiram apavorados; só Teseu ficou no seu lugar e, puxando pela espada, preparava-se para trespassar o leão. Aos dezasseis anos, Etra conduziu-o até junto do rochedo; o jovem herói levantou-o e descobriu os dois troféus escondidos por Egeu. Decidiu juntar-se imediatamente ao pai. Mas, como a região que ele havia de percorrer estava infestada de monstros e bandidos, a mãe e o avô recomendaram-lhe que tomasse o caminho do mar. Teseu não deu importância aos conselhos de prudência e dirigiu-se para Atenas, por via terrestre, decidido a provar a todos os habitantes da Ática que ele era verdadeiramente filho de um rei. Matou, sucessivamente, Perifetes, Círon, Sínis, uma bácora enorme que devastava a região, Procrustes, Cércion; e antes de entrar em Atenas purificou-se de todas as máculas destes assassínios nas águas do Cefiso. Atenas era ainda governada por Egeu, mas, de facto, o poder real estava nas mãos da maga Medeia, que casara com o rei e inspirava as suas decisões. Medeia compreendeu logo quem era Teseu e convenceu Egeu a envenenar este estrangeiro, capaz de lhe usurpar o trono. Recebido com honras hipócritas, Teseu pôde, durante a refeição, fazer-se reconhecer pelo pai mostrando a espada com a qual cortava um pedaço de carne.

Reassumindo a realeza em todo o seu esplendor, pois sentia a perenidade do poder finalmente assegurada, Egeu repudiou Medeia e expulsou-a do palácio. Entretanto, os Palântidas, filhos de Palas, irmão de Egeu, que pensavam que o rei nunca chegaria a ter posteridade e esperavam, por isso, reinar um dia sobre Atenas, conspiraram contra Teseu. O herói, porém, conseguiu vencê-los e massacrá-los a todos. Foi, por esses crimes, banido da cidade durante um ano. Mas Atenas precisava muito de Teseu para a libertar do insuportável tributo que Minos, rei de Creta, lhes impunha: sete rapazes e outras tantas raparigas deviam, todos os sete anos, ser enviados para a ilha, para servirem de alimento ao Minotauro. Teseu propôs-se logo libertar a pátria deste tributo sangrento e embarcou com as vítimas. Chegado a Creta, seduziu Ariadne, uma das filhas de Minos, e a jovem deu-lhe um novelo de fio, graças ao qual o herói conseguiu encontrar o caminho no labirinto, morada do Minotauro; pôde, assim, matar a murro o monstro adormecido. Depois de cumprida a façanha, que lhe valeu a admiração de todo o povo ateniense, o herói raptou Ariadne e retomou o caminho de Atenas. Mas, no regresso, abandonou Ariadne na ilha de Naxo, certamente por ordem de Dioniso, que desejava tomá-la por esposa. Entristecido com esta separação, mas orgulhoso do feito que realizara, Teseu esqueceu-se de erguer a vela branca, tal como o pai lhe ordenara antes de partir. Egeu perscrutava a costa e avistou, ao longe, as velas negras do barco; pensou logo que o filho tinha perecido e, desesperado, atirou-se ao mar.

Tornado rei, Teseu teve um papel político imenso e benéfico. Reuniu os diferentes burgos e assegurou a unidade da cidade. Instaurou grandes festas: as Panateneias; criou os jogos Ístmicos, em honra de Posídon. Instituiu um governo estável e promulgou leis sociais pouco favoráveis aos ricos e aos nobres. Mas o tempo das proezas não terminara ainda. Junto com Pirítoo, rei dos Lápitas, um dos seus mais fiéis amigos, acompanhou os Argonautas na conquista do Velo de ouro, participou na caça ao javali de Cálidon e pôs a sua habilidade ao serviço dos Sete Chefes, ajudando Adrasto a recuperar os corpos dos heróis mortos em Tebas. Encontramos esta humanidade do herói na benfazeja hospitalidade que concedeu a Édipo, banido do seu país. Mas, de todas as aventuras, a mais célebre é ainda aquela que o opôs às Amazonas. Conseguiu raptar-lhes a rainha, Antíope, apesar do cerco que estas mulheres guerreiras e cruéis infligiram a Atenas. Desta união iria nascer Hipólito. Depois da morte de Antíope, Teseu desposou Fedra, que lhe deu dois filhos, Ácamas e Demofonte.

Juntamente com Pirítoo, Teseu partiu para o reino das Sombras para se apoderar de Perséfone. Na terra, na cidade abandonada pelo rei, multiplicaram-se as intrigas; os nobres estavam irritados por causa das reformas democráticas que Teseu introduzira na cidade. Chamaram os Dioscuros em sua ajuda. Estes acorreram para libertar a irmã, Helena, raptada por Teseu e guardada por Etra, depois para colocar Menesteu no trono de Atenas. Nos Infernos, entretanto, Teseu e Pirítoo foram acolhidos com uma benevolência fingida por Hades e Perséfone, que os convidaram a sentar-se à sua mesa. Não puderam levantar-se do assento, chamado «cadeira do esquecimento», pois tinham perdido a memória ao sentar-se aí. Pirítoo ficou aí para sempre, enquanto Teseu, após longos meses de espera, foi libertado por Héracles. O estado em que se encontrava o reino, após tão longa ausência do seu soberano, levou-o a sair do país e a retirar-se para Ciros, para a corte de Licomedes que, depois de lhe ter manifestado amizade, o assassinou à traição. Uma vez, no entanto, Teseu abandonou o domínio da mitologia para entrar no da história: os Atenienses afirmaram tê-lo visto na batalha de Maratona (490 a.C.).

TÉSPIO. Filho de Erecteu e soberano epónimo de Téspias, na Beócia, Téspio acolheu na sua corte Héracles, que acabava de matar o leão de Citéron. O rei tinha cinquenta filhas. Com a sua cumplicidade, Héracles uniu-se, durante cinquenta noites, ou durante uma só, a cada uma delas e gerou numerosos filhos, sete dos quais ficaram em Téspias, dois foram enviados a Tebas e os outros, sob a direcção de Iolau, foram para a Sardenha onde fundaram uma colónia.

TÉTIS. 1. (*Téthis*) Filha de Úrano e de Geia, Tétis ocupa um dos primeiros lugares entre as divindades primordiais da Grécia. O seu nome significa «alimentadora». Ela é um símbolo da fecundidade das águas. Unida a Oceano, deu origem às Oceânides e a uma abundante multidão de nascentes e de fontes, assegurando, assim, à natureza, a humidade benéfica e necessária.

2. (*Thétis*) *Filha* de Nereu e de Dóris, **Tétis** é, sem dúvida, a mais célebre das Nereides. Distinguiu-se, desde a mais tenra idade, pela sua doçura e pelo seu sentido de hospitalidade. Acolheu Hefesto, que fora precipitado do Olimpo por Zeus irritado. Não aceitou ter por marido Zeus, pois não queria afligir Hera, que tinha sido a sua ama. Mas diz-se também, a este propósito, que Posídon e Zeus abandonaram Tétis ao saber que a Nereide daria à luz um filho mais poderoso que seu pai. Peleu, um mortal, pôde assim desposar a divindade marinha que, para lhe escapar, tinha tomado todas as formas possíveis, mas que, por fim, teve de submeter-se. Os esponsais de Tétis e Peleu foram honrados com a presença de todos os deuses, que lhes trouxeram presentes. Mas a deusa Discórdia, que não fora convidada, atirou para o meio da assembleia em festa a famosa maçã, origem de muitos males. De Peleu, Tétis teve um filho, o grande Aquiles, que ela educou com amor. Para o tornar insensível a todo o ferimento, ela mergulhou-o no Estige. Como o segurava pelo calcanhar, este era a sua parte vulnerável. A mãe bem tentou subtraí-lo à guerra de Tróia e escondeu-o na corte de Licomedes, rei de Ciros. Quis também evitar-lhe os golpes mortais oferecen-do-lhe uma armadura forjada por Hefesto. Ela aconselhou-o, por fim, a não combater, mas em vão. Quando o filho morreu, ela transportou toda a sua afeição para Neoptólemo, seu neto, e salvou-lhe a vida pedindo-lhe que não voltasse imediatamente

à pátria, logo após a queda de Tróia. Deste modo, Neoptólemo escapou à grande tempestade que destruiu a frota grega.

TEUCRO. 1. Filho do deus-rio frígio Escamandro e da ninfa Ideia, este herói abandonou Creta, onde nascera, e dirigiu-se para as costas da Ásia Menor. Foi um dos primeiros reis míticos de Tróia, pai de Erictónio e avô de Trós.

2. Um segundo **Teucro** é, em Homero, o mais famoso arqueiro entre os guerreiros gregos intervenientes na guerra de Tróia. Sobrinho de Príamo pelo lado da mãe, Hesíone, ele era meio-irmão de Ájax, *o Grande*, pelo pai Télamon. Combateu contra os Troianos. Desafiou-os em numerosos combates e participou directamente na tomada de Tróia, pois pertencia ao número dos que entraram no cavalo de madeira. Quando regressou ao reino de seu pai, o rei de Salamina, sofreu dele grandes repreensões por não ter impedido que Ájax se suicidasse. Foi exilado e refugiou-se junto de Belo, na Síria. Depois estabeleceu-se, graças à protecção do seu hospedeiro, na ilha de Chipre, onde tomou por esposa Êunoe, filha de Cipro. Outras tradições mostram-no de volta a Salamina onde o herói procura, em vão, reconquistar o trono que lhe estava destinado; depois partiu para fundar, em Espanha, a cidade de Cartagena.

TIA. Filha de Castálio, sacerdote de Dioniso, ou do deus-rio Cefiso, Tia foi, segundo se diz, amada por Apolo e deu à luz Delfo, o herói epónimo de Delfos. Foi, com certeza, a primeira mulher a sacrificar no culto de Dioniso e instituiu o culto que, cada ano, no monte Parnaso, era celebrado pelas mulheres de Atenas, as Ménades, também chamadas nesta altura «as Tíades».

TIBRE. Rio da Itália que atravessa Roma, o Tibre chamava-se antes Álbula. Ganhou este nome em lembrança de Tiberino, rei de Alba-Longa, que morreu afogado nas suas águas. Deus-rio de barba verde e aparência de ancião complacente, ele era particularmente venerado pelos habitantes de Roma por ter outrora preservado as vidas de Rómulo e Remo, quando estes foram abandonados num cesto naquele curso de água. O Tibre aparece igualmente na lenda de Eneias. Revela-se em sonho ao herói troiano e aconselha-o a subir pelas suas margens, para se dirigir ao rei Evandro, que governava a modesta cidade de Roma. Por fim, o Tibre teve, da profetisa Manto, um filho, Bianor, que fundou a cidade de Mântua, de que se tornou o primeiro rei.

TÍCIO. Este gigante filho de Zeus e de Elara, a filha do rei de Orcómeno, nasceu das entranhas da terra onde o deus escondera a amante, para a subtrair aos ciúmes de Hera. Por ter perseguido Leto e ter querido violentá-la, Tício foi fulminado por Zeus, ou ainda, segundo outra versão, morto pelas flechas de Apolo e de Ártemis, que vingavam assim a própria mãe. Os deuses atiraram-no para o Tártaro: lá, o seu corpo ocupa nove jeiras, e há dois abutres que lhe roem constantemente o fígado, víscera que, para os antigos, é a morada dos desejos brutais e da vontade de poder.

TIDEU. Filho de Eneu, rei de Cálidon, na Etólia, e meio irmão de Meleagro, Tideu cometeu, quando era jovem, um assassínio e foi expatriado. Dirigiu-se para a corte de Adrasto, rei de Argos, que aceitou purificá-lo e lhe deu a filha Deípile em casamento, enquanto concedia a mão de uma outra filha a Polinices, expulso de Tebas. Os dois genros de Adrasto tomaram ambos o caminho de Tebas e participaram na célebre luta dos Sete Chefes. Tideu decidiu, para mostrar a sua força, lutar em duelo contra os mais valorosos tebanos; foi-lhes sempre superior. No entanto, após várias acções brilhantes, foi mortalmente ferido por Melanipo, que também sucumbiu. Atena, que protegera Tideu, decidira conceder-lhe a imortalidade; mas, quando Anfiarau apresentou a Tideu, moribundo, o crânio de Melanipo, Tideu abriu-o e engoliu o cérebro. Estupefacta com tamanha selvajaria, Atena abandonou o herói à morte.

TIESTES. Filho de Pélops e de Hipodamia, Tiestes distinguiu-se, na lenda, pelo ódio que o opôs ao irmão gémeo, Atreu. Juntos assassinaram o meio-irmão Crisipo e foram, por este crime, expulsos pelo pai. Encontraram asilo junto do rei de Micenas, Esténelo. Disputaram ferozmente entre si o poder. Tiestes seduziu Aérope, esposa de Atreu. Quando Atreu foi eleito rei, baniu o irmão, fingiu depois uma reconciliação e convidou Tiestes para um banquete; deu-lhe a comer os próprios filhos. Horrorizado, Tiestes amaldiçoou o irmão e toda a sua descendência.

TÍFON. A fim de vingar os seus netos, os Titãs, presos nos Infernos por ordem de Zeus, seu vencedor, Geia deu à luz um monstro medonho, de corpo coberto de escamas, e cujas cem bocas vomitavam fogo. Tífon atacou os deuses do Olimpo. Seguiu-se uma luta entre os Céus e a Terra, entre os deuses da luz e os sombrios princípios gerados pelas entranhas da Terra. Neste combate, podemos ver a imagem simbólica de um cataclismo vulcânico que teria destruído as Cíclades, deixando aos homens uma lembrança aterradora. Finalmente vencido, Tífon, última força anárquica que se ergueu contra a Lei, a ordem de Zeus e dos deuses olímpicos, foi precipitado, também ele, no fundo dos Infernos: juntou-se aí aos Titãs. Mas ele tivera, entretanto, tempo para copular com Equidna. Esta deu à luz, em consequência desses encontros, toda uma série de monstros mais aterradores uns do que outros: Cérbero, a Hidra de Lerna, a Quimera, a Esfinge, as Harpias e a maior parte das divindades maléficas do mundo subterrâneo. Uma outra tradição dá-lhe por mãe não Geia, mas Hera, pronta a vingar-se de Zeus que, sem o seu concurso, tinha gerado Atena. Após numerosas perseguições, Tífon foi enfim fulminado por Zeus e enterrado sob o monte Etna, por cuja cratera ainda hoje vomita chamas.

TÍNDARO. Segundo a tradição mais comum, Tíndaro é o filho de Ébalo e de Gorgófone; esta última nascera da união de Perseu com Andrómeda. À morte do pai, Hipocoonte apoderou-se do reino de Esparta e expulsou os irmãos Icário e Tíndaro.

Tíndaro encontrou refúgio na corte do rei Téstio, da Etólia, de quem tomou a filha, Leda, por esposa. Pôde depois recuperar o seu reino com a ajuda de Héracles. A celebridade de Tíndaro tem a sua origem na própria descendência, os Tindáridas, entre os quais podemos citar os Dioscuros, Helena e Clitemnestra, que tiveram por pai Zeus, que se unira a Leda com a forma de um cisne. Menelau tornou-se seu genro casando com Helena e sucedeu a Tíndaro no trono de Esparta. O fim deste rei ficou misterioso; diz-se que pertence ao número dos Gregos que foram ressuscitados por Asclépio e divinizados.

TIONE. Este nome foi dado a Sémele quando o filho, Dioniso, desceu aos Infernos para a arrebatar e a levar para o Olimpo, onde ela tomou lugar entre os imortais.

TIRÉSIAS. Com Calcas, Tirésias é um dos mais célebres adivinhos da mitologia grega. Nascido da ninfa Cariclo, adquiriu o dom da profecia em condições extraordinárias. Um dia, encontrou duas serpentes que copulavam e matou-as. Foi imediatamente transformado em mulher. Sete anos mais tarde, encontrou as mesmas serpentes entrelaçadas e retomou a sua forma primeira. Por ter sido, durante a sua existência, tanto homem como mulher, foi escolhido por Zeus e Hera, que se disputavam acerca do amor, como árbitro precioso. Como a resposta não agradou à deusa, ela cegou Tirésias; Zeus, em compensação, concedeu-lhe uma vida sete vezes mais longa que a normal, bem como o dom de prever o futuro. Conselheiro dos Tebanos, Tirésias revelou a Édipo o seu involuntário incesto criminoso; previu também a guerra dos Sete Chefes e declarou que Tebas obteria a vitória se Menécio, filho de Creonte, aceitasse ser sacrificado; por fim, aconselhou os Epígonos a concluírem um armistício e a afastarem-se da cidade. Partiu com eles. No caminho, levado pela sede, foi saciar-se à fonte Telfusa e, como a água estava gelada, morreu. Deixava uma filha, a profetisa Manto. No entanto, nos Infernos, Tirésias não perdeu os seus dons e aconselhou Ulisses acerca dos melhores meios para voltar são e salvo à pátria. A sua longa vida permitiu-lhe entrar em numerosas lendas, mesmo muito afastadas umas das outras no tempo mítico.

TIRO. Filha de Salmoneu e de Alcídice, Tiro foi criada pelo tio Creteu, desde a morte de seu pai, e cruelmente tratada pela madrasta, Sidero. A infeliz jovem apaixonou-se, mas sem esperança, pelo deus-rio Enipeu, de que Posídon tomou a forma para a seduzir; desta união nasceram dois gémeos, Pélias e Neleu, que foram abandonados por ordem de Sidero. Mais tarde, os dois irmãos libertaram a mãe das mãos da madrasta. Tiro pôde então casar com o tio, Creteu, e deu à luz três filhos: Éson, pai de Jasão, Feres e Amitáon. Conta-se também que, para se vingar de Salmoneu, seu irmão, Sísifo violentou Tiro, sua sobrinha, e deu-lhe dois filhos, que ela massacrou imediatamente.

TISÂMENO. 1. Filho de Orestes e de Hermíone, Tisâmeno, rei de

Esparta, foi expulso do seu reino pelos Heraclidas e morto, segundo se diz, durante os combates. Entretanto, outras tradições afirmam que ele conseguiu sobreviver e pôde abandonar o reino procurando refúgio nas costas da Jónia. Os seus filhos apoderaram-se do território onde ele tinha perecido e chamaram-lhe Acaia. Cometes, seu filho mais velho, emigrou para a Ásia.

2. **Tisâmeno** é também um herói filho de Tersandro e de Demonassa. Quando o pai foi morto por Télefo, Tisâmeno era ainda muito jovem para assumir o comando dos Beócios, na Mísia, durante a guerra de Tróia; cedeu provisoriamente o lugar a Peneleu, outro herói beócio. Quando chegou à idade adulta, Tisâmeno subiu ao trono de Tebas.

TISBE. Era uma bela jovem de Babilónia que foi amada por Príamo. Matou-se de desespero ao ver morto o amante.

TITÂNIDES. São assim chamadas as filhas de Úrano e de Geia: Tétis, Teia, Témis, Mnemósine, Reia e Febe. Unidas aos irmãos, deram ao mundo uma multidão de divindades.

TITÃS. Os filhos e as filhas de Úrano e de Geia habitavam os céus. Eram doze: seis filhos, Oceano, Ceu, Crio, Hiperíon, Jápeto, Crono; e seis filhas, Tétis, Teia, Témis, Mnemósine, Febe e Reia, que eram geralmente chamadas Titânides. Indignados por Úrano ter querido precipitá-los no Tártaro, eles revoltaram-se, mutilaram o pai e reinaram em seu lugar. O último deles, Crono, devorou os filhos, pois temia que estes lhe roubassem o trono. Mas o mais jovem dos filhos, Zeus, miraculosamente poupado a esta série de infanticídios, deu-lhe uma poção para o fazer vomitar os irmãos e as irmãs. Com a ajuda deles, o deus entrou em luta contra os Titãs, que se armaram com gigantescos rochedos arrancados das montanhas e se colocaram na Tessália, sobre o monte Ótris, enquanto os filhos de Crono se estabeleciam no Olimpo. A luta, titanomaquia, foi tremenda e à dimensão dos beligerantes. Mas Zeus conseguiu garantir a vitória graças à ajuda dos Ciclopes, que forjaram o raio, e dos Hecatonquiros. Os vencidos foram atirados para o fundo do Tártaro. Entretanto, a vitória não estava definitivamente assegurada. Alguns Titãs, como Mnemósine e Jápeto, estavam do lado de Zeus; mas outros monstros, como os Gigantes e Tífon, preparavam-se para tomar de assalto o Olimpo.

Há várias interpretações para este combate. Parece que a Tessália foi uma região atingida, em tempos afastados, por alterações geológicas das quais as testemunhas teriam contado os efeitos terríveis. A tradição ter-se-ia apoderado destas narrações e tê-las-ia constituído em mito.

TITONO. Filho de Laomedonte, rei lendário de Tróia e irmão mais velho de Príamo, Titono tinha por mãe Estrimo, a filha do deus-rio Escamandro. A sua beleza atraiu Eos, a Aurora, que se apaixonara por ele e o raptou. Desta união, nasceram dois filhos, Mémnon e Emátion. Ora, enquanto Eos conservava uma frescura eterna, Titono, mortal, começou a envelhecer e, pouco a pouco, os cabelos tornaram-se-lhe brancos. Eos obteve de Zeus a imortalidade do esposo: mas, por irreflexão, ela esqueceu-se de acrescentar ao pedido a juventude eterna. Titono não morreu; mas a velhice continuou a pesar, cada vez mais, sobre ele. Ele consumiu-se até ao extremo; Eos, desolada, transformou o marido em cigarra. Tornou-se o símbolo da decrepitude.

TLEPÓLEMO. Filho de Héracles e de Astíoque, Tlepólemo participou na expedição que iria assegurar aos Heraclidas a soberania sobre o conjunto do Peloponeso. A Tlepólemo coube Argos em partilha; mas o herói, que um dia matou, acidentalmente, o tio-avô Licímnio, que ele atingiu com um bastão destinado a bater num dos escravos, foi expulso da cidade. Chegou à ilha de Rodes, de que se tornou rei, e desposou Polixo. Depois, como havia sido um dos pretendentes de Helena, armou uma pequena frota de nove embarcações e partiu contra Tróia. Foi morto durante um combate contra Sarpédon. No fim da luta, os companheiros estabeleceram-se nas ilhas ibéricas, enquanto Polixo se vingava da morte do marido sobre Helena.

TOAS. 1. Este filho de Dioniso e de Ariadne era rei da ilha de Lemnos; casara com Mirina, da qual teve uma filha, Hipsípile. Quando as mulheres de Lemnos decidiram matar todos os homens da ilha, que as abandonavam por causa de uma maldição de Afrodite, Toas foi salvo pela filha e pôde fugir, conforme as versões da lenda, para as Cíclades, para Quios, ou para a Táurida. Neste último caso, a sua lenda confunde-se, muitas vezes, com a de um outro Toas, rei da Táurida, onde a principal sacerdotisa, Ifigénia, tinha nomeadamente por função sacrificar à deusa Ártemis todos os estrangeiros que se aventuravam a entrar neste país. Orestes e Pílades, graças à irmã, não foram imolados e puderam fugir; Toas, que se tinha lançado a persegui-los, foi morto.

2. Um outro **Toas** é filho de Jasão e de Hipsípile e neto do precedente.

3. A lenda da guerra de Tróia reteve o nome de um **Toas**, rei de Cálidon, que se deslocou, ao comando de quarenta embarcações, para Tróia; fez parte do contingente de heróis que se instalaram no cavalo de madeira.

4. Conhecemos ainda um rei de Corinto, **Toas**, neto de Sísifo, que sucedeu a seu pai Ornítion, enquanto o irmão, Foco, emigrou para a Fócida.

TRIPTÓLEMO. Filho de Céleo, rei de Elêusis, e de Metanira, ou, segundo outras tradições, filho de Oceano e de Geia, Triptólemo era o favorito de Deméter; a deusa recebera a hospitalidade de Céleo, quando se exilou do Olimpo após o rapto da filha Cora-Perséfone. Em reconhecimento, ela desejara, primeiramente, conceder a imortalidade a Demofonte, o jovem irmão de Triptólemo, mas Metanira assustou-se com as práticas misteriosas da deusa; surpreendida com a reacção da mãe, Deméter esqueceu a criança no fogo purificador. Em compensação, Deméter tomou uma afeição particular por Triptólemo: ensinou-lhe a agricultura e ofereceu-lhe um carro atrelado por dragões, sobre o qual Triptólemo percorreu a terra a semear os grãos. Encontrou, por vezes, dificuldades na sua missão: o rei Linco, da Cítia, a quem ele ensinara a arte da agricultura, quis atentar contra a sua vida. Em Patras, o filho do rei Eumelo roubou o carro do herói, mas matou-se.

Associado a Deméter e a Perséfone, num género de trindade da fertilidade, Triptólemo passa por ser o fundador dos mistérios de Elêusis e por ter estabelecido, nesta cidade, o culto de Deméter. Os artistas representaram-no como um jovem de chapéu na cabeça, ceptro numa mão e espiga de trigo na outra, dois emblemas da soberania sobre a fecundidade da natureza.

TRITÃO. Este deus, primitivamente estranho à Grécia, foi adorado pelos marinheiros e teve, depois, um culto e uma lenda. Tinha por morada todo o mar, pois nascera aí, da união da nereide Anfitrite com o deus de todas as águas dos oceanos, Posídon. Tem aparências diversas, mas é geralmente representado como um homem cujo corpo termina em duas enormes caudas de peixe. Ao mesmo tempo benévolo e terrível, Tritão sopra numa enorme concha marinha, que ressoa durante as tempestades. Os marinheiros veneram-no sobretudo como deus que acalma as águas enfurecidas e como intermediário entre eles e Posídon. Ele indicou aos Argonautas o bom caminho, chamou a si as águas do Dilúvio e acalmou a tormenta suscitada por Juno contra o troiano Eneias.

TROFÓNIO. Fruto dos amores de Apolo e Epicaste, o arquitecto Trofónio desapareceu nas entranhas da terra, depois de ter morto o padrasto Agamedes. No entanto, honrado após a morte, teve direito a um oráculo na Beócia. Os que o consultavam purificavam-se nas águas da ribeira Hercina e sacrificavam ao génio de Trofónio, representado pelo símbolo ctónico por excelência, a serpente, e a Deméter, sua ama.

TRÓIA. Capital da Tróada, território situado à entrada do Helesponto, nas costas da Ásia Menor, Tróia é celebrada por Homero em toda a *Ilíada*. A sua origem lendária é contada de formas diferentes. Entretanto, a tradição mais comum afirma que a cidade fora fundada por Ilo, filho de Trós, e que tomara, em honra destes dois heróis, primeiro o nome de Ílion, depois o de Tróia. O último rei da cidade foi Príamo, filho de Laomedonte. Foi no seu reinado que os Gregos sitiaram a cidade, durante dez anos, a incendiaram e a pilharam até à destruição total.

A partir do século XIX, estudiosos e arqueólogos empreenderam escavações na a colina de Hissarlik, para tentar demonstrar a realidade histórica da existência de Tróia. Foram encontrados os restos, em camadas sobrepostas, de nove cidades e à camada VII A correspondia a cidade de Príamo, onde se podiam observar traços de um incêndio. Do mesmo modo, já não se contesta que tenha existido, por volta dos finais do século XIII a.C, um conflito entre invasores gregos e indígenas da região da Tróada. A cidade teria sido, enfim, destruída, por um tremor de terra.

FAMÍLIA REAL DE TRÓIA

ESCAMANDRO = IDEA
TEUCRO
DÁRDANO = BATIEIA
ASTÍOQUE = ERICTÓNIO
CALÍRROE = TRÓS
ILO = EURÍDICE
LAOMEDONTE = ESTRIMO
HÉCUBA = PRÍAMO

HEITOR, PÁRIS, CREÚSA(2), LAÓDICE, POLÍXENA, CASSANDRA, DEÍFOBO, POLIDORO, TROILO, outros filhos

TROILO. Filho de Príamo e de Hécuba, Troilo é também considerado genro de Apolo. Um oráculo predissera que Tróia não cairia nas mãos dos Gregos se Troilo chegasse à idade de vinte anos. Aquiles, para desacreditar a predição, matou o herói troiano. Entretanto, as circunstâncias da sua morte diferem conforme as versões. A mais conhecida afirma que Aquiles, apaixonado, pediu a Troilo que cedesse aos seus desejos. Este fugiu para se refugiar no santuário de Apolo em Timbra. Aquiles, ofendido, infringiu as leis sagradas e tê-lo-á morto sobre o próprio altar do deus.

TRÓS. Neto de Dárdano e filho de Erictónio e de Astíoque, Trós foi um dos fundadores da cidade de Tróia, a quem deu o seu nome. Tornou-se, depois, o soberano de toda a Tróada. Marido de Calírroe, filha do deus-rio Escamandro, tornou-se pai de uma filha, Cleópatra, e de três filhos, Ilo, Assaraco e Ganimedes; o mais jovem, o pai ofereceu-o a Zeus em troca de dois cavalos rápidos.

TURNO. Rei dos Rútulos, filho de Dauno e da ninfa Venília, Turno pegou em armas contra Eneias; na verdade, disputava com ele a mão de Lavínia, filha do rei Latino. Pereceu sob os golpes do herói troiano.

TYCHÊ. Podemos comparar a divindade *Tyché* à Fortuna romana. Tal como ela, *Tyché* simboliza o acaso, benévolo ou malévolo, dos destinos humanos. Para atrair a si a sua protecção, todas as cidades lhe construíram um templo e lhe erigiram uma estátua, que a representa geralmente como uma mulher imponente, com a cabeça cingida por uma coroa mural e rodeada por atributos diversos (o corno da abundância, a roda ou o leme), que se viram para os destinos incertos, fastos ou nefastos.

U

ULISSES. O mais célebre herói grego da Antiguidade, junto com Héracles, Ulisses nasceu em Ítaca, onde reinava seu pai, Laertes, marido de Anticleia. Há tradições posteriores que afirmam que Sísifo, de visita à ilha, se ligara com Anticleia, então noiva de Laertes, e teria gerado Ulisses. Pela mãe, Ulisses descendia de Autólico, filho de Hermes. O herói era, pois, de raça divina. Logo desde a infância e durante a sua juventude, Ulisses empreendeu numerosas viagens e dirigiu-se, em particular, a casa do avô, Autólico, que o convidou a participar na caça ao javali no monte Parnaso. Ferido pela presa de um dos animais, Ulisses ficará no joelho com uma cicatriz que lhe vai permitir, anos mais tarde, ser reconhecido pela esposa. Recebido depois na corte de Ífito, adquiriu o precioso arco de Êurito, que lançava flechas imparáveis. Ao atingir a idade adulta, ele substituiu o pai, já demasiado idoso, no trono de Ítaca e procurou uma esposa. Como muitos outros heróis da Grécia, a sua eleição recaiu sobre Helena, a filha do rei Tíndaro, cuja graça e beleza se tornaram conhecidas em toda a região. Habilmente, fez jurar a todos os pretendentes que vingariam qualquer ultraje que um dia pudesse ser feito ao futuro marido ou a Helena, pensando assim atrair a atenção de Tíndaro. Mas a jovem escolheu Menelau, rei de Esparta, e Ulisses recebeu, em consolação, a sensata Penélope, filha do rei Icário. Desta união nasceu um filho único, Telémaco.

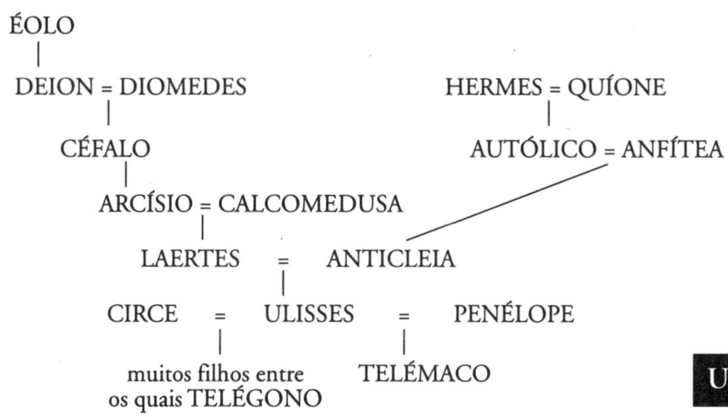

ULISSES

Pouco tempo após este nascimento, deu-se o rapto de Helena por Páris, filho de Príamo, rei de Tróia. Menelau reuniu imediatamente todos os antigos pretendentes da esposa e lembrou-lhes o juramento, exortando-os a que lhe permanecessem fiéis. Os heróis aceitaram cumprir a promessa e organizaram-se, então, para reunir uma armada, a fim de enviar uma expedição punitiva contra a cidade de Tróia. Ulisses, que preferia a paz, fingiu-se louco para escapar ao seu envolvimento na armada dos Gregos. Lavrou a areia da praia e semeou sal. Mas Palamedes, que viera ao seu encontro para o convencer a partir com ele, colocou o pequeno Telémaco diante da charrua do pai, que logo levantou a alfaia e desviou os animais, ficando claro que estava na posse de todas as suas faculdades mentais. Ulisses teve de partir e deixar a pátria querida. Foi então enviado, com Menelau, em embaixada a Tróia, para reclamar pacificamente a devolução de Helena. Mas a missão não teve resultado. Porém, o herói conseguiu convencer Aquiles, refugiado no gineceu do rei Licomedes, em Ciros, a juntar-se aos Gregos, pois havia um oráculo que predissera que a presença deste herói era indispensável à vitória definitiva dos Gregos. Ulisses dirigiu-se para Tróia ao comando de uma frota de doze embarcações e revelou-se de uma coragem e de uma valentia notáveis, matando numerosos heróis troianos. No entanto, soube manter, em todas as circunstâncias, o seu sangue-frio e revelou-se, de modo especial durante a guerra, um hábil e prudente diplomata: procurou, a todo o preço, manter a união entre os Gregos servindo-se da persuasão, de discursos, de missões secretas, espionagens e artimanhas. É assim que o vemos penetrar, com o inseparável companheiro Diomedes, na cidade e arrebatar o Paládio, estátua protectora da cidade. Outra vez, conseguiu apoderar-se das éguas de Reso, antes que elas bebessem água no rio Xanto (Escamandro), o que, segundo uma profecia, lhes daria forças sobrenaturais que assegurariam a vitória aos Troianos. Pôde também, graças ao silêncio de Hécuba, penetrar no palácio do rei de Tróia e incitar Helena a trair os Troianos.

Entretanto, apesar dos anos passados, Ulisses não perdoara a Palamedes, que o tinha obrigado a abandonar o reino, Penélope e o filho. Acusou então Palamedes de traição, afirmando que o herói se correspondia secretamente com os Troianos recebendo em troca dinheiro. Na verdade, foram descobertas cartas e moedas que tinham sido elaboradas por Ulisses e colocadas na tenda de Palamedes, para o perder. Palamedes pereceu apedrejado pelos Gregos em cólera. Ulisses participou, depois, em numerosos outros episódios da guerra de Tróia. À morte de Aquiles, Ulisses tomou para si as armas do herói, depois de as ter disputado com Ájax. Fez parte do corpo de Gregos que se introduziram nos flancos do cavalo de Tróia. Uma vez tomada a cidade e exposta ao saque, Ulisses recebeu Hécuba, a viúva de Príamo, em partilha, e atirou-lhe, segundo se afirma, a primeira pedra, quando a infeliz foi lapidada por ter morto o rei Polimestor. Depois da *Ilíada*, Homero conta-nos, na *Odisseia*, o longo e movimentado regresso de Ulisses em direcção à pátria e as aventuras e perigos que o herói teve de enfrentar. Abandonou então Tróia saqueada e foi atirado, por uma tempestade, para as costas do país dos Cícones cruéis, na Trácia; depois, sempre sacudido por ventos contrários e vagas caprichosas, aportou ao país dos Lotófagos da Líbia, que se alimentavam do lótus, a planta que fazia esquecer tudo. Ulisses teve enormes dificuldades para arrancar os companheiros desta terra de perdição e retomou, enfim, o mar em direcção à Sicília, o país dos Ciclopes. Um destes monstros de um só olho, Polifemo, devorou-lhe metade dos companheiros, mas o herói conseguiu trespassar-lhe a vista e escapar, embora com dificuldade, juntamente com os marinheiros que lhe restavam. Posídon, que era pai de Polifemo, decidiu vingar o filho e suscitou, desde logo, tempestades enormes, para levar os navios de Ulisses à perdição. Ao abordar ao Norte da Sicília, Ulisses foi favoravelmente acolhido pelo rei Éolo, que lhe entregou um odre que continha todos os ventos de que Éolo era o responsável. Os companheiros de Ulisses pensaram que o odre continha tesouros ou vinho; não tardaram a abri-lo e desencadearam, assim, a mais terrível das tempestades jamais vista. O navio dos infelizes navegadores encalhou não longe da ilha dos Lestrígones, povo canibal ao qual Ulisses pôde escapar, mas sem poder impedir que o rei deste povo, Antífates, tivesse devorado um dos seus companheiros. O herói lançou enfim a âncora na ilha de Ea, onde Circe o recebeu e transformou todos os marinheiros em porcos; mas não por muito tempo, pois a maga teve de os devolver à sua forma primitiva. Ulisses ficou alguns meses na companhia desta maga, que lhe deu um filho, Telégono.

O herói desembarcou depois no país dos Cimérios, naquelas regiões onde corre o Oceano que marca os limites da Terra, e penetrou no Hades para consultar o adivinho Tirésias sobre o caminho mais propício para voltar a Ítaca. O adivinho afirmou que ele chegaria à sua pátria sozinho e sem nada; que ele iria matar todos os pretendentes de Penélope. Depois de se ter cruzado com as almas dos grandes heróis mortos e com a sombra da própria mãe, Anticleia, Ulisses saiu dos Infernos e retomou o caminho do mar. Evitou as Sirenes tapando os ouvidos dos companheiros com cera e fazendo-se amarrar ao mastro principal. Depois, a sua embarcação pôde afastar-se das rochas Simplégades, Caríbdis e Cila. Ao abordar às costas da ilha de Trinácia, os navegadores esfomeados cometeram a imprudência de devorar os bois consagrados a Hélio. Zeus fulminou todos os ímpios e destruiu os navios numa tempestade. Só Ulisses foi poupado e conseguiu encalhar, numa jangada feita de pranchas, numa das Cíclades, a ilha Ogígia, onde, por amor, a ninfa Calipso o reteve prisioneiro durante oito anos; mas, um dia, por ordem dos deuses, teve de libertar Ulisses, que novamente sobre as ondas sofreu ainda numerosas tempestades e o mar atirou-o, por fim, desfalecido, para a costa da ilha dos Feaces. Nausícaa, a filha de Alcínoo, rei da ilha, descobriu-o. Lavado e restaurado, ele pôde, enfim, e pela última vez, retomar o alto mar, numa embarcação que o anfitrião lhe emprestou. Foi assim que, finalmente, pôde ancorar nas costas de Ítaca, após vinte anos de ausência. Disfarçado de mendigo, dirigiu-se a casa de Eumeu, o porqueiro da casa real, e fez-se reconhecer. Encontrou depois o seu filho Telémaco e voltou ao palácio ocupado pelos pretendentes, que afirmavam que Ulisses morrera e incitavam Penélope a escolher um deles como marido. Teve uma querela com Iro, um mendigo partidário dos pretendentes e matou-o. Depois, foi encontrar Penélope e, sem ainda se fazer reconhecer, acolheu com alegria a proposta que ela fez de tomar por esposo o que fosse capaz de esticar o arco de Ulisses. Nenhum dos homens conseguiu; só Ulisses pôde atirar e começou, ajudado por Telémaco, a massacrar os pretendentes e as criadas que se tinham prostituído. Depois, fez-se reconhecer por Penélope. Graças a Atena, os familiares dos pretendentes massacrados, que tinham pegado em armas e queriam vingar-se, foram acalmados, e o reino de Ítaca encontrou, enfim, a calma.

Segundo outras versões, Ulisses teria sido morto, pouco depois, por Telégono, que ignorava que ele era seu pai e o atingira com uma seta feita com uma espinha de raia. Asssim se cumpria uma profecia segundo a qual o herói devia perecer às mãos do próprio filho e do mar. Astucioso, hábil e engenhoso, sabendo evitar todos os perigos com coragem e eloquência, maravilhoso domador do mar enfurecido, Ulisses era o herói típico em que todos os Gregos gostavam de se ver espelhados.

URÂNIA. Musa da astronomia, Urânia segura normalmente na mão esquerda uma esfera celeste, sobre a qual aponta, com a ajuda de um compasso, as posições respectivas e as evoluções dos astros.

ÚRANO. Este deus, ao mesmo tempo filho e esposo de Geia, é a mais antiga divindade grega. Teve uma numerosa posteridade (os Titãs, os Ciclopes, os Hecatonquiros), mas detestava de tal modo os filhos que, logo que nasciam, eram por ele encarcerados no fundo dos Infernos, no Tártaro. Atraiu, assim, sobre si, o ódio que semeara: o próprio filho, Crono, mutilou-o e destronou-o, ajudado pelos irmãos, pelas irmãs e pela mãe Geia, que lhe forneceu uma foice.

V

VÉJOVE. Esta antiga divindade itálica é considerada o contrário de Júpiter, deus do Céu; este deus é pois invocado ao mesmo tempo que Plutão, como um dos mestres dos Infernos. Preside aos tremores de terra e às manifestações vulcânicas. Numa época mais tardia, depois da helenização do Panteão romano, foi identificado com Apolo e representado como um deus jovem, armado de flechas.

VELHICE. Filha de Érebo e da Noite, venerada tanto em Atenas como em Roma, a Velhice, divindade alegórica, é representada com todos os atributos tradicionais da decrepitude e da tristeza: vestida de negro, toda curvada, apoia-se num bastão.

VELO de ouro. O célebre carneiro com lã de ouro era uma oferta de Hermes, concedida a Néfele, esposa de Átamas, rei de Orcómeno, na Beócia. Este carneiro, dotado de inteligência e razão, podia falar e possuía a faculdade de percorrer o espaço conforme desejasse. O filho de Néfele, Frixo, perseguido pela madrasta, Ino, pôde fugir com a irmã, Hele, montados no dorso do animal. Chegado à Cólquida, onde reinava Eetes que lhe deu em casamento a filha, Calcíope, Frixo sacrificou o carneiro a Zeus. O deus dos deuses fez então do velo de ouro do animal um símbolo de prosperidade e de poder; Eetes amarrou este precioso despojo a um carvalho, no bosque de Ares. O Velo de ouro foi depois raptado por Jasão e pelos Argonautas.

VENTOS. Filhos de Eos e de Astreu, os ventos são, entre as manifestações da natureza, mais forças divinizadas do que deuses propriamente ditos. O senhor dos deuses e dos ventos chama-se Éolo. Na realidade, o seu poder é modesto: ele é delegado por Zeus e é dele que recebe as ordens para libertar os ventos contidos nas cavernas ou nos odres. Os ventos maléficos destroem tudo à sua passagem e semeiam as calamidades. Ao contrário, os ventos vulgares são, originalmente, benéficos. Eles são quatro: Bóreas, o vento do norte (*Septentrio*, em latim), Euro, o vento de sudoeste (*Volturnus*), Noto, o vento do sul (*Auster*), e Zéfiro, o vento do oeste (*Fauonius*). Se os Latinos veneravam apenas estes quatro ventos, os Atenienses, na época clássica, acrescentaram mais quatro ao seu culto e mandaram construir um templo octogonal onde figuravam, a cada canto, a imagem de um deles, correspondendo ao ponto cardinal de onde eles sopravam habitualmente. Esta multiplicação dos ventos e a adoração sincera de que eram objecto explicam-se facilmente num país onde a agricultura e a navegação tinham um lugar preponderante na economia e dependiam, em parte, do tempo trazido pelos ventos.

VÉNUS. Antiga divindade itálica de menor importância, Vénus protegia, originalmente, as hortas, assegurando a fecundação das flores e a maturação das plantas. A partir do século II a.C., ela foi assimilada à deusa grega Afrodite, de quem tomou os caracteres, as lendas e os atributos: adquiriu uma autoridade notável no culto romano. No século primeiro, César, que fazia remontar a origem da sua família à *gens Iulia*, a Eneias, filho de Anquises e de Vénus, fixou o culto da sua «antepassada». Os Romanos consagraram à deusa o mês de Abril, época em que se manifesta, em toda a natureza, o renascer do amor.

VERTUMNO. Divindade de origem etrusca, Vertumno simbolizava, antes de mais, as transformações que se manifestavam na natureza e sobretudo a passagem da floração à frutificação. Pelo seu nome ter na raiz *uertere*, palavra latina que significa «mudar», os Romanos elaboraram, a propósito de Vertumno, uma lenda que mostrava o jovem deus apaixonado pela ninfa Pomona. Para a seduzir, o deus tomou diferentes formas, que representavam as diversas estações do ano. Transformou-se em lavrador, depois em ceifeiro, depois em vinhateiro e acabou por se unir à deusa dos jardins na forma de um jovem na flor da sua beleza. Os jardineiros dedicaram a Vertumno um culto particular e ofereciam-lhe as primeiras flores, em botão, e os primeiros frutos.

VESTA. Vesta é uma das grandes divindades romanas cujo culto remonta, certamente, a tempos muito antigos, pois foi assimilada à deusa Héstia e adorada tanto pelos Gregos como pelos Troianos. Vesta é, antes de mais, a divindade do Lar. É representada não por uma estátua, mas pelo fogo, seu símbolo vivo. Toda a cidade possui o seu lar e o fogo sagrado, cuidado pelas sacerdotisas, as Vestais, que são enterradas vivas se faltam ao seu voto de castidade. Se o fogo se apaga, não pode ser novamente acendido senão por meio dos raios do Sol concentrados por um espelho. Segundo a lenda, Rómulo e Remo teriam nascido da Vestal Reia Sílvia, e Numa Pompílio, segundo rei de Roma, teria instituído um serviço em sua honra.

Vinha. A vinha foi, segundo a lenda mais comum, oferecida em recompensa por Dioniso ao rei Eneu que aceitara emprestar-lhe a sua esposa. Mas conta-se também, a este propósito, que Estáfilo («o cacho», em grego), pastor de Eneu, se apercebeu um dia de que uma das sua cabras, ao comer uvas, logo ficava demasiado alegre. Imaginou então espremer o fruto e recolheu o sumo, que se tornou em vinho. A vinha e o vinho aparecem em muitas outras lendas: a de Âmpelo (a cepa), que se matou ao tentar apanhar um cacho de uvas; a de Polifemo, embebedado por Ulisses, que conseguiu assim atingir a vista do Ciclope;

a de Enópion, que introduziu no seu reino, na ilha de Quios, o uso do vinho, tal como Saturno, entre os Romanos, ensinou aos habitantes da Itália a cultura da vinha. Os Antigos viam na vinha e em Dioniso, deus do vinho, rodeado por um cortejo de divindades alegres e ébrias, a imagem simbólica da força da natureza cheia de seiva, tal como aquela que escorre do cacho de uvas. Juntamente com a cultura do trigo, a vinha é a primeira manifestação da civilização agrícola.

VÍRBIO. Ressuscitado por Asclépio, Hipólito foi transportado, diz uma lenda, por Ártemis, para um bosque sagrado da Arícia, na Itália. Depois, quando o herói morreu, foi divinizado e passou a chamar-se Vírbio, deus romano associado ao culto de Diana. Os cavalos que provocaram a morte de Hipólito não eram autorizados a penetrar no bosque sagrado.

VIRTUDE. Divindade alegórica romana e símbolo da coragem viril, a Virtude é, muitas vezes, representada junto com a Honra. Os Romanos associaram as duas divindades erguendo-lhe dois santuários. A Virtude era geralmente representada como uma mulher distinta e austera, que segurava numa mão a lança e na outra a espada.

VITÓRIA. Filha de Palas e do Estige, irmã de Zelo (o furor), de Crato (a força) e de Bia (a violência), a Vitória (chamada *Nike*, pelos Gregos) pertencia à primeira geração dos deuses. Possuía na Acrópole de Atenas um célebre templo. Sempre esteve associada à deusa Atena (*Atena Nike*). Geralmente, os artistas representam-na como uma mulher alada, trazendo na mão a palma e a coroa, guiando os deuses e os heróis no decurso dos seus feitos. Os Romanos, por seu lado, afirmavam que a efígie da Vitória tinha sido construída por Palante, herói epónimo da colina do Palatino, onde tinham edificado um templo em sua honra.

VOLTURNO. Esta antiga divindade romana, cujas particularidades cultuais nos são desconhecidas, era certamente a força divina de um rio. É possível que tenha a sua origem na religião dos Etruscos, que adoravam o deus-rio Volturno na Campânia.

VOLÚPIA. Personificação do prazer, em todas as suas formas, a Volúpia toma os traços de uma mulher jovem de belo rosto e cor viva, numa atitude cheia de moleza e sensualidade. Foi venerada em Roma, onde lhe foi erguido um templo na época imperial.

VULCANO. Como a maior parte dos deuses primitivos romanos, Vulcano perdeu o seu carácter indígena quando os deuses gregos invadiram o Panteão romano. De origem longínqua, certamente etrusca, tem o seu lugar em algumas lendas como as de Rómulo e de Tito Tácio, o Sabino. Vulcano era originalmente venerado como um grande deus. Deus do fogo – este fogo de que todas as mitologias fizeram o elemento primordial do mundo –, Vulcano foi assimilado por Hefesto e reduzido ao simples estado de deus-ferreiro, que forja e fabrica as armas dos deuses nas crateras dos vulcões do Sul de Itália.

Z

ZAGREU. Zeus uniu-se a Perséfone, tomando a forma de uma serpente, e gerou um filho, Zagreu, que ele confiou aos Curetes para o livrar da cólera ciumenta de Hera. Mas a esposa do deus conseguiu encontrar a criança e encarregou os Titãs de executar a vingança. Ao ver-se ameaçado, Zagreu tomou todas as formas, humanas, animais e, por fim, transformou-se em touro. Os Titãs apanharam então o animal pelos cornos e, tendo-o despedaçado com os dentes, devoraram-no. Os restos do infeliz foram enterrados em Delfos sob os cuidados de Apolo. Atena-Palas conseguiu porém salvar o coração ainda palpitante de Zagreu e pôde confiá-lo a Zeus. Sémele ou, segundo outras versões, o deus supremo em pessoa, engoliu o coração da criança e concebeu, assim, um novo deus, Dioniso. Este mito da ressurreição de Zagreu foi objecto de um culto particular nos mistérios órficos.

ZÉFIRO. Conhecido pelos Romanos sob o nome de Favónio, o Zéfiro, personificação divina do vento de leste, traz a frescura e a chuva benéficas aos climas nebulosos da Itália. Jovem alado, percorre docemente o espaço e anuncia a húmida Primavera. Uniu-se a Clóris, deusa da vegetação nova, que gerou um filho, Carpo, o Fruto. Como todos os deuses, Zéfiro manifesta, por vezes, a sua cólera. Conta-se, a este propósito, que, ciumento da afeição que Apolo dedicava a Jacinto, um dos seus companheiros, quando treinava o lançamento do disco, Zéfiro desviou, com um sopro poderoso, a placa de metal e esta, atingindo Jacinto na fronte, matou-o imediatamente.

ZETES. Este Boréada, filho de Bóreas e de Oritia, participou com o irmão Cálais na expedição dos Argonautas. Libertou os sobrinhos perseguidos pela madrasta Ideia e livrou Fineu das Harpias, que o atormentavam. Tal como o irmão, ele foi morto ou pelas Harpias, que ele próprio perseguira, ou por Héracles.

ZETO. Filho de Zeus e de Antíope, Zeto, cuja lenda é inseparável da do irmão gémeo Anfíon, foi abandonado no monte Citéron, mas conseguiu depois vingar a mãe perseguida por Dirce, esposa de Lico. Enquanto Anfíon desposava Níobe, Zeto casava-se com Tebe, heroína epónima de Tebas. Mas todos os seus filhos, excepto dois, foram mortos por Apolo e Ártemis, cuja mãe, Leto, eles tinham insultado.

ZEUS. Aquele que adquiriu a preeminência sobre todos os deuses da mitologia não foi, originalmente, senão um deus apenas mais temível que os outros. Só os múltiplos séculos de história, de mitos e de tradições diversas o consagraram como o primeiro entre os deuses. Adorando múltiplos deuses, e muitas vezes ignorando-se uns aos outros, os povos das cidades gregas, separados tanto pelos destinos geográficos como pelas incertezas da história, só muito tarde ganharam o sentido da unidade divina indispensável à elaboração de uma hierarquia entre os deuses, no topo da qual Zeus acabou por se impôr. Originalmente, Zeus era o deus dos fenómenos atmosféricos, aquele que ilumina o céu, o cobre de nuvens, que dispensa sobre a terra chuva e neve, que lança relâmpagos e faz trovejar (diz-se mesmo, numa expressão muito significativa: «Zeus chove» ou «Zeus troveja»). No entanto, num país como a Grécia, onde a agricultura predomina, este estreito poder de um deus sobre elementos incontrolados, dispensadores de flagelos ou da fertilidade, tomava, desde logo, uma importância de primeiro plano. Com Homero, depois Hesíodo, Zeus adquiriu pouco a pouco a sua personalidade definitiva. Homero definiu-o como o primeiro dos deuses e o soberano supremo dos mortais em cuja actividade ele se intromete por vezes. Hesíodo, por seu lado, contribui para o acentuar da primazia de Zeus concedendo-lhe uma genealogia e mitos. Filho de Crono e de Reia, Zeus foi salvo da voracidade infanticida de seu pai pela mãe, que o confiou aos Coribantes, aos Curetes e à cabra Amalteia. Chegado à idade adulta, ele obrigou o pai a restituir os irmãos e as irmãs que tinha devorado: Posídon, Hades, Héstia, Deméter, Hera; depois, tendo libertado os Ciclopes e os Hecatonquiros, sucedeu a Crono, mas não sem ter sustentado uma luta terrível contra os Gigantes revoltados para estabilizar, de modo definitivo, a sua soberania sobre os deuses. Zeus pensou então em assegurar uma posteridade: desposou, sucessivamente, Métis, a Razão, de quem teve Atena; Témis, a mãe das Moiras; Deméter, sua irmã, mãe de Perséfone; Mnemósine, mãe das Musas; Afrodite, mãe das Graças; Latona, que gerou Apolo e Ártemis; por fim Hera, que ficou como sua esposa legítima e lhe deu Hebe, Ares e Hefesto. Para além destas, Zeus teve inúmeras aventuras com as mortais, que puseram no mundo a raça dos heróis e dos semideuses. Assegurava, deste modo, entre os deuses e os homens, uma espécie de hierarquia de que beneficiava o seu poder. Deste modo, depois de flutuações e transformações de uma Terra em plena criação, após as lutas entre os deuses primordiais e a anarquia que daí advinha, Zeus apareceu como a imagem da acalmia, da ordem, da sabedoria e da justiça. De facto, as regras que elaborou para os céus e para os deuses, Zeus estabeleceu-as igualmente nas sociedades terrestres. Os reis governaram, a partir de então, as cidades e os povos. Todos lhe prestavam contas. Zeus pôde tomar para si os dois títulos desejados de «pai dos deuses» e «pai dos homens». Foi consagrado como deus universal, senhor de todos os bens celestes e terrestres. Dele tudo procede: tem epítetos e sobrenomes sem conta que indicam, todos, as funções ou as localidades onde é honrado. Reina com majestade, rodeado pelos seus atributos normais e soberanos: a águia, o trovão e a vitória. Assim o representa a célebre estátua de Zeus Olímpico de Fídias que lhe dá, para sempre, esta suprema grandeza de que ele é o único, entre deuses e homens, a possuir a marca.

ZODÍACO. Considerado o conjunto dos lugares celestes percorridos, durante o ano, pelo sol, o Zodíaco é divinizado em doze partes, ou signos, que simbolizam cada um um mito, uma lenda ou a figura de uma constelação. O Carneiro é o mesmo que, na mitologia, possui o Velo de ouro. O Touro é o animal que rapta Europa. Os Gémeos fazem lembrar os Discuros, Castor e Pólux. O Câncer, um lagostim gigantesco, foi enviado por Hera para morder Héracles. O Leão não é outro senão o que Héracles matou em Némea. A Virgem figura, para uns, Astreia, para outros, Erígone. A Balança é o atributo por excelência da Justiça. O Escorpião é o animal que foi enviado por Ártemis para morder Oríon. O Sagitário é a imagem do centauro Quíron. O Capricórnio é o emblema da cabra Amalteia que amamentou Zeus. O Aquário liga-se a Ganimedes e os Peixes comemoram os que transportaram, no seu dorso, Cupido e Afrodite, perseguidos por Tífon.

PRINCIPAIS FONTES LITERÁRIAS DA MITOLOGIA

Cerca de 800 a.C.	HOMERO	*A Ilíada. A Odisseia.*
Cerca de 725	HESÍODO	*A Teogonia. Os Trabalhos e Dias.*
Cerca de 525-456	ÉSQUILO	*As Suplicantes. Os Persas. Os Sete Contra Tebas. Prometeu Agrilhoado. Agamémnon. As Coéforas. As Euménides.*
518-438	PÍNDARO	*Os Epinícios: Odes Olímpicas, Píticas, Nemeias e Ístmicas.*
496-405	SÓFOCLES	*Ájax. Antígona. Rei Édipo. Electra. As Traquínias. Filoctetes. Édipo em Colono.*
Cerca de 484-420	HERÓDOTO	*Histórias.*
480-406	EURÍPIDES	*Alceste. Medeia. Hipólito. Os Heraclidas. Andrómaca. Hécuba. Héracles Furioso. As Suplicantes. Íon. As Troianas. Ifigénia em Táurida. Electra. Helena. As Fenícias. Orestes. Ifigénia em Áulis. As Bacantes. O Ciclope.*
Cerca de 295-230	APOLÓNIO DE RODES	*As Argonáuticas.*
Cerca de 310-235	CALÍMACO	*Hinos a Zeus, a Apolo, a Ártemis, a Delos. Para o banho de Palas. As Argonáuticas.*
310-250	TEÓCRITO	*Idílios.*
Cerca de 150	APOLODORO	*Sobre os Deuses. Biblioteca.*
Cerca de 90-20	DIODORO SÍCULO	*Biblioteca Histórica.*
Cerca de 87-54	CATULO	*Carmes, Elegias* entre as quais: *Átis; as Núpcias de Tétis e de Peleu; a Cabeleira de Berenice.*
71-19	VIRGÍLIO	*Bucólicas. Geórgicas. A Eneida.*
Cerca de 47-15	PROPÉRCIO	*Elegias.*
59 a.C-17 d.C.	TITO LÍVIO	*História romana.*
43 a.C.-17 d.C.	OVÍDIO	*As Metamorfoses. Os Fastos. Hércules Furioso. As Troianas. As Fenícias. Medeia. Fedra. Édipo. Agamémnon. Tiestes. Hércules sobre o Eta.*
40-96	ESTÁCIO	*A Tebaida. A Aquileida.*
Cerca de 50-125	PLUTARCO	*Vidas Paralelas.*
125-cerca de 180	APULEIO	*Metamorfoses.*
Finais do séc. II	PAUSÂNIAS	*Periegese* ou *Descrição da Grécia.*

